中国林业统计年鉴 2014

CHINA FORESTRY STATISTICAL YEARBOOK

国家林业局 ◎ 编

中国林业出版社
CHINA FORESTRY PUBLISHING HOUSE

图书在版编目(CIP)数据

中国林业统计年鉴. 2014 / 国家林业局编. —北京：中国林业出版社，2015. 9
ISBN 978-7-5038-8134-3

Ⅰ. ①中… Ⅱ. ①国… Ⅲ. ①林业经济 - 统计资料 - 中国 - 2014 - 年鉴
Ⅳ. ①F326. 2 - 66

中国版本图书馆 CIP 数据核字(2015)第 210582 号

中国林业统计年鉴（2014）

作者：国家林业局
地址：北京市东城区和平里东街 18 号
电话：010 - 83143580
E-mail：cfybook@ 163. com
出版：中国林业出版社(100009 北京市西城区德内大街刘海胡同 7 号)
发行：新华书店北京发行所
印刷：北京中科印刷有限公司
版次：2015 年 9 月第 1 版
印次：2015 年 9 月第 1 次
开本：880mm × 1230mm 1/16
印张：30. 25
字数：1100 千字
定价：258 元

中国林业统计年鉴2014

主编	张建龙			
副主编	闫振	孙建		
编委	闫振	孙建	王祝雄	
	郝育军	王海忠	杨超	
	潘世学	孟宪林	蒋云安	
编写人员	刘建杰	于百川	姜喜麟	
	赵宇翔	吴友苗	邱林	
	许晶	张志刚	张旗	
	赵晨			
省级统计人员	张静	张洁	闫香妥	张桂香
	张梁	赵显波	徐蕾	王宣
	王颖	冯澄澄	徐登坝	徐景云
	林志勇	刘琼	王琰	崔文杰
	李清伟	黄拥华	刘乾	覃方川
	王绥荣	杨欣	林川	刘攀
	潘铁梅	罗洋	范永禄	陈瑱
	罗龙	董燕彪	梅莲香	贾寿珍
	国树铁	涂海萍	王哲	李玉新
	郭发文			
英文翻译	余跃			

CHINA

FORESTRY STATISTICAL YEARBOOK 2014

说明

一、为了适应改革开放的需要，便于国内外各界了解中国林业建设与发展情况，我们编辑的《中国林业统计年鉴》从1987年开始公开出版，每年出版一册，供广大读者作为资料性的工具书使用。

二、本书系根据各省、自治区、直辖市林业管理部门和国家林业局直属单位上报的2014年林业统计年报和其他有关资料编辑而成。全书分为：森林和湿地资源、生态建设、产业发展、从业人员和劳动报酬、林业投资、林业教育6个部分及国有林区135个木材采运企业和20个重点营林局主要统计指标、林业工作站和乡村林场基本情况、森林主要灾害情况、全国分县造林情况、全国历年主要统计指标完成情况、2005~2014年主要林产品进出口情况、野生动植物进出口情况和世界主要国家林业情况8个附录。

三、本书数据除特别标注外不包括香港特别行政区、澳门特别行政区以及台湾省。

四、“—”表示数据不足本表最小单位数、不详或无该项数据。

五、为了不断提高图书质量，竭诚欢迎广大读者提出改进意见。

编者

2015年6月

Preface

To meet requirements of reform and opening - up, *China Forestry Statistical Yearbook* has been annually published since 1987. The yearbook, as a reference tool, is used to help people from all walks of life at home and abroad to understand forestry construction and development in China.

China Forestry Statistical Yearbook 2014 is edited on the basis of some relevant information and the statistics submitted by the competent forestry departments of provinces, autonomous regions, municipalities directly under the Central Government and some institutions affiliated to the State Forestry Administration. The yearbook is composed of six components including forest and wetland resources, ecological improvement, development of forestry industry, employment, forestry investment and education. It also contains 8 appendices of major statistical data of 135 forest industry enterprises and 20 key silviculture bureaus in state - owned forest areas, forestry working stations and rural forest farms, major forest disasters, afforestation in counties, main forestry statistical indicators over years, import and export of primary forest products (2005 ~ 2014), import and export of wild fauna and flora and forestry in major countries of the world.

The yearbook (in case there are no specific notes) does not include the data of Hong Kong Special Administrative Region, Macao Special Administrative Region and Taiwan Province.

"—" indicates that the figure is not large enough to be measured with the smallest unit in the table or the data are not available.

In order to improve the quality of the yearbook, the suggestions and comments are warmly welcomed.

Editor

June, 2015

目录

CONTENTS

一、森林和湿地资源

Forest and Wetland Resources

二、生态建设

Ecological Development

三、产业发展

Forest Industrial Development

四、从业人员和劳动报酬

Employment and Wages

五、林业投资

Investment in Forestry

六、林业教育

Forestry Education

附录一：国有林区135个木材采运企业和20个重点营林局主要统计指标

Annex I Main Statistical Indicators for 135 Timber Harvesting Enterprises and 20 Key Silviculture Bureaus in the State – owned Forest Areas

附录二：林业工作站和乡村林场基本情况

Annex II Forestry Working Stations and Rural Forest Farms

附录三：森林主要灾害情况

Annex III Major Forest Disasters

附录四：全国分县造林情况

Annex IV National Afforestation by County

附录五：全国历年主要统计指标完成情况

Annex V　Main Statistical Indicators in Calendar Years

附录六：2005 ~ 2014 年主要林产品进出口情况

Annex VI　Import and Export of Major Forest Products between 2005 and 2014

附录七：野生动植物进出口情况

Annex VII　Import and Export of Wild Fauna and Flora

附录八：世界主要国家林业情况

Annex VIII Forestry in Major Countries in the World

1

森林和湿地资源

FOREST AND WETLAND RESOURCES

全国森林资源情况

单位：万公顷、万立方米

地区	森林覆盖率		林地面积	活立木总蓄积	森林面积[1]	森林蓄积	人工林		天然林		乔木林单位面积蓄积量（立方米/公顷）
	森林覆盖率(%)[1]	排序					面积	蓄积	面积	蓄积	
全国合计	**21.63**	**—**	**31259.00**	**1643280.62**	**20768.73**	**1513729.72**	**6933.38**	**248324.85**	**12184.12**	**1229583.97**	**89.79**
北京	35.84	16	101.35	1828.04	58.81	1425.33	37.15	785.65	21.58	639.68	33.22
天津	9.87	29	15.62	453.98	11.16	374.03	10.56	354.89	0.60	19.14	49.74
河北	23.41	19	718.08	13082.23	439.33	10774.95	220.90	5683.81	173.93	5091.14	34.65
山西	18.03	22	765.55	11039.38	282.41	9739.12	131.81	2665.79	129.54	7073.33	46.28
内蒙古	21.03	21	4398.89	148415.92	2487.90	134530.48	331.65	9798.18	1401.20	124732.30	78.53
辽宁	38.24	14	699.89	25972.07	557.31	25046.29	307.08	9487.54	210.13	15558.75	64.28
吉林	40.38	11	856.19	96534.93	763.87	92257.37	160.56	10397.42	602.47	81859.95	122.45
黑龙江	43.16	9	2207.40	177720.97	1962.13	164487.01	246.53	16423.73	1715.60	148063.28	84.37
上海	10.74	28	7.73	380.25	6.81	186.35	6.81	186.35	0.00	0.00	42.74
江苏	15.80	24	178.70	8461.42	162.10	6470.00	156.82	6320.85	5.28	149.15	51.69
浙江	59.07	3	660.74	24224.93	601.36	21679.75	258.53	6831.76	342.83	14847.99	52.87
安徽	27.53	18	443.18	21710.12	380.42	18074.85	225.07	9374.77	155.23	8700.08	61.97
福建	65.95	1	926.82	66674.62	801.27	60796.15	377.69	24853.23	423.58	35942.92	100.20
江西	60.01	2	1069.66	47032.40	1001.81	40840.62	338.60	11121.88	663.21	29718.74	51.70
山东	16.73	23	331.26	12360.74	254.60	8919.79	244.52	8709.27	10.08	210.52	55.25
河南	21.50	20	504.98	22880.68	359.07	17094.56	227.12	10465.76	131.95	6628.80	55.98
湖北	38.40	13	849.85	31324.69	713.86	28652.97	194.85	6007.07	454.05	22645.90	50.06
湖南	47.77	8	1252.78	37311.50	1011.94	33099.27	474.61	14094.46	476.17	19004.81	45.26
广东	51.26	6	1076.44	37774.59	906.13	35682.71	557.89	15467.69	325.72	20215.02	49.92
广西	56.51	4	1527.17	55816.60	1342.70	50936.80	634.52	22272.16	481.86	28664.64	56.34
海南	55.38	5	214.49	9774.49	187.77	8903.83	136.20	2313.16	51.57	6590.67	91.69
重庆	38.43	12	406.28	17437.31	316.44	14651.76	92.55	3591.72	153.80	11060.04	69.47
四川	35.22	17	2328.26	177576.04	1703.74	168000.04	449.26	15964.49	891.42	152035.55	141.92
贵州	37.09	15	861.22	34384.40	653.35	30076.43	237.30	11557.35	299.07	18519.08	62.83
云南	50.03	7	2501.04	187514.27	1914.19	169309.19	414.11	11020.33	1335.98	158288.86	110.88
西藏	11.98	25	1783.64	228812.16	1471.56	226207.05	4.88	156.75	844.25	226050.30	266.59
陕西	41.42	10	1228.47	42416.05	853.24	39592.52	236.97	2812.14	532.16	36780.38	61.93
甘肃	11.28	27	1042.65	24054.88	507.45	21453.97	102.97	2831.83	168.94	18622.14	86.79
青海	5.63	30	808.04	4884.43	406.39	4331.21	7.44	430.72	34.05	3900.49	114.43
宁夏	11.89	26	180.10	872.56	61.80	660.33	14.43	317.44	5.72	342.89	41.66
新疆	4.24	31	1099.71	38679.57	698.25	33654.09	94.00	6026.66	142.15	27627.43	187.81
香港[2]	22.55	—	2.49	—	2.49	—	—	—	—	—	—
澳门[3]	30.00	—	0.09	—	0.09	—	—	—	—	—	—
台湾[4]	58.79	—	210.24	35874.40	210.24	35820.90	—	—	—	—	—

①全国森林覆盖率和森林面积中含国家特别规定的灌木林新增面积，各省（区、市）森林覆盖率和森林面积含国家特别规定的灌木林面积。

②香港特别行政区数据来源于《中国统计年鉴（2012）》。

③澳门特别行政区数据来源于《澳门统计年鉴（2011）》。

④台湾省数据来源于《第三次台湾森林资源及土地利用调查（1993年）》。

全国湿地资源情况

单位:万公顷

地　区	湿地总面积	按类型分				
		近海与海岸湿地	河流湿地	湖泊湿地	沼泽湿地	人工湿地
全国合计	**5360.26**	**579.59**	**1055.21**	**859.38**	**2173.29**	**674.59**
北　京	4.81	—	2.27	0.02	0.13	2.39
天　津	29.56	10.43	3.23	0.36	1.09	14.45
河　北	94.19	23.19	21.25	2.66	22.36	24.73
山　西	15.19	—	9.69	0.31	0.81	4.38
内蒙古	601.06	—	46.37	56.62	484.89	13.18
辽　宁	139.48	71.32	25.15	0.29	11.01	31.71
吉　林	99.76	—	22.35	11.20	52.74	13.47
黑龙江	514.33	—	73.35	35.60	386.43	18.95
上　海	46.46	38.66	0.73	0.58	0.93	5.56
江　苏	282.28	108.75	29.66	53.67	2.80	87.40
浙　江	111.01	69.25	14.12	0.89	0.07	26.68
安　徽	104.18	—	30.96	36.11	4.29	32.82
福　建	87.10	57.56	13.51	0.03	0.02	15.98
江　西	91.01	—	31.08	37.41	2.58	19.94
山　东	173.75	72.85	25.78	6.26	5.41	63.45
河　南	62.79	—	36.89	0.69	0.49	24.72
湖　北	144.50	—	45.04	27.69	3.69	68.08
湖　南	101.97	—	39.84	38.58	2.93	20.62
广　东	175.34	81.51	33.79	0.15	0.36	59.53
广　西	75.43	25.90	26.89	0.63	0.24	21.77
海　南	32.00	20.17	3.97	0.06	—	7.80
重　庆	20.72	—	8.73	0.03	0.01	11.95
四　川	174.78	—	45.23	3.74	117.59	8.22
贵　州	20.97	—	13.81	0.25	1.10	5.81
云　南	56.35	—	24.18	11.85	3.22	17.10
西　藏	652.90	—	143.45	303.52	205.43	0.50
陕　西	30.85	—	25.76	0.76	1.10	3.23
甘　肃	169.39	—	38.17	1.59	124.48	5.15
青　海	814.36	—	88.53	147.03	564.54	14.26
宁　夏	20.72	—	9.79	3.35	3.81	3.77
新　疆	394.82	—	121.64	77.45	168.74	26.99
香　港	4.47	—	—	—	—	—
澳　门	2.55	—	—	—	—	—
台　湾	11.18	—	—	—	—	—

注:湿地总面积按类型分不包括香港、澳门和台湾。

2

生态建设

ECOLOGICAL DEVELOPMENT

全国营林生产主要指标2014年与2013年比较

指标名称	单位	2014年	2013年	2014年比2013年增减(%)
一、造林面积	**公顷**	**5549612**	**6100057**	**-9.02**
(一)按造林方式分				
1.人工造林	公顷	4052912	4209686	-3.72
其中:竹林面积	公顷	46903	47794	-1.86
2.飞播造林	公顷	108055	154400	-30.02
3.无林地和疏林地新封	公顷	1388645	1735971	-20.01
(二)按经济成分分				
1.公有经济造林	公顷	2915900	3255217	-10.42
①国有经济造林	公顷	1402267	1602727	-12.51
②集体经济造林	公顷	1513633	1652490	-8.40
2.非公有经济造林	公顷	2633712	2844840	-7.42
(三)按林种用途分				
1.用材林	公顷	1092351	1057558	3.29
2.经济林	公顷	1139192	1233676	-7.66
3.防护林	公顷	3238663	3748409	-13.60
4.薪炭林	公顷	36950	24898	48.41
5.特种用途林	公顷	42456	35516	19.54
(四)按树种类型分				
其中:速生树种	公顷	909343	1031244	-11.82
乡土树种	公顷	3490518	3735831	-6.57
珍贵树种	公顷	91585	94174	-2.75
(五)按结构类型分				
1.纯林	公顷	3317425	3508627	-5.45
2.混交林	公顷	2232187	2591430	-13.86
二、有林地造林面积	**公顷**	**602625**	**688152**	**-12.43**
1.林冠下造林	公顷	135839	169518	-19.87
2.飞播营林	公顷	1599	—	—
3.有林地和灌木林地新封	公顷	465187	518634	-10.31
三、更新造林面积	**公顷**	**292453**	**303086**	**-3.51**
四、四旁(零星)植树	**万株**	**205721**	**235734**	**-12.73**
五、年末实有封山(沙)育林面积	**公顷**	**24719474**	**25178730**	**-1.82**
六、森林抚育改造面积				
1.低产低效林改造面积	公顷	687375	758327	-9.36
2.未成林抚育作业面积	公顷次	6966646	7751527	-10.13
3.中、幼龄林抚育面积	公顷	9019639	7847187	14.94
七、林木种苗				
1.林木种子采集量	吨	31422	26680	17.77
2.当年苗木产量	万株	6777066	6004062	12.87
3.育苗面积	公顷	1412326	1071459	31.81
其中:本年新增育苗面积	公顷	380891	299639	27.12

各地区按造林方式分造林面积 2014 年与 2013 年比较

单位:公顷

地　区	造林面积			人工造林			飞播造林			无林地和疏林地新封		
	2014 年	2013 年	增减（%）	2014 年	2013 年	增减（%）	2014 年	2013 年	增减（%）	2014 年	2013 年	增减（%）
全国合计	**5549612**	**6100057**	**-9.02**	**4052912**	**4209686**	**-3.72**	**108055**	**154400**	**-30.02**	**1388645**	**1735971**	**-20.01**
北　京	22937	45813	-49.93	22937	30871	-25.70	—	—	—	—	14942	—
天　津	7061	5792	21.91	7061	5792	21.91	—	—	—	—	—	—
河　北	340042	318737	6.68	274554	238007	15.36	—	20001	—	65488	60729	7.84
山　西	303501	298796	1.57	233191	240843	-3.18	3333	1732	92.44	66977	56221	19.13
内蒙古	559247	805156	-30.54	320254	349624	-8.40	57434	78666	-26.99	181559	376866	-51.82
内蒙古集团	2948	1438	105.01	2948	1438	105.01	—	—	—	—	—	—
辽　宁	226471	237457	-4.63	126407	134459	-5.99	—	—	—	100064	102998	-2.85
吉　林	108523	112446	-3.49	108523	48448	124.00	—	—	—	—	63998	—
吉林集团	2761	2669	—	2761	2669	—	—	—	—	—	—	—
长白山集团	824	10346	-92.04	824	10346	-92.04	—	—	—	—	—	—
黑龙江	101079	124122	-18.56	49276	81512	-39.55	—	—	—	51803	42610	21.57
龙江集团	—	—	—	—	—	—	—	—	—	—	—	—
上　海	899	862	4.29	899	862	4.29	—	—	—	—	—	—
江　苏	59209	65258	-9.27	59209	64925	-8.80	—	—	—	—	333	—
浙　江	39396	42362	-7.00	26720	30310	-11.84	—	—	—	12676	12052	5.18
安　徽	157745	172086	-8.33	150871	162488	-7.15	—	—	—	6874	9598	-28.38
福　建	44346	100185	-55.74	44346	100185	-55.74	—	—	—	—	—	—
江　西	131973	153368	-13.95	130751	141041	-7.30	—	—	—	1222	12327	-90.09
山　东	224972	220473	2.04	223560	219129	2.02	—	—	—	1412	1344	5.06
河　南	260003	253914	2.40	201251	201208	0.02	13334	—	—	45418	52706	-13.83
湖　北	243799	246858	-1.24	168867	165652	1.94	—	—	—	74932	81206	-7.73
湖　南	391942	349772	12.06	229614	188680	21.69	—	—	—	162328	161092	0.77
广　东	151473	139058	8.93	133218	119083	11.87	—	—	—	18255	19975	-8.61
广　西	143651	149875	-4.15	117985	133510	-11.63	—	—	—	25666	16365	56.83
海　南	8802	12829	-31.39	8802	12829	-31.39	—	—	—	—	—	—
重　庆	191001	227883	-16.18	138820	152832	-9.17	—	—	—	52181	75051	-30.47
四　川	98226	126191	-22.16	67812	67992	-0.26	—	—	—	30414	58199	-47.74
贵　州	320000	340000	-5.88	233361	256253	-8.93	—	—	—	86639	83747	3.45
云　南	400355	524334	-23.65	334593	467658	-28.45	—	—	—	65762	56676	16.03
西　藏	82668	69629	18.73	32140	30540	5.24	—	—	—	50528	39089	29.26
陕　西	335362	343981	-2.51	251125	215732	16.41	32000	54001	-40.74	52237	74248	-29.65
甘　肃	214025	174470	22.67	152502	108377	40.71	—	—	—	61523	66093	-6.91
青　海	132044	152755	-13.56	28444	44397	-35.93	—	—	—	103600	108358	-4.39
宁　夏	84191	101145	-16.76	49723	60695	-18.08	—	—	—	34468	40450	-14.79
新　疆	151336	164450	-7.97	112763	115752	-2.58	1954	—	—	36619	48698	-24.80
新疆兵团	15350	17093	-10.20	15350	16093	-4.62	—	—	—	—	1000	—
大兴安岭	—	—	—	—	—	—	—	—	—	—	—	—

注:全国合计造林面积中包括军事管理区 13333 公顷人工造林。

各地区全部营林

地区	造林								
	合计	按造林方式分				按经济成分分			
		人工造林		飞播造林	无林地和疏林地新封	公有经济造林			非公有经济造林
		小计	其中：竹林面积			小计	国有经济造林	集体经济造林	
全国合计	**5549612**	**4052912**	**46903**	**108055**	**1388645**	**2915900**	**1402267**	**1513633**	**2633712**
北京	22937	22937	—	—	—	22809	14659	8150	128
天津	7061	7061	—	—	—	5316	3752	1564	1745
河北	340042	274554	—	—	65488	131850	36993	94857	208192
山西	303501	233191	—	3333	66977	256286	90027	166259	47215
内蒙古	559247	320254	—	57434	181559	381304	183439	197865	177943
内蒙古集团	2948	2948	—	—	—	2948	2948	—	—
辽宁	226471	126407	—	—	100064	47906	21383	26523	178565
吉林	108523	108523	—	—	—	55566	23740	31826	52957
吉林集团	2761	2761	—	—	—	2761	2761	—	—
长白山集团	824	824	—	—	—	824	824	—	—
黑龙江	101079	49276	—	—	51803	68551	56411	12140	32528
龙江集团	—	—	—	—	—	—	—	—	—
上海	899	899	—	—	—	666	431	235	233
江苏	59209	59209	6	—	—	29091	8289	20802	30118
浙江	39396	26720	164	—	12676	24760	5159	19601	14636
安徽	157745	150871	3032	—	6874	38723	7034	31689	119022
福建	44346	44346	354	—	—	12894	5043	7851	31452
江西	131973	130751	882	—	1222	29831	14565	15266	102142
山东	224972	223560	—	—	1412	88953	11393	77560	136019
河南	260003	201251	—	13334	45418	35183	11863	23320	224820
湖北	243799	168867	2946	—	74932	78852	39620	39232	164947
湖南	391942	229614	2206	—	162328	100885	28989	71896	291057
广东	151473	133218	32	—	18255	130624	69046	61578	20849
广西	143651	117985	788	—	25666	31969	6266	25703	111682
海南	8802	8802	33	—	—	1049	781	268	7753
重庆	191001	138820	2500	—	52181	76029	37731	38298	114972
四川	98226	67812	7971	—	30414	69490	39942	29548	28736
贵州	320000	233361	11326	—	86639	216640	141293	75347	103360
云南	400355	334593	14130	—	65762	159846	52094	107752	240509
西藏	82668	32140	—	—	50528	30031	30031	—	52637
陕西	335362	251125	533	32000	52237	298174	131094	167080	37188
甘肃	214025	152502	—	—	61523	185920	88376	97544	28105
青海	132044	28444	—	—	103600	132044	132044	—	—
宁夏	84191	49723	—	—	34468	78006	41181	36825	6185
新疆	151336	112763	—	1954	36619	83319	56265	27054	68017
新疆兵团	15350	15350	—	—	—	11346	11346	—	4004
大兴安岭	—	—	—	—	—	—	—	—	—

注：全国合计造林面积中包括军事管理区人工营造的 9333 公顷防护林和 4000 公顷特种用途林。

生产情况(一)

单位:公顷

面积									
按林种用途分					按树种类型分			按结构类型分	
					其中				
用材林	经济林	防护林	薪炭林	特种用途林	速生树种	乡土树种	珍贵树种	纯林	混交林
1092351	**1139192**	**3238663**	**36950**	**42456**	**909343**	**3490518**	**91585**	**3317425**	**2232187**
—	131	22482	—	324	—	22076	618	131	22806
1320	355	5386	—	—	2873	1988	—	3040	4021
50741	56183	232724	—	394	78282	211131	4062	236472	103570
1887	85791	200489	15334	—	8863	271846	—	151981	151520
9780	10285	538515	—	667	3449	450423	5753	259233	300014
1389	837	722	—	—	—	2948	—	2948	—
13466	25443	187562	—	—	21594	166612	4	154691	71780
58331	7784	42399	9	—	4975	64753	3803	81422	27101
2658	94	9	—	—	—	2631	130	2472	289
766	58	—	—	—	—	360	464	638	186
7142	1794	91567	66	510	16177	75637	586	79850	21229
—	—	—	—	—	—	—	—	—	—
—	236	663	—	—	—	339	—	390	509
6660	11771	39685	—	1093	10244	25754	4570	27098	32111
4930	9035	25328	1	102	3055	25276	4983	13903	25493
51701	44584	54826	426	6208	26590	80175	6088	102090	55655
28714	5677	7984	4	1967	2530	21054	3876	25740	18606
82696	29371	18232	1025	649	52987	59238	3259	97356	34617
43411	66219	113208	—	2134	52899	133889	1705	179428	45544
67178	48996	143082	667	80	54546	125476	3277	193653	66350
85622	51338	105254	13	1572	67526	147411	4563	167420	76379
203574	47356	134519	1393	5100	111975	228569	14334	161965	229977
43889	7793	98293	89	1409	10661	117530	316	24411	127062
80908	30552	30496	—	1695	68318	42702	5842	121604	22047
1483	4148	2425	—	746	2156	2466	869	8718	84
45535	52923	82823	9700	20	27719	139844	529	101034	89967
20366	30324	47128	—	408	15424	68129	2794	61623	36603
96000	140800	73967	6833	2400	224403	82361	13236	249280	70720
72512	216588	108257	365	2633	33718	277143	1979	290901	109454
—	17012	65656	—	—	—	—	—	39165	43503
10739	70697	253793	133	—	2625	210921	3634	177129	158233
133	20451	184760	381	8300	3018	176636	—	97382	116643
—	979	131065	—	—	—	89794	—	53157	78887
—	4232	79959	—	—	—	65489	139	28438	55753
3633	40344	106803	511	45	2736	105856	766	115387	35949
—	5140	10210	—	—	—	9154	—	14164	1186
—	—	—	—	—	—	—	—	—	—

各地区全部营林

地　区	有林地造林面积				更新造林	四旁(零星)植树(万株)
	合计	林冠下造林	飞播营林	有林地和灌木林地新封		
全国合计	**602625**	**135839**	**1599**	**465187**	**292453**	**205721**
北　京	943	943	—	—	1280	242
天　津	—	—	—	—	—	459
河　北	421	88	—	333	4004	11431
山　西	4491	—	—	4491	—	10062
内蒙古	30731	30731	—	—	11201	2621
内蒙古集团	30731	30731	—	—	134	33
辽　宁	564	31	—	533	10651	5979
吉　林	44784	44784	—	—	12984	934
吉林集团	18685	18685	—	—	1137	2
长白山集团	20281	20281	—	—	409	19
黑龙江	51207	22954	—	28253	—	977
龙江集团	21621	21621	—	—	—	185
上　海	—	—	—	—	—	36
江　苏	703	370	—	333	1692	9217
浙　江	4354	548	—	3806	14335	2603
安　徽	11062	20	—	11042	—	13321
福　建	150624	14897	—	135727	23303	3543
江　西	35534	2739	533	32262	13091	5199
山　东	—	—	—	—	5397	17325
河　南	—	—	—	—	—	20768
湖　北	8807	367	—	8440	3589	13786
湖　南	57318	3315	—	54003	18419	14255
广　东	41818	7146	—	34672	67842	7538
广　西	10349	1194	—	9155	86585	5892
海　南	152	152	—	—	13408	1315
重　庆	24755	2272	—	22483	1811	6740
四　川	—	—	—	—	627	19281
贵　州	—	—	—	—	—	2036
云　南	105121	1933	—	103188	—	9885
西　藏	—	—	—	—	—	—
陕　西	8466	—	—	8466	366	10226
甘　肃	4000	—	—	4000	—	5110
青　海	—	—	—	—	—	1386
宁　夏	—	—	—	—	—	891
新　疆	6421	1355	1066	4000	1868	2662
新疆兵团	1233	1233	—	—	375	277
大兴安岭	—	—	—	—	—	—

生产情况(二)

单位:公顷

年末实有封山(沙)育林面积	森林抚育改造面积			林木种苗			
	低产低效林改造面积	未成林抚育作业面积(公顷次)	中、幼龄林抚育面积	林木种子采集量(吨)	当年苗木产量(万株)	育苗面积	
						合计	其中:本年新增有苗面积
24719474	**687375**	**6966646**	**9019639**	**31422**	**6777066**	**1412326**	**380891**
115336	1977	22865	66766	15	16513	13749	3443
26014	—	84752	57971	—	6684	8469	2580
927548	415	361929	402687	2320	350732	138089	79117
843542	12766	42013	69078	610	450674	73237	20316
3706461	13573	248832	636565	1857	461336	47403	8804
—	—	—	350271	—	11758	139	26
1310583	4164	60982	60459	1502	294279	35619	8155
576336	5343	489343	224015	5597	125086	8460	2935
215647	497	150932	46630	64	13291	136	32
150127	1544	122671	90698	13	1990	529	57
855082	1731	378861	617125	3153	201121	10247	2953
297545	790	218361	487155	42	53582	492	83
—	863	2867	15890	—	12558	12954	146
23234	3941	65480	209909	—	276136	160118	18067
986073	10836	31650	232000	21	455474	138675	15320
536896	6421	367332	512548	588	72360	82380	5130
695928	11623	378579	211336	15	43912	1017	628
1108169	38572	249903	178106	127	315335	78743	21989
105553	30918	322219	415701	2238	932052	195617	58087
388344	16213	264567	349128	825	281112	68141	31417
1184859	32868	277901	442485	356	191475	49910	22300
968225	126577	458283	405800	382	85321	1846	1765
597683	49267	123805	478859	73	60232	16436	2526
1965759	14835	673220	614471	313	146567	18524	3900
216239	1433	266070	222460	188	18810	3537	1468
346090	1283	42749	125029	283	77541	34364	5106
691945	53014	21960	135286	1278	86614	40392	11268
520933	1400	14217	287583	541	88446	4123	2599
1406148	101159	—	141440	4090	88764	3795	2391
50528	—	—	—	3	1542	5115	1683
959332	72176	120041	161398	2469	368967	28429	9004
936739	3227	99526	155904	1045	697037	43044	12941
970844	—	—	23533	153	40734	9880	1139
320287	5478	209677	271802	475	306591	38661	5804
1378764	52635	1287023	1090372	905	213304	41191	17858
150177	3519	338284	179307	49	18185	6716	5894
—	12667	—	203933	—	9757	161	52

林业重点生态

指　标	总计	天然林资源保护工程	退耕还林工程	京津风沙源治理工程
一、造林面积	**1926870**	**410508**	**378575**	**239107**
（一）按造林方式分				
1. 人工造林	1111296	114948	312746	131167
2. 飞播造林	93388	63955	—	20766
3. 无林地和疏林地新封	722186	231605	65829	87174
（二）按林种用途分				
1. 用材林	124592	15012	76725	2731
2. 经济林	196426	16256	129571	4005
3. 防护林	1575472	371905	154266	232038
4. 薪炭林	15946	133	15536	—
5. 特种用途林	14434	7202	2477	333
二、低产低效防护林改造面积	**11752**	**—**	**—**	**—**
三、年末实有封山育林面积	**14039065**	**5499376**	**2100449**	**2606979**
四、全部林业投资完成额	**6659502**	**2610936**	**2230905**	**106583**
其中：国家投资	5448154	2204105	1916113	81217

工程建设情况

单位:公顷、万元

三北及长江流域等重点防护林体系工程							野生动物植物保护及自然保护区建设工程
合计	三北防护林工程	长江流域防护林体系工程	沿海防护林体系工程	珠江流域防护林体系工程	太行山绿化工程	平原绿化工程	
898680	**596343**	**107397**	**96859**	**26924**	**49218**	**21939**	**—**
552435	355135	62295	67810	17301	27955	21939	—
8667	8667	—	—	—	—	—	—
337578	232541	45102	29049	9623	21263	—	—
30124	15196	8017	2470	3462	979	—	—
46594	37813	4082	2923	531	1245	—	—
817263	541891	93705	90198	22860	46994	21615	—
277	277	—	—	—	—	—	—
4422	1166	1593	1268	71	—	324	—
11752	**4030**	**1965**	**3436**	**2321**	**—**	**—**	**—**
3832261	**2622425**	**359886**	**412990**	**251836**	**185124**	**—**	**—**
1512854	**406704**	**98569**	**278075**	**21229**	**13196**	**695081**	**198224**
1098931	253193	33154	140431	14930	12664	644559	147788

各地区林业重点生态工程造林面积

单位:公顷

地　区	全部造林面积	林业重点生态工程造林面积					其他造林面积
		合计	天然林资源保护工程	退耕还林工程	京津风沙源治理工程	三北及长江流域等重点防护林体系工程	
全国合计	**5549612**	**1926870**	**410508**	**378575**	**239107**	**898680**	**3622742**
北　京	22937	22806	—	—	—	22806	131
天　津	7061	7061	—	—	2010	5051	—
河　北	340042	116169	—	22767	38668	54734	223873
山　西	303501	172819	39935	42156	48298	42430	130682
内蒙古	559247	363897	91515	16399	132578	123405	195350
内蒙古集团	2948	—	—	—	—	—	2948
辽　宁	226471	96258	—	—	—	96258	130213
吉　林	108523	19337	—	6802	—	12535	89186
吉林集团	2761	—	—	—	—	—	2761
长白山集团	824	—	—	—	—	—	824
黑龙江	101079	50561	—	—	—	50561	50518
龙江集团	—	—	—	—	—	—	—
上　海	899	—	—	—	—	—	899
江　苏	59209	14056	—	—	—	14056	45153
浙　江	39396	11152	—	—	—	11152	28244
安　徽	157745	30938	—	20546	—	10392	126807
福　建	44346	3766	—	—	—	3766	40580
江　西	131973	8370	—	—	—	8370	123603
山　东	224972	28755	—	—	—	28755	196217
河　南	260003	84627	6579	27093	—	50955	175376
湖　北	243799	60207	31746	13993	—	14468	183592
湖　南	391942	36657	—	20000	—	16657	355285
广　东	151473	32787	—	—	—	32787	118686
广　西	143651	25002	—	15049	—	9953	118649
海　南	8802	1817	—	200	—	1617	6985
重　庆	191001	11049	7048	4001	—	—	179952
四　川	98226	45035	29327	15708	—	—	53191
贵　州	320000	21554	16887	4667	—	—	298446
云　南	400355	152566	37566	108086	—	6914	247789
西　藏	82668	17624	2200	6757	—	8667	65044
陕　西	335362	135991	62033	3928	17553	52477	199371
甘　肃	214025	96073	40463	6835	—	48775	117952
青　海	132044	61201	15600	18667	—	26934	70843
宁　夏	84191	64076	27361	—	—	36715	20115
新　疆	151336	125326	2248	15588	—	107490	26010
新疆兵团	15350	11570	—	—	—	11570	3780
大兴安岭	—	—	—	—	—	—	—

注:退耕还林工程中包括军事管理区 9333 公顷荒山荒地造林。

天然林资源保护工程建设情况

指　　标	单位	合计	东北、内蒙古重点国有林区	长江上游、黄河上中游地区
一、工程区木材产量	**立方米**	**6805565**	**2322328**	**4483237**
其中:人工林木材产量	立方米	4300109	151909	4148200
二、造林面积	**公顷**	**410508**	**2248**	**408260**
1. 人工造林	公顷	114948	294	114654
2. 飞播造林	公顷	63955	1954	62001
3. 无林地和疏林地新封	公顷	231605	—	231605
按林种用途分				
1. 用材林	公顷	15012	—	15012
2. 经济林	公顷	16256	—	16256
3. 防护林	公顷	371905	2248	369657
4. 薪炭林	公顷	133	—	133
5. 特种用途林	公顷	7202	—	7202
三、中、幼龄林抚育面积	**公顷**	**1695065**	**1250553**	**444512**
四、年末实有封山(沙)育林面积	**公顷**	**5499376**	**786114**	**4713262**
五、年末实有森林管护面积	**公顷**	**114583848**	**38030797**	**76553051**
1. 国有林	公顷	70720306	38030797	32689509
2. 集体和个人所有的国家级公益林	公顷	20592386	—	20592386
3. 集体和个人所有的地方公益林	公顷	23271156	—	23271156
六、工程区项目实施单位人员情况				
1. 年末人数	人	822402	671155	151247
其中:混岗职工人数	人	105180	103918	1262
(1)在岗职工	人	556625	410103	146522
(2)其他从业人员	人	4028	1547	2481
(3)离开本单位保留劳动关系人员	人	261749	259505	2244
2. 在岗职工年平均人数	人	527059	386175	140884
3. 在岗职工年工资总额	万元	1581795	1095387	486408
4. 年末实有离退休人员	人	664570	529435	135135
5. 当年离退休人员生活费	万元	1594835	1236640	358195
6. 年末参加基本养老保险人数	人	741276	576139	165137
其中:在岗职工	人	473247	353227	120020
7. 年末参加基本医疗保险人数	人	891952	668714	223238
其中:在岗职工	人	501463	374344	127119
七、全部林业投资完成额	**万元**	**2610936**	**1407338**	**1203598**
其中:国家投资	万元	2204105	1321025	883080
1. 公益林建设	万元	81708	—	81708
2. 后备资源培育	万元	26428	26428	—
3. 森林管护	万元	690750	296829	393921
4. 森林抚育	万元	302765	231697	71068
5. 生态效益补偿	万元	488205	6377	481828
6. 社会保险(养老、医疗、失业、工伤、生育)	万元	481501	379261	102240
7. 政社性支出	万元	418466	395944	22522
8. 其他	万元	121113	70802	50311

各地区天然林资源

地区	工程区木材产量(立方米)		造林面积(公顷)								
				按造林方式分			按林种用途分				
	合计	其中：人工林木材产量	合计	人工造林	飞播造林	无林地和疏林地新封	用材林	经济林	防护林	薪炭林	特种用途林
全国合计	**6805565**	**4300109**	**410508**	**114948**	**63955**	**231605**	**15012**	**16256**	**371905**	**133**	**7202**
北京	—	—	—	—	—	—	—	—	—	—	—
天津	—	—	—	—	—	—	—	—	—	—	—
河北	—	—	—	—	—	—	—	—	—	—	—
山西	71569	43394	39935	14227	—	25708	—	134	39801	—	—
内蒙古	155643	77124	91515	21514	35334	34667	—	—	90848	—	667
内蒙古集团	—	—	—	—	—	—	—	—	—	—	—
辽宁	—	—	—	—	—	—	—	—	—	—	—
吉林	1437414	36081	—	—	—	—	—	—	—	—	—
吉林集团	563875	26117	—	—	—	—	—	—	—	—	—
长白山集团	739151	9824	—	—	—	—	—	—	—	—	—
黑龙江	543604	93828	—	—	—	—	—	—	—	—	—
龙江集团	543604	93828	—	—	—	—	—	—	—	—	—
上海	—	—	—	—	—	—	—	—	—	—	—
江苏	—	—	—	—	—	—	—	—	—	—	—
浙江	—	—	—	—	—	—	—	—	—	—	—
安徽	—	—	—	—	—	—	—	—	—	—	—
福建	—	—	—	—	—	—	—	—	—	—	—
江西	—	—	—	—	—	—	—	—	—	—	—
山东	—	—	—	—	—	—	—	—	—	—	—
河南	126572	125426	6579	6579	—	—	—	—	6579	—	—
湖北	260452	157782	31746	3596	—	28150	1375	388	28983	—	1000
湖南	—	—	—	—	—	—	—	—	—	—	—
广东	—	—	—	—	—	—	—	—	—	—	—
广西	—	—	—	—	—	—	—	—	—	—	—
海南	—	—	—	—	—	—	—	—	—	—	—
重庆	173720	66583	7048	4665	—	2383	1040	1405	4603	—	—
四川	2076598	2027088	29327	2662	—	26665	729	169	28429	—	—
贵州	1380979	1364845	16887	10220	—	6667	6793	1301	8793	—	—
云南	298316	289118	37566	16862	—	20704	2147	8750	26669	—	—
西藏	—	—	2200	267	—	1933	—	—	2200	—	—
陕西	8965	8965	62033	13166	26667	22200	2928	3848	55124	133	—
甘肃	16664	9875	40463	8203	—	32260	—	—	34928	—	5535
青海	—	—	15600	1333	—	14267	—	—	15600	—	—
宁夏	—	—	27361	11360	—	16001	—	261	27100	—	—
新疆	4957	—	2248	294	1954	—	—	—	2248	—	—
新疆兵团	—	—	—	—	—	—	—	—	—	—	—
大兴安岭	250112	—	—	—	—	—	—	—	—	—	—

保护工程建设情况(一)

中、幼龄林抚育面积（公顷）	年末实有封山(沙)育林面积（公顷）	年末实有森林管护面积(公顷)				工程区项目实施单位人员情况				
			其中			年末人数(人)				
		合　计	国有林	集体和个人所有的国家级公益林	集体和个人所有的地方公益林	合计	其中：混岗职工人数	在岗职工	其他从业人员	离开本单位保留劳动关系人员
1695065	**5499376**	**114583848**	**70720306**	**20592386**	**23271156**	**822402**	**105180**	**556625**	**4028**	**261749**
—	—	—	—	—	—	—	—	—	—	—
—	—	—	—	—	—	—	—	—	—	—
—	—	—	—	—	—	—	—	—	—	—
39493	300876	5163348	1635808	766446	2761094	11951	—	11733	132	86
424687	900934	20511902	13661533	2015207	4835162	170033	60930	68943	346	100744
350266	—	9664920	9664920	—	—	154726	60607	54091	—	100635
—	—	—	—	—	—	—	—	—	—	—
132771	368138	3962546	3962546	—	—	114716	2300	60260	—	54456
37874	215647	1344448	1344448	—	—	38958	544	29448	—	9510
90698	150127	2335449	2335449	—	—	71612	1756	26925	—	44687
487155	297545	8463023	8463023	—	—	327295	39531	223684	952	102659
487155	297545	8463023	8463023	—	—	327295	39531	223684	952	102659
—	—	—	—	—	—	—	—	—	—	—
—	—	—	—	—	—	—	—	—	—	—
—	—	—	—	—	—	—	—	—	—	—
—	—	—	—	—	—	—	—	—	—	—
—	—	—	—	—	—	—	—	—	—	—
—	—	—	—	—	—	—	—	—	—	—
—	—	—	—	—	—	—	—	—	—	—
—	18666	1689961	195368	563987	930606	3749	—	3739	—	10
23733	400392	3323466	782613	1506120	1034733	10492	156	9692	793	7
—	—	—	—	—	—	—	—	—	—	—
—	—	—	—	—	—	—	—	—	—	—
—	—	—	—	—	—	—	—	—	—	—
5332	—	459333	459333	—	—	2318	—	1949	324	45
36148	116870	3009288	394577	1110507	1504204	3911	—	3894	9	8
76867	370343	17710333	12168333	4840000	702000	32023	—	30413	649	961
10733	121333	4606461	318667	2443127	1844667	9947	796	9230	325	392
49070	979360	10179032	4330366	3372666	2476000	11817	—	11321	332	164
—	1933	1276467	1276467	—	—	128	—	—	128	—
106466	626429	11984314	3763163	2819095	5402056	22379	153	21773	—	606
48335	438342	4992741	3504744	945497	542500	24834	—	24834	—	—
16867	305823	3678170	2816970	83867	777333	6572	—	6572	—	—
20708	159005	1138266	551598	125867	460801	6934	30	6932	—	2
32767	93387	4336280	4336280	—	—	3542	—	3494	38	10
600	—	100000	100000	—	—	155	—	155	—	—
183933	—	8098917	8098917	—	—	59761	1284	58162	—	1599

地区	工程区项目实施单位人员情况							
	在岗职工年平均人数（人）	在岗职工年工资总额（万元）	年末实有离退休人员（人）	当年离退休人员生活费（万元）	年末参加基本养老保险人数(人)		年末参加基本医疗保险人数(人)	
					合计	其中：在岗职工	合计	其中：在岗职工
全国合计	**527059**	**1581795**	**664570**	**1594835**	**741276**	**473247**	**891952**	**501463**
北京	—	—	—	—	—	—	—	—
天津	—	—	—	—	—	—	—	—
河北	—	—	—	—	—	—	—	—
山西	11891	42300	5239	16568	13643	9924	15037	11021
内蒙古	69854	257996	91293	248302	107222	67082	113171	68705
内蒙古集团	54305	197318	81722	220203	94119	54091	94119	54091
辽宁	—	—	—	—	—	—	—	—
吉林	57037	186825	77124	145292	112994	57578	113688	57838
吉林集团	26910	86593	35982	64140	36536	27026	36536	27026
长白山集团	26397	87801	38063	76046	72374	26727	69927	26925
黑龙江	204779	489112	298316	688030	302216	175473	383545	192330
龙江集团	204779	489112	298316	688030	302216	175473	383545	192330
上海	—	—	—	—	—	—	—	—
江苏	—	—	—	—	—	—	—	—
浙江	—	—	—	—	—	—	—	—
安徽	—	—	—	—	—	—	—	—
福建	—	—	—	—	—	—	—	—
江西	—	—	—	—	—	—	—	—
山东	—	—	—	—	—	—	—	—
河南	3739	9747	1622	3383	4754	3132	4754	3066
湖北	9873	29004	4555	12465	9766	8913	10737	9692
湖南	—	—	—	—	—	—	—	—
广东	—	—	—	—	—	—	—	—
广西	—	—	—	—	—	—	—	—
海南	1968	7146	3443	7841	2183	1880	2183	1880
重庆	3915	16917	3594	10942	3978	2978	6790	3870
四川	30669	113347	70466	181501	55243	30413	89077	30413
贵州	6303	33575	6747	20814	9350	5984	8564	6234
云南	10223	25600	12282	22841	10522	10522	15412	9214
西藏	128	180	—	—	14	14	14	14
陕西	21762	80716	10103	30323	18784	15864	23610	15528
甘肃	22009	72088	11694	35852	27229	21155	33111	23683
青海	6572	12842	516	1958	745	607	2334	1585
宁夏	6824	23798	4471	10826	6570	5986	7250	6648
新疆	3539	15651	2991	9937	3379	3223	6350	3493
新疆兵团	155	511	136	384	291	155	291	155
大兴安岭	55974	164951	60114	147960	52684	52519	56325	56249

保护工程建设情况(二)

全部林业投资完成额(万元)									
合　计	其中：国家投资	公益林建设	后备资源培育	森林管护	森林抚育	生态效益补偿	社会保险	政社性支出	其他
2610936	**2204105**	**81708**	**26428**	**690750**	**302765**	**488205**	**481501**	**418466**	**121113**
—	—	—	—	—	—	—	—	—	—
—	—	—	—	—	—	—	—	—	—
—	—	—	—	—	—	—	—	—	—
54919	54919	9799	—	21839	5768	11957	3744	1043	769
441419	387072	14054	9880	121605	78982	40954	86669	78462	10813
284918	284918	—	9200	72487	62628	—	66248	74355	—
—	—	—	—	—	—	—	—	—	—
210596	144515	—	7070	38740	20312	—	97886	39853	6735
88576	71608	—	5797	10354	5832	—	59031	5987	1575
107904	62911	—	1136	24695	12849	—	32672	32845	3707
547871	547871	—	5000	67585	89760	—	157939	227584	3
547871	547871	—	5000	67585	89760	—	157939	227584	3
—	—	—	—	—	—	—	—	—	—
—	—	—	—	—	—	—	—	—	—
—	—	—	—	—	—	—	—	—	—
—	—	—	—	—	—	—	—	—	—
—	—	—	—	—	—	—	—	—	—
—	—	—	—	—	—	—	—	—	—
—	—	—	—	—	—	—	—	—	—
8143	8143	1051	—	5050	—	—	1463	579	—
84899	67271	4067	—	22893	4272	39962	7541	1646	4518
—	—	—	—	—	—	—	—	—	—
—	—	—	—	—	—	—	—	—	—
—	—	—	—	—	—	—	—	—	—
14984	14013	—	200	10535	1440	—	2249	302	258
67628	38765	2990	—	9775	4354	46246	2882	613	768
255086	233975	4000	—	85035	13836	118287	27200	1228	5500
88940	42887	4573	—	32750	1943	43546	4280	1263	585
165509	80378	8442	—	43758	13410	78539	9540	1908	9912
22486	320	—	—	19150	2016	—	32	40	1248
189505	152646	14563	—	47931	18404	76071	12516	3478	16542
109513	99571	7819	—	38558	2486	23949	22193	7341	7167
47204	34366	5230	—	31916	3036	2332	653	3037	1000
20551	17534	5120	—	8925	1308	—	5073	125	—
54156	52332	—	478	26160	8330	6362	6071	160	6595
1029	1029	—	—	750	108	—	171	—	—
227527	227527	—	3800	58545	33108	—	33570	49804	48700

东北、内蒙古等重点国有林区

地　　区	工程区木材产量(立方米)		造林面积(公顷)								
				按造林方式分			按林种用途分				
	合　计	其中：人工林木材产量	合　计	人工造林	飞播造林	无林地和疏林地新封	用材林	经济林	防护林	薪炭林	特种用途林
全国合计	**2322328**	**151909**	**2248**	**294**	**1954**	**—**	**—**	**—**	**2248**	**—**	**—**
北　京	—	—	—	—	—	—	—	—	—	—	—
天　津	—	—	—	—	—	—	—	—	—	—	—
河　北	—	—	—	—	—	—	—	—	—	—	—
山　西	—	—	—	—	—	—	—	—	—	—	—
内蒙古	86241	22000	—	—	—	—	—	—	—	—	—
内蒙古集团	—	—	—	—	—	—	—	—	—	—	—
辽　宁	—	—	—	—	—	—	—	—	—	—	—
吉　林	1437414	36081	—	—	—	—	—	—	—	—	—
吉林集团	563875	26117	—	—	—	—	—	—	—	—	—
长白山集团	739151	9824	—	—	—	—	—	—	—	—	—
黑龙江	543604	93828	—	—	—	—	—	—	—	—	—
龙江集团	543604	93828	—	—	—	—	—	—	—	—	—
上　海	—	—	—	—	—	—	—	—	—	—	—
江　苏	—	—	—	—	—	—	—	—	—	—	—
浙　江	—	—	—	—	—	—	—	—	—	—	—
安　徽	—	—	—	—	—	—	—	—	—	—	—
福　建	—	—	—	—	—	—	—	—	—	—	—
江　西	—	—	—	—	—	—	—	—	—	—	—
山　东	—	—	—	—	—	—	—	—	—	—	—
河　南	—	—	—	—	—	—	—	—	—	—	—
湖　北	—	—	—	—	—	—	—	—	—	—	—
湖　南	—	—	—	—	—	—	—	—	—	—	—
广　东	—	—	—	—	—	—	—	—	—	—	—
广　西	—	—	—	—	—	—	—	—	—	—	—
海　南	—	—	—	—	—	—	—	—	—	—	—
重　庆	—	—	—	—	—	—	—	—	—	—	—
四　川	—	—	—	—	—	—	—	—	—	—	—
贵　州	—	—	—	—	—	—	—	—	—	—	—
云　南	—	—	—	—	—	—	—	—	—	—	—
西　藏	—	—	—	—	—	—	—	—	—	—	—
陕　西	—	—	—	—	—	—	—	—	—	—	—
甘　肃	—	—	—	—	—	—	—	—	—	—	—
青　海	—	—	—	—	—	—	—	—	—	—	—
宁　夏	—	—	—	—	—	—	—	—	—	—	—
新　疆	4957	—	2248	294	1954	—	—	—	2248	—	—
新疆兵团	—	—	—	—	—	—	—	—	—	—	—
大兴安岭	250112	—	—	—	—	—	—	—	—	—	—

天然林资源保护工程建设情况(一)

中、幼龄林抚育面积（公顷）	年末实有封山(沙)育林面积（公顷）	年末实有森林管护面积(公顷)				工程区项目实施单位人员情况				
			其中			年末人数(人)				
		合　计	国有林	集体和个人所有的国家级公益林	集体和个人所有的地方公益林	合计	其中：混岗职工人数	在岗职工	其他从业人员	离开本单位保留劳动关系人员
1250553	**786114**	**38030797**	**38030797**	—	—	**671155**	**103918**	**410103**	**1547**	**259505**
—	—	—	—	—	—	—	—	—	—	—
—	—	—	—	—	—	—	—	—	—	—
—	—	—	—	—	—	—	—	—	—	—
—	—	—	—	—	—	—	—	—	—	—
408595	27044	12710698	12710698	—	—	163523	60803	62554	233	100736
350266	—	9664920	9664920	—	—	154726	60607	54091	—	100635
—	—	—	—	—	—	—	—	—	—	—
132771	368138	3962546	3962546	—	—	114716	2300	60260	—	54456
37874	215647	1344448	1344448	—	—	38958	544	29448	—	9510
90698	150127	2335449	2335449	—	—	71612	1756	26925	—	44687
487155	297545	8463023	8463023	—	—	327295	39531	223684	952	102659
487155	297545	8463023	8463023	—	—	327295	39531	223684	952	102659
—	—	—	—	—	—	—	—	—	—	—
—	—	—	—	—	—	—	—	—	—	—
—	—	—	—	—	—	—	—	—	—	—
—	—	—	—	—	—	—	—	—	—	—
—	—	—	—	—	—	—	—	—	—	—
—	—	—	—	—	—	—	—	—	—	—
—	—	—	—	—	—	—	—	—	—	—
—	—	—	—	—	—	—	—	—	—	—
—	—	—	—	—	—	—	—	—	—	—
—	—	—	—	—	—	—	—	—	—	—
—	—	—	—	—	—	—	—	—	—	—
—	—	—	—	—	—	—	—	—	—	—
5332	—	459333	459333	—	—	2318	—	1949	324	45
—	—	—	—	—	—	—	—	—	—	—
—	—	—	—	—	—	—	—	—	—	—
—	—	—	—	—	—	—	—	—	—	—
—	—	—	—	—	—	—	—	—	—	—
—	—	—	—	—	—	—	—	—	—	—
—	—	—	—	—	—	—	—	—	—	—
—	—	—	—	—	—	—	—	—	—	—
—	—	—	—	—	—	—	—	—	—	—
—	—	—	—	—	—	—	—	—	—	—
32767	93387	4336280	4336280	—	—	3542	—	3494	38	10
600	—	100000	100000	—	—	155	—	155	—	—
183933	—	8098917	8098917	—	—	59761	1284	58162	—	1599

地　区	工程区项目实施单位人员情况							
	在岗职工年平均人数（人）	在岗职工年工资总额（万元）	年末实有离退休人员（人）	当年离退休人员生活费（万元）	年末参加基本养老保险人数(人)		年末参加基本医疗保险人数(人)	
					合计	其中：在岗职工	合计	其中：在岗职工
全国合计	**386175**	**1095387**	**529435**	**1236640**	**576139**	**353227**	**668714**	**374344**
北　京	—	—	—	—	—	—	—	—
天　津	—	—	—	—	—	—	—	—
河　北	—	—	—	—	—	—	—	—
山　西	—	—	—	—	—	—	—	—
内蒙古	62878	231702	87447	237580	102683	62554	106623	62554
内蒙古集团	54305	197318	81722	220203	94119	54091	94119	54091
辽　宁	—	—	—	—	—	—	—	—
吉　林	57037	186825	77124	145292	112994	57578	113688	57838
吉林集团	26910	86593	35982	64140	36536	27026	36536	27026
长白山集团	26397	87801	38063	76046	72374	26727	69927	26925
黑龙江	204779	489112	298316	688030	302216	175473	383545	192330
龙江集团	204779	489112	298316	688030	302216	175473	383545	192330
上　海	—	—	—	—	—	—	—	—
江　苏	—	—	—	—	—	—	—	—
浙　江	—	—	—	—	—	—	—	—
安　徽	—	—	—	—	—	—	—	—
福　建	—	—	—	—	—	—	—	—
江　西	—	—	—	—	—	—	—	—
山　东	—	—	—	—	—	—	—	—
河　南	—	—	—	—	—	—	—	—
湖　北	—	—	—	—	—	—	—	—
湖　南	—	—	—	—	—	—	—	—
广　东	—	—	—	—	—	—	—	—
广　西	—	—	—	—	—	—	—	—
海　南	1968	7146	3443	7841	2183	1880	2183	1880
重　庆	—	—	—	—	—	—	—	—
四　川	—	—	—	—	—	—	—	—
贵　州	—	—	—	—	—	—	—	—
云　南	—	—	—	—	—	—	—	—
西　藏	—	—	—	—	—	—	—	—
陕　西	—	—	—	—	—	—	—	—
甘　肃	—	—	—	—	—	—	—	—
青　海	—	—	—	—	—	—	—	—
宁　夏	—	—	—	—	—	—	—	—
新　疆	3539	15651	2991	9937	3379	3223	6350	3493
新疆兵团	155	511	136	384	291	155	291	155
大兴安岭	55974	164951	60114	147960	52684	52519	56325	56249

天然林资源保护工程建设情况(二)

全部林业投资完成额(万元)									
合计	其中:国家投资	公益林建设	后备资源培育	森林管护	森林抚育	生态效益补偿	社会保险	政社性支出	其他
1407338	**1321025**	**—**	**26428**	**296829**	**231697**	**6377**	**379261**	**395944**	**70802**
—	—	—	—	—	—	—	—	—	—
—	—	—	—	—	—	—	—	—	—
—	—	—	—	—	—	—	—	—	—
—	—	—	—	—	—	—	—	—	—
352204	334767	—	9880	95264	78747	15	81546	78241	8511
284918	284918	—	9200	72487	62628	—	66248	74355	—
—	—	—	—	—	—	—	—	—	—
210596	144515	—	7070	38740	20312	—	97886	39853	6735
88576	71608	—	5797	10354	5832	—	59031	5987	1575
107904	62911	—	1136	24695	12849	—	32672	32845	3707
547871	547871	—	5000	67585	89760	—	157939	227584	3
547871	547871	—	5000	67585	89760	—	157939	227584	3
—	—	—	—	—	—	—	—	—	—
—	—	—	—	—	—	—	—	—	—
—	—	—	—	—	—	—	—	—	—
—	—	—	—	—	—	—	—	—	—
—	—	—	—	—	—	—	—	—	—
—	—	—	—	—	—	—	—	—	—
—	—	—	—	—	—	—	—	—	—
—	—	—	—	—	—	—	—	—	—
—	—	—	—	—	—	—	—	—	—
—	—	—	—	—	—	—	—	—	—
—	—	—	—	—	—	—	—	—	—
—	—	—	—	—	—	—	—	—	—
14984	14013	—	200	10535	1440	—	2249	302	258
—	—	—	—	—	—	—	—	—	—
—	—	—	—	—	—	—	—	—	—
—	—	—	—	—	—	—	—	—	—
—	—	—	—	—	—	—	—	—	—
—	—	—	—	—	—	—	—	—	—
—	—	—	—	—	—	—	—	—	—
—	—	—	—	—	—	—	—	—	—
—	—	—	—	—	—	—	—	—	—
—	—	—	—	—	—	—	—	—	—
54156	52332	—	478	26160	8330	6362	6071	160	6595
1029	1029	—	—	750	108	—	171	—	—
227527	227527	—	3800	58545	33108	—	33570	49804	48700

长江上游、黄河上中游地区

地　区	工程区木材产量(立方米)		造林面积(公顷)								
	合　计	其中：人工林木材产量	合　计	按造林方式分			按林种用途分				
				人工造林	飞播造林	无林地和疏林地新封	用材林	经济林	防护林	薪炭林	特种用途林
全国合计	**4483237**	**4148200**	**408260**	**114654**	**62001**	**231605**	**15012**	**16256**	**369657**	**133**	**7202**
北　京	—	—	—	—	—	—	—	—	—	—	—
天　津	—	—	—	—	—	—	—	—	—	—	—
河　北	—	—	—	—	—	—	—	—	—	—	—
山　西	71569	43394	39935	14227	—	25708	—	134	39801	—	—
内蒙古	69402	55124	91515	21514	35334	34667	—	—	90848	—	667
内蒙古集团	—	—	—	—	—	—	—	—	—	—	—
辽　宁	—	—	—	—	—	—	—	—	—	—	—
吉　林	—	—	—	—	—	—	—	—	—	—	—
吉林集团	—	—	—	—	—	—	—	—	—	—	—
长白山集团	—	—	—	—	—	—	—	—	—	—	—
黑龙江	—	—	—	—	—	—	—	—	—	—	—
龙江集团	—	—	—	—	—	—	—	—	—	—	—
上　海	—	—	—	—	—	—	—	—	—	—	—
江　苏	—	—	—	—	—	—	—	—	—	—	—
浙　江	—	—	—	—	—	—	—	—	—	—	—
安　徽	—	—	—	—	—	—	—	—	—	—	—
福　建	—	—	—	—	—	—	—	—	—	—	—
江　西	—	—	—	—	—	—	—	—	—	—	—
山　东	—	—	—	—	—	—	—	—	—	—	—
河　南	126572	125426	6579	6579	—	—	—	—	6579	—	—
湖　北	260452	157782	31746	3596	—	28150	1375	388	28983	—	1000
湖　南	—	—	—	—	—	—	—	—	—	—	—
广　东	—	—	—	—	—	—	—	—	—	—	—
广　西	—	—	—	—	—	—	—	—	—	—	—
海　南	—	—	—	—	—	—	—	—	—	—	—
重　庆	173720	66583	7048	4665	—	2383	1040	1405	4603	—	—
四　川	2076598	2027088	29327	2662	—	26665	729	169	28429	—	—
贵　州	1380979	1364845	16887	10220	—	6667	6793	1301	8793	—	—
云　南	298316	289118	37566	16862	—	20704	2147	8750	26669	—	—
西　藏	—	—	2200	267	—	1933	—	—	2200	—	—
陕　西	8965	8965	62033	13166	26667	22200	2928	3848	55124	133	—
甘　肃	16664	9875	40463	8203	—	32260	—	—	34928	—	5535
青　海	—	—	15600	1333	—	14267	—	—	15600	—	—
宁　夏	—	—	27361	11360	—	16001	—	261	27100	—	—
新　疆	—	—	—	—	—	—	—	—	—	—	—
新疆兵团	—	—	—	—	—	—	—	—	—	—	—
大兴安岭	—	—	—	—	—	—	—	—	—	—	—

天然林资源保护工程建设情况(一)

中、幼龄林抚育面积(公顷)	年末实有封山(沙)育林面积(公顷)	年末实有森林管护面积(公顷)				工程区项目实施单位人员情况				
			其中			年末人数(人)				
		合　计	国有林	集体和个人所有的国家级公益林	集体和个人所有的地方公益林	合计	其中：混岗职工人数	在岗职工	其他从业人员	离开本单位保留劳动关系人员
444512	**4713262**	**76553051**	**32689509**	**20592386**	**23271156**	**151247**	**1262**	**146522**	**2481**	**2244**
—	—	—	—	—	—	—	—	—	—	—
—	—	—	—	—	—	—	—	—	—	—
—	—	—	—	—	—	—	—	—	—	—
39493	300876	5163348	1635808	766446	2761094	11951	—	11733	132	86
16092	873890	7801204	950835	2015207	4835162	6510	127	6389	113	8
—	—	—	—	—	—	—	—	—	—	—
—	—	—	—	—	—	—	—	—	—	—
—	—	—	—	—	—	—	—	—	—	—
—	—	—	—	—	—	—	—	—	—	—
—	—	—	—	—	—	—	—	—	—	—
—	—	—	—	—	—	—	—	—	—	—
—	—	—	—	—	—	—	—	—	—	—
—	—	—	—	—	—	—	—	—	—	—
—	—	—	—	—	—	—	—	—	—	—
—	—	—	—	—	—	—	—	—	—	—
—	—	—	—	—	—	—	—	—	—	—
—	—	—	—	—	—	—	—	—	—	—
—	—	—	—	—	—	—	—	—	—	—
—	—	—	—	—	—	—	—	—	—	—
—	18666	1689961	195368	563987	930606	3749	—	3739	—	10
23733	400392	3323466	782613	1506120	1034733	10492	156	9692	793	7
—	—	—	—	—	—	—	—	—	—	—
—	—	—	—	—	—	—	—	—	—	—
—	—	—	—	—	—	—	—	—	—	—
—	—	—	—	—	—	—	—	—	—	—
36148	116870	3009288	394577	1110507	1504204	3911	—	3894	9	8
76867	370343	17710333	12168333	4840000	702000	32023	—	30413	649	961
10733	121333	4606461	318667	2443127	1844667	9947	796	9230	325	392
49070	979360	10179032	4330366	3372666	2476000	11817	—	11321	332	164
—	1933	1276467	1276467	—	—	128	—	—	128	—
106466	626429	11984314	3763163	2819095	5402056	22379	153	21773	—	606
48335	438342	4992741	3504744	945497	542500	24834	—	24834	—	—
16867	305823	3678170	2816970	83867	777333	6572	—	6572	—	—
20708	159005	1138266	551598	125867	460801	6934	30	6932	—	2
—	—	—	—	—	—	—	—	—	—	—
—	—	—	—	—	—	—	—	—	—	—
—	—	—	—	—	—	—	—	—	—	—

长江上游、黄河上中游地区

地区	工程区项目实施单位人员情况							
	在岗职工年平均人数（人）	在岗职工年工资总额（万元）	年末实有离退休人员（人）	当年离退休人员生活费（万元）	年末参加基本养老保险人数（人）		年末参加基本医疗保险人数（人）	
					合计	其中：在岗职工	合计	其中：在岗职工
全国合计	**140884**	**486408**	**135135**	**358195**	**165137**	**120020**	**223238**	**127119**
北　京	—	—	—	—	—	—	—	—
天　津	—	—	—	—	—	—	—	—
河　北	—	—	—	—	—	—	—	—
山　西	11891	42300	5239	16568	13643	9924	15037	11021
内蒙古	6976	26294	3846	10722	4539	4528	6548	6151
内蒙古集团	—	—	—	—	—	—	—	—
辽　宁	—	—	—	—	—	—	—	—
吉　林	—	—	—	—	—	—	—	—
吉林集团	—	—	—	—	—	—	—	—
长白山集团	—	—	—	—	—	—	—	—
黑龙江	—	—	—	—	—	—	—	—
龙江集团	—	—	—	—	—	—	—	—
上　海	—	—	—	—	—	—	—	—
江　苏	—	—	—	—	—	—	—	—
浙　江	—	—	—	—	—	—	—	—
安　徽	—	—	—	—	—	—	—	—
福　建	—	—	—	—	—	—	—	—
江　西	—	—	—	—	—	—	—	—
山　东	—	—	—	—	—	—	—	—
河　南	3739	9747	1622	3383	4754	3132	4754	3066
湖　北	9873	29004	4555	12465	9766	8913	10737	9692
湖　南	—	—	—	—	—	—	—	—
广　东	—	—	—	—	—	—	—	—
广　西	—	—	—	—	—	—	—	—
海　南	—	—	—	—	—	—	—	—
重　庆	3915	16917	3594	10942	3978	2978	6790	3870
四　川	30669	113347	70466	181501	55243	30413	89077	30413
贵　州	6303	33575	6747	20814	9350	5984	8564	6234
云　南	10223	25600	12282	22841	10522	10522	15412	9214
西　藏	128	180	—	—	14	14	14	14
陕　西	21762	80716	10103	30323	18784	15864	23610	15528
甘　肃	22009	72088	11694	35852	27229	21155	33111	23683
青　海	6572	12842	516	1958	745	607	2334	1585
宁　夏	6824	23798	4471	10826	6570	5986	7250	6648
新　疆	—	—	—	—	—	—	—	—
新疆兵团	—	—	—	—	—	—	—	—
大兴安岭	—	—	—	—	—	—	—	—

天然林资源保护工程建设情况(二)

全部林业投资完成额(万元)									
合　计	其中:国家投资	公益林建设	后备资源培育	森林管护	森林抚育	生态效益补偿	社会保险	政社性支出	其他
1203598	**883080**	**81708**	**—**	**393921**	**71068**	**481828**	**102240**	**22522**	**50311**
—	—	—	—	—	—	—	—	—	—
—	—	—	—	—	—	—	—	—	—
—	—	—	—	—	—	—	—	—	—
54919	54919	9799	—	21839	5768	11957	3744	1043	769
89215	52305	14054	—	26341	235	40939	5123	221	2302
—	—	—	—	—	—	—	—	—	—
—	—	—	—	—	—	—	—	—	—
—	—	—	—	—	—	—	—	—	—
—	—	—	—	—	—	—	—	—	—
—	—	—	—	—	—	—	—	—	—
—	—	—	—	—	—	—	—	—	—
—	—	—	—	—	—	—	—	—	—
—	—	—	—	—	—	—	—	—	—
—	—	—	—	—	—	—	—	—	—
—	—	—	—	—	—	—	—	—	—
—	—	—	—	—	—	—	—	—	—
—	—	—	—	—	—	—	—	—	—
—	—	—	—	—	—	—	—	—	—
—	—	—	—	—	—	—	—	—	—
8143	8143	1051	—	5050	—	—	1463	579	—
84899	67271	4067	—	22893	4272	39962	7541	1646	4518
—	—	—	—	—	—	—	—	—	—
—	—	—	—	—	—	—	—	—	—
—	—	—	—	—	—	—	—	—	—
—	—	—	—	—	—	—	—	—	—
67628	38765	2990	—	9775	4354	46246	2882	613	768
255086	233975	4000	—	85035	13836	118287	27200	1228	5500
88940	42887	4573	—	32750	1943	43546	4280	1263	585
165509	80378	8442	—	43758	13410	78539	9540	1908	9912
22486	320	—	—	19150	2016	—	32	40	1248
189505	152646	14563	—	47931	18404	76071	12516	3478	16542
109513	99571	7819	—	38558	2486	23949	22193	7341	7167
47204	34366	5230	—	31916	3036	2332	653	3037	1000
20551	17534	5120	—	8925	1308	—	5073	125	—
—	—	—	—	—	—	—	—	—	—
—	—	—	—	—	—	—	—	—	—
—	—	—	—	—	—	—	—	—	—

退耕还林工程建设情况

指　　标	单位	本年实际
一、造林面积	**公顷**	**378575**
1. 退耕地造林	公顷	56
其中：生态林面积	公顷	56
25°以上坡耕地退耕面积	公顷	56
15°～25°水源地耕地退耕面积	公顷	—
严重沙化耕地退耕面积		—
2. 荒山荒地造林	公顷	312690
3. 无林地和疏林地新封	公顷	65829
按林种用途分		
1. 用材林	公顷	76725
2. 经济林	公顷	129571
3. 防护林	公顷	154266
4. 薪炭林	公顷	15536
5. 特种用途林	公顷	2477
二、年末实有封山（沙）育林面积	**公顷**	**2100449**
三、当年种草面积	**公顷**	**2988**
其中：退耕地种草面积	公顷	2921
四、全部林业投资完成额	**万元**	**2230905**
其中：国家投资	万元	1916113
1. 种苗费	万元	43029
2. 完善政策补助资金	万元	1252034
3. 巩固退耕还林成果专项资金	万元	803454
4. 新一轮退耕还林补助资金	万元	90004
5. 其他	万元	42384

各地区退耕还林工程建设情况(一)

地区	造林面积(公顷)							
	总计	退耕地造林					荒山荒地造林	无林地和疏林地新封
		合计	其中					
			生态林面积	25°以上坡耕地退耕面积	15~25°水源地耕地退耕面积	严重沙化耕地退耕面积		
全国合计	**378575**	**56**	**56**	**56**	**—**	**—**	**312690**	**65829**
北京	—	—	—	—	—	—	—	—
天津	—	—	—	—	—	—	—	—
河北	22767	—	—	—	—	—	17634	5133
山西	42156	—	—	—	—	—	42156	—
内蒙古	16399	—	—	—	—	—	14399	2000
内蒙古集团	—	—	—	—	—	—	—	—
辽宁	—	—	—	—	—	—	—	—
吉林	6802	—	—	—	—	—	6802	—
吉林集团	—	—	—	—	—	—	—	—
长白山集团	—	—	—	—	—	—	—	—
黑龙江	—	—	—	—	—	—	—	—
龙江集团	—	—	—	—	—	—	—	—
上海	—	—	—	—	—	—	—	—
江苏	—	—	—	—	—	—	—	—
浙江	—	—	—	—	—	—	—	—
安徽	20546	—	—	—	—	—	15880	4666
福建	—	—	—	—	—	—	—	—
江西	—	—	—	—	—	—	—	—
山东	—	—	—	—	—	—	—	—
河南	27093	—	—	—	—	—	24427	2666
湖北	13993	—	—	—	—	—	7329	6664
湖南	20000	—	—	—	—	—	11332	8668
广东	—	—	—	—	—	—	—	—
广西	15049	56	56	56	—	—	11992	3001
海南	200	—	—	—	—	—	200	—
重庆	4001	—	—	—	—	—	4001	—
四川	15708	—	—	—	—	—	15708	—
贵州	4667	—	—	—	—	—	4667	—
云南	108086	—	—	—	—	—	99416	8670
西藏	6757	—	—	—	—	—	3258	3499
陕西	3928	—	—	—	—	—	3262	666
甘肃	6835	—	—	—	—	—	4637	2198
青海	18667	—	—	—	—	—	4667	14000
宁夏	—	—	—	—	—	—	—	—
新疆	15588	—	—	—	—	—	11590	3998
新疆兵团	—	—	—	—	—	—	—	—
大兴安岭	—	—	—	—	—	—	—	—

注:全国合计中包括军事管理区 9333 公顷荒山荒地造林。

各地区退耕还林

地区	造林面积(公顷)					年末实有封山(沙)育林面积(公顷)	当年种草面积(公顷)	
	按林种用途分							
	用材林	经济林	防护林	薪炭林	特种用途林		合计	其中:退耕地种草面积
全国合计	**76725**	**129571**	**154266**	**15536**	**2477**	**2100449**	**2988**	**2921**
北　京	—	—	—	—	—	—	—	—
天　津	—	—	—	—	—	—	—	—
河　北	1322	4792	16653	—	—	144703	—	—
山　西	—	24754	2399	15003	—	78017	—	—
内蒙古	—	1505	14894	—	—	149917	—	—
内蒙古集团	—	—	—	—	—	—	—	—
辽　宁	—	—	—	—	—	175334	—	—
吉　林	2863	5	3934	—	—	44501	—	—
吉林集团	—	—	—	—	—	—	—	—
长白山集团	—	—	—	—	—	—	—	—
黑龙江	—	—	—	—	—	225457	160	160
龙江集团	—	—	—	—	—	—	—	—
上　海	—	—	—	—	—	—	—	—
江　苏	—	—	—	—	—	—	—	—
浙　江	—	—	—	—	—	—	—	—
安　徽	9339	4713	5774	—	720	52030	—	—
福　建	—	—	—	—	—	—	—	—
江　西	—	—	—	—	—	29164	—	—
山　东	—	—	—	—	—	—	—	—
河　南	7670	6015	13408	—	—	64333	—	—
湖　北	4902	1585	7506	—	—	35409	—	—
湖　南	5570	1514	11950	—	966	65175	—	—
广　东	—	—	—	—	—	—	—	—
广　西	9764	2645	2287	—	353	258240	—	—
海　南	23	177	—	—	—	—	—	—
重　庆	1333	—	2668	—	—	48342	—	—
四　川	4497	7502	3709	—	—	78723	—	—
贵　州	3012	1258	397	—	—	52577	—	—
云　南	25924	67507	14322	333	—	58777	2828	2761
西　藏	—	—	6757	—	—	5966	—	—
陕　西	134	738	3056	—	—	104973	—	—
甘　肃	—	—	6435	—	400	143848	—	—
青　海	—	—	18667	—	—	122667	—	—
宁　夏	—	—	—	—	—	5532	—	—
新　疆	372	4861	10117	200	38	156764	—	—
新疆兵团	—	—	—	—	—	2400	—	—
大兴安岭	—	—	—	—	—	—	—	—

工程建设情况(二)

全部林业投资完成额(万元)						
合 计	其中:国家投资	种苗费	完善政策补助资金	巩固退耕还林成果专项资金	新一轮退耕还林补助资金	其他
2230905	**1916113**	**43029**	**1252034**	**803454**	**90004**	**42384**
1462	825	—	1111	351	—	—
844	844	—	440	404	—	—
79472	66898	1820	44366	29305	—	3981
81355	81355	1106	57367	22648	—	234
146215	130061	300	108138	36505	—	1272
—	—	—	—	—	—	—
51206	51052	172	31883	19151	—	—
38643	38480	466	17591	19893	—	693
—	—	—	—	—	—	—
—	—	—	—	—	—	—
47558	45596	40	28070	19388	—	60
—	—	—	—	—	—	—
—	—	—	—	—	—	—
—	—	—	—	—	—	—
—	—	—	—	—	—	—
57254	31681	2896	33028	20728	—	602
—	—	—	—	—	—	—
59585	31731	649	30036	27895	—	1005
—	—	—	—	—	—	—
66035	66035	—	38841	27194	—	—
95091	62040	1841	55783	36094	360	1013
140008	86564	6733	69835	48182	4114	11144
—	—	—	—	—	—	—
42606	28721	4626	26463	9113	448	1956
5540	5080	110	4398	—	—	1032
145507	128983	1800	71488	69508	—	2711
330815	318405	2100	168464	144451	15800	—
175125	175125	—	71875	62097	35000	6153
128985	75454	5198	62802	44453	12036	4496
3582	3582	—	1596	1920	—	66
194293	169089	1680	133216	39134	19363	900
180827	163602	9301	86598	81863	2863	202
41807	41807	—	24282	17525	—	—
49280	49021	—	42045	6973	—	262
63810	60082	2191	38318	18679	20	4602
21385	17657	—	13350	8013	20	2
—	—	—	—	—	—	—

京津风沙源治理工程建设情况

指　标	单位	全国合计	北京	天津	河北	山西	内蒙古	陕西
一、治理情况								
(一)造林面积	公顷	239107	—	2010	38668	48298	132578	17553
1. 人工造林	公顷	131167	—	2010	27000	25631	70259	6267
2. 飞播造林	公顷	20766	—	—	—	3333	12100	5333
3. 无林地和疏林地新封	公顷	87174	—	—	11668	19334	50219	5953
按林种用途分								
1. 用材林	公顷	2731	—	100	616	—	2015	—
2. 经济林	公顷	4005	—	27	1017	—	2494	467
3. 防护林	公顷	232038	—	1883	36702	48298	128069	17086
4. 薪炭林	公顷	—	—	—	—	—	—	—
5. 特种用途林	公顷	333	—	—	333	—	—	—
(二)年末实有封山(沙)育林面积	公顷	2606979	53066	26014	560205	153290	1808451	5953
(三)草地治理面积	公顷	20499	—	—	6667	8420	5412	—
(四)暖棚建设面积	平方米	520726	—	—	125000	330601	65125	—
(五)饲料机械台数	台	8723	—	—	3209	3000	2514	—
(六)小流域治理	公顷	27800	—	—	12800	11800	3200	—
(七)水利设施	处	2643	—	—	543	1600	500	—
(八)易地搬迁人数	人	6915	—	—	1600	2500	2815	—
(九)易地搬迁户数	户	1398	—	—	275	342	781	—
二、全部投资完成额	**万元**	**145206**	**1938**	**2057**	**28548**	**39501**	**68399**	**4763**
其中:林业投资完成额	万元	106583	1938	2057	15926	16111	65788	4763
其中:国家投资	万元	81217	1499	1692	14076	16111	43076	4763
1. 造林	万元	102272	1170	2015	15544	14748	64037	4758
2. 科技费用	万元	—	—	—	—	—	—	—
3. 其他	万元	4311	768	42	382	1363	1751	5

三北及长江流域等重点防护林体系工程建设情况

单位:公顷、万元

指　　标	三北及长江流域等重点防护林体系工程						
	合　计	三北防护林工程	长江流域防护林体系工程	沿海防护林体系工程	珠江流域防护林体系工程	太行山绿化工程	平原绿化工程
一、造林面积	**898680**	**596343**	**107397**	**96859**	**26924**	**49218**	**21939**
1. 人工造林	552435	355135	62295	67810	17301	27955	21939
2. 飞播造林	8667	8667	—	—	—	—	—
3. 无林地和疏林地新封	337578	232541	45102	29049	9623	21263	—
按林种用途分							
1. 用材林	30124	15196	8017	2470	3462	979	—
2. 经济林	46594	37813	4082	2923	531	1245	—
3. 防护林	817263	541891	93705	90198	22860	46994	21615
其中:水源涵养林	96279	33610	31232	14076	9918	7443	—
水土保持林	217341	147867	22557	19425	5966	21526	—
防风固沙林	247237	222395	3974	13502	333	3807	3226
农田、牧场防护林	52851	43310	2972	6569	—	—	—
护岸护堤林	7335	1456	1601	4278	—	—	—
护路林	6847	2767	1851	2229	—	—	—
4. 薪炭林	277	277	—	—	—	—	—
5. 特种用途林	4422	1166	1593	1268	71	—	324
二、年末实有封山(沙)育林面积	**3832261**	**2622425**	**359886**	**412990**	**251836**	**185124**	**—**
三、低产低效林改造面积	**11752**	**4030**	**1965**	**3436**	**2321**	**—**	**—**
四、全部林业投资完成额	**1512854**	**406704**	**98569**	**278075**	**21229**	**13196**	**695081**
其中:国家投资	1098931	253193	33154	140431	14930	12664	644559
1. 造林	1397060	367568	74368	255306	14784	13024	672010
2. 低产低效防护林改造	5573	1424	1041	2699	409	—	—
3. 种苗	39567	14644	12707	10869	1257	90	—
4. 森林防火	3400	884	1096	1250	168	2	—
5. 病虫害防治	6409	3570	1155	1590	87	7	—
6. 科技费用	4845	2028	759	1963	95	—	—
7. 其他	56000	16586	7443	4398	4429	73	23071
五、群众投工投劳(折合资金)	**93760**	**43260**	**13059**	**12041**	**18421**	**6979**	**—**

各地区三北及长江流域等重点

地　区	造　林					
		按造林方式分				
	合　计	人工造林	飞播造林	无林地和疏林地新封	用材林	经济林
全国合计	**898680**	**552435**	**8667**	**337578**	**30124**	**46594**
北　京	22806	22806	—	—	—	—
天　津	5051	5051	—	—	1220	328
河　北	54734	38602	—	16132	957	2276
山　西	42430	22898	—	19532	—	1405
内蒙古	123405	77512	8667	37226	868	1944
内蒙古集团	—	—	—	—	—	—
辽　宁	96258	29593	—	66665	4916	7168
吉　林	12535	12535	—	—	1000	—
吉林集团	—	—	—	—	—	—
长白山集团	—	—	—	—	—	—
黑龙江	50561	32159	—	18402	3045	928
龙江集团	—	—	—	—	—	—
上　海	—	—	—	—	—	—
江　苏	14056	14056	—	—	128	765
浙　江	11152	6911	—	4241	207	472
安　徽	10392	8184	—	2208	1471	691
福　建	3766	3766	—	—	104	133
江　西	8370	8137	—	233	489	50
山　东	28755	28579	—	176	502	796
河　南	50955	25042	—	25913	6257	2445
湖　北	14468	4470	—	9998	167	533
湖　南	16657	8262	—	8395	451	275
广　东	32787	18627	—	14160	64	—
广　西	9953	8753	—	1200	4071	101
海　南	1617	1617	—	—	—	—
重　庆	—	—	—	—	—	—
四　川	—	—	—	—	—	—
贵　州	—	—	—	—	—	—
云　南	6914	3197	—	3717	666	333
西　藏	8667	3067	—	5600	—	—
陕　西	52477	33863	—	18614	333	1484
甘　肃	48775	23678	—	25097	—	1100
青　海	26934	12466	—	14468	—	—
宁　夏	36715	18248	—	18467	—	311
新　疆	107490	80356	—	27134	3208	23056
新疆兵团	11570	11570	—	—	—	2300
大兴安岭	—	—	—	—	—	—

防护林体系工程建设情况(一)

单位:公顷

面积								
按林种用途分								
防护林							薪炭林	特种用途林
小计	其中							
	水源涵养林	水土保持林	防风固沙林	农田、牧场防护林	护岸护堤林	护路林		
817263	**96279**	**217341**	**247237**	**52851**	**7335**	**6847**	**277**	**4422**
22482	—	—	3226	—	—	—	—	324
3503	—	—	3503	—	—	—	—	—
51501	2943	23828	6663	5859	80	1324	—	—
41025	3533	28174	6407	—	—	—	—	—
120593	4078	13903	95391	3929	—	92	—	—
—	—	—	—	—	—	—	—	—
84174	12986	25372	23117	727	93	83	—	—
11535	1287	2395	7658	23	15	47	—	—
—	—	—	—	—	—	—	—	—
—	—	—	—	—	—	—	—	—
46462	5570	10705	10323	7368	156	1126	66	60
—	—	—	—	—	—	—	—	—
—	—	—	—	—	—	—	—	—
13008	478	1644	1484	590	4012	878	—	155
10435	2292	2959	439	524	623	688	—	38
8230	2998	1047	466	1783	200	200	—	—
3529	1552	688	556	—	—	68	—	—
7831	4059	1099	—	88	—	—	—	—
27457	2290	10363	6953	1413	654	1237	—	—
42253	18177	5602	1340	200	—	—	—	—
13768	3501	6801	700	136	381	149	—	—
14493	5848	6146	—	—	9	6	—	1438
32644	11644	9215	1278	—	—	—	—	79
4559	1460	1802	—	—	—	—	—	1222
1617	401	101	754	—	—	—	—	—
—	—	—	—	—	—	—	—	—
—	—	—	—	—	—	—	—	—
—	—	—	—	—	—	—	—	—
5915	1867	1333	333	—	—	—	—	—
8667	—	—	—	—	—	—	—	—
50660	6075	29557	2466	287	165	101	—	—
46576	2328	25569	8180	907	—	—	—	1099
26934	—	—	15854	11080	—	—	—	—
36404	667	4308	15377	7	—	105	—	—
81008	245	4730	34769	17930	947	743	211	7
9270	—	—	1453	6013	—	7	—	—
—	—	—	—	—	—	—	—	—

各地区三北及长江流域等重点

地　区	年末实有封山(沙)育林面积	低产低效林改造面积	全部林业 合　计	其中：国家投资	造林
全国合计	**3832261**	**11752**	**1512854**	**1098931**	**1397060**
北　京	—	—	722530	672008	699459
天　津	—	—	136427	136427	133553
河　北	105934	20	23660	13950	22267
山　西	226136	—	25141	25141	25141
内蒙古	581088	—	34419	30435	34029
内蒙古集团	—	—	—	—	—
辽　宁	289080	—	45177	31403	45107
吉　林	47226	317	5290	4916	5246
吉林集团	—	—	—	—	—
长白山集团	—	—	—	—	—
黑龙江	266200	—	25633	13798	23487
龙江集团	—	—	—	—	—
上　海	—	—	—	—	—
江　苏	999	130	153274	6100	125520
浙　江	190456	566	8344	5209	8196
安　徽	52921	400	11055	4548	8613
福　建	43040	—	3474	2169	1585
江　西	120666	165	9885	7166	8511
山　东	30195	—	23498	12958	20342
河　南	72340	—	11992	10030	11741
湖　北	71222	1400	5466	3106	3866
湖　南	38210	—	10150	4346	7247
广　东	231335	4394	29348	18296	21777
广　西	25649	—	8472	5084	7716
海　南	—	—	1267	1267	1251
重　庆	—	—	—	—	—
四　川	—	—	—	—	—
贵　州	—	—	—	—	—
云　南	21862	667	2190	1079	1373
西　藏	5600	—	4000	—	4000
陕　西	156680	—	18253	13878	17319
甘　肃	232828	—	12137	11360	12137
青　海	300560	—	9250	9250	9250
宁　夏	95532	1333	8099	8099	8099
新　疆	626502	2360	164423	46908	130228
新疆兵团	1477	225	68753	9788	39261
大兴安岭	—	—	—	—	—

防护林体系工程建设情况(二)

单位:公顷、万元

投资完成额						群众投工投劳(折合资金)
低产低效防护林改造	种苗	森林防火	病虫害防治	科技费用	其他	
5573	**39567**	**3400**	**6409**	**4845**	**56000**	**93760**
—	—	—	—	—	23071	—
—	180	—	1062	20	1612	—
—	442	247	130	230	344	10211
—	—	—	—	—	—	160
—	—	—	—	—	390	1108
—	—	—	—	—	—	—
—	48	—	22	—	—	11474
—	—	—	6	—	38	—
—	—	—	—	—	—	—
—	—	—	—	—	—	—
—	1171	213	160	10	592	7398
—	—	—	—	—	—	—
—	—	—	—	—	—	—
35	18803	633	652	2265	5366	4394
60	—	—	—	—	88	181
253	1880	33	104	11	161	3240
—	33	—	—	—	1856	—
111	173	151	75	24	840	3108
3	1263	1150	488	76	176	1507
—	—	—	99	100	52	1625
410	538	150	186	82	234	877
199	1147	245	153	61	1098	6482
2878	90	83	3	100	4417	215
—	504	64	—	—	188	15940
—	16	—	—	—	—	60
—	—	—	—	—	—	—
—	—	—	—	—	—	—
—	—	—	—	—	—	—
200	281	5	33	78	220	764
—	—	—	—	—	—	—
499	84	8	48	3	292	2584
—	—	—	—	—	—	1381
—	—	—	—	—	—	—
—	—	—	—	—	—	110
925	12914	418	3188	1785	14965	20941
925	10241	341	2707	1772	13506	3405
—	—	—	—	—	—	—

各地区三北防护林

地区	造林					
	合计	按造林方式分				
		人工造林	飞播造林	无林地和疏林地新封	用材林	经济林
全国合计	**596343**	**355135**	**8667**	**232541**	**15196**	**37813**
北京	667	667	—	—	—	—
天津	2063	2063	—	—	1000	9
河北	25749	18947	—	6802	837	1268
山西	29444	16446	—	12998	—	1384
内蒙古	123405	77512	8667	37226	868	1944
内蒙古集团	—	—	—	—	—	—
辽宁	79661	26328	—	53333	4905	6329
吉林	12535	12535	—	—	1000	—
吉林集团	—	—	—	—	—	—
长白山集团	—	—	—	—	—	—
黑龙江	50561	32159	—	18402	3045	928
龙江集团	—	—	—	—	—	—
上海	—	—	—	—	—	—
江苏	—	—	—	—	—	—
浙江	—	—	—	—	—	—
安徽	—	—	—	—	—	—
福建	—	—	—	—	—	—
江西	—	—	—	—	—	—
山东	—	—	—	—	—	—
河南	—	—	—	—	—	—
湖北	—	—	—	—	—	—
湖南	—	—	—	—	—	—
广东	—	—	—	—	—	—
广西	—	—	—	—	—	—
海南	—	—	—	—	—	—
重庆	—	—	—	—	—	—
四川	—	—	—	—	—	—
贵州	—	—	—	—	—	—
云南	—	—	—	—	—	—
西藏	—	—	—	—	—	—
陕西	52344	33730	—	18614	333	1484
甘肃	48775	23678	—	25097	—	1100
青海	26934	12466	—	14468	—	—
宁夏	36715	18248	—	18467	—	311
新疆	107490	80356	—	27134	3208	23056
新疆兵团	11570	11570	—	—	—	2300
大兴安岭	—	—	—	—	—	—

工程建设情况(一)

单位:公顷

面积								
按林种用途分								
防护林							薪炭林	特种用途林
小计	其中							
	水源涵养林	水土保持林	防风固沙林	农田、牧场防护林	护岸护堤林	护路林		
541891	**33610**	**147867**	**222395**	**43310**	**1456**	**2767**	**277**	**1166**
667	—	—	—	—	—	—	—	—
1054	—	—	1054	—	—	—	—	—
23644	1734	12957	4386	1052	80	537	—	—
28060	133	21714	3820	—	—	—	—	—
120593	4078	13903	95391	3929	—	92	—	—
—	—	—	—	—	—	—	—	—
68427	11493	22162	23117	727	93	16	—	—
11535	1287	2395	7658	23	15	47	—	—
—	—	—	—	—	—	—	—	—
—	—	—	—	—	—	—	—	—
46462	5570	10705	10323	7368	156	1126	66	60
—	—	—	—	—	—	—	—	—
—	—	—	—	—	—	—	—	—
—	—	—	—	—	—	—	—	—
—	—	—	—	—	—	—	—	—
—	—	—	—	—	—	—	—	—
—	—	—	—	—	—	—	—	—
—	—	—	—	—	—	—	—	—
—	—	—	—	—	—	—	—	—
—	—	—	—	—	—	—	—	—
—	—	—	—	—	—	—	—	—
—	—	—	—	—	—	—	—	—
—	—	—	—	—	—	—	—	—
—	—	—	—	—	—	—	—	—
—	—	—	—	—	—	—	—	—
—	—	—	—	—	—	—	—	—
—	—	—	—	—	—	—	—	—
—	—	—	—	—	—	—	—	—
—	—	—	—	—	—	—	—	—
—	—	—	—	—	—	—	—	—
50527	6075	29424	2466	287	165	101	—	—
46576	2328	25569	8180	907	—	—	—	1099
26934	—	—	15854	11080	—	—	—	—
36404	667	4308	15377	7	—	105	—	—
81008	245	4730	34769	17930	947	743	211	7
9270	—	—	1453	6013	—	7	—	—
—	—	—	—	—	—	—	—	—

各地区三北防护林

地　区	年末实有封山(沙)育林面积	低产低效林改造面积	全部林业		
			合　计	其中：国家投资	造林
全国合计	**2622425**	**4030**	**406704**	**253193**	**367568**
北　京	—	—	26849	26849	26849
天　津	—	—	37298	37298	37173
河　北	44389	20	13332	5644	12083
山　西	104092	—	20706	20706	20706
内蒙古	581088	—	34419	30435	34029
内蒙古集团	—	—	—	—	—
辽　宁	177162	—	31075	24052	31022
吉　林	47226	317	5290	4916	5246
吉林集团	—	—	—	—	—
长白山集团	—	—	—	—	—
黑龙江	266200	—	25633	13798	23487
龙江集团	—	—	—	—	—
上　海	—	—	—	—	—
江　苏	—	—	—	—	—
浙　江	—	—	—	—	—
安　徽	—	—	—	—	—
福　建	—	—	—	—	—
江　西	—	—	—	—	—
山　东	—	—	—	—	—
河　南	—	—	—	—	—
湖　北	—	—	—	—	—
湖　南	—	—	—	—	—
广　东	—	—	—	—	—
广　西	—	—	—	—	—
海　南	—	—	—	—	—
重　庆	—	—	—	—	—
四　川	—	—	—	—	—
贵　州	—	—	—	—	—
云　南	—	—	—	—	—
西　藏	—	—	—	—	—
陕　西	146846	—	18193	13878	17259
甘　肃	232828	—	12137	11360	12137
青　海	300560	—	9250	9250	9250
宁　夏	95532	1333	8099	8099	8099
新　疆	626502	2360	164423	46908	130228
新疆兵团	1477	225	68753	9788	39261
大兴安岭	—	—	—	—	—

工程建设情况(二)

单位:公顷、万元

投资完成额						群众投工投劳（折合资金）
低产低效防护林改造	种苗	森林防火	病虫害防治	科技费用	其他	
1424	**14644**	**884**	**3570**	**2028**	**16586**	**43260**
—	—	—	—	—	—	—
—	75	—	50	—	—	—
—	352	245	113	230	309	4912
—	—	—	—	—	—	—
—	—	—	—	—	390	1108
—	—	—	—	—	—	—
—	48	—	5	—	—	4856
—	—	—	6	—	38	—
—	—	—	—	—	—	—
—	—	—	—	—	—	—
—	1171	213	160	10	592	7398
—	—	—	—	—	—	—
—	—	—	—	—	—	—
—	—	—	—	—	—	—
—	—	—	—	—	—	—
—	—	—	—	—	—	—
—	—	—	—	—	—	—
—	—	—	—	—	—	—
—	—	—	—	—	—	—
—	—	—	—	—	—	—
—	—	—	—	—	—	—
—	—	—	—	—	—	—
—	—	—	—	—	—	—
—	—	—	—	—	—	—
—	—	—	—	—	—	—
—	—	—	—	—	—	—
—	—	—	—	—	—	—
—	—	—	—	—	—	—
—	—	—	—	—	—	—
—	—	—	—	—	—	—
499	84	8	48	3	292	2554
—	—	—	—	—	—	1381
—	—	—	—	—	—	—
—	—	—	—	—	—	110
925	12914	418	3188	1785	14965	20941
925	10241	341	2707	1772	13506	3405
—	—	—	—	—	—	—

各地区长江流域防护林

地区	造林					
	合计	按造林方式分				
		人工造林	飞播造林	无林地和疏林地新封	用材林	经济林
全国合计	**107397**	**62295**	**—**	**45102**	**8017**	**4082**
北京	—	—	—	—	—	—
天津	—	—	—	—	—	—
河北	—	—	—	—	—	—
山西	—	—	—	—	—	—
内蒙古	—	—	—	—	—	—
内蒙古集团	—	—	—	—	—	—
辽宁	—	—	—	—	—	—
吉林	—	—	—	—	—	—
吉林集团	—	—	—	—	—	—
长白山集团	—	—	—	—	—	—
黑龙江	—	—	—	—	—	—
龙江集团	—	—	—	—	—	—
上海	—	—	—	—	—	—
江苏	4828	4828	—	—	52	347
浙江	4303	2483	—	1820	—	—
安徽	10392	8184	—	2208	1471	691
福建	1553	1553	—	—	—	—
江西	6770	6537	—	233	489	50
山东	12710	12710	—	—	232	260
河南	31048	12001	—	19047	5398	2124
湖北	14468	4470	—	9998	167	533
湖南	12525	6329	—	6196	208	77
广东	—	—	—	—	—	—
广西	—	—	—	—	—	—
海南	—	—	—	—	—	—
重庆	—	—	—	—	—	—
四川	—	—	—	—	—	—
贵州	—	—	—	—	—	—
云南	—	—	—	—	—	—
西藏	8667	3067	—	5600	—	—
陕西	133	133	—	—	—	—
甘肃	—	—	—	—	—	—
青海	—	—	—	—	—	—
宁夏	—	—	—	—	—	—
新疆	—	—	—	—	—	—
新疆兵团	—	—	—	—	—	—
大兴安岭	—	—	—	—	—	—

体系工程建设情况(一)

单位:公顷

面积 按林种用途分 防护林 小计	其中 水源涵养林	水土保持林	防风固沙林	农田、牧场防护林	护岸护堤林	护路林	薪炭林	特种用途林
93705	**31232**	**22557**	**3974**	**2972**	**1601**	**1851**	—	**1593**
—	—	—	—	—	—	—	—	—
—	—	—	—	—	—	—	—	—
—	—	—	—	—	—	—	—	—
—	—	—	—	—	—	—	—	—
—	—	—	—	—	—	—	—	—
—	—	—	—	—	—	—	—	—
—	—	—	—	—	—	—	—	—
—	—	—	—	—	—	—	—	—
—	—	—	—	—	—	—	—	—
—	—	—	—	—	—	—	—	—
—	—	—	—	—	—	—	—	—
—	—	—	—	—	—	—	—	—
—	—	—	—	—	—	—	—	—
4274	478	1644	—	15	686	455	—	155
4303	1089	1024	97	100	3	34	—	—
8230	2998	1047	466	1783	200	200	—	—
1553	932	621	—	—	—	—	—	—
6231	2757	934	—	88	—	—	—	—
12218	134	4704	2591	650	322	1007	—	—
23526	15200	1267	120	200	—	—	—	—
13768	3501	6801	700	136	381	149	—	—
10802	4143	4382	—	—	9	6	—	1438
—	—	—	—	—	—	—	—	—
—	—	—	—	—	—	—	—	—
—	—	—	—	—	—	—	—	—
—	—	—	—	—	—	—	—	—
—	—	—	—	—	—	—	—	—
—	—	—	—	—	—	—	—	—
—	—	—	—	—	—	—	—	—
8667	—	—	—	—	—	—	—	—
133	—	133	—	—	—	—	—	—
—	—	—	—	—	—	—	—	—
—	—	—	—	—	—	—	—	—
—	—	—	—	—	—	—	—	—
—	—	—	—	—	—	—	—	—
—	—	—	—	—	—	—	—	—
—	—	—	—	—	—	—	—	—

各地区长江流域防护林

地区	年末实有封山(沙)育林面积	低产低效林改造面积	全部林业		
			合计	其中：国家投资	造林
全国合计	**359886**	**1965**	**98569**	**33154**	**74368**
北京	—	—	—	—	—
天津	—	—	—	—	—
河北	—	—	—	—	—
山西	—	—	—	—	—
内蒙古	—	—	—	—	—
内蒙古集团	—	—	—	—	—
辽宁	—	—	—	—	—
吉林	—	—	—	—	—
吉林集团	—	—	—	—	—
长白山集团	—	—	—	—	—
黑龙江	—	—	—	—	—
龙江集团	—	—	—	—	—
上海	—	—	—	—	—
江苏	999	—	43124	3758	28603
浙江	35095	—	2076	1113	1946
安徽	52921	400	11055	4548	8613
福建	20281	—	2096	994	1147
江西	95673	165	8456	5737	7278
山东	2801	—	7043	5094	6013
河南	41413	—	7300	5666	7091
湖北	71222	1400	5466	3106	3866
湖南	24047	—	7893	3138	5751
广东	—	—	—	—	—
广西	—	—	—	—	—
海南	—	—	—	—	—
重庆	—	—	—	—	—
四川	—	—	—	—	—
贵州	—	—	—	—	—
云南	—	—	—	—	—
西藏	5600	—	4000	—	4000
陕西	9834	—	60	—	60
甘肃	—	—	—	—	—
青海	—	—	—	—	—
宁夏	—	—	—	—	—
新疆	—	—	—	—	—
新疆兵团	—	—	—	—	—
大兴安岭	—	—	—	—	—

体系工程建设情况(二)

单位:公顷、万元

投资完成额						群众投工投劳(折合资金)
低产低效防护林改造	种苗	森林防火	病虫害防治	科技费用	其他	
1041	**12707**	**1096**	**1155**	**759**	**7443**	**13059**
—	—	—	—	—	—	—
—	—	—	—	—	—	—
—	—	—	—	—	—	—
—	—	—	—	—	—	—
—	—	—	—	—	—	—
—	—	—	—	—	—	—
—	—	—	—	—	—	—
—	—	—	—	—	—	—
—	—	—	—	—	—	—
—	—	—	—	—	—	—
—	—	—	—	—	—	—
—	—	—	—	—	—	—
—	—	—	—	—	—	—
5	8615	595	522	485	4299	204
60	—	—	—	—	70	181
253	1880	33	104	11	161	3240
—	33	—	—	—	916	—
111	173	151	75	24	644	2886
3	796	16	74	13	128	827
—	—	—	95	100	14	—
410	538	150	186	82	234	877
199	672	151	99	44	977	4814
—	—	—	—	—	—	—
—	—	—	—	—	—	—
—	—	—	—	—	—	—
—	—	—	—	—	—	—
—	—	—	—	—	—	—
—	—	—	—	—	—	—
—	—	—	—	—	—	—
—	—	—	—	—	—	—
—	—	—	—	—	—	30
—	—	—	—	—	—	—
—	—	—	—	—	—	—
—	—	—	—	—	—	—
—	—	—	—	—	—	—
—	—	—	—	—	—	—
—	—	—	—	—	—	—

各地区沿海防护林

地　　区	造　林					
		按造林方式分				
	合　计	人工造林	飞播造林	无林地和疏林地新封	用材林	经济林
全国合计	**96859**	**67810**	**—**	**29049**	**2470**	**2923**
北　京	—	—	—	—	—	—
天　津	2988	2988	—	—	220	319
河　北	12860	11393	—	1467	—	105
山　西	—	—	—	—	—	—
内蒙古	—	—	—	—	—	—
内蒙古集团	—	—	—	—	—	—
辽　宁	16597	3265	—	13332	11	839
吉　林	—	—	—	—	—	—
吉林集团	—	—	—	—	—	—
长白山集团	—	—	—	—	—	—
黑龙江	—	—	—	—	—	—
龙江集团	—	—	—	—	—	—
上　海	—	—	—	—	—	—
江　苏	9228	9228	—	—	76	418
浙　江	6849	4428	—	2421	207	472
安　徽	—	—	—	—	—	—
福　建	2213	2213	—	—	104	133
江　西	—	—	—	—	—	—
山　东	16045	15869	—	176	270	536
河　南	—	—	—	—	—	—
湖　北	—	—	—	—	—	—
湖　南	—	—	—	—	—	—
广　东	24263	12610	—	11653	64	—
广　西	4199	4199	—	—	1518	101
海　南	1617	1617	—	—	—	—
重　庆	—	—	—	—	—	—
四　川	—	—	—	—	—	—
贵　州	—	—	—	—	—	—
云　南	—	—	—	—	—	—
西　藏	—	—	—	—	—	—
陕　西	—	—	—	—	—	—
甘　肃	—	—	—	—	—	—
青　海	—	—	—	—	—	—
宁　夏	—	—	—	—	—	—
新　疆	—	—	—	—	—	—
新疆兵团	—	—	—	—	—	—
大兴安岭	—	—	—	—	—	—

体系工程建设情况(一)

单位:公顷

面积								
按林种用途分								
防护林							薪炭林	特种用途林
小计	其中							
	水源涵养林	水土保持林	防风固沙林	农田、牧场防护林	护岸护堤林	护路林		
90198	**14076**	**19425**	**13502**	**6569**	**4278**	**2229**	—	**1268**
—	—	—	—	—	—	—	—	—
2449	—	—	2449	—	—	—	—	—
12755	143	140	2277	4807	—	787	—	—
—	—	—	—	—	—	—	—	—
—	—	—	—	—	—	—	—	—
—	—	—	—	—	—	—	—	—
15747	1493	3210	—	—	—	67	—	—
—	—	—	—	—	—	—	—	—
—	—	—	—	—	—	—	—	—
—	—	—	—	—	—	—	—	—
—	—	—	—	—	—	—	—	—
—	—	—	—	—	—	—	—	—
—	—	—	—	—	—	—	—	—
8734	—	—	1484	575	3326	423	—	—
6132	1203	1935	342	424	620	654	—	38
—	—	—	—	—	—	—	—	—
1976	620	67	556	—	—	68	—	—
—	—	—	—	—	—	—	—	—
15239	2156	5659	4362	763	332	230	—	—
—	—	—	—	—	—	—	—	—
—	—	—	—	—	—	—	—	—
—	—	—	—	—	—	—	—	—
24191	7266	8045	1278	—	—	—	—	8
1358	794	268	—	—	—	—	—	1222
1617	401	101	754	—	—	—	—	—
—	—	—	—	—	—	—	—	—
—	—	—	—	—	—	—	—	—
—	—	—	—	—	—	—	—	—
—	—	—	—	—	—	—	—	—
—	—	—	—	—	—	—	—	—
—	—	—	—	—	—	—	—	—
—	—	—	—	—	—	—	—	—
—	—	—	—	—	—	—	—	—
—	—	—	—	—	—	—	—	—
—	—	—	—	—	—	—	—	—
—	—	—	—	—	—	—	—	—
—	—	—	—	—	—	—	—	—

各地区沿海防护林

地区	年末实有封山(沙)育林面积	低产低效林改造面积	全部林业		
			合计	其中：国家投资	造林
全国合计	**412990**	**3436**	**278075**	**140431**	**255306**
北京	—	—	—	—	—
天津	—	—	99129	99129	96380
河北	29392	—	6859	5041	6845
山西	—	—	—	—	—
内蒙古	—	—	—	—	—
内蒙古集团	—	—	—	—	—
辽宁	111918	—	14102	7351	14085
吉林	—	—	—	—	—
吉林集团	—	—	—	—	—
长白山集团	—	—	—	—	—
黑龙江	—	—	—	—	—
龙江集团	—	—	—	—	—
上海	—	—	—	—	—
江苏	—	130	110150	2342	96917
浙江	155361	566	6268	4096	6250
安徽	—	—	—	—	—
福建	22759	—	1378	1175	438
江西	—	—	—	—	—
山东	27394	—	16455	7864	14329
河南	—	—	—	—	—
湖北	—	—	—	—	—
湖南	—	—	—	—	—
广东	66166	2740	19361	9558	15759
广西	—	—	3106	2608	3052
海南	—	—	1267	1267	1251
重庆	—	—	—	—	—
四川	—	—	—	—	—
贵州	—	—	—	—	—
云南	—	—	—	—	—
西藏	—	—	—	—	—
陕西	—	—	—	—	—
甘肃	—	—	—	—	—
青海	—	—	—	—	—
宁夏	—	—	—	—	—
新疆	—	—	—	—	—
新疆兵团	—	—	—	—	—
大兴安岭	—	—	—	—	—

体系工程建设情况(二)

单位:公顷、万元

投资完成额						
低产低效防护林改造	种苗	森林防火	病虫害防治	科技费用	其他	群众投工投劳（折合资金）
2699	**10869**	**1250**	**1590**	**1963**	**4398**	**12041**
—	—	—	—	—	—	—
—	105	—	1012	20	1612	—
—	—	—	14	—	—	105
—	—	—	—	—	—	—
—	—	—	—	—	—	—
—	—	—	—	—	—	—
—	—	—	17	—	—	6618
—	—	—	—	—	—	—
—	—	—	—	—	—	—
—	—	—	—	—	—	—
—	—	—	—	—	—	—
—	—	—	—	—	—	—
—	—	—	—	—	—	—
30	10188	38	130	1780	1067	4190
—	—	—	—	—	18	—
—	—	—	—	—	—	—
—	—	—	—	—	940	—
—	—	—	—	—	—	—
—	467	1134	414	63	48	680
—	—	—	—	—	—	—
—	—	—	—	—	—	—
—	—	—	—	—	—	—
2669	40	78	3	100	712	215
—	53	—	—	—	1	173
—	16	—	—	—	—	60
—	—	—	—	—	—	—
—	—	—	—	—	—	—
—	—	—	—	—	—	—
—	—	—	—	—	—	—
—	—	—	—	—	—	—
—	—	—	—	—	—	—
—	—	—	—	—	—	—
—	—	—	—	—	—	—
—	—	—	—	—	—	—
—	—	—	—	—	—	—
—	—	—	—	—	—	—
—	—	—	—	—	—	—

各地区珠江流域防护林

地区	造林					
	合计	按造林方式分				
		人工造林	飞播造林	无林地和疏林地新封	用材林	经济林
全国合计	**26924**	**17301**	**—**	**9623**	**3462**	**531**
北京	—	—	—	—	—	—
天津	—	—	—	—	—	—
河北	—	—	—	—	—	—
山西	—	—	—	—	—	—
内蒙古	—	—	—	—	—	—
内蒙古集团	—	—	—	—	—	—
辽宁	—	—	—	—	—	—
吉林	—	—	—	—	—	—
吉林集团	—	—	—	—	—	—
长白山集团	—	—	—	—	—	—
黑龙江	—	—	—	—	—	—
龙江集团	—	—	—	—	—	—
上海	—	—	—	—	—	—
江苏	—	—	—	—	—	—
浙江	—	—	—	—	—	—
安徽	—	—	—	—	—	—
福建	—	—	—	—	—	—
江西	1600	1600	—	—	—	—
山东	—	—	—	—	—	—
河南	—	—	—	—	—	—
湖北	—	—	—	—	—	—
湖南	4132	1933	—	2199	243	198
广东	8524	6017	—	2507	—	—
广西	5754	4554	—	1200	2553	—
海南	—	—	—	—	—	—
重庆	—	—	—	—	—	—
四川	—	—	—	—	—	—
贵州	—	—	—	—	—	—
云南	6914	3197	—	3717	666	333
西藏	—	—	—	—	—	—
陕西	—	—	—	—	—	—
甘肃	—	—	—	—	—	—
青海	—	—	—	—	—	—
宁夏	—	—	—	—	—	—
新疆	—	—	—	—	—	—
新疆兵团	—	—	—	—	—	—
大兴安岭	—	—	—	—	—	—

体系工程建设情况(一)

单位:公顷

面积								
按林种用途分								
防护林							薪炭林	特种用途林
小计	其中							
	水源涵养林	水土保持林	防风固沙林	农田、牧场防护林	护岸护堤林	护路林		
22860	**9918**	**5966**	**333**	**—**	**—**	**—**	**—**	**71**
—	—	—	—	—	—	—	—	—
—	—	—	—	—	—	—	—	—
—	—	—	—	—	—	—	—	—
—	—	—	—	—	—	—	—	—
—	—	—	—	—	—	—	—	—
—	—	—	—	—	—	—	—	—
—	—	—	—	—	—	—	—	—
—	—	—	—	—	—	—	—	—
—	—	—	—	—	—	—	—	—
—	—	—	—	—	—	—	—	—
—	—	—	—	—	—	—	—	—
—	—	—	—	—	—	—	—	—
—	—	—	—	—	—	—	—	—
—	—	—	—	—	—	—	—	—
—	—	—	—	—	—	—	—	—
—	—	—	—	—	—	—	—	—
—	—	—	—	—	—	—	—	—
1600	1302	165	—	—	—	—	—	—
—	—	—	—	—	—	—	—	—
—	—	—	—	—	—	—	—	—
—	—	—	—	—	—	—	—	—
3691	1705	1764	—	—	—	—	—	—
8453	4378	1170	—	—	—	—	—	71
3201	666	1534	—	—	—	—	—	—
—	—	—	—	—	—	—	—	—
—	—	—	—	—	—	—	—	—
—	—	—	—	—	—	—	—	—
—	—	—	—	—	—	—	—	—
5915	1867	1333	333	—	—	—	—	—
—	—	—	—	—	—	—	—	—
—	—	—	—	—	—	—	—	—
—	—	—	—	—	—	—	—	—
—	—	—	—	—	—	—	—	—
—	—	—	—	—	—	—	—	—
—	—	—	—	—	—	—	—	—
—	—	—	—	—	—	—	—	—
—	—	—	—	—	—	—	—	—

各地区珠江流域防护林

地区	年末实有封山(沙)育林面积	低产低效林改造面积	全部林业		
			合计	其中：国家投资	造林
全国合计	**251836**	**2321**	**21229**	**14930**	**14784**
北京	—	—	—	—	—
天津	—	—	—	—	—
河北	—	—	—	—	—
山西	—	—	—	—	—
内蒙古	—	—	—	—	—
内蒙古集团	—	—	—	—	—
辽宁	—	—	—	—	—
吉林	—	—	—	—	—
吉林集团	—	—	—	—	—
长白山集团	—	—	—	—	—
黑龙江	—	—	—	—	—
龙江集团	—	—	—	—	—
上海	—	—	—	—	—
江苏	—	—	—	—	—
浙江	—	—	—	—	—
安徽	—	—	—	—	—
福建	—	—	—	—	—
江西	24993	—	1429	1429	1233
山东	—	—	—	—	—
河南	—	—	—	—	—
湖北	—	—	—	—	—
湖南	14163	—	2257	1208	1496
广东	165169	1654	9987	8738	6018
广西	25649	—	5366	2476	4664
海南	—	—	—	—	—
重庆	—	—	—	—	—
四川	—	—	—	—	—
贵州	—	—	—	—	—
云南	21862	667	2190	1079	1373
西藏	—	—	—	—	—
陕西	—	—	—	—	—
甘肃	—	—	—	—	—
青海	—	—	—	—	—
宁夏	—	—	—	—	—
新疆	—	—	—	—	—
新疆兵团	—	—	—	—	—
大兴安岭	—	—	—	—	—

体系工程建设情况(二)

单位:公顷、万元

投资完成额						群众投工投劳（折合资金）
低产低效防护林改造	种苗	森林防火	病虫害防治	科技费用	其他	
409	**1257**	**168**	**87**	**95**	**4429**	**18421**
—	—	—	—	—	—	—
—	—	—	—	—	—	—
—	—	—	—	—	—	—
—	—	—	—	—	—	—
—	—	—	—	—	—	—
—	—	—	—	—	—	—
—	—	—	—	—	—	—
—	—	—	—	—	—	—
—	—	—	—	—	—	—
—	—	—	—	—	—	—
—	—	—	—	—	—	—
—	—	—	—	—	—	—
—	—	—	—	—	—	—
—	—	—	—	—	—	—
—	—	—	—	—	—	—
—	—	—	—	—	—	—
—	—	—	—	—	—	—
—	—	—	—	—	196	222
—	—	—	—	—	—	—
—	—	—	—	—	—	—
—	—	—	—	—	—	—
—	475	94	54	17	121	1668
209	50	5	—	—	3705	—
—	451	64	—	—	187	15767
—	—	—	—	—	—	—
—	—	—	—	—	—	—
—	—	—	—	—	—	—
—	—	—	—	—	—	—
200	281	5	33	78	220	764
—	—	—	—	—	—	—
—	—	—	—	—	—	—
—	—	—	—	—	—	—
—	—	—	—	—	—	—
—	—	—	—	—	—	—
—	—	—	—	—	—	—
—	—	—	—	—	—	—
—	—	—	—	—	—	—

各地区太行山绿化

地区	造林					
	合计	按造林方式分				
		人工造林	飞播造林	无林地和疏林地新封	用材林	经济林
全国合计	**49218**	**27955**	**—**	**21263**	**979**	**1245**
北京	200	200	—	—	—	—
天津	—	—	—	—	—	—
河北	16125	8262	—	7863	120	903
山西	12986	6452	—	6534	—	21
内蒙古	—	—	—	—	—	—
内蒙古集团	—	—	—	—	—	—
辽宁	—	—	—	—	—	—
吉林	—	—	—	—	—	—
吉林集团	—	—	—	—	—	—
长白山集团	—	—	—	—	—	—
黑龙江	—	—	—	—	—	—
龙江集团	—	—	—	—	—	—
上海	—	—	—	—	—	—
江苏	—	—	—	—	—	—
浙江	—	—	—	—	—	—
安徽	—	—	—	—	—	—
福建	—	—	—	—	—	—
江西	—	—	—	—	—	—
山东	—	—	—	—	—	—
河南	19907	13041	—	6866	859	321
湖北	—	—	—	—	—	—
湖南	—	—	—	—	—	—
广东	—	—	—	—	—	—
广西	—	—	—	—	—	—
海南	—	—	—	—	—	—
重庆	—	—	—	—	—	—
四川	—	—	—	—	—	—
贵州	—	—	—	—	—	—
云南	—	—	—	—	—	—
西藏	—	—	—	—	—	—
陕西	—	—	—	—	—	—
甘肃	—	—	—	—	—	—
青海	—	—	—	—	—	—
宁夏	—	—	—	—	—	—
新疆	—	—	—	—	—	—
新疆兵团	—	—	—	—	—	—
大兴安岭	—	—	—	—	—	—

工程建设情况(一)

单位:公顷

面积								
按林种用途分								
防护林							薪炭林	特种用途林
小计	其中							
	水源涵养林	水土保持林	防风固沙林	农田、牧场防护林	护岸护堤林	护路林		
46994	**7443**	**21526**	**3807**	**—**	**—**	**—**	**—**	**—**
200	—	—	—	—	—	—	—	—
—	—	—	—	—	—	—	—	—
15102	1066	10731	—	—	—	—	—	—
12965	3400	6460	2587	—	—	—	—	—
—	—	—	—	—	—	—	—	—
—	—	—	—	—	—	—	—	—
—	—	—	—	—	—	—	—	—
—	—	—	—	—	—	—	—	—
—	—	—	—	—	—	—	—	—
—	—	—	—	—	—	—	—	—
—	—	—	—	—	—	—	—	—
—	—	—	—	—	—	—	—	—
—	—	—	—	—	—	—	—	—
—	—	—	—	—	—	—	—	—
—	—	—	—	—	—	—	—	—
—	—	—	—	—	—	—	—	—
—	—	—	—	—	—	—	—	—
—	—	—	—	—	—	—	—	—
—	—	—	—	—	—	—	—	—
18727	2977	4335	1220	—	—	—	—	—
—	—	—	—	—	—	—	—	—
—	—	—	—	—	—	—	—	—
—	—	—	—	—	—	—	—	—
—	—	—	—	—	—	—	—	—
—	—	—	—	—	—	—	—	—
—	—	—	—	—	—	—	—	—
—	—	—	—	—	—	—	—	—
—	—	—	—	—	—	—	—	—
—	—	—	—	—	—	—	—	—
—	—	—	—	—	—	—	—	—
—	—	—	—	—	—	—	—	—
—	—	—	—	—	—	—	—	—
—	—	—	—	—	—	—	—	—
—	—	—	—	—	—	—	—	—
—	—	—	—	—	—	—	—	—
—	—	—	—	—	—	—	—	—
—	—	—	—	—	—	—	—	—

各地区太行山绿化

地　　区	年末实有封山(沙)育林面积	低产低效林改造面积	全部林业		
			合　计	其中：国家投资	造林
全国合计	**185124**	**—**	**13196**	**12664**	**13024**
北　京	—	—	600	600	600
天　津	—	—	—	—	—
河　北	32153	—	3469	3265	3339
山　西	122044	—	4435	4435	4435
内蒙古	—	—	—	—	—
内蒙古集团	—	—	—	—	—
辽　宁	—	—	—	—	—
吉　林	—	—	—	—	—
吉林集团	—	—	—	—	—
长白山集团	—	—	—	—	—
黑龙江	—	—	—	—	—
龙江集团	—	—	—	—	—
上　海	—	—	—	—	—
江　苏	—	—	—	—	—
浙　江	—	—	—	—	—
安　徽	—	—	—	—	—
福　建	—	—	—	—	—
江　西	—	—	—	—	—
山　东	—	—	—	—	—
河　南	30927	—	4692	4364	4650
湖　北	—	—	—	—	—
湖　南	—	—	—	—	—
广　东	—	—	—	—	—
广　西	—	—	—	—	—
海　南	—	—	—	—	—
重　庆	—	—	—	—	—
四　川	—	—	—	—	—
贵　州	—	—	—	—	—
云　南	—	—	—	—	—
西　藏	—	—	—	—	—
陕　西	—	—	—	—	—
甘　肃	—	—	—	—	—
青　海	—	—	—	—	—
宁　夏	—	—	—	—	—
新　疆	—	—	—	—	—
新疆兵团	—	—	—	—	—
大兴安岭	—	—	—	—	—

工程建设情况(二)

单位:公顷、万元

投资完成额						群众投工投劳（折合资金）
低产低效防护林改造	种苗	森林防火	病虫害防治	科技费用	其他	
—	**90**	**2**	**7**	**—**	**73**	**6979**
—	—	—	—	—	—	—
—	—	—	—	—	—	—
—	90	2	3	—	35	5194
—	—	—	—	—	—	160
—	—	—	—	—	—	—
—	—	—	—	—	—	—
—	—	—	—	—	—	—
—	—	—	—	—	—	—
—	—	—	—	—	—	—
—	—	—	—	—	—	—
—	—	—	—	—	—	—
—	—	—	—	—	—	—
—	—	—	—	—	—	—
—	—	—	—	—	—	—
—	—	—	—	—	—	—
—	—	—	—	—	—	—
—	—	—	—	—	—	—
—	—	—	—	—	—	—
—	—	—	—	—	—	—
—	—	—	4	—	38	1625
—	—	—	—	—	—	—
—	—	—	—	—	—	—
—	—	—	—	—	—	—
—	—	—	—	—	—	—
—	—	—	—	—	—	—
—	—	—	—	—	—	—
—	—	—	—	—	—	—
—	—	—	—	—	—	—
—	—	—	—	—	—	—
—	—	—	—	—	—	—
—	—	—	—	—	—	—
—	—	—	—	—	—	—
—	—	—	—	—	—	—
—	—	—	—	—	—	—
—	—	—	—	—	—	—
—	—	—	—	—	—	—
—	—	—	—	—	—	—

各地区平原绿化

地区	造林					
	合计	按造林方式分				
		人工造林	飞播造林	无林地和疏林地新封	用材林	经济林
全国合计	**21939**	**21939**	—	—	—	—
北京	21939	21939	—	—	—	—
天津	—	—	—	—	—	—
河北	—	—	—	—	—	—
山西	—	—	—	—	—	—
内蒙古	—	—	—	—	—	—
内蒙古集团	—	—	—	—	—	—
辽宁	—	—	—	—	—	—
吉林	—	—	—	—	—	—
吉林集团	—	—	—	—	—	—
长白山集团	—	—	—	—	—	—
黑龙江	—	—	—	—	—	—
龙江集团	—	—	—	—	—	—
上海	—	—	—	—	—	—
江苏	—	—	—	—	—	—
浙江	—	—	—	—	—	—
安徽	—	—	—	—	—	—
福建	—	—	—	—	—	—
江西	—	—	—	—	—	—
山东	—	—	—	—	—	—
河南	—	—	—	—	—	—
湖北	—	—	—	—	—	—
湖南	—	—	—	—	—	—
广东	—	—	—	—	—	—
广西	—	—	—	—	—	—
海南	—	—	—	—	—	—
重庆	—	—	—	—	—	—
四川	—	—	—	—	—	—
贵州	—	—	—	—	—	—
云南	—	—	—	—	—	—
西藏	—	—	—	—	—	—
陕西	—	—	—	—	—	—
甘肃	—	—	—	—	—	—
青海	—	—	—	—	—	—
宁夏	—	—	—	—	—	—
新疆	—	—	—	—	—	—
新疆兵团	—	—	—	—	—	—
大兴安岭	—	—	—	—	—	—

工程建设情况(一)

单位:公顷

面积								
按林种用途分								
防护林							薪炭林	特种用途林
小计	其中							
	水源涵养林	水土保持林	防风固沙林	农田、牧场防护林	护岸护堤林	护路林		
21615	**—**	**—**	**3226**	**—**	**—**	**—**	**—**	**324**
21615	—	—	3226	—	—	—	—	324
—	—	—	—	—	—	—	—	—
—	—	—	—	—	—	—	—	—
—	—	—	—	—	—	—	—	—
—	—	—	—	—	—	—	—	—
—	—	—	—	—	—	—	—	—
—	—	—	—	—	—	—	—	—
—	—	—	—	—	—	—	—	—
—	—	—	—	—	—	—	—	—
—	—	—	—	—	—	—	—	—
—	—	—	—	—	—	—	—	—
—	—	—	—	—	—	—	—	—
—	—	—	—	—	—	—	—	—
—	—	—	—	—	—	—	—	—
—	—	—	—	—	—	—	—	—
—	—	—	—	—	—	—	—	—
—	—	—	—	—	—	—	—	—
—	—	—	—	—	—	—	—	—
—	—	—	—	—	—	—	—	—
—	—	—	—	—	—	—	—	—
—	—	—	—	—	—	—	—	—
—	—	—	—	—	—	—	—	—
—	—	—	—	—	—	—	—	—
—	—	—	—	—	—	—	—	—
—	—	—	—	—	—	—	—	—
—	—	—	—	—	—	—	—	—
—	—	—	—	—	—	—	—	—
—	—	—	—	—	—	—	—	—
—	—	—	—	—	—	—	—	—
—	—	—	—	—	—	—	—	—
—	—	—	—	—	—	—	—	—
—	—	—	—	—	—	—	—	—
—	—	—	—	—	—	—	—	—
—	—	—	—	—	—	—	—	—
—	—	—	—	—	—	—	—	—
—	—	—	—	—	—	—	—	—
—	—	—	—	—	—	—	—	—

各地区平原绿化

地　　区	年末实有封山(沙)育林面积	低产低效林改造面积	全部林业		
			合　计	其中：国家投资	造林
全国合计	**—**	**—**	**695081**	**644559**	**672010**
北　京	—	—	695081	644559	672010
天　津	—	—	—	—	—
河　北	—	—	—	—	—
山　西	—	—	—	—	—
内蒙古	—	—	—	—	—
内蒙古集团	—	—	—	—	—
辽　宁	—	—	—	—	—
吉　林	—	—	—	—	—
吉林集团	—	—	—	—	—
长白山集团	—	—	—	—	—
黑龙江	—	—	—	—	—
龙江集团	—	—	—	—	—
上　海	—	—	—	—	—
江　苏	—	—	—	—	—
浙　江	—	—	—	—	—
安　徽	—	—	—	—	—
福　建	—	—	—	—	—
江　西	—	—	—	—	—
山　东	—	—	—	—	—
河　南	—	—	—	—	—
湖　北	—	—	—	—	—
湖　南	—	—	—	—	—
广　东	—	—	—	—	—
广　西	—	—	—	—	—
海　南	—	—	—	—	—
重　庆	—	—	—	—	—
四　川	—	—	—	—	—
贵　州	—	—	—	—	—
云　南	—	—	—	—	—
西　藏	—	—	—	—	—
陕　西	—	—	—	—	—
甘　肃	—	—	—	—	—
青　海	—	—	—	—	—
宁　夏	—	—	—	—	—
新　疆	—	—	—	—	—
新疆兵团	—	—	—	—	—
大兴安岭	—	—	—	—	—

工程建设情况（二）

单位：公顷、万元

投资完成额						群众投工投劳（折合资金）
低产低效防护林改造	种苗	森林防火	病虫害防治	科技费用	其他	
—	**—**	**—**	**—**	**—**	**23071**	**—**
—	—	—	—	—	23071	—
—	—	—	—	—	—	—
—	—	—	—	—	—	—
—	—	—	—	—	—	—
—	—	—	—	—	—	—
—	—	—	—	—	—	—
—	—	—	—	—	—	—
—	—	—	—	—	—	—
—	—	—	—	—	—	—
—	—	—	—	—	—	—
—	—	—	—	—	—	—
—	—	—	—	—	—	—
—	—	—	—	—	—	—
—	—	—	—	—	—	—
—	—	—	—	—	—	—
—	—	—	—	—	—	—
—	—	—	—	—	—	—
—	—	—	—	—	—	—
—	—	—	—	—	—	—
—	—	—	—	—	—	—
—	—	—	—	—	—	—
—	—	—	—	—	—	—
—	—	—	—	—	—	—
—	—	—	—	—	—	—
—	—	—	—	—	—	—
—	—	—	—	—	—	—
—	—	—	—	—	—	—
—	—	—	—	—	—	—
—	—	—	—	—	—	—
—	—	—	—	—	—	—
—	—	—	—	—	—	—
—	—	—	—	—	—	—
—	—	—	—	—	—	—
—	—	—	—	—	—	—
—	—	—	—	—	—	—
—	—	—	—	—	—	—

林业系统野生动植物保护及自然保护区工程建设情况

指　　标	单位	本年实际
一、年末实有自然保护区个数	**个**	**2174**
其中：国家级	个	344
二、年末实有自然保护区面积	**百公顷**	**1246952**
其中：国家级	百公顷	811286
三、年末实有自然保护小区个数	**个**	**48376**
年末实有自然保护小区面积	百公顷	105838
四、野生植物就地保护点个数	**个**	**901**
野生植物就地保护点面积	百公顷	35506
五、国际重要湿地个数	**个**	**46**
国际重要湿地面积	百公顷	40022
六、野生动物种源繁育基地	**个**	**5892**
1. 公益性野生动物救护繁育基地	个	164
2. 商业性野生动物驯养繁殖单位	个	5728
七、野生植物种源培育基地	**个**	**1070**
八、野生动物观赏展演单位	**个**	**393**
1. 动物园	个	172
2. 野生动物园	个	50
3. 马戏团等展演单位	个	171
九、植物园(树木园)个数	**个**	**180**
十、野生动植物保护管理站	**个**	**4544**
十一、鸟类环志中心(站)个数	**个**	**116**
十二、野生动物疫源疫病监测站个数	**个**	**1418**
十三、野生动植物科研及监测机构个数	**个**	**633**
在野生动植物科研及监测机构中各类专业技术人员	人	2688
十四、从事野生动植物及自然保护区建设的职工人数	**人**	**52700**
其中：各类专业技术人员	人	16767
十五、野生动植物及自然保护区建设投资完成额	**万元**	**198224**
其中：国家投资	万元	147788

各地区林业系统野生动植物保护及自然保护区工程建设情况(一)

单位:个、百公顷

地　区	年末实有自然保护区个数		年末实有自然保护区面积		年末实有自然保护小区		野生植物就地保护点	
	合 计	其中:国家级	合 计	其中:国家级	个数	面积	个数	面积
全国合计	**2174**	**344**	**1246952**	**811286**	**48376**	**105838**	**901**	**35506**
北　京	16	2	1313	264	—	—	—	—
天　津	5	1	529	10	—	—	—	—
河　北	34	9	6233	2123	2	327	2	126
山　西	45	7	10925	1168	—	—	45	10925
内蒙古	140	24	105158	32102	52	14170	7	3316
内蒙古集团	8	3	12302	2885	—	—	—	—
辽　宁	74	12	11199	2011	31	1076	39	561
吉　林	38	13	25991	10082	7	112	26	2207
吉林集团	—	—	—	—	2	34	—	—
长白山集团	6	3	3422	1930	1	6	10	1905
黑龙江	115	28	39611	19178	162	3568	10	308
龙江集团	24	10	12219	6723	—	—	—	—
上　海	1	1	242	242	—	—	—	—
江　苏	23	1	2937	27	12	46	10	16
浙　江	19	7	995	786	357	740	5	163
安　徽	50	5	4031	954	34	199	13	69
福　建	82	14	5583	2060	3300	3169	6	10
江　西	215	14	10012	2311	1331	1236	379	88
山　东	67	5	9160	1759	—	—	—	—
河　南	24	10	5032	3361	—	—	—	—
湖　北	53	13	9429	4404	175	1247	19	2585
湖　南	172	22	14339	6213	217	2622	131	829
广　东	270	8	12684	1627	38800	42000	17	333
广　西	62	18	12907	3311	76	1290	8	620
海　南	32	7	2404	1371	190	170	25	2302
重　庆	52	6	6706	2666	13	1112	12	312
四　川	123	23	73461	26138	274	12387	92	8274
贵　州	104	7	9111	2309	3267	4108	8	719
云　南	133	18	26418	14033	—	—	33	1
西　藏	61	8	410060	370140	—	—	—	—
陕　西	48	19	12927	5844	—	—	3	51
甘　肃	50	16	87858	59788	53	8361	1	5
青　海	10	7	216474	207338	—	—	—	—
宁　夏	6	6	4291	4291	—	—	—	—
新　疆	28	8	92946	16178	18	6792	9	1685
新疆兵团	2	—	349	—	—	—	—	—
大兴安岭	22	5	15988	7201	5	1106	1	—

注:国际重要湿地包括香港特别行政区 1 处。

各地区林业系统野生动植物保护

地区	国际重要湿地		野生动物种源繁育基地			野生植物种源培育基地	野生动物观赏展演单位			
	个数	面积	合计	公益性野生动物救护繁育基地	商业性野生动物驯养繁殖单位		合计	动物园	野生动物园	马戏团等展演单位
全国合计	**46**	**40022**	**5892**	**164**	**5728**	**1070**	**393**	**172**	**50**	**171**
北　京	—	—	106	1	105	—	5	—	4	1
天　津	—	—	10	—	10	—	—	—	—	—
河　北	—	—	4	—	4	1	1	—	1	—
山　西	—	—	179	3	176	2	9	8	—	1
内蒙古	2	7477	161	8	153	2	2	—	2	—
内蒙古集团	—	—	146	2	144	—	—	—	—	—
辽　宁	2	1397	166	11	155	7	16	4	12	—
吉　林	2	2495	43	2	41	16	8	6	2	—
吉林集团	—	—	—	—	—	—	—	—	—	—
长白山集团	—	—	—	—	—	4	—	—	—	—
黑龙江	7	7146	3	2	1	—	1	—	1	—
龙江集团	1	315	—	—	—	—	—	—	—	—
上　海	2	364	4	2	2	—	2	1	1	—
江　苏	2	5310	31	—	31	1	14	11	1	2
浙　江	1	3	891	20	871	18	9	4	2	3
安　徽	—	—	163	2	161	11	88	5	2	81
福　建	1	24	128	10	118	208	20	17	1	2
江　西	1	224	452	8	444	208	9	9	—	—
山　东	1	960	242	2	240	—	40	38	2	—
河　南	—	—	68	8	60	4	79	6	—	73
湖　北	3	643	65	14	51	13	18	16	2	—
湖　南	3	3930	718	23	695	453	13	8	3	2
广　东	3	323	82	5	77	10	9	5	2	2
广　西	2	70	361	2	359	9	4	4	—	—
海　南	1	54	248	2	246	55	3	2	1	—
重　庆	—	—	168	5	163	5	4	1	3	—
四　川	1	1666	223	5	218	3	10	8	1	1
贵　州	—	—	36	1	35	5	4	3	1	—
云　南	4	136	1191	13	1178	10	9	8	1	—
西　藏	2	1173	—	—	—	4	4	1	—	3
陕　西	—	—	82	1	81	7	4	3	1	—
甘　肃	1	2474	16	5	11	17	2	1	1	—
青　海	3	1844	9	—	9	—	2	—	2	—
宁　夏	—	—	16	3	13	—	1	1	—	—
新　疆	—	—	26	6	20	1	3	2	1	—
新疆兵团	—	—	2	—	2	—	—	—	—	—
大兴安岭	1	2295	—	—	—	—	—	—	—	—

及自然保护区工程建设情况(二)

单位:个、百公顷、人、万元

植物园(树木园)个数	野生动植物保护管理站	鸟类环志中心(站)	野生动物疫源疫病监测站	野生动植物科研及监测机构		从事野生动植物及自然保护区建设的职工人数		野生动植物及自然保护区投资完成额	
				个数	其中:各类专业技术人员	合计	其中:各类专业技术人员	合计	其中:国家投资
180	**4544**	**116**	**1418**	**633**	**2688**	**52700**	**16767**	**198224**	**147788**
1	1	5	44	3	6	412	103	1904	1721
—	8	—	5	1	24	113	98	1600	1600
—	11	1	7	5	41	831	334	1058	1058
2	14	1	26	6	17	1021	275	2768	2768
2	53	7	10	18	152	2252	664	3528	3128
—	—	1	6	6	86	735	322	1520	1320
5	107	5	68	42	124	1576	475	3067	2993
2	109	2	10	35	194	2186	567	4158	3665
—	—	—	—	—	—	—	—	—	—
—	19	1	1	11	47	298	161	1010	617
2	669	9	27	16	103	1944	1236	7766	7656
—	632	1	6	1	46	1180	950	—	—
—	11	1	26	1	5	148	95	38470	38298
6	8	1	53	2	4	1495	271	4904	223
5	70	3	20	13	104	1164	490	3053	2982
4	76	—	26	27	28	936	340	3334	3152
2	45	—	40	3	35	1629	480	8529	6257
23	78	5	45	36	85	2334	792	5156	2390
14	18	2	33	13	102	2408	571	5215	5215
1	42	2	45	18	110	2792	757	2242	1076
2	122	9	71	69	216	2219	777	6449	2096
45	394	11	302	129	315	6763	1479	22757	6567
4	65	8	53	24	107	1167	424	6831	3644
3	27	—	33	12	33	2083	624	10517	5219
10	5	—	33	4	60	850	81	7873	7012
9	202	4	27	22	51	979	294	4116	4096
5	492	—	45	18	244	2988	823	12209	9903
4	1434	6	12	4	51	2246	2147	5800	5200
11	150	19	78	22	286	2239	464	6544	3687
—	4	—	1	—	—	24	5	450	450
2	90	1	55	6	10	1464	687	3753	3645
9	37	7	64	9	24	3251	658	5480	5161
1	2	—	29	—	—	504	—	1900	1500
2	21	—	9	3	21	1440	290	2626	1700
4	167	7	102	71	122	983	337	3058	2617
—	—	2	3	—	—	14	5	147	70
—	12	—	19	1	14	259	129	1109	1109

各地区林业系统

地 区	数量(个)							
	合计	森林生态	湿地生态	荒漠生态	野生植物	野生动物	草原与草甸	自然遗迹
全国合计	**2174**	**1335**	**428**	**36**	**116**	**245**	**2**	**12**
北 京	16	11	3	—	—	2	—	—
天 津	5	2	3	—	—	—	—	—
河 北	34	22	9	—	—	3	—	—
山 西	45	19	2	—	3	21	—	—
内蒙古	140	71	33	19	10	5	—	2
辽 宁	74	54	16	—	—	4	—	—
吉 林	38	15	16	—	4	3	—	—
黑龙江	137	34	64	—	8	28	2	1
上 海	1	—	—	—	—	1	—	—
江 苏	23	6	15	—	—	2	—	—
浙 江	19	9	3	—	3	4	—	—
安 徽	50	31	17	—	—	2	—	—
福 建	82	50	7	—	5	20	—	—
江 西	215	157	16	—	21	16	—	5
山 东	67	41	21	—	1	3	—	1
河 南	24	11	10	—	—	3	—	—
湖 北	53	21	16	—	11	5	—	—
湖 南	172	113	55	—	2	2	—	—
广 东	270	234	20	—	6	10	—	—
广 西	62	46	1	—	4	11	—	—
海 南	32	17	8	—	2	5	—	—
重 庆	52	21	13	—	9	9	—	—
四 川	123	78	28	1	7	9	—	—
贵 州	104	92	1	—	7	4	—	—
云 南	133	101	12	—	6	11	—	3
西 藏	61	18	14	2	2	25	—	—
陕 西	48	20	7	1	2	18	—	—
甘 肃	50	26	9	7	—	8	—	—
青 海	10	3	2	2	—	3	—	—
宁 夏	6	4	—	2	—	—	—	—
新 疆	28	8	7	2	3	8	—	—

自然保护区分类情况

面积(万公顷)							
合计	森林生态	湿地生态	荒漠生态	野生植物	野生动物	草原与草甸	自然遗迹
12469.52	**3518.34**	**3161.14**	**3740.20**	**150.20**	**1870.19**	**2.31**	**27.14**
13.13	9.59	1.00	—	—	2.54	—	—
5.29	0.15	5.14	—	—	—	—	—
62.33	40.88	15.05	—	—	6.41	—	—
109.25	31.82	9.98	—	5.83	61.63	—	—
1051.58	330.10	247.83	404.60	33.65	9.63	—	25.76
111.99	60.73	48.49	—	—	2.78	—	—
259.91	165.95	58.52	—	15.62	19.81	—	—
555.99	118.76	335.81	—	14.53	84.56	2.31	0.03
2.42	—	—	—	—	2.42	—	—
29.37	0.53	27.83	—	—	1.00	—	—
9.93	7.28	0.68	—	1.39	0.58	—	—
40.31	13.61	24.55	—	—	2.16	—	—
55.83	35.04	6.41	—	2.10	12.28	—	—
100.12	64.92	13.92	—	5.66	15.15	—	0.47
91.60	25.62	59.06	—	1.02	5.82	—	0.08
50.32	16.63	22.30	—	—	11.40	—	—
94.29	54.42	26.95	—	8.97	3.94	—	—
143.39	91.34	50.42	—	0.52	1.12	—	—
126.84	93.15	20.68	—	1.81	11.20	—	—
129.07	110.03	0.28	—	4.31	14.45	—	—
24.04	19.16	1.26	—	0.27	3.34	—	—
67.06	44.11	9.06	—	9.84	4.06	—	—
734.61	407.72	263.62	2.37	20.88	40.02	—	—
91.11	78.32	0.96	—	3.57	8.26	—	—
264.18	204.92	10.01	—	7.35	41.10	—	0.80
4100.60	689.93	72.02	2984.10	0.07	354.48	—	—
129.27	71.51	10.69	0.67	1.14	45.26	—	—
878.58	369.58	124.48	283.75	—	100.78	—	—
2164.74	91.96	1534.50	37.76	—	500.52	—	—
42.91	27.41	—	15.49	—	—	—	—
929.46	243.17	159.64	11.47	11.66	503.52	—	—

各地区林业系统自然保护区分级情况

地　区	数量(个)					面积(万公顷)					占土地面积比例(%)	占土地面积比例排名
	合计	国家级	省级	市级	县级	合计	国家级	省级	市级	县级		
全国合计	**2174**	**344**	**683**	**307**	**840**	**12469.52**	**8112.86**	**3153.12**	**534.36**	**669.18**	**12.98**	**—**
北　京	16	2	8	6	—	13.13	2.64	6.34	4.15	—	7.81	10
天　津	5	1	3	1	—	5.29	0.10	4.58	0.60	—	4.68	24
河　北	34	9	21	1	3	62.33	21.23	39.23	0.84	1.03	3.33	27
山　西	45	7	38	—	—	109.25	11.68	97.57	—	—	7.00	13
内蒙古	140	24	47	17	52	1051.58	321.02	614.09	32.70	83.77	8.89	7
辽　宁	74	12	22	21	19	111.99	20.11	24.07	51.95	15.86	7.56	11
吉　林	38	13	20	2	3	259.91	100.82	157.66	0.94	0.49	13.87	5
黑龙江	137	33	63	18	23	555.99	263.79	202.06	60.39	29.75	12.22	6
上　海	1	1	—	—	—	2.42	2.42	—	—	—	3.81	26
江　苏	23	1	5	5	12	29.37	0.27	5.44	10.36	13.30	2.86	30
浙　江	19	7	6	—	6	9.95	7.86	1.25	—	0.84	0.98	31
安　徽	50	5	29	2	14	40.31	9.54	25.95	1.21	3.61	2.89	29
福　建	82	14	19	8	41	55.83	20.60	12.26	15.02	7.95	4.60	25
江　西	215	14	29	2	170	100.12	23.11	24.27	2.83	49.91	6.00	18
山　东	67	5	27	24	11	91.60	17.59	35.71	34.81	3.50	5.83	19
河　南	24	10	14	—	—	50.32	33.61	16.71	—	—	3.01	28
湖　北	53	13	18	17	5	94.29	44.04	32.85	12.75	4.65	5.07	23
湖　南	172	22	23	—	127	143.39	62.13	34.25	—	47.01	6.77	15
广　东	270	8	50	81	131	126.84	16.27	36.72	42.49	31.36	7.06	12
广　西	62	18	37	2	5	129.07	33.11	81.49	6.76	7.71	5.47	21
海　南	32	7	17	6	2	24.04	13.71	9.20	0.30	0.83	6.87	14
重　庆	52	6	12	2	32	67.06	26.66	15.93	2.95	21.51	8.14	9
四　川	123	23	51	17	32	734.61	261.38	235.26	68.89	169.08	15.17	4
贵　州	104	7	4	11	82	91.11	23.09	6.07	19.50	42.46	5.18	22
云　南	133	18	35	46	34	264.18	140.33	67.13	40.59	16.13	6.71	16
西　藏	61	8	10	11	32	4100.60	3701.40	254.91	62.73	81.56	33.61	1
陕　西	48	19	24	3	2	129.27	58.44	66.54	2.58	1.72	6.28	17
甘　肃	50	16	33	—	1	878.58	597.88	280.04	—	0.67	19.33	3
青　海	10	7	3	—	—	2164.74	2073.38	91.36	—	—	29.97	2
宁　夏	6	6	—	—	—	42.91	42.91	—	—	—	8.28	8
新　疆	28	8	15	4	1	929.46	161.78	674.17	59.01	34.50	5.60	20

3

产业发展

Forest INDUSTRIAL DEVELOPMENT

林业产业总产值(一)

(按现行价格计算)　　单位:万元

指　　标	总产值
总　　计	**540329423**
一、第一产业	**185594583**
(一)涉林产业合计	176391639
其中:湿地产业	1369545
1. 林木育种和育苗	15649304
(1)林木育种	1357555
(2)林木育苗	14291749
2. 造林和更新	10571166
3. 森林经营和管护	8135038
4. 木材和竹材采运	10857399
(1)木材采运	8196841
(2)竹材采运	2660558
5. 经济林产品的种植与采集	107280379
(1)水果种植	54929097
(2)坚果、含油果和香料作物种植	17415409
(3)茶及其他饮料作物的种植	9961757
(4)中药材种植	6845605
(5)森林食品种植	9732759
(6)林产品采集	8395752
6. 花卉及其他观赏植物种植	18546312
7. 陆生野生动物繁育与利用	5352041
(二)林业系统非林产业	9202944
二、第二产业	**280880407**
(一)涉林产业合计	274179882
其中:湿地产业	1344275
1. 木材加工和木、竹、藤、棕、苇制品制造	110289483
(1)木材加工	21110964

林业产业总产值(二)

(按现行价格计算)　　　　单位:万元

指　　标	总产值
(2)人造板制造	58836073
(3)木制品制造	22584210
(4)竹、藤、棕、苇制品制造	7758236
2.木、竹、藤家具制造	44805706
3.木、竹、苇浆造纸和纸制品	53468826
(1)木、竹、苇浆制造	8621221
(2)造纸	26509613
(3)纸制品制造	18337992
4.林产化学产品制造	6125129
5.木质工艺品和木质文教体育用品制造	5587681
6.非木质林产品加工制造业	40340167
(1)木本油料、果蔬、茶饮料等加工制造	30364008
(2)野生动物食品与毛皮革等加工制造	1826414
(3)中药材加工制造	8149745
7.其他	13562890
(二)林业系统非林产业	6700525
三、第三产业	**73854433**
(一)涉林产业合计	67296717
其中:湿地产业	2035385
1.林业生产服务	2490581
2.林业旅游与休闲服务	53212379
3.林业生态服务	5095105
4.林业专业技术服务	1715545
5.林业公共管理及其他组织服务	4783107
(二)林业系统非林产业	6557716
补充资料:竹产业产值	18451012
油茶产业产值	5525332
林下经济产值	42233727

各地区林业

(按现行

地　区	总　计	第　一					
		合　计	涉　林				
			合　计	其中：湿地产业	林木育种和育苗		
					小　计	林木育种	林木育苗
全国合计	**540329423**	**185594583**	**176391639**	**1369545**	**15649304**	**1357555**	**14291749**
北　京	1923574	1563568	1561126	—	51660	558	51102
天　津	232787	214945	214945	—	5559	—	5559
河　北	14127093	6771065	6729265	120352	394648	18418	376230
山　西	4015973	3162746	3157282	325	692915	22536	670379
内蒙古	3836321	1941184	1729334	3137	300696	10699	289997
内蒙古集团	915431	337605	299104	—	4579	37	4542
辽　宁	18339207	9738810	9575425	101897	768730	161871	606859
吉　林	14509985	3911733	3596006	1017	267904	29378	238526
吉林集团	1699086	439042	422641	—	8062	1965	6097
长白山集团	686681	281666	266253	—	13792	440	13352
黑龙江	13811164	5355473	3695020	861	212829	15670	197159
龙江集团	4781827	1884022	812170	—	7689	1066	6623
上　海	3680579	340787	340787	—	21748	17108	4640
江　苏	38976633	9997763	9695442	76052	1300086	168530	1131556
浙　江	35555849	8294887	8274903	3760	1802743	840	1801903
安　徽	25108181	7524719	7350277	146478	761977	63702	698275
福　建	39713055	7015681	6994538	160779	68360	3582	64778
江　西	26545883	8601849	8095431	19703	658612	34819	623793
山　东	60936364	22726221	21994066	28175	4161977	14061	4147916
河　南	14908414	7075960	6762906	100828	400287	59074	341213
湖　北	17369879	7022564	6719958	13307	377639	71672	305967
湖　南	27991084	9537431	8848568	376058	817684	258107	559577
广　东	65003382	7917011	7805337	1760	92522	8195	84327
广　西	38499681	12826502	10406232	387	424972	222847	202125
海　南	4420345	2834411	2834290	500	12910	1636	11274
重　庆	5219083	2760548	2647932	1320	232000	57945	174055
四　川	23357763	8819397	8274276	165	305154	37594	267560
贵　州	6100373	2431293	2384928	5287	187155	22787	164368
云　南	13296395	8601534	8349967	146097	185464	12337	173127
西　藏	239533	217053	217053	—	23032	1304	21728
陕　西	8401647	6662610	6622616	59655	508315	22364	485951
甘　肃	3393187	2963084	2899592	500	151508	10467	141041
青　海	429465	422989	422989	459	120453	453	120000
宁　夏	1359144	873320	873320	444	133660	1830	131830
新　疆	7981300	7009651	6997038	242	201209	7171	194038
新疆兵团	2321487	2309340	2309340	77	70998	30	70968
大兴安岭	1046100	457794	320790	—	4896	—	4896

产业总产值(一)

价格计算)　　　　单位:万元

造林和更新	森林经营和管护	木材和竹材采运 小计	木材采运	竹材采运	经济林产品的种植与采集 小计	水果种植	坚果、含油果和香料作物种植
10571166	**8135038**	**10857399**	**8196841**	**2660558**	**107280379**	**54929097**	**17415409**
808074	124655	10326	10326	—	444366	375573	68493
27986	26351	13393	13393	—	106814	103304	3510
329602	114094	66022	66022	—	5227129	3856156	1127026
717687	76262	6459	6459	—	1609649	1131564	424030
479315	350372	132034	132034	—	399865	185755	46072
10450	157421	89797	89797	—	31880	741	—
431435	230275	183290	183290	—	5972102	2543130	1181125
90804	205554	417432	417432	—	1998825	256335	123340
4373	120185	96769	96769	—	151906	1830	43309
4874	20794	117853	117853	—	79766	248	6120
93754	170480	192058	192058	—	2644582	169916	42508
15521	108150	77924	77924	—	593592	3388	3601
11791	36468	144	—	144	224139	222109	—
952030	1188983	338802	330972	7830	3832973	2234430	82822
237536	153168	466896	144701	322195	4882118	1967194	254085
735634	564269	762126	510442	251684	3694811	1115791	424893
123505	144703	1427651	824232	603419	4095080	1624058	195261
469416	491601	784584	432492	352092	4181206	1893036	448856
666139	228370	425206	425206	—	12827701	10748017	1452003
422315	285244	288646	284955	3691	3895485	1883190	682142
356071	288612	228834	188059	40775	4724722	1721895	378473
826423	968410	737839	610713	127126	4221926	1756311	733896
253127	137429	797021	576016	221005	4466800	3107391	186992
351245	572217	2038904	1737060	301844	5565738	3480624	521727
35333	140543	94565	87055	7510	2192130	1153622	465016
276093	118620	77414	49496	27918	1550540	1056002	141753
314437	468893	566951	280806	286145	5322160	2200582	1163468
283259	156743	169272	161822	7450	1398874	513725	172717
351800	134065	508900	412035	96865	6648469	1452365	1856459
62995	40702	30926	30916	10	59398	28532	23682
407130	104422	33885	31160	2725	5419912	3374104	1325124
119870	131652	5491	5361	130	2456469	1705504	533679
48985	24591	1190	1190	—	227685	2121	3787
74761	38327	179	179	—	602630	262170	18894
212614	322126	29607	29607	—	6218311	2804591	3329544
36921	73958	10836	10836	—	2115824	1403178	704639
—	96837	21352	21352	—	167770	—	4032

各地区林业

（按现行

地　区	第　一　产　业						
	涉　林　产　业						
	茶及其他饮料作物的种植	中药材种植	森林食品种植	经济林产品的种植与采集	花卉及其他观赏植物种植	陆生野生动物繁育与利用	林业系统非林产业
全国合计	**9961757**	**6845605**	**9732759**	**8395752**	**18546312**	**5352041**	**9202944**
北　京	—	—	300	—	113088	8957	2442
天　津	—	—	—	—	34632	210	—
河　北	923	97380	73858	71786	378037	219733	41800
山　西	3072	45174	5221	588	48248	6062	5464
内蒙古	131	68837	31804	67266	15469	51583	211850
内蒙古集团	—	225	5285	25629	—	4977	38501
辽　宁	78450	699438	1092075	377884	992688	996905	163385
吉　林	4180	1082196	435792	96982	135771	479716	315727
吉林集团	—	68745	33219	4803	1429	39917	16401
长白山集团	—	2495	59001	11902	80	29094	15413
黑龙江	2760	200899	1981563	246936	45456	335861	1660453
龙江集团	—	70197	371357	145049	50	9244	1071852
上　海	—	—	2030	—	46261	236	—
江　苏	580044	95479	289453	550745	2029358	53210	302321
浙　江	1133193	238894	1187275	101477	438403	294039	19984
安　徽	1107029	360541	394478	292079	664760	166700	174442
福　建	1189128	158979	366296	561358	1078660	56579	21143
江　西	457636	216707	378453	786518	1422364	87648	506418
山　东	427542	8361	132238	59540	2508319	1176354	732155
河　南	502950	354580	282604	190019	1262102	208827	313054
湖　北	1052194	385682	927986	258492	633209	110871	302606
湖　南	642621	412733	364643	311722	1086567	189719	688863
广　东	211421	109920	192997	658079	2031653	26785	111674
广　西	353100	218343	302205	689739	1078273	374883	2420270
海　南	4305	17649	7809	543729	316758	42051	121
重　庆	131539	74765	81742	64739	372015	21250	112616
四　川	739186	244099	601132	373693	1009820	286861	545121
贵　州	313480	200173	55126	143653	169694	19931	46365
云　南	687217	609982	258795	1783651	456865	64404	251567
西　藏	108	—	6512	564	—	—	—
陕　西	327943	150017	160991	81733	127962	20990	39994
甘　肃	10745	184850	12182	9509	16596	18006	63492
青　海	—	220239	—	1538	85	—	—
宁　夏	810	287458	—	33298	21200	2563	—
新　疆	50	84121	—	5	11851	1320	12613
新疆兵团	50	7955	—	2	525	278	—
大兴安岭	—	18109	107199	38430	148	29787	137004

产业总产值（二）

价格计算）　　　　单位：万元

第二产业							
合计	涉林产业						
	合计	其中：湿地产业	木材加工和木、竹、藤、棕、苇制品制造				
			小计	木材加工	人造板制造	木制品制造	竹、藤、棕、苇制品制造
280880407	**274179882**	**1344275**	**110289483**	**21110964**	**58836073**	**22584210**	**7758236**
44295	41841	—	41841	—	32241	9600	—
5200	5200	—	—	—	—	—	—
6623268	6601417	6300	3394873	402595	2747032	242225	3021
627943	627943	—	75110	29461	36991	8658	—
1155493	1024904	—	897150	786017	84688	26181	264
136849	31004	—	3812	3812	—	—	—
5976825	5868401	61100	3089483	628415	1154617	1219356	87095
8911723	8279321	53693	2946198	766227	1028324	1151271	376
672091	431280	—	341067	7894	205850	127323	—
194069	108037	—	91138	11735	45948	33455	—
6227921	4900738	1590	2874846	1138329	731148	974199	31170
1514217	537169	—	363210	110135	61184	184711	7180
3184154	3184154	—	745193	45903	134338	560511	4441
24669327	23877211	65555	15357063	2656717	10518373	1892436	289537
23360731	23353337	230405	7150366	631327	1699691	3632679	1186669
13361841	12961344	268487	8922915	1245986	4914346	1415772	1346811
31206682	31100279	—	9212676	1126856	3202350	2907291	1976179
12926907	12405715	5180	3881064	547003	1131317	1897441	305303
34226652	33348339	153150	19166613	3853117	13299230	1718334	295932
6242435	6222538	64016	3341544	609188	2361027	290249	81080
7083710	6982788	7030	2195874	201901	1162159	619721	212093
10467388	9897999	194926	3712482	965663	1207878	868021	670920
44689654	44675116	96205	6278643	914634	3856616	1183015	324378
22244945	21588313	52106	11321320	3227271	6822874	1051540	219635
1369245	1366059	—	150848	109902	32257	7559	1130
1395210	1339820	—	465629	123777	140872	112917	88063
7915254	7762124	32650	2870605	425355	1553133	331958	560159
913525	896669	4578	436927	193720	120293	99198	23716
3671457	3608396	30533	1253227	350658	597919	261452	43198
1200	1200	—	1200	1200	—	—	—
991431	962886	16661	342782	67562	222157	46787	6276
150060	134627	110	6992	3273	1760	1169	790
526	526	—	526	526	—	—	—
307556	307556	—	1712	1712	—	—	—
639242	635205	—	26546	9121	17425	—	—
342	342	—	122	122	—	—	—
288607	217916	—	127235	47548	25017	54670	—

各地区林业

（按现行

地区	木、竹、藤家具制造	木、竹、苇浆造纸和纸制品 小计	木、竹、苇浆制造	造纸	纸制品制造	林产化学产品制造
	第 二 涉 林					
全国合计	**44805706**	**53468826**	**8621221**	**26509613**	**18337992**	**6125129**
北 京	—	—	—	—	—	—
天 津	5200	—	—	—	—	—
河 北	534552	165684	591	150700	14393	38911
山 西	10541	3054	—	2400	654	120
内蒙古	3963	24058	—	—	24058	—
内蒙古集团	—	24058	—	—	24058	—
辽 宁	1056032	34888	32988	1900	—	3088
吉 林	352245	415184	96128	180501	138555	12091
吉林集团	5404	1494	—	—	1494	6718
长白山集团	3690	—	—	—	—	1949
黑龙江	509745	472932	31435	168382	273115	7606
龙江集团	66758	477	297	60	120	5600
上 海	1367785	618067	—	441557	176510	55414
江 苏	908416	4207749	234112	2526542	1447095	736153
浙 江	3422653	8535447	2563645	2883334	3088468	178786
安 徽	1011103	438712	183992	201488	53232	127136
福 建	3869336	6821797	1412560	2775391	2633846	800468
江 西	6328816	276437	9688	240309	26440	609502
山 东	2996660	4850408	1285347	3274805	290256	95165
河 南	718419	764438	214395	508454	41589	13203
湖 北	1110825	1464733	342055	1015798	106880	68658
湖 南	1134647	1942551	185880	1694996	61675	246586
广 东	14261058	17467906	1243687	7352005	8872214	811668
广 西	1968858	2962605	111059	1974481	877065	1737436
海 南	41722	749679	500	749179	—	862
重 庆	289746	130600	80639	45563	4398	12335
四 川	2481083	937810	490933	276485	170392	40584
贵 州	91588	66957	33528	25151	8278	35131
云 南	264817	90886	68059	20192	2635	443909
西 藏	—	—	—	—	—	—
陕 西	54041	24496	—	—	24496	30
甘 肃	8375	—	—	—	—	4410
青 海	—	—	—	—	—	—
宁 夏	—	—	—	—	—	—
新 疆	100	1748	—	—	1748	—
新疆兵团	100	—	—	—	—	—
大兴安岭	3380	—	—	—	—	45877

产业总产值(三)

价格计算)　　单位:万元

产业						
产业						林业系统非林产业
木质工艺品和木质文教体育用品制造	非木质林产品加工制造业				其他	
	小计	木本油料、果蔬、茶饮料等加工制造	野生动物食品与毛皮革等加工制造	中药材加工制造		
5587681	**40340167**	**30364008**	**1826414**	**8149745**	**13562890**	**6700525**
—	—	—	—	—	—	2454
—	—	—	—	—	—	—
3571	2315107	1604274	32593	678240	148719	21851
15	520518	513224	1030	6264	18585	—
76	13459	13459	—	—	86198	130589
—	—	—	—	—	3134	105845
42520	1339483	546503	489415	303565	302907	108424
70554	4267404	1012997	88490	3165917	215645	632402
—	44852	32177	1514	11161	31745	240811
—	508	508	—	—	10752	86032
57741	589106	423267	63884	101955	388762	1327183
17911	26094	6462	500	19132	57119	977048
12879	298169	159783	45370	93016	86647	—
218672	1579214	1056360	98638	424216	869944	792116
1893333	2172202	1790715	161625	219862	550	7394
461791	1766196	1511158	41449	213589	233491	400497
1231420	6012434	5387618	210010	414806	3152148	106403
143020	1050453	1027604	2572	20277	116423	521192
391687	5216132	5055147	7500	153485	631674	878313
91097	1153291	746667	12064	394560	140546	19897
111753	1675922	1432052	14565	229305	355023	100922
171703	2002999	1727110	72891	202998	687031	569389
399130	2702346	1807055	298065	597226	2754365	14538
73409	1546113	933999	157812	454302	1978572	656632
86723	335509	335509	—	—	716	3186
66584	193659	134789	2400	56470	181267	55390
22197	826119	702886	14609	108624	583726	153130
10240	210061	186928	955	22178	45765	16856
26320	1282008	1207268	100	74640	247229	63061
—	—	—	—	—	—	—
1145	413188	344304	10227	58657	127204	28545
101	89577	82417	—	7160	25172	15433
—	—	—	—	—	—	—
—	304193	160008	150	144035	1651	—
—	430042	427303	—	2739	176769	4037
—	120	—	—	120	—	—
—	35263	33604	—	1659	6161	70691

各地区林业

（按现行

地区	总计	第三 涉林 合计	其中：湿地产业	林业生产服务	林业旅游与休闲服务	林业生态服务
全国合计	**73854433**	**67296717**	**2035385**	**2490581**	**53212379**	**5095105**
北　京	315711	299541	—	5144	264328	11288
天　津	12642	12642	—	—	12642	—
河　北	732760	675955	6000	58480	485004	47705
山　西	225284	209597	325	15400	69523	49875
内蒙古	739644	349597	4308	25865	218187	10774
内蒙古集团	440977	72898	—	—	64723	—
辽　宁	2623572	2447479	125074	23790	1922567	235477
吉　林	1686529	927951	105101	50885	746320	27729
吉林集团	587953	42164	—	11090	17791	—
长白山集团	210946	47465	—	11865	15801	1427
黑龙江	2227770	1133037	41287	45148	815167	101514
龙江集团	1383588	439938	—	3744	416518	—
上　海	155638	116529	—	—	8932	43817
江　苏	4309543	4168624	548688	307066	2436675	635224
浙　江	3900231	3896771	31785	56945	3508889	201546
安　徽	4221621	3961389	262927	173964	2792920	594563
福　建	1490692	1489186	3300	44023	1161553	83905
江　西	5017127	4785686	7331	123818	3781564	505487
山　东	3983491	3688170	335675	217456	2451427	580483
河　南	1590019	1581101	26234	45476	1091364	282655
湖　北	3263605	2985566	122128	378533	1994451	135152
湖　南	7986265	7203337	191949	387548	5294404	899256
广　东	12396717	11991881	2965	48952	11122178	80680
广　西	3428234	2518647	5080	243464	2003383	88217
海　南	216689	215960	966	1235	193463	473
重　庆	1063325	1002125	14712	11643	865012	46987
四　川	6623112	6489305	100012	63123	5907100	99627
贵　州	2755555	2729983	68450	16058	2547201	97989
云　南	1023404	810015	14531	60350	502550	42978
西　藏	21280	21280	—	—	21280	—
陕　西	747606	661195	8842	22920	423904	146059
甘　肃	280043	233653	1406	38121	63191	15867
青　海	5950	5950	—	282	3923	1615
宁　夏	178268	173468	—	833	162297	10128
新　疆	332407	322520	4347	12326	206499	15369
新疆兵团	11805	9260	3000	43	9117	—
大兴安岭	299699	188577	1962	11733	134481	2666

产业总产值(四)

价格计算)

单位:万元

产 业			补充资料		
产 业					
林业专业技术服务	林业公共管理及其他组织服务	林业系统非林产业	竹产业产值	油茶产业产值	林下经济产值
1715545	**4783107**	**6557716**	**18451012**	**5525332**	**42233727**
10614	8167	16170	—	—	22336
—	—	—	—	—	4212
30946	53820	56805	—	—	357986
2768	72031	15687	—	—	6886
15138	79633	390047	—	—	408021
5731	2444	368079	—	—	74307
169912	95733	176093	—	—	1079200
27049	75968	758578	—	—	1148779
2220	11063	545789	—	—	89586
852	17520	163481	—	—	115054
17445	153763	1094733	—	—	1826591
4070	15606	943650	—	—	869829
18044	45736	39109	—	—	452
287203	502456	140919	7887	179	410934
24276	105115	3460	4518370	203530	8737591
89378	310564	260232	1652770	281694	1808359
15142	184563	1506	4093003	264600	3601939
64547	310270	231441	2925382	1644331	1651928
259421	179383	295321	—	—	2816635
41161	120445	8918	5325	18324	1576021
125881	351549	278039	208839	285642	571137
255855	366274	782928	2047637	2072842	1621420
4638	735433	404836	108262	228003	376408
31373	152210	909587	384071	410246	5768347
2328	18461	729	1869	401	232975
22700	55783	61200	200337	16893	504984
71234	348221	133807	2043375	20861	5253800
13903	54832	25572	181104	46493	241120
50986	153151	213389	71073	20630	1366419
—	—	—	—	—	—
13357	54955	86411	1665	10663	280725
18918	97556	46390	43	—	210024
130	—	—	—	—	938
200	10	4800	—	—	5380
22741	65585	9887	—	—	57800
100	—	2545	—	—	8022
8257	31440	111122	—	—	284380

全国主要林产工业产品产量2014年与2013年比较

主要指标	单位	2014年	2013年	2014年比2013年增减(%)
木材产量	万立方米	8233.30	8438.50	-2.43
1.原木	万立方米	7553.46	7836.89	-3.62
2.薪材	万立方米	679.84	601.60	13.01
竹材产量	万根	222439.93	187684.91	18.52
锯材产量	万立方米	6836.98	6297.60	8.56
人造板产量	万立方米	27371.79	25559.91	7.09
1.胶合板	万立方米	14970.03	13725.19	9.07
2.纤维板	万立方米	6462.63	6402.10	0.95
3.刨花板	万立方米	2087.53	1884.95	10.75
4.其他人造板	万立方米	3851.59	3547.67	8.57
木竹地板产量	万平方米	76022.40	68925.68	10.30
松香类产品产量	吨	1700727	1642308	3.56
栲胶类产品产量	吨	5013	8403	-40.34
紫胶类产品产量	吨	4645	5764	-19.41

全国主要木材、竹材产品产量

产品名称	单　位	全部产量
木材及竹材采伐产品		
一、商品材	**万立方米**	**8233.30**
其中:热带木材	万立方米	1104.77
针叶木材	万立方米	1259.44
1. 原木	万立方米	7553.46
2. 薪材	万立方米	679.84
按用途分:		
1. 直接用原木	万立方米	2899.56
2. 加工用材	万立方米	3659.22
3. 造纸用材	万立方米	663.04
4. 其他	万立方米	1011.49
按生产单位分:		
1. 系统内国有企业单位生产的木材	万立方米	615.67
2. 系统内国有林场、事业单位生产的木材	万立方米	1341.64
3. 系统外企、事业单位采伐自营林地的木材	万立方米	458.31
4. 乡(镇)集体企业及单位生产的木材	万立方米	630.50
5. 村及村以下各级组织和农民个人生产的木材	万立方米	5187.18
二、非商品材	**万立方米**	**2900.51**
1. 农民自用材采伐量	万立方米	773.11
2. 农民烧材采伐量	万立方米	2127.40
三、竹材		
(一)大径竹	万根	222439.93
其中:村及村以下各级组织和农民个人生产的大径竹	万根	128503.78
1. 毛竹	万根	130843.42
2. 其他	万根	91596.51
(二)小杂竹	万吨	925.98

注:大径竹一般指直径在5厘米以上、以根为计量单位的竹材。

各地区主要木材、

地区	木材及竹材							
	商品							
	合计	其中		原木	薪材	按用途分		
		热带木材	针叶木材			直接用原木	加工用材	造纸用材
全国合计	**8233.30**	**1104.77**	**1259.44**	**7553.46**	**679.84**	**2899.56**	**3659.22**	**663.04**
北京	13.03	—	—	12.86	0.17	12.08	—	—
天津	14.71	—	—	14.71	—	—	—	—
河北	90.18	—	9.05	77.00	13.18	40.84	29.33	0.15
山西	15.64	—	0.64	9.03	6.62	7.86	1.06	—
内蒙古	178.75	—	62.91	170.05	8.69	76.26	36.86	4.70
内蒙古集团	108.30	—	53.09	104.34	3.95	19.00	28.92	4.70
辽宁	199.96	—	21.57	174.88	25.07	90.30	97.50	0.90
吉林	345.18	—	48.82	336.62	8.56	140.84	184.08	3.37
吉林集团	56.39	—	6.30	56.06	0.33	4.22	47.30	—
长白山集团	73.92	—	7.71	73.68	0.24	12.25	55.53	0.12
黑龙江	212.79	—	24.31	204.44	8.35	125.99	63.58	0.73
龙江集团	54.36	—	10.90	53.69	0.67	13.53	29.70	0.33
上海	—	—	—	—	—	—	—	—
江苏	141.33	—	0.62	130.96	10.37	58.07	65.46	4.94
浙江	136.77	—	105.67	135.29	1.47	55.46	69.89	0.15
安徽	465.52	—	122.74	403.11	62.41	181.87	238.00	9.64
福建	575.05	—	81.61	523.60	51.45	252.13	126.62	12.81
江西	259.61	—	138.71	240.24	19.37	105.93	129.72	4.63
山东	429.55	—	0.50	368.17	61.38	95.63	287.19	12.13
河南	256.28	—	—	232.56	23.72	1.75	215.42	5.55
湖北	227.47	—	15.19	179.87	47.60	74.41	119.28	3.71
湖南	478.21	—	96.53	461.29	16.92	141.92	180.16	133.83
广东	841.47	221.62	65.27	748.93	92.54	280.33	384.79	114.21
广西	2302.76	708.22	285.78	2174.74	128.02	746.58	1023.38	247.29
海南	134.86	134.86	11.61	122.79	12.07	76.38	12.80	28.88
重庆	35.09	—	8.82	29.93	5.16	11.67	14.34	5.68
四川	207.66	—	23.40	187.29	20.37	92.43	92.60	5.47
贵州	191.36	—	16.29	184.00	7.35	50.15	110.36	21.00
云南	393.57	40.07	100.64	347.42	46.15	136.90	143.23	42.27
西藏	5.76	—	—	5.76	—	—	5.76	—
陕西	6.74	—	0.32	5.50	1.24	3.47	1.83	0.10
甘肃	4.04	—	0.08	3.81	0.24	0.06	0.10	—
青海	1.01	—	—	1.00	0.01	0.45	0.55	—
宁夏	—	—	—	—	—	—	—	—
新疆	43.94	—	0.57	42.59	1.34	30.61	11.81	—
新疆兵团	16.77	—	—	16.77	—	11.80	4.96	—
大兴安岭	25.01	—	17.80	25.01	—	9.17	13.49	0.92

竹材产品产量(一)

单位:万立方米

采伐产品								
材						非商品材		
	按生产单位分							
其他	系统内国有企业单位生产的木材	系统内国有林场、事业单位生产的木材	系统外企、事业单位采伐自营林地的木材	乡(镇)集体企业及单位生产的木材	村及村以下各级组织和农民个人生产的木材	合计	农民自用材采伐量	农民烧材采伐量
1011.49	**615.67**	**1341.64**	**458.31**	**630.50**	**5187.18**	**2900.51**	**773.11**	**2127.40**
0.95	0.10	0.20	0.05	0.19	12.50	10.06	10.00	0.06
14.71	—	—	—	—	14.71	—	—	—
19.87	—	27.14	0.11	2.48	60.44	17.99	3.48	14.51
6.71	0.01	9.03	0.16	0.15	6.29	1.13	0.94	0.19
60.92	109.80	21.60	3.95	0.97	42.42	8.54	8.54	—
55.67	108.30	—	—	—	—	—	—	—
11.25	8.21	53.64	0.04	43.17	94.90	27.76	14.80	12.96
16.89	152.55	88.71	12.63	26.17	65.13	—	—	—
4.87	50.17	6.22	—	—	—	—	—	—
6.02	73.92	—	—	—	—	—	—	—
22.49	65.89	84.62	6.56	5.49	50.23	5.71	5.66	0.05
10.81	54.23	—	0.13	—	—	—	—	—
—	—	—	—	—	—	—	—	—
12.87	1.14	12.62	14.91	19.22	93.45	17.79	13.05	4.74
11.27	0.22	13.67	0.42	9.21	113.25	26.59	6.44	20.15
36.02	0.43	31.45	3.63	19.96	410.05	114.24	50.49	63.75
183.49	59.08	86.82	11.62	92.12	325.42	1287.71	287.16	1000.55
19.32	30.46	61.62	14.47	17.46	135.60	73.40	13.23	60.17
34.60	4.94	3.94	0.37	10.81	409.50	23.47	15.71	7.76
33.56	—	9.27	2.61	15.60	228.81	80.82	39.21	41.61
30.07	2.50	14.16	14.07	21.92	174.83	105.68	47.09	58.59
22.31	14.96	52.97	129.72	66.73	213.83	100.05	26.92	73.14
62.14	1.21	115.23	58.28	76.31	590.44	22.01	4.03	17.98
285.50	40.73	552.92	125.08	115.73	1468.31	246.65	54.81	191.84
16.81	41.92	12.43	24.62	5.22	50.67	3.17	0.50	2.68
3.41	0.04	5.47	0.85	2.12	26.60	24.64	7.63	17.01
17.16	4.63	19.17	5.93	17.44	160.49	82.83	20.55	62.28
9.83	5.34	16.85	0.20	28.37	140.59	12.36	2.13	10.23
71.17	29.53	39.22	27.65	31.08	266.09	501.87	86.45	415.42
—	—	5.76	—	—	—	51.89	24.46	27.43
1.34	0.20	0.66	0.07	0.85	4.96	43.14	20.92	22.22
3.88	—	1.65	0.21	0.14	2.04	0.75	0.67	0.08
0.01	—	—	—	—	1.01	1.48	1.48	—
—	—	—	—	—	—	1.53	1.53	—
1.51	16.77	0.80	0.11	1.64	24.62	7.23	5.24	1.99
0.01	16.77	—	—	—	—	—	—	—
1.43	25.01	—	—	—	—	—	—	—

各地区主要木材、竹材产品产量(二)

单位:万立方米

地区	木材及竹材采伐产品				
	竹　材				
	大径竹(万根)				小杂竹(万吨)
	合计	其中:村及村以下各级组织和农民个人生产的大径竹	毛竹	其他	
全国合计	**222439.93**	**128503.78**	**130843.42**	**91596.51**	**925.98**
北　京	—	—	—	—	—
天　津	—	—	—	—	—
河　北	—	—	—	—	—
山　西	—	—	—	—	—
内蒙古	—	—	—	—	—
内蒙古集团	—	—	—	—	—
辽　宁	—	—	—	—	—
吉　林	—	—	—	—	—
吉林集团	—	—	—	—	—
长白山集团	—	—	—	—	—
黑龙江	—	—	—	—	—
龙江集团	—	—	—	—	—
上　海	—	—	—	—	0.10
江　苏	399.03	0.80	261.19	137.84	5.40
浙　江	20512.31	11786.59	19428.14	1084.17	48.64
安　徽	14887.10	5563.55	11867.14	3019.96	56.51
福　建	67387.00	56510.00	43923.00	23464.00	75.67
江　西	19683.94	4206.18	18201.00	1482.94	43.68
山　东	—	—	—	—	—
河　南	171.44	151.44	171.44	—	5.10
湖　北	3414.41	1276.76	2436.16	978.25	17.74
湖　南	5942.83	4131.30	5422.43	520.40	8.14
广　东	14474.66	6795.13	6657.05	7817.61	194.97
广　西	44992.00	27578.69	11288.94	33703.06	49.91
海　南	1155.63	63.32	21.97	1133.66	0.05
重　庆	3215.97	158.38	264.37	2951.60	53.69
四　川	9692.74	5405.75	3374.19	6318.55	306.39
贵　州	740.17	8.40	673.37	66.80	4.19
云　南	14960.30	4721.30	6331.98	8628.32	53.87
西　藏	—	—	—	—	0.01
陕　西	810.41	146.21	521.06	289.34	1.81
甘　肃	—	—	—	—	0.13
青　海	—	—	—	—	—
宁　夏	—	—	—	—	—
新　疆	—	—	—	—	—
新疆兵团	—	—	—	—	—
大兴安岭	—	—	—	—	—

全国主要经济林产品生产情况

单位:吨

指 标	产 量
各类经济林产品总量	**158435260**
一、水果产量	**135113544**
1. 苹果	35294977
2. 柑橘	28723704
3. 梨	17466385
4. 葡萄	12547424
5. 桃	12951342
6. 杏	2678186
7. 荔枝	2180354
8. 龙眼	1671709
9. 猕猴桃	1037652
10. 其他水果	20561811
二、干果产量	**11481017**
1. 核桃	2713741
2. 板栗	2278175
3. 枣(干重)	4175519
4. 柿子(干重)	1073287
5. 仁用杏	80726
6. 山杏仁	219996
7. 银杏(白果)	125776
8. 榛子	137144
9. 松子	130512
10. 其他干果	546141
三、林产饮料产品(干重)	**2100878**
1. 毛茶	1800604
2. 咖啡	104425
3. 其他林产饮料产品	195849
四、林产调料产品(干重)	**646296**
1. 花椒	350938
2. 八角	150302
3. 桂皮	113651
4. 其他林产调料产品	31405
五、森林食品(干重)	**3396609**
1. 竹笋干	653240
2. 食用菌	2101739
3. 山野菜	373541
4. 其他森林食品	268089
六、木本药材	**1709340**
1. 杜仲	182984
2. 黄柏	48386
3. 厚朴	183094
4. 枸杞	229590
5. 山茱萸	46394
6. 五味子	63817
7. 其他木本药材	955075
七、木本油料	**2116891**
1. 油茶籽	2023445
2. 油橄榄	20820
3. 文冠果	4289
4. 油用牡丹籽	12300
5. 其他木本油料	56037
八、林产工业原料	**1870685**
1. 生漆	22290
2. 油桐籽	416065
3. 乌桕籽	35921
4. 五倍子	23746
5. 棕片	58482
6. 松脂	1309520
7. 紫胶(原胶)	4661

各地区主要经济林

地区	各类经济林产品总量	水果产量									
		合计	苹果	柑橘	梨	葡萄	桃	杏	荔枝	龙眼	猕猴桃
全国合计	**158435260**	**135113544**	**35294977**	**28723704**	**17466385**	**12547424**	**12951342**	**2678186**	**2180354**	**1671709**	**1037652**
北京	789335	720640	84791	—	147948	36356	375267	24552	—	—	19
天津	256842	254378	48710	—	39906	74552	57494	3150	—	—	—
河北	13609942	12320037	3457299	—	4735278	1549564	1818496	273196	—	—	1636
山西	4719843	4175558	2730416	—	678326	188253	424421	97587	—	—	30
内蒙古	486701	422921	90151	—	36594	71414	4206	28046	—	—	—
内蒙古集团	10897	3117	—	—	—	—	—	—	—	—	—
辽宁	7100220	5952353	2469856	—	1395382	930155	562206	197918	—	—	68
吉林	1099433	820846	267769	—	133664	314791	1268	6894	—	—	—
吉林集团	20494	280	—	—	—	—	—	—	—	—	—
长白山集团	16574	212	—	—	192	20	—	—	—	—	—
黑龙江	706097	229289	106138	—	33326	39536	120	374	—	—	—
龙江集团	158339	2398	225	—	500	1253	—	—	—	—	—
上海	458709	458501	7	234238	37137	97313	82696	—	—	—	1996
江苏	3390716	3150322	612887	36863	814221	623940	881860	10946	—	—	5786
浙江	5224974	4611288	—	2139141	503663	714790	420306	—	—	—	35469
安徽	3462452	2853523	396250	40365	1125160	384525	615111	8997	—	—	17930
福建	7214049	5639992	15905	2107787	230738	149001	240357	1561	166486	255607	17225
江西	5078648	4301949	5122	3723513	248484	73483	79235	180	—	—	17835
山东	19141314	17923317	9463300	—	1579159	1321670	3464184	320788	—	—	4144
河南	6449655	5456104	2408906	114077	1091750	457248	817238	156410	—	—	65109
湖北	6673959	5400355	15698	3453048	504209	303643	1005182	11249	—	—	20563
湖南	6496532	4958987	—	3993721	205100	308679	128927	1902	—	—	50581
广东	8359290	7754440	261	2991414	86686	3917	41546	—	1175959	737354	3870
广西	11210795	9587583	—	4139577	295803	400920	240350	—	629079	566786	4939
海南	3183145	2981480	—	59685	—	—	1845	—	181925	48090	—
重庆	3188261	2966368	6915	2016870	386382	161999	107093	14251	333	9966	24793
四川	6600203	5685146	593000	2544719	731747	351688	492511	8903	14011	43219	136729
贵州	1907397	1344969	40867	334340	388259	211951	191269	3449	886	510	29407
云南	6685811	4769269	258275	583610	450979	707472	202466	6672	11675	10177	2746
西藏	35178	30110	14722	240	12228	1700	426	—	—	—	—
陕西	9970465	8689765	6780325	207216	148454	292118	336677	78493	—	—	596643
甘肃	5479997	5034935	3912735	3280	373682	349644	187520	115475	—	—	134
青海	55444	2731	921	—	1216	23	25	434	—	—	—
宁夏	850475	704582	467409	—	15581	179424	9129	26539	—	—	—
新疆	8527608	5911806	1046342	—	1035323	2247655	161911	1280220	—	—	—
新疆兵团	2097827	1356554	369937	—	331749	553036	52842	42219	—	—	—
大兴安岭	21770	—	—	—	—	—	—	—	—	—	—

产品生产情况(一)

单位:吨

	干果产量										
其他水果	合　计	核桃	板栗	枣（干重）	柿子（干重）	仁用杏	山杏仁	银杏（白果）	榛子	松子	其他干果
20561811	**11481017**	**2713741**	**2278175**	**4175519**	**1073287**	**80726**	**219996**	**125776**	**137144**	**130512**	**546141**
51707	68049	8835	20294	4543	29255	3184	144	—	—	—	1794
30566	2459	1271	1188	—	—	—	—	—	—	—	—
484568	1190345	160632	275201	525095	174411	19948	23852	—	6936	3	4267
56525	508444	120259	2598	269568	48072	7871	4721	—	—	293	55062
192510	31441	—	—	60	—	2121	12100	—	12828	3548	784
3117	3721	—	—	—	—	—	—	—	173	3548	—
396768	706484	32612	126191	226233	—	33320	142171	10	104985	40957	5
96460	86310	45145	1215	—	—	44	—	—	3265	35430	1211
280	14249	5217	—	—	—	—	—	—	35	8997	—
—	4238	176	—	—	—	—	—	—	—	4062	—
49795	28169	3648	—	—	—	—	315	—	3164	20773	269
420	16407	3146	—	—	—	—	—	—	1362	11894	5
5114	—	—	—	—	—	—	—	—	—	—	—
163819	162130	912	28585	5591	63866	—	—	61921	—	—	1255
797919	129559	18602	91219	1165	8994	—	—	1946	—	—	7633
265185	273613	19201	197803	11791	39797	—	—	1968	—	—	3053
2455325	161420	544	108191	110	45665	—	—	11	5398	—	1501
154097	54700	602	38234	814	3412	—	—	387	—	—	11251
1770072	987116	114819	305841	282903	134510	139	65	10078	25	—	138736
345366	520860	115567	126754	125513	142747	2456	3350	2770	—	—	1703
86763	588214	94241	414049	31675	22415	6	5	19888	—	—	5935
270077	148893	14305	102466	18788	10119	—	2	1551	—	—	1662
2713433	58812	—	14439	10377	26722	—	—	728	—	—	6546
3310129	180410	19449	73655	7091	69825	—	—	9177	—	—	1213
2689935	171317	—	—	—	—	—	—	—	—	—	171317
237766	36090	12237	11120	4331	6251	—	—	982	—	958	211
768619	367407	293750	40222	7662	6228	—	—	7616	—	7795	4134
144031	124818	57383	53233	1184	4812	1	22	5772	—	534	1877
2535197	1037828	786580	161090	9318	27693	—	—	157	—	13999	38991
794	4893	4887	—	—	—	—	6	—	—	—	—
249839	927426	185087	80924	421297	194100	10208	30248	653	—	3369	1540
92465	278014	102911	3663	151699	14393	1019	1470	161	—	1330	1368
112	605	605	—	—	—	—	—	—	—	—	—
6500	70451	755	—	65382	—	9	1525	—	—	—	2780
140355	2572677	498902	—	1993329	—	400	—	—	3	—	80043
6771	740885	13138	—	727509	—	—	—	—	—	—	238
—	2063	—	—	—	—	—	—	—	540	1523	—

各地区主要经济林

地 区	林产饮料产品（干重）				林产调料产品（干重）				
	合 计	毛茶	咖啡	其他林产饮料产品	合 计	花椒	八角	桂皮	其他林产调料产品
全国合计	**2100878**	**1800604**	**104425**	**195849**	**646296**	**350938**	**150302**	**113651**	**31405**
北 京	—	—	—	—	46	46	—	—	—
天 津	—	—	—	—	5	5	—	—	—
河 北	48000	—	—	48000	10944	10944	—	—	—
山 西	—	—	—	—	11645	11645	—	—	—
内蒙古	200	—	—	200	—	—	—	—	—
内蒙古集团	—	—	—	—	—	—	—	—	—
辽 宁	—	—	—	—	—	—	—	—	—
吉 林	—	—	—	—	—	—	—	—	—
吉林集团	—	—	—	—	—	—	—	—	—
长白山集团	—	—	—	—	—	—	—	—	—
黑龙江	2500	—	—	2500	—	—	—	—	—
龙江集团	—	—	—	—	—	—	—	—	—
上 海	—	—	—	—	—	—	—	—	—
江 苏	13948	13948	—	—	150	150	—	—	—
浙 江	174818	172755	—	2063	—	—	—	—	—
安 徽	107479	104451	—	3028	476	236	—	—	240
福 建	474962	452440	—	22522	—	—	—	—	—
江 西	44633	44385	—	248	127	18	33	32	44
山 东	96897	22076	—	74821	42453	38833	—	—	3620
河 南	20456	19754	—	702	26032	25997	—	—	35
湖 北	160556	157737	—	2819	4882	3475	23	221	1163
湖 南	109508	93588	—	15920	1162	978	50	105	29
广 东	64155	49777	—	14378	79719	—	3955	75700	64
广 西	58162	56133	—	2029	166341	1	131988	34341	11
海 南	897	622	218	57	15044	—	—	—	15044
重 庆	17814	17381	—	433	55147	54559	153	87	348
四 川	129774	129061	—	713	47191	47079	92	12	8
贵 州	90724	89860	—	864	6882	5449	287	600	546
云 南	433211	328470	104207	534	63821	37351	13701	2516	10253
西 藏	—	—	—	—	112	112	—	—	—
陕 西	47050	46970	—	80	64302	64245	20	37	—
甘 肃	1196	1196	—	—	49664	49664	—	—	—
青 海	—	—	—	—	76	76	—	—	—
宁 夏	3680	—	—	3680	75	75	—	—	—
新 疆	258	—	—	258	—	—	—	—	—
新疆兵团	258	—	—	258	—	—	—	—	—
大兴安岭	—	—	—	—	—	—	—	—	—

产品生产情况(二)

单位:吨

森林食品(干重)					木本药材							
合　计	竹笋干	食用菌	山野菜	其他森林食品	合　计	杜仲	黄柏	厚朴	枸杞	山茱萸	五味子	其他木本药材
3396609	**653240**	**2101739**	**373541**	**268089**	**1709340**	**182984**	**48386**	**183094**	**229590**	**46394**	**63817**	**955075**
600	—	600	—	—	—	—	—	—	—	—	—	—
—	—	—	—	—	—	—	—	—	—	—	—	—
7687	—	4797	2268	622	31827	—	1	—	12235	—	—	19591
2427	—	2196	45	186	21681	80	—	—	210	1424	—	19967
17865	—	6472	6126	5267	14254	—	—	—	12977	—	—	1277
3546	—	1061	2485	—	513	—	—	—	—	—	—	513
399989	—	321655	75591	2743	38794	—	—	—	356	—	1683	36755
167552	—	86732	67966	12854	24725	—	—	—	—	—	18455	6270
5233	—	3761	1402	70	732	—	—	—	—	—	64	668
11690	—	10368	1312	10	434	—	—	—	—	—	415	19
422364	—	346256	45322	30786	23775	—	—	—	117	50	9558	14050
127203	—	81088	37706	8409	12331	—	—	—	—	—	7109	5222
208	208	—	—	—	—	—	—	—	—	—	—	—
34990	7178	27647	165	—	28874	214	—	—	2	1	1	28656
236216	159644	74869	1693	10	13228	554	—	1710	—	5399	—	5565
107576	28291	57852	8727	12706	22423	1603	190	87	93	866	16	19568
604441	113472	438936	43691	8342	77492	—	—	3156	—	—	601	73735
77179	33601	33390	9562	626	43646	3280	88	3392	2	80	7652	29152
87853	—	51249	2612	33992	648	110	—	—	10	—	—	528
137894	1047	103102	25223	8522	165808	14908	805	370	3052	29600	307	116766
181282	12299	136853	18774	13356	107839	17924	5139	16730	383	1478	6701	59484
148916	51771	24183	8213	64749	222230	81928	4072	107986	3	87	1118	27036
63218	41602	21001	261	354	24657	65	60	2852	50	—	—	21630
182498	31855	146968	2630	1045	159339	4414	40	5582	—	—	8812	140491
2984	524	—	—	2460	4546	—	—	—	—	—	—	4546
49780	30994	6652	6391	5743	37338	5387	10606	6265	145	199	3685	11051
244285	109554	72634	10167	51930	84087	19351	16415	26283	92	204	7	21735
73883	17741	45702	6980	3460	85096	20518	10670	3712	164	306	1426	48300
70525	9554	41977	15255	3739	77876	1566	176	20	—	—	50	76064
63	—	55	—	8	—	—	—	—	—	—	—	—
51977	3895	35953	10069	2060	137701	10877	59	4842	203	6651	1693	113376
4665	10	2131	2429	95	93037	205	65	107	42692	49	37	49882
—	—	—	—	—	52032	—	—	—	52032	—	—	—
—	—	—	—	—	71687	—	—	—	71687	—	—	—
—	—	—	—	—	42685	—	—	—	33085	—	—	9600
—	—	—	—	—	120	—	—	—	120	—	—	—
17692	—	11877	3381	2434	2015	—	—	—	—	—	2015	—

各地区主要经济林

地区	木本油料					
	合计	油茶籽	油橄榄	文冠果	油用牡丹籽	其他木本油料
全国合计	**2116891**	**2023445**	**20820**	**4289**	**12300**	**56037**
北京	—	—	—	—	—	—
天津	—	—	—	—	—	—
河北	1102	—	—	2	—	1100
山西	88	—	—	18	—	70
内蒙古	20	—	—	20	—	—
内蒙古集团	—	—	—	—	—	—
辽宁	2600	—	—	2600	—	—
吉林	—	—	—	—	—	—
吉林集团	—	—	—	—	—	—
长白山集团	—	—	—	—	—	—
黑龙江	—	—	—	—	—	—
龙江集团	—	—	—	—	—	—
上海	—	—	—	—	—	—
江苏	299	299	—	—	—	—
浙江	58444	58444	—	—	—	—
安徽	76963	71425	—	—	5361	177
福建	122472	112637	—	—	—	9835
江西	437211	434640	—	—	—	2571
山东	3030	—	—	30	3000	—
河南	19359	18438	—	—	921	—
湖北	129186	127419	—	—	1377	390
湖南	824249	823517	—	—	40	692
广东	89925	85341	—	—	—	4584
广西	180891	177915	—	—	—	2976
海南	124	124	—	—	—	—
重庆	8462	4842	205	—	15	3400
四川	21244	13718	6226	—	—	1300
贵州	69929	69438	—	—	—	491
云南	42338	16764	67	—	—	25507
西藏	—	—	—	—	—	—
陕西	10575	8484	—	15	1562	514
甘肃	18198	—	14322	1422	24	2430
青海	—	—	—	—	—	—
宁夏	—	—	—	—	—	—
新疆	182	—	—	182	—	—
新疆兵团	10	—	—	10	—	—
大兴安岭	—	—	—	—	—	—

产品生产情况(三)

单位:吨

林产工业原料							
合　计	生漆	油桐籽	乌桕籽	五倍子	棕片	松脂	紫胶（原胶）
1870685	**22290**	**416065**	**35921**	**23746**	**58482**	**1309520**	**4661**
—	—	—	—	—	—	—	—
—	—	—	—	—	—	—	—
—	—	—	—	—	—	—	—
—	—	—	—	—	—	—	—
—	—	—	—	—	—	—	—
—	—	—	—	—	—	—	—
—	—	—	—	—	—	—	—
—	—	—	—	—	—	—	—
—	—	—	—	—	—	—	—
—	—	—	—	—	—	—	—
—	—	—	—	—	—	—	—
—	—	—	—	—	—	—	—
—	—	—	—	—	—	—	—
3	—	—	3	—	—	—	—
1421	10	107	—	—	409	895	—
20399	453	2653	118	88	3982	13105	—
133270	662	20756	187	248	14973	96444	—
119203	8	8640	220	13	1931	108391	—
—	—	—	—	—	—	—	—
103142	2103	84397	9765	4163	—	2714	—
101645	6298	24895	18503	3241	3714	44994	—
82587	1030	32871	1206	1345	6770	39365	—
224364	—	7720	697	—	2579	210552	2816
695571	35	82517	86	117	4045	608771	—
6753	—	—	—	—	—	6753	—
17262	1126	12878	586	2000	527	145	—
21069	477	16363	1210	449	1523	997	50
111096	6955	73095	2666	7207	5166	15992	15
190943	235	20008	32	96	9376	159476	1720
—	—	—	—	—	—	—	—
41669	2864	29114	642	4590	3473	926	60
288	34	51	—	189	14	—	—
—	—	—	—	—	—	—	—
—	—	—	—	—	—	—	—
—	—	—	—	—	—	—	—
—	—	—	—	—	—	—	—
—	—	—	—	—	—	—	—

木材战略储备基地及速生丰产用材林建设情况

指　　标	单位	本年实际
一、木材战略储备基地建设情况		
（一）造林经营面积	公顷	111357
1. 集约人工林栽培面积	公顷	20016
2. 现有林改培面积	公顷	18965
3. 中幼林抚育面积	公顷	72376
（二）造林经营面积按树种分：		
1. 一般树种	公顷	98264
2. 珍稀树种	公顷	13093
（三）全部林业投资完成额	万元	198557
1. 中央投资	万元	29530
2. 地方配套投资	万元	28962
3. 国内贷款	万元	605
4. 利用外资	万元	—
5. 自筹资金	万元	137423
6. 其他	万元	2037
二、速生丰产用材林建设情况		
（一）造林经营面积	公顷	363342
1. 荒山荒（沙）地造林	公顷	224596
2. 更新造林	公顷	74815
3. 非林业用地造林	公顷	29096
4. 改培面积	公顷	34835
（二）造林经营面积按培育目的分：		
1. 浆纸原料林	公顷	50926
2. 人造板原料林	公顷	156052
3. 大径级和珍贵树种用材林	公顷	62921
4. 其他	公顷	93443
（三）全部林业投资完成额	万元	811369
1. 国家投资	万元	53571
2. 国内贷款	万元	23943
3. 利用外资	万元	7700
4. 自筹资金	万元	712901
5. 其他	万元	13254

各地区木材战略储备基地及速生丰产用材林建设情况（一）

单位:公顷、万元

地区	木材战略储备基地建设情况								
	造林经营面积						全部林业投资完成额		
	合计	集约人工林栽培面积	现有林改培面积	中幼林抚育面积	按树种分		合计	中央投资	地方配套投资
					一般树种	珍稀树种			
全国合计	**111357**	**20016**	**18965**	**72376**	**98264**	**13093**	**198557**	**29530**	**28962**
北京	606	—	73	533	533	73	600	600	—
天津	—	—	—	—	—	—	—	—	—
河北	—	—	—	—	—	—	—	—	—
山西	—	—	—	—	—	—	—	—	—
内蒙古	—	—	—	—	—	—	—	—	—
内蒙古集团	—	—	—	—	—	—	—	—	—
辽宁	668	668	—	—	267	401	1250	500	750
吉林	—	—	—	—	—	—	—	—	—
吉林集团	—	—	—	—	—	—	—	—	—
长白山集团	—	—	—	—	—	—	—	—	—
黑龙江	233	100	133	—	—	233	236	195	41
龙江集团	—	—	—	—	—	—	—	—	—
上海	—	—	—	—	—	—	—	—	—
江苏	222	—	—	222	222	—	20	20	—
浙江	52	12	40	—	40	12	36	—	—
安徽	6036	133	5812	91	2192	3844	1040	597	89
福建	7247	554	1358	5335	6272	975	4735	2061	1260
江西	43183	653	1196	41334	42427	756	19363	7200	8708
山东	1933	267	333	1333	1933	—	741	391	350
河南	1667	667	800	200	1667	—	1250	870	300
湖北	7611	1773	377	5461	6278	1333	8462	494	112
湖南	2616	372	1777	467	1507	1109	20346	4746	14270
广东	6243	3483	1613	1147	5557	686	3883	2026	—
广西	22187	6757	2232	13198	21165	1022	127772	6389	2224
海南	—	—	—	—	—	—	—	—	—
重庆	710	—	710	—	322	388	600	300	300
四川	5695	3279	1749	667	4277	1418	6304	1993	258
贵州	3293	710	362	2221	3073	220	658	448	—
云南	667	267	400	—	266	401	936	400	300
西藏	—	—	—	—	—	—	—	—	—
陕西	—	—	—	—	—	—	—	—	—
甘肃	266	266	—	—	266	—	225	200	—
青海	—	—	—	—	—	—	—	—	—
宁夏	—	—	—	—	—	—	—	—	—
新疆	222	55	—	167	—	222	100	100	—
新疆兵团	—	—	—	—	—	—	—	—	—
大兴安岭	—	—	—	—	—	—	—	—	—

各地区木材战略储备基地及

地区	木材战略储备基地建设情况								
	全部林业投资完成额				造林经营面积				
	国内贷款	利用外资	自筹资金	其他	合计	荒山荒（沙）地造林	更新造林	非林业用地造林	改培面积
全国合计	**605**	**—**	**137423**	**2037**	**363342**	**224596**	**74815**	**29096**	**34835**
北　京	—	—	—	—	—	—	—	—	—
天　津	—	—	—	—	—	—	—	—	—
河　北	—	—	—	—	11779	11094	685	—	—
山　西	—	—	—	—	553	333	—	220	—
内蒙古	—	—	—	—	—	—	—	—	—
内蒙古集团	—	—	—	—	—	—	—	—	—
辽　宁	—	—	—	—	—	—	—	—	—
吉　林	—	—	—	—	—	—	—	—	—
吉林集团	—	—	—	—	—	—	—	—	—
长白山集团	—	—	—	—	—	—	—	—	—
黑龙江	—	—	—	—	356	—	—	—	356
龙江集团	—	—	—	—	—	—	—	—	—
上　海	—	—	—	—	—	—	—	—	—
江　苏	—	—	—	—	932	712	142	78	—
浙　江	—	—	36	—	—	—	—	—	—
安　徽	—	—	322	32	2011	1419	—	592	—
福　建	60	—	1354	—	21175	8159	9334	103	3579
江　西	—	—	2968	487	21849	15358	4185	2086	220
山　东	—	—	—	—	9247	7972	876	399	—
河　南	—	—	80	—	8851	8751	—	100	—
湖　北	—	—	7656	200	34874	33146	190	1423	115
湖　南	390	—	940	—	85564	61710	6861	167	16826
广　东	—	—	817	1040	13366	36	12918	141	271
广　西	155	—	118936	68	96806	56922	39524	216	144
海　南	—	—	—	—	—	—	—	—	—
重　庆	—	—	—	—	4099	599	—	3500	—
四　川	—	—	4053	—	37553	5391	100	18738	13324
贵　州	—	—	—	210	8358	7892	—	466	—
云　南	—	—	236	—	266	66	—	200	—
西　藏	—	—	—	—	—	—	—	—	—
陕　西	—	—	—	—	3567	2900	—	667	—
甘　肃	—	—	25	—	2136	2136	—	—	—
青　海	—	—	—	—	—	—	—	—	—
宁　夏	—	—	—	—	—	—	—	—	—
新　疆	—	—	—	—	—	—	—	—	—
新疆兵团	—	—	—	—	—	—	—	—	—
大兴安岭	—	—	—	—	—	—	—	—	—

速生丰产用材林建设情况(二)

单位:公顷、万元

速生丰产用材林建设情况									
按培育目的分				全部林业投资完成额					
浆纸原料林	人造板原料林	大径级和珍贵树种用材林	其他	合计	国家投资	国内贷款	利用外资	自筹资金	其他
50926	**156052**	**62921**	**93443**	**811369**	**53571**	**23943**	**7700**	**712901**	**13254**
—	—	—	—	—	—	—	—	—	—
—	—	—	—	—	—	—	—	—	—
404	1908	—	9467	6878	3260	—	—	3572	46
—	553	—	—	563	—	—	—	563	—
—	—	—	—	—	—	—	—	—	—
—	—	—	—	—	—	—	—	—	—
—	—	—	—	—	—	—	—	—	—
—	—	—	—	—	—	—	—	—	—
—	—	—	—	—	—	—	—	—	—
—	—	—	—	—	—	—	—	—	—
—	—	356	—	270	150	—	—	120	—
—	—	—	—	—	—	—	—	—	—
—	—	—	—	—	—	—	—	—	—
—	152	712	68	1470	390	—	—	1080	—
—	—	—	—	—	—	—	—	—	—
—	1227	549	235	1513	368	—	319	826	—
5075	6761	8144	1195	19664	1051	—	—	18485	128
1358	9754	8329	2408	17442	3344	—	2062	11613	423
—	8886	—	361	6150	80	23	—	5718	329
1509	3035	67	4240	240	200	—	—	40	—
6233	18651	3191	6799	30151	—	3271	—	26470	410
10739	20700	28374	25751	122480	14604	3200	3702	95847	5127
4311	7187	379	1489	14741	917	265	1497	9334	2728
9169	53389	4534	29714	546230	12613	17184	120	514911	1402
—	—	—	—	—	—	—	—	—	—
—	3500	—	599	5699	449	—	—	5250	—
10667	14594	6093	6199	27623	12063	—	—	13162	2398
1461	3635	2193	1069	3841	2489	—	—	1352	—
—	53	—	213	789	33	—	—	756	—
—	—	—	—	—	—	—	—	—	—
—	2067	—	1500	4236	990	—	—	3221	25
—	—	—	2136	1389	570	—	—	581	238
—	—	—	—	—	—	—	—	—	—
—	—	—	—	—	—	—	—	—	—
—	—	—	—	—	—	—	—	—	—
—	—	—	—	—	—	—	—	—	—
—	—	—	—	—	—	—	—	—	—

全国油茶与花卉产业发展情况

指　　标	单位	产量
一、油茶产业发展情况		
1. 年末实有油茶林面积	公顷	3648008
当年新造面积	公顷	157549
当年低改面积	公顷	137478
2. 繁殖圃个数	个	471
繁殖圃面积	公顷	6288
3. 苗木产量	万株	86622
其中:一年生苗木产量	万株	42848
二年留床苗木产量	万株	33920
4. 油茶籽产量	万吨	202
5. 油茶企业	个	1844
二、花卉产业发展情况		
1. 年末实有花卉种植面积	公顷	1022066
2. 切花切叶产量	万支	1759315
3. 盆栽植物产量	万盆	451673
4. 观赏苗木产量	万株	1112064
5. 草坪产量	万平方米	37942
6. 花卉市场	个	4472
7. 花卉企业	个	49207
其中:大中型企业	个	9076
8. 花农	万户	136.29
9. 花卉从业人员	万人	492.69
其中:专业技术人员	万人	27.42
10. 控温温室面积	万平方米	6585
11. 日光温室面积	万平方米	16813

各地区油茶与花卉产业发展情况(一)

地区	油茶产业发展情况										花卉产业发展情况
	年末实有油茶林面积(公顷)			繁殖圃		苗木产量(万株)			油茶籽产量(万吨)	油茶企业(个)	年末实有花卉种植面积(公顷)
	合计	当年新造面积	当年低改面积	个数(个)	面积(公顷)	合计	其中:一年生苗木产量	其中:二年留床苗木产量			
全国合计	**3648008**	**157549**	**137478**	**471**	**6288**	**86622**	**42848**	**33920**	**202**	**1844**	**1022066**
北　京	—	—	—	—	—	—	—	—	—	—	4698
天　津	—	—	—	—	—	—	—	—	—	—	408
河　北	—	—	—	—	—	—	—	—	—	—	44582
山　西	—	—	—	—	—	—	—	—	—	—	1164
内蒙古	—	—	—	—	—	—	—	—	—	—	347
内蒙古集团	—	—	—	—	—	—	—	—	—	—	—
辽　宁	—	—	—	—	—	—	—	—	—	—	30358
吉　林	—	—	—	—	—	—	—	—	—	—	3253
吉林集团	—	—	—	—	—	—	—	—	—	—	—
长白山集团	—	—	—	—	—	—	—	—	—	—	—
黑龙江	—	—	—	—	—	—	—	—	—	—	1786
龙江集团	—	—	—	—	—	—	—	—	—	—	—
上　海	—	—	—	—	—	—	—	—	—	—	1705
江　苏	200	—	—	—	300	1856	100	80	—	—	111404
浙　江	152439	7244	7486	20	139	3525	2012	1513	6	209	69081
安　徽	115229	10576	3369	25	243	5743	2680	3016	7	189	34557
福　建	137534	4837	9173	28	165	3775	2469	1106	11	113	61838
江　西	853544	25516	27653	107	764	12823	5544	5836	43	252	58134
山　东	—	—	—	—	—	—	—	—	—	—	159718
河　南	40175	3727	333	13	53	1097	1023	67	2	16	109760
湖　北	200178	16927	4303	56	1921	7805	4673	3121	13	198	48253
湖　南	1238103	37270	67155	70	588	18140	8192	8918	82	477	47729
广　东	154010	9880	7664	23	161	6034	2165	1128	9	98	73547
广　西	329991	15805	4257	26	295	5539	3650	1422	18	161	27042
海　南	710	206	—	10	17	765	529	216	—	4	8110
重　庆	32347	3033	733	3	117	3875	1740	1945	—	18	24390
四　川	20999	1181	770	14	569	2756	1149	516	1	3	53884
贵　州	129305	1400	—	22	53	2984	1123	1860	7	38	22133
云　南	220312	17601	4115	14	723	9185	5228	3025	2	62	13485
西　藏	—	—	—	—	—	—	—	—	—	—	—
陕　西	22932	2346	467	40	180	722	571	151	1	6	6949
甘　肃	—	—	—	—	—	—	—	—	—	—	1947
青　海	—	—	—	—	—	—	—	—	—	—	3
宁　夏	—	—	—	—	—	—	—	—	—	—	777
新　疆	—	—	—	—	—	—	—	—	—	—	1021
新疆兵团	—	—	—	—	—	—	—	—	—	—	13
大兴安岭	—	—	—	—	—	—	—	—	—	—	3

各地区油茶与花卉产业发展情况(二)

地　区	花卉产业发展情况											
	切花切叶产量(万支)	盆栽植物产量(万盆)	观赏苗木产量(万株)	草坪产量(万平方米)	花卉市场(个)	花卉企业(个)合计	花卉企业(个)其中:大中型企业	花农(万户)	花卉从业人员(万人)合计	花卉从业人员(万人)其中:专业技术人员	控温温室面积(万平方米)	日光温室面积(万平方米)
全国合计	**1759315**	**451673**	**1112064**	**37942**	**4472**	**49207**	**9076**	**136.29**	**492.69**	**27.42**	**6585**	**16813**
北　京	4012	19010	1158	818	40	191	97	0.11	1.01	0.10	118	376
天　津	230	2139	310	457	14	69	4	0.15	0.43	0.04	72	72
河　北	17035	9554	130593	565	273	1003	63	3.80	12.01	1.05	74	595
山　西	344	1027	1163	56	150	282	21	0.11	0.71	0.17	15	1519
内蒙古	1670	1244	655	9	78	44	—	0.10	0.61	0.06	26	62
内蒙古集团	—	—	—	—	—	—	—	—	—	—	—	—
辽　宁	202851	29637	14192	2926	74	432	151	4.10	9.05	0.42	245	3514
吉　林	4326	1125	823	145	55	84	7	0.28	0.99	0.11	8	49
吉林集团	—	—	15	—	—	—	—	—	—	—	—	—
长白山集团	—	30	—	2	—	—	—	—	—	—	—	—
黑龙江	208	608	2844	57	20	97	4	0.23	1.13	0.18	9	19
龙江集团	—	—	—	—	—	—	—	—	—	—	—	—
上　海	31728	5140	81	1241	16	173	39	0.16	0.50	0.08	102	59
江　苏	137417	24675	276136	7281	324	5350	1296	20.10	77.90	1.47	761	969
浙　江	129858	25821	186979	2760	116	9605	2442	15.56	59.44	3.99	427	1258
安　徽	5995	5702	22425	2467	380	2017	242	5.32	16.06	1.46	56	173
福　建	141420	91766	28200	1684	107	2913	821	6.83	24.47	1.36	940	1462
江　西	19476	10289	18800	692	497	1262	73	2.13	9.57	1.08	23	29
山　东	152263	115099	188259	756	430	3571	654	12.57	48.22	2.90	2792	1165
河　南	72744	9781	63126	271	187	2390	620	11.94	54.15	1.90	185	393
湖　北	9386	12441	29669	769	265	1302	161	4.02	11.73	1.38	41	111
湖　南	3337	10040	25594	2392	396	1837	264	7.76	39.78	1.47	59	92
广　东	193960	26211	26838	3118	99	9154	1117	6.14	15.56	1.08	156	1025
广　西	20653	6176	18984	5977	56	1136	164	10.08	45.34	1.17	56	71
海　南	79027	4645	1326	239	35	640	143	0.95	4.65	0.08	39	92
重　庆	18790	5054	8740	1659	130	2315	167	4.68	14.46	0.65	18	45
四　川	31510	22438	14935	1416	394	1953	290	13.23	29.50	3.44	29	784
贵　州	28131	1549	4937	33	62	253	32	0.23	0.93	0.07	18	12
云　南	430833	3837	19534	22	80	460	119	3.39	9.13	1.00	28	2526
西　藏	—	—	—	—	2	—	—	—	0.04	0.01	—	1
陕　西	840	1238	10936	50	73	397	19	0.83	2.97	0.51	42	56
甘　肃	12556	2505	2863	18	81	223	46	1.33	1.75	0.15	131	131
青　海	—	—	91	—	3	1	—	0.01	0.01	0.01	1	8
宁　夏	8551	1961	10890	52	9	28	12	0.13	0.43	0.01	103	131
新　疆	143	960	933	12	26	25	8	0.04	0.15	0.03	11	15
新疆兵团	1	62	38	12	2	1	—	—	0.03	—	—	2
大兴安岭	25	—	47	—	—	—	—	—	0.01	—	1	1

全国主要林产工业产品产量

产　品　名　称	单位	产量
木竹加工制品		
一、锯材	**万立方米**	**6836.98**
1. 普通锯材	万立方米	6590.61
2. 特种锯材	万立方米	70.19
3. 枕木及其他锯材	万立方米	176.17
二、木片、木粒加工产品	**万实积立方米**	**4314.09**
三、人造板	**万立方米**	**27371.79**
（一）胶合板	万立方米	14970.03
1. 木胶合板	万立方米	13610.10
2. 竹胶合板	万立方米	464.02
3. 其他胶合板	万立方米	895.91
（二）纤维板	万立方米	6462.63
1. 木质纤维板	万立方米	6339.90
（1）硬质纤维板	万立方米	611.26
（2）中密度纤维板	万立方米	5682.57
（3）软质纤维板	万立方米	46.06
2. 非木质纤维板	万立方米	122.74
（三）刨花板	万立方米	2087.53
1. 木质刨花板	万立方米	2052.60
其中：定向刨花板（OSB）	万立方米	86.47
2. 非木质刨花板	万立方米	34.93
（四）其他人造板	万立方米	3851.59
其中：细木工板	万立方米	2386.29
四、其他加工材	**万立方米**	**692.53**
1. 改性木材	万立方米	145.94
2. 指接材	万立方米	377.36
五、木竹地板	**万平方米**	**76022.40**
1. 实木地板	万平方米	14961.00
2. 实木复合木地板	万平方米	24291.68
3. 浸渍纸层压木质地板（强化木地板）	万平方米	24715.37
4. 竹地板（含竹木复合地板）	万平方米	10255.14
5. 其他木地板（含软木地板、集成材地板等）	万平方米	1799.22
林产化学产品		
一、松香类产品	**吨**	**1700727**
1. 松香	吨	1497738
2. 松香深加工产品	吨	202989
二、松节油类产品	**吨**	**230764**
1. 松节油	吨	174758
2. 松节油深加工产品	吨	56006
三、樟脑	**吨**	**13171**
其中：合成樟脑	吨	12291
四、冰片	**吨**	**2610**
其中：合成冰片	吨	2608
五、栲胶类产品	**吨**	**5013**
1. 栲胶	吨	5013
2. 栲胶深加工产品	吨	—
六、紫胶类产品	**吨**	**4645**
1. 紫胶	吨	4575
2. 紫胶深加工产品	吨	70
七、木竹热解产品	**吨**	**1340780**
八、木质生物质成型燃料	**吨**	**370374**

各地区主要林产工业

地区	锯材				木片、木粒加工产品（万实积立方米）	木竹			
							胶合板		
	合计	普通锯材	特种锯材	枕木及其他锯材		总计	合计	木胶合板	竹胶合板
全国合计	**6836.98**	**6590.61**	**70.19**	**176.17**	**4314.09**	**27371.79**	**14970.03**	**13610.10**	**464.02**
北　京	—	—	—	—	—	20.39	—	—	—
天　津	—	—	—	—	—	—	—	—	—
河　北	171.00	170.56	0.37	0.07	23.56	1660.95	570.40	569.53	—
山　西	3.42	3.42	—	—	7.58	39.65	0.44	0.44	—
内蒙古	710.98	710.98	—	—	8.94	73.11	32.11	32.11	—
内蒙古集团	—	—	—	—	—	—	—	—	—
辽　宁	382.08	374.30	3.92	3.86	118.89	790.53	361.14	344.53	—
吉　林	149.44	140.32	8.58	0.54	42.81	423.99	149.02	77.57	—
吉林集团	1.44	1.44	—	—	—	141.15	0.44	0.44	—
长白山集团	2.38	2.38	—	—	0.01	11.90	1.05	0.99	—
黑龙江	716.93	713.19	2.33	1.41	106.53	419.64	280.18	272.22	—
龙江集团	44.23	42.71	0.11	1.41	2.00	27.33	4.03	2.17	—
上　海	—	—	—	—	—	8.33	7.18	7.18	—
江　苏	185.45	185.20	0.13	0.13	289.90	4715.64	3182.84	3150.95	2.88
浙　江	319.51	314.81	2.27	2.44	57.59	684.32	275.07	167.39	105.78
安　徽	405.66	396.61	0.55	8.51	149.88	2019.26	1275.58	1188.79	54.12
福　建	192.13	192.13	—	—	69.09	791.18	355.70	256.82	94.60
江　西	197.61	188.77	5.63	3.22	116.15	511.43	207.72	106.40	89.51
山　东	1443.11	1334.04	33.04	76.03	2074.98	6659.08	4624.99	4408.69	—
河　南	207.41	206.04	—	1.38	246.61	1792.71	907.82	606.92	—
湖　北	115.69	115.59	—	0.10	71.69	591.53	149.19	128.06	2.94
湖　南	287.49	279.82	5.29	2.38	46.62	408.50	167.79	101.71	39.30
广　东	168.35	166.76	0.28	1.32	135.47	1136.81	332.71	298.77	0.61
广　西	625.70	551.20	4.32	70.18	569.55	3089.08	1642.64	1542.90	4.46
海　南	44.34	44.02	0.03	0.30	58.87	36.35	17.85	16.70	—
重　庆	29.06	25.52	—	3.54	8.89	145.57	62.36	56.21	5.46
四　川	165.66	161.76	3.39	0.51	43.61	835.19	205.74	130.69	59.98
贵　州	83.24	83.05	0.08	0.11	10.68	81.09	54.44	42.80	4.04
云　南	199.23	199.23	—	—	29.82	292.56	86.16	82.15	0.34
西　藏	1.00	1.00	—	—	—	—	—	—	—
陕　西	13.78	13.61	—	0.17	4.26	114.85	12.70	12.32	—
甘　肃	1.36	1.36	—	—	—	0.81	0.81	0.81	—
青　海	0.09	0.09	—	—	2.00	—	—	—	—
宁　夏	—	—	—	—	—	—	—	—	—
新　疆	8.00	8.00	—	—	2.07	15.25	7.25	7.25	—
新疆兵团	0.04	0.04	—	—	—	—	—	—	—
大兴安岭	9.26	9.26	—	—	18.05	13.97	0.19	0.19	—

产品产量(一)

单位:万立方米

加工制品										
	人　造　板									
	纤　维　板						刨　花　板			
其他胶合板	合计	木质纤维板				非木质纤维板	合计	木质刨花板		非木质刨花板
		小计	硬质纤维板	中密度纤维板	软质纤维板			小计	其中:定向刨花(OSB)	
895.91	**6462.63**	**6339.90**	**611.26**	**5682.57**	**46.06**	**122.74**	**2087.53**	**2052.60**	**86.47**	**34.93**
—	20.39	20.39	—	20.39	—	—	—	—	—	—
—	—	—	—	—	—	—	—	—	—	—
0.87	479.78	479.78	10.32	469.46	—	—	291.28	283.98	—	7.30
—	13.35	13.35	—	13.35	—	—	7.33	7.33	—	—
—	6.39	6.39	0.03	6.36	—	—	26.49	26.39	—	0.10
—	—	—	—	—	—	—	—	—	—	—
16.61	176.61	176.61	46.33	130.28	—	—	126.95	126.95	—	—
71.45	126.01	126.01	—	126.01	—	—	76.81	76.55	—	0.26
—	80.18	80.18	—	80.18	—	—	60.00	59.74	—	0.26
0.06	10.53	10.53	—	10.53	—	—	—	—	—	—
7.96	59.07	59.07	13.86	45.21	—	—	55.08	55.08	—	—
1.86	5.81	5.81	0.58	5.23	—	—	8.44	8.44	—	—
—	—	—	—	—	—	—	—	—	—	—
29.02	709.90	709.90	49.76	658.59	1.55	—	279.73	278.69	0.08	1.04
1.90	107.28	107.19	0.38	106.61	0.20	0.09	12.69	12.34	—	0.35
32.67	398.27	398.27	56.96	341.31	—	—	132.66	130.65	—	2.02
4.28	125.82	125.82	—	125.82	—	—	150.03	150.03	—	—
11.81	145.72	145.22	7.27	132.89	5.07	0.50	33.56	31.56	—	2.00
216.30	1101.07	991.96	291.08	687.98	12.90	109.12	367.50	367.50	14.40	—
300.90	349.29	349.29	21.60	325.24	2.45	—	130.95	130.95	16.68	—
18.18	298.71	297.31	7.80	289.52	—	1.40	78.79	77.18	54.50	1.61
26.78	45.90	45.90	—	45.90	—	—	20.31	20.31	—	—
33.33	570.06	570.06	64.43	505.62	—	—	159.16	139.34	—	19.82
95.28	830.71	830.71	19.27	788.14	23.30	—	110.81	110.38	—	0.44
1.15	11.00	11.00	8.00	3.00	—	—	7.50	7.50	—	—
0.70	80.99	75.09	0.58	74.51	—	5.90	0.87	0.87	0.82	—
15.07	507.44	503.73	13.10	490.63	—	3.71	10.11	10.11	—	—
7.59	8.47	8.47	—	8.47	—	—	0.11	0.11	—	—
3.68	170.56	168.53	0.50	167.43	0.60	2.02	8.42	8.42	—	—
—	—	—	—	—	—	—	—	—	—	—
0.38	101.36	101.36	—	101.36	—	—	0.30	0.30	—	—
—	—	—	—	—	—	—	—	—	—	—
—	—	—	—	—	—	—	—	—	—	—
—	—	—	—	—	—	—	—	—	—	—
—	8.00	8.00	—	8.00	—	—	—	—	—	—
—	—	—	—	—	—	—	—	—	—	—
—	10.48	10.48	—	10.48	—	—	0.08	0.08	—	—

各地区主要林产工业

地　区	人造板		其他加工材			木竹	
	其他人造板						
	合计	其中:细木工板	合计	改性木材	指接材	合计	实木地板
全国合计	**3851.59**	**2386.29**	**692.53**	**145.94**	**377.36**	**76022.40**	**14961.00**
北　京	—	—	—	—	—	60.00	—
天　津	—	—	—	—	—	—	—
河　北	319.49	250.48	19.10	10.84	1.80	99.00	59.00
山　西	18.54	0.12	0.25	0.25	—	—	—
内蒙古	8.12	7.16	—	—	—	12.08	12.08
内蒙古集团	—	—	—	—	—	—	—
辽　宁	125.83	49.59	14.89	—	14.89	2476.83	1124.10
吉　林	72.15	42.43	6.09	2.20	3.79	4327.41	520.93
吉林集团	0.54	0.54	0.08	—	0.08	423.87	—
长白山集团	0.32	0.12	0.10	—	—	254.80	6.25
黑龙江	25.30	23.27	6.26	1.05	5.21	878.10	611.26
龙江集团	9.04	7.58	2.71	1.05	1.66	140.78	64.53
上　海	1.16	—	—	—	—	3208.30	749.34
江　苏	543.17	374.47	2.00	2.00	—	16939.14	167.97
浙　江	289.27	285.31	115.79	14.77	101.02	12010.30	5295.60
安　徽	212.75	169.94	10.44	0.93	8.91	8484.73	561.71
福　建	159.63	136.60	99.40	0.91	98.49	2500.74	354.15
江　西	124.42	100.76	53.69	2.97	50.73	5957.44	445.17
山　东	565.51	261.01	120.30	39.29	18.06	7390.69	805.30
河　南	404.65	122.81	0.83	—	0.65	1102.57	1032.67
湖　北	64.84	64.04	7.67	5.27	2.41	3180.79	65.24
湖　南	174.51	134.28	20.75	0.84	19.90	1327.54	491.70
广　东	74.88	37.31	0.60	—	0.30	3633.17	1734.33
广　西	504.91	272.38	167.04	46.89	21.49	644.83	73.96
海　南	—	—	16.10	14.90	1.20	16.50	3.00
重　庆	1.35	1.28	9.35	1.82	7.54	5.80	3.50
四　川	111.91	28.80	16.24	—	16.24	1198.73	485.22
贵　州	18.08	8.23	3.67	0.65	3.03	59.32	7.65
云　南	27.43	12.47	1.88	0.17	1.71	497.32	356.92
西　藏	—	—	—	—	—	—	—
陕　西	0.49	0.32	0.20	0.20	—	3.00	0.21
甘　肃	—	—	—	—	—	—	—
青　海	—	—	—	—	—	—	—
宁　夏	—	—	—	—	—	—	—
新　疆	—	—	—	—	—	—	—
新疆兵团	—	—	—	—	—	—	—
大兴安岭	3.22	3.22	—	—	—	8.07	—

产品产量(二)

单位:万立方米

加工制品				林产化学产品					
木竹地板(万平方米)				松香类产品			松节油类产品		
实木复合木地板	浸渍纸层压木质地板(强化木地板)	竹地板(含竹木复合地板)	其他木地板(含软木地板、集成材地板等)	合计	松香	松香深加工产品	合计	松节油	松节油深加工产品
24291.68	**24715.37**	**10255.14**	**1799.22**	**1700727**	**1497738**	**202989**	**230764**	**174758**	**56006**
60.00	—	—	—	—	—	—	—	—	—
—	—	—	—	—	—	—	—	—	—
40.00	—	—	—	—	—	—	—	—	—
—	—	—	—	—	—	—	—	—	—
—	—	—	—	—	—	—	—	—	—
—	—	—	—	—	—	—	—	—	—
1148.54	200.00	—	4.20	—	—	—	—	—	—
3693.79	108.67	—	4.02	—	—	—	—	—	—
423.87	—	—	—	—	—	—	—	—	—
148.55	100.00	—	—	—	—	—	—	—	—
190.25	50.82	—	25.77	—	—	—	—	—	—
2.00	50.82	—	23.43	—	—	—	—	—	—
2458.96	—	—	—	—	—	—	—	—	—
542.92	15062.32	862.61	303.32	—	—	—	—	—	—
5591.53	13.80	1050.72	58.65	20500	2500	18000	8500	—	8500
1413.51	5251.82	1102.00	155.70	7328	6928	400	1879	1879	—
2.89	—	2009.30	134.39	132007	112590	19417	20998	9627	11371
537.03	136.63	4804.23	34.38	140367	107038	33329	58562	27814	30748
5243.81	777.20	6.74	557.64	—	—	—	—	—	—
43.50	26.40	—	—	2635	2635	—	—	—	—
613.19	2344.05	11.15	147.15	20235	19974	261	3412	2977	435
69.30	440.88	305.39	20.27	40303	13452	26851	4098	2087	2011
1628.34	—	4.20	266.30	119769	89372	30397	3898	3298	600
545.87	—	25.00	—	1008388	963021	45367	93960	92400	1560
10.00	—	3.50	—	1132	1132	—	244	244	—
1.30	—	1.00	—	1115	1065	50	—	—	—
308.23	300.18	19.40	85.70	1153	1153	—	110	110	—
0.24	—	49.90	1.53	16158	13693	2465	1019	932	87
140.40	—	—	—	189637	163185	26452	34084	33390	694
—	—	—	—	—	—	—	—	—	—
—	2.59	—	0.20	—	—	—	—	—	—
—	—	—	—	—	—	—	—	—	—
—	—	—	—	—	—	—	—	—	—
—	—	—	—	—	—	—	—	—	—
—	—	—	—	—	—	—	—	—	—
—	—	—	—	—	—	—	—	—	—
8.07	—	—	—	—	—	—	—	—	—

各地区主要林产工业产品产量(三)

单位:吨

地区	林产化学产品											
	樟脑		冰片		栲胶类产品			紫胶类产品			木竹热解产品	木质生物质成型燃料
	合计	其中:合成樟脑	合计	其中:合成冰片	合计	栲胶	栲胶深加工产品	合计	紫胶	紫胶深加工产品		
全国合计	**13171**	**12291**	**2610**	**2608**	**5013**	**5013**	**—**	**4645**	**4575**	**70**	**1340780**	**370374**
北京	—	—	—	—	—	—	—	—	—	—	—	—
天津	—	—	—	—	—	—	—	—	—	—	—	—
河北	—	—	—	—	1320	1320	—	—	—	—	47060	12500
山西	—	—	—	—	—	—	—	—	—	—	400	—
内蒙古	—	—	—	—	—	—	—	—	—	—	—	50000
内蒙古集团	—	—	—	—	—	—	—	—	—	—	—	—
辽宁	—	—	—	—	—	—	—	—	—	—	13910	—
吉林	—	—	—	—	—	—	—	—	—	—	13077	6244
吉林集团	—	—	—	—	—	—	—	—	—	—	—	—
长白山集团	—	—	—	—	—	—	—	—	—	—	—	6244
黑龙江	—	—	—	—	—	—	—	—	—	—	1754	—
龙江集团	—	—	—	—	—	—	—	—	—	—	—	—
上海	—	—	—	—	—	—	—	—	—	—	—	—
江苏	—	—	—	—	—	—	—	—	—	—	8000	—
浙江	—	—	—	—	—	—	—	—	—	—	172951	2500
安徽	—	—	—	—	—	—	—	—	—	—	96571	6020
福建	11170	11170	—	—	—	—	—	300	300	—	247416	—
江西	1459	601	10	8	—	—	—	—	—	—	172327	1320
山东	—	—	—	—	—	—	—	—	—	—	70166	21550
河南	—	—	—	—	—	—	—	—	—	—	18510	—
湖北	—	—	—	—	—	—	—	—	—	—	350	33715
湖南	15	—	1950	1950	—	—	—	25	25	—	96958	121265
广东	—	—	—	—	—	—	—	2800	2800	—	10747	101
广西	7	—	—	—	3693	3693	—	—	—	—	158318	108460
海南	—	—	—	—	—	—	—	—	—	—	190	—
重庆	—	—	—	—	—	—	—	—	—	—	4773	—
四川	520	520	—	—	—	—	—	—	—	—	19220	—
贵州	—	—	—	—	—	—	—	3	3	—	56928	103
云南	—	—	650	650	—	—	—	1517	1447	70	31196	—
西藏	—	—	—	—	—	—	—	—	—	—	—	—
陕西	—	—	—	—	—	—	—	—	—	—	150	—
甘肃	—	—	—	—	—	—	—	—	—	—	—	—
青海	—	—	—	—	—	—	—	—	—	—	—	—
宁夏	—	—	—	—	—	—	—	—	—	—	—	—
新疆	—	—	—	—	—	—	—	—	—	—	—	—
新疆兵团	—	—	—	—	—	—	—	—	—	—	—	—
大兴安岭	—	—	—	—	—	—	—	—	—	—	99808	6596

全国主要林产品销售实际平均价格

指　　标	单　位	本年实际		
		产品销售实际平均价格	产品销售收入	产品销售量
一、木材	元/立方米	822	58415098254	71077770
二、竹材	元/根	10	18227209879	1912650017
三、锯材	元/立方米	1359	69284326412	50971247
四、木片	元/实积立方米	847	24245477610	28610944
五、木地板	元/平方米	191	120644212766	632584143
六、胶合板	元/立方米	1679	220614415269	131383273
七、硬质纤维板	元/立方米	1913	18432208385	9633559
八、中密度纤维板	元/立方米	1607	70168997910	43675890
九、刨花板	元/立方米	1304	25012057260	19176372
十、松香	元/吨	8931	15555710063	1741829
十一、栲胶	元/吨	11311	50471285	4462
十二、紫胶	元/吨	34569	12412314811	359060

各地区主要林产品

地　区	木　材			竹　材			锯　材		
	产品销售实际平均价格	产品销售收入	产品销售量	产品销售实际平均价格	产品销售收入	产品销售量	产品销售实际平均价格	产品销售收入	产品销售量
全国合计	**822**	**58415098254**	**71077770**	**10**	**18227209879**	**1912650017**	**1359**	**69284326412**	**50971247**
北　京	539	49517206	91859	—	—	—	—	—	—
天　津	654	90953200	139069	—	—	—	—	—	—
河　北	668	472643495	707785	—	—	—	1010	1690957900	1674095
山　西	619	42781849	69104	—	—	—	962	41487999	43143
内蒙古	693	1185196557	1709364	—	—	—	1535	1883273091	1226674
内蒙古集团	805	849302673	1054537	—	—	—	—	—	—
辽　宁	749	1473413918	1967428	—	—	—	1260	2971270500	2358531
吉　林	1216	3562159240	2929650	—	—	—	2258	3282440175	1453446
吉林集团	1737	995907166	573359	—	—	—	2913	24050247	8257
长白山集团	1437	1025282456	713734	—	—	—	2506	56531836	22558
黑龙江	939	1969359116	2096513	—	—	—	1362	7703881032	5657726
龙江集团	1476	1048393717	710077	—	—	—	2645	904401760	341947
上　海	—	—	—	—	—	—	—	—	—
江　苏	1150	1110343404	965248	11	26240459	2335292	1456	2184250071	1500307
浙　江	870	1056367050	1214215	13	2126169058	163551466	1718	5762278516	3354062
安　徽	915	2992727668	3271460	15	1878683777	128521083	1537	5229607780	3402743
福　建	830	2264778689	2728719	13	3976165255	295315245	1520	1025616100	674752
江　西	1126	2457538496	2182359	16	2989396665	191350219	1556	3104680270	1995761
山　东	819	3046097007	3718362	—	—	—	1371	16842823640	12287482
河　南	673	1213592203	1802175	8	2540000	320000	996	1162589944	1167025
湖　北	612	958414230	1566263	11	959197146	88089303	1022	1145756024	1120576
湖　南	1015	2848249675	2807270	15	760169469	50316622	1584	1917084221	1210252
广　东	648	4450945963	6873711	8	937500785	124565766	1208	1715436859	1420005
广　西	889	18640137759	20957781	6	2084025607	351521583	1224	6201181898	5066235
海　南	504	556010395	1102197	5	30872640	6451380	593	456786850	770377
重　庆	838	226432557	270062	11	67143305	6240235	1411	315238340	223336
四　川	798	1745638845	2187658	6	1486852414	243323552	1245	1768529437	1420543
贵　州	856	1638001368	1913553	10	63657220	6365722	1252	1042117224	832362
云　南	574	2188415391	3810101	3	823831808	246151607	766	1410114218	1839910
西　藏	—	—	—	—	—	—	—	—	—
陕　西	505	1503419363	2977528	2	14047052	7798542	2231	209618923	93969
甘　肃	685	10556693	15418	2	717219	432400	720	975600	1355
青　海	—	—	—	—	—	—	—	—	—
宁　夏	—	—	—	—	—	—	—	—	—
新　疆	671	265746917	395807	—	—	—	748	61199800	81869
新疆兵团	769	95890592	124728	—	—	—	—	—	—
大兴安岭	652	395660000	607111	—	—	—	1638	155130000	94711

销售实际平均价格(一)

单位:元/(立方米、平方米、实积立方米、根),元,立方米,平方米,实积立方米,根

木片			木地板			胶合板		
产品销售实际平均价格	产品销售收入	产品销售量	产品销售实际平均价格	产品销售收入	产品销售量	产品销售实际平均价格	产品销售收入	产品销售量
847	**24245477610**	**28610944**	**191**	**120644212766**	**632584143**	**1679**	**220614415269**	**131383273**
—	—	—	—	—	—	—	—	—
—	—	—	—	—	—	—	—	—
845	182820657	216229	221	190470000	860100	1919	10458467500	5449593
1082	81198800	75060	—	—	—	2510	36520000	14550
600	26340000	43900	276	33328600	120800	1164	443778457	381118
—	—	—	—	—	—	—	—	—
650	677843250	1042939	344	8671961300	25186895	1639	4164977800	2540930
445	149547916	335747	123	4740785056	38503056	3088	2451256882	793923
—	—	—	149	619880295	4173154	—	—	—
—	—	—	117	310264761	2662162	6797	73981482	10885
588	476701680	810574	190	1072975411	5636618	1717	4244344812	2472621
247	4456980	18020	111	102092000	920099	3421	77882255	22769
—	—	—	—	—	—	—	—	—
793	1551520100	1957498	160	45747625375	285158095	2417	53307913105	22058794
1431	810718740	566540	195	18252739440	93603792	3201	6273380619	1959819
1306	1128261600	863809	104	6324486170	60770230	2479	24588194056	9918922
777	178960801	230345	245	30073000	122902	2135	4507522217	2111134
968	1828765800	1888966	230	2137360917	9281780	2545	4573487150	1796851
874	8480188462	9705429	438	27726397210	63363982	1047	55450934540	52955053
979	2035064268	2079066	112	113554200	1017828	1309	8214000354	6273475
1088	733420256	673940	81	1606770542	19920775	1771	1894410880	1069391
907	163274540	179979	155	179609600	1161009	2600	3419982839	1315264
306	654624843	2142535	131	444800000	3386000	1710	1774074798	1037569
900	4005927752	4449747	68	437079960	6444229	1806	28206956272	15620021
903	73265000	81108	521	52600000	101000	1538	112410000	73100
1112	70956000	63802	367	43640000	119025	1387	332668450	239871
723	286883129	396706	160	1947793860	12136799	1967	4223789257	2147757
807	86165004	106772	223	132290513	593231	1635	890022060	544356
771	358966750	465289	146	725521612	4975536	1868	874727881	468386
—	—	—	—	—	—	—	—	—
1192	53142262	44565	72	1430000	19816	1355	84355340	62234
—	—	—	—	—	—	2100	17000000	8095
—	—	—	—	—	—	—	—	—
—	—	—	—	—	—	—	—	—
1121	26000000	23186	—	—	—	965	67550000	70008
—	—	—	—	—	—	—	—	—
747	124920000	167213	307	30920000	100645	3858	1690000	438

地区	硬质纤维板			中密度纤维板			刨花板		
	产品销售实际平均价格	产品销售收入	产品销售量	产品销售实际平均价格	产品销售收入	产品销售量	产品销售实际平均价格	产品销售收入	产品销售量
全国合计	**1913**	**18432208385**	**9633559**	**1607**	**70168997910**	**43675890**	**1304**	**25012057260**	**19176372**
北京	—	—	—	—	—	—	—	—	—
天津	—	—	—	—	—	—	—	—	—
河北	1783	4377077000	2454900	1359	5300002840	3899382	1245	1549421536	1244451
山西	—	—	—	1800	6300000	3500	879	64460000	73333
内蒙古	1207	350000	290	1163	73980000	63600	1147	302535600	263857
内蒙古集团	—	—	—	—	—	—	—	—	—
辽宁	1439	647500000	450000	1407	1954279870	1388679	1588	1222000000	769500
吉林	—	—	—	1543	1259354849	816423	868	619034127	713279
吉林集团	—	—	—	1589	904855863	569437	984	546064127	554957
长白山集团	—	—	—	1089	102198986	93882	—	—	—
黑龙江	2129	4952440000	2325800	1479	307960000	208158	1312	274658914	209266
龙江集团	2200	4400000	2000	1502	78500000	52250	675	57016414	84516
上海	—	—	—	—	—	—	—	—	—
江苏	1817	555364800	305593	1842	9622363329	5223754	1174	6972708050	5939818
浙江	2000	7600000	3800	1360	1386432960	1019436	1259	168392509	133751
安徽	1526	1298766000	851143	2176	4538299500	2086092	1631	1353890068	829903
福建	—	—	—	1943	457554200	235471	1235	1282042802	1037948
江西	1633	98800000	60500	1834	2063760000	1125225	1571	378528190	240999
山东	1546	1528664600	988727	1420	7541079560	5311678	1253	4039486300	3224766
河南	1489	181329000	121772	1102	3073558600	2787894	1336	698911036	523123
湖北	2050	600545600	292968	1824	4314740304	2365704	2317	1148143320	495560
湖南	—	—	—	1725	334692690	193976	1267	112329100	88678
广东	2298	1562619400	680098	1709	6487257941	3796922	1747	1956789660	1119836
广西	2540	2395567835	943202	1688	11611987569	6880033	1202	2222225932	1849146
海南	—	—	—	1389	125000000	90000	891	49000000	55000
重庆	1119	26340000	23545	2952	923704253	312923	2512	29280000	11656
四川	1500	158994150	106010	1539	5259387600	3418317	1504	407130900	270780
贵州	—	—	—	892	75546156	84693	1103	1215506	1102
云南	1597	40250000	25211	1389	2311675689	1664355	1996	157721000	79009
西藏	—	—	—	—	—	—	—	—	—
陕西	—	—	—	1698	902050000	531236	1269	1002710	790
甘肃	—	—	—	—	—	—	—	—	—
青海	—	—	—	—	—	—	—	—	—
宁夏	—	—	—	—	—	—	—	—	—
新疆	—	—	—	1306	104500000	80000	—	—	—
新疆兵团	—	—	—	—	—	—	—	—	—
大兴安岭	—	—	—	1510	133530000	88439	1401	1150000	821

销售实际平均价格(二)

单位:元/(立方米、吨),元,立方米,吨

松香			栲胶			紫胶		
产品销售实际平均价格	产品销售收入	产品销售量	产品销售实际平均价格	产品销售收入	产品销售量	产品销售实际平均价格	产品销售收入	产品销售量
8931	**15555710063**	**1741829**	**11311**	**50471285**	**4462**	**34569**	**12412314811**	**359060**
—	—	—	—	—	—	—	—	—
—	—	—	—	—	—	—	—	—
—	—	—	19000	25080000	1320	—	—	—
—	—	—	—	—	—	—	—	—
—	—	—	—	—	—	—	—	—
—	—	—	—	—	—	—	—	—
—	—	—	—	—	—	—	—	—
—	—	—	—	—	—	—	—	—
—	—	—	—	—	—	—	—	—
—	—	—	—	—	—	—	—	—
—	—	—	—	—	—	—	—	—
—	—	—	—	—	—	—	—	—
—	—	—	—	—	—	—	—	—
—	—	—	—	—	—	—	—	—
13000	32500000	2500	—	—	—	—	—	—
12821	65361250	5098	—	—	—	—	—	—
10277	777951551	75695	—	—	—	—	—	—
13677	1293049756	94541	—	—	—	—	—	—
—	—	—	—	—	—	—	—	—
6100	16073500	2635	—	—	—	—	—	—
9223	127653000	13840	—	—	—	—	—	—
13820	153649960	11118	—	—	—	—	—	—
11229	637087179	56736	—	—	—	30126	84351496	2800
7683	9949901114	1295064	8081	25391285	3142	—	—	—
10011	5706000	570	—	—	—	—	—	—
—	—	—	—	—	—	—	—	—
11368	4763000	419	—	—	—	—	—	—
10847	29113568	2684	—	—	—	15438	46315	3
13613	2462900185	180929	—	—	—	34604	12327917000	356257
—	—	—	—	—	—	—	—	—
—	—	—	—	—	—	—	—	—
—	—	—	—	—	—	—	—	—
—	—	—	—	—	—	—	—	—
—	—	—	—	—	—	—	—	—
—	—	—	—	—	—	—	—	—
—	—	—	—	—	—	—	—	—
—	—	—	—	—	—	—	—	—

各地区林业旅游与休闲产业发展情况

地　　区	旅游人次(人次)	旅游收入(万元)	人均花费(元)	直接带动的其他产业产值(万元)
全国合计	**1982734663**	**53212379**	**268**	**74602219**
北　京	228000876	264328	12	140501
天　津	2395003	12642	53	7261
河　北	26809019	485004	181	248801
山　西	10722783	69523	65	129122
内蒙古	8876025	218187	246	76355
内蒙古集团	1066700	64723	607	25820
辽　宁	76079634	1922567	253	1629614
吉　林	14414444	746320	518	321107
吉林集团	394598	17791	451	20071
长白山集团	263993	15801	599	51790
黑龙江	16723770	815167	487	246071
龙江集团	8148320	416518	511	169979
上　海	4177592	8932	21	359
江　苏	117817681	2436675	207	6195944
浙　江	177054680	3508889	198	3302123
安　徽	78378181	2792920	356	2885587
福　建	34442071	1161553	337	1197363
江　西	62870907	3781564	601	2299235
山　东	113562737	2451427	216	3995827
河　南	86833924	1091364	126	764499
湖　北	53138586	1994451	375	5308121
湖　南	96501639	5294404	549	15707033
广　东	208384894	11122178	534	11097565
广　西	60569911	2003383	331	7104407
海　南	10775728	193463	180	756235
重　庆	80442243	865012	108	383731
四　川	248514974	5907100	238	6823888
贵　州	77467659	2547201	329	2360694
云　南	33146048	502550	152	381187
西　藏	285000	21280	747	9800
陕　西	28853319	423904	147	377879
甘　肃	8234457	63191	77	207816
青　海	344806	3923	114	4362
宁　夏	7853527	162297	207	269671
新　疆	7929439	206499	260	283260
新疆兵团	311300	9117	293	30620
大兴安岭	1133106	134481	1187	86801

各地区森林公园建设与经营情况主要指标(一)

地　区	森林公园总数（处）	森林公园总面积（公顷）	国家森林公园数量（处）	国家森林公园面积（公顷）	省级森林公园数量（处）	省级森林公园面积（公顷）	县级森林公园数量（处）	县级森林公园面积（公顷）
全国合计	**3101**	**17805428**	**792**	**12260972**	**1428**	**4321304**	**881**	**1223152**
北　京	31	96263	15	68441	16	27822	—	—
天　津	1	2126	1	2126	—	—	—	—
河　北	101	517565	27	298852	74	218713	—	—
山　西	127	563115	19	389133	51	128909	57	45073
内蒙古	54	1152762	30	913583	23	233809	1	5370
内蒙古集团	8	400927	8	400927	—	—	—	—
辽　宁	70	229344	29	140009	41	89335	—	—
吉　林	56	2490393	34	2033970	22	456424	—	—
吉林集团	8	89773	8	89773	—	—	—	—
黑龙江	103	1917433	56	1698898	47	218535	—	—
龙江集团	41	1376817	24	1260146	17	116672	—	—
上　海	5	2252	4	1952	1	300	—	—
江　苏	65	86315	17	41793	48	44522	—	—
浙　江	199	433931	39	222018	80	146077	80	65837
安　徽	73	157872	31	108248	42	49624	—	—
福　建	178	238715	30	127527	127	87932	21	23256
江　西	175	514856	46	377497	116	109556	13	27803
山　东	251	418361	43	192038	76	108142	132	118181
河　南	170	381235	28	118872	84	165552	58	96810
湖　北	93	421110	34	296884	59	124226	—	—
湖　南	123	478464	51	267057	60	187746	12	23662
广　东	532	1092351	25	206837	74	113424	433	772089
广　西	56	260289	20	212647	30	46472	6	1171
海　南	27	167121	9	119102	16	46326	2	1693
重　庆	87	190876	25	133937	61	56104	1	835
四　川	123	766705	33	642145	57	105288	33	19272
贵　州	78	264955	22	151909	34	93801	22	19245
云　南	41	147651	27	112612	14	35039	—	—
西　藏	9	1329608	9	1329608	—	—	—	—
陕　西	87	351642	35	185392	50	165252	2	999
甘　肃	94	967977	21	434401	73	533575	—	—
青　海	18	475078	7	293297	11	181782	—	—
宁　夏	11	37629	4	28587	7	9042	—	—
新　疆	61	1521460	19	981629	34	537975	8	1856
大兴安岭	2	129972	2	129972	—	—	—	—

注:森林公园总数和国家森林公园中含白山市国家森林旅游区 1 处。

各地区森林公园建设与

地　区	森林公园旅游收入情况(万元)					旅游接待人数(万人次)	
	合计	门票收入	食宿收入	娱乐收入	其他收入	旅游总人数	海外旅游者
全国合计	**5721343**	**1075557**	**2608515**	**508355**	**1528916**	**70987**	**1371**
北　京	30477	5629	20371	2332	2145	816	5
天　津	1920	1300	—	—	620	33	2
河　北	82594	34663	27174	8220	12538	1361	18
山　西	90354	21832	36849	2090	29583	2115	14
内蒙古	66730	10200	27731	9968	18831	432	2
内蒙古集团	57846	5586	25673	8676	17911	96	—
辽　宁	104573	23282	55146	11994	14151	2087	46
吉　林	219897	12741	133740	36081	37334	1126	23
吉林集团	3671	46	3128	157	340	29	1
黑龙江	171592	20576	75347	25394	50275	1150	19
龙江集团	116833	14767	45183	21634	35249	492	5
上　海	8669	6113	660	1460	436	592	2
江　苏	185606	42242	30636	13146	99581	4883	100
浙　江	1444565	134418	906236	75113	328798	4933	57
安　徽	72470	22422	37537	3335	9177	1755	17
福　建	88124	14495	35492	11859	26278	2241	211
江　西	505355	83183	304065	27220	90887	5383	49
山　东	198468	102384	47746	10250	38088	3930	130
河　南	97502	49799	26263	12567	8872	2542	39
湖　北	140235	15587	65676	35624	23349	2079	20
湖　南	282315	141768	70400	14412	55735	3678	155
广　东	266540	44150	137710	23642	61037	13268	281
广　西	204391	30415	60124	7047	106805	816	21
海　南	40509	19527	12699	55	8229	241	5
重　庆	467466	37476	246166	57884	125940	5272	68
四　川	415737	62808	169454	88254	95221	2882	20
贵　州	391624	68216	46016	23533	253858	3066	26
云　南	23700	14462	1135	50	8053	1038	9
西　藏	8969	4503	3950	501	15	73	2
陕　西	60614	35140	13125	3030	9319	1175	21
甘　肃	10646	3840	4685	942	1178	696	5
青　海	11286	2222	1771	1082	6211	352	0
宁　夏	3686	2049	691	517	429	185	0
新　疆	23001	8084	8633	555	5729	775	4
大兴安岭	1728	30	1288	195	216	12	—

经营情况主要指标(二)

本年度投入资金(万元)				其中环境建设投入(万元)	本年度环境建设情况(公顷)	
合　计	国家投资	自筹资金	招商引资		植树造林	改造林相
4576988	**1054302**	**1217466**	**2305220**	**545414**	**116604**	**171704**
19060	11804	6106	1150	5380	531	2117
8200	—	8200	—	3000	13	107
193830	54402	32522	106906	16662	10840	3948
29902	13656	9296	6950	4990	1355	3085
44417	10813	20270	13334	11405	4203	7731
12341	3260	9081	—	415	1293	3149
76701	12360	45361	18980	21023	1581	1418
532041	3402	22139	506500	2916	25438	900
1719	530	1189	—	215	116	311
173993	77750	72831	23413	25662	2580	36593
118186	46736	53277	18174	20757	1049	35410
16237	10848	5389	—	7510	7	329
274665	65686	147455	61524	69796	5463	3460
156300	69864	44185	42250	37706	1176	4868
80388	26545	36553	17290	3523	972	1553
76382	44042	18772	13568	12744	3294	3208
123013	18108	59145	45761	31229	4066	12370
315194	20600	158416	136178	61146	10060	22639
131929	7593	79370	44966	17203	3421	16707
151394	46773	20120	84501	17914	3054	5588
580809	229101	55119	296589	36387	7032	12011
299772	90693	77713	131367	52849	8076	13342
48325	7431	31134	9760	6040	500	422
6674	2053	4620	—	6166	1695	343
319153	93909	54998	170246	12787	6461	6004
164260	40693	103296	20271	21300	1419	2707
441461	19185	14661	407614	7886	3241	1890
27350	7098	13631	6621	1836	368	1961
1779	1534	245	—	273	81	109
148417	38669	46921	62827	32130	3716	1810
35895	11886	9892	14117	3484	3098	2168
40573	1582	305	38686	2907	2118	993
8991	2671	1685	4635	1853	467	293
42287	13391	9678	19218	9543	280	806
7598	160	7438	—	165	—	223

各地区森林公园建设与经营情况主要指标(三)

地　区	从业人员现状(人)		基础设施现状				社会旅游从业人员(人)
	职工总数	导游人数	车船总数(台/艘)	游步道总数(千米)	床位总数(张)	餐位总数(个)	
全国合计	**169714**	**17832**	**34740**	**78129**	**852869**	**1537288**	**792637**
北　京	1102	160	265	895	3210	16790	12220
天　津	135	16	43	20	340	680	3000
河　北	5899	649	880	2615	86397	100375	59488
山　西	3363	609	792	1603	57472	67045	18744
内蒙古	3060	240	753	2773	21103	47863	23251
内蒙古集团	1322	51	321	756	14364	33293	17672
辽　宁	3076	561	3491	2022	30312	51552	13399
吉　林	8014	680	3031	3508	33082	43052	25388
吉林集团	554	31	695	480	2320	7850	562
黑龙江	7148	1080	3563	4704	64605	112039	21689
龙江集团	4793	663	2425	2622	46083	79322	17478
上　海	469	56	496	117	60	1410	934
江　苏	10114	622	1165	2177	15802	33751	17588
浙　江	17697	1811	4229	3184	86953	150720	72432
安　徽	4834	270	347	1584	8237	23830	23690
福　建	7066	668	816	3659	7446	26258	18158
江　西	7120	776	1784	8915	40917	83585	36349
山　东	15014	1840	2307	6948	52299	127345	162283
河　南	7543	1250	1678	2455	45814	93766	36493
湖　北	9579	983	1897	3379	49664	61282	31328
湖　南	14000	929	976	4300	39452	90535	41326
广　东	13495	790	1644	5079	34250	101401	41547
广　西	2130	226	364	919	5358	12700	4170
海　南	2110	157	165	367	2306	6965	823
重　庆	4424	1033	998	3203	46684	94443	21098
四　川	4977	595	484	2306	55696	62200	21934
贵　州	5010	409	910	2371	12538	35851	23177
云　南	1868	164	323	1003	2918	5232	6234
西　藏	141	168	50	142	972	518	404
陕　西	3817	593	452	1957	17559	33175	39369
甘　肃	3761	210	229	2079	9479	20391	5954
青　海	527	66	167	586	7378	11665	3301
宁　夏	736	38	76	401	582	1260	584
新　疆	1287	175	355	2421	13515	18609	5961
大兴安岭	198	8	10	440	469	1000	321

4

从业人员和劳动报酬

EMPLOYMENT AND WAGES

中国林业统计年鉴2014

林业系统从业人员和劳动报酬主要指标2014年与2013年比较

主要指标	单位	2014年	2013年	2014年比2013年增减%
一、单位个数	个	**43320**	**44562**	**-2.79**
二、年末人数	人	**1549622**	**1563271**	**-0.87**
1. 从业人员	人	1227780	1281649	-4.20
①在岗职工	人	1180371	1221890	-3.40
②其他从业人员	人	47409	59759	-20.67
2. 离开本单位仍保留劳动关系人员	人	321842	281622	14.28
三、年末实有离退休人员	人	**1034949**	**1015200**	**1.95**
四、在岗职工年平均工资	元	**34530**	**30940**	**11.60**

林业系统按行业分全部单位个数、从业人员和劳动报酬情况(一)

指　　标	单位个数(个)	年末人数(人)				
		总计	单位从业人员			
			合计	在岗职工		
				小计	其中：女性	其中：非全日制
总 计	**43320**	**1549622**	**1227780**	**1180371**	**335000**	**49699**
(一)企业	2270	788365	500723	488668	144949	13443
(二)事业	36244	656422	623931	593147	170641	31618
(三)机关	4806	104835	103126	98556	19410	4638
按行业分：						
(一)农林牧渔业	24970	1187557	911782	878432	251531	33958
1. 林木育种育苗	2490	74818	62828	60831	20392	3450
2. 造林与经营管护	11384	504426	440910	421054	126471	21853
3. 木竹采运	930	473920	282598	279523	70120	3311
4. 经济林产品种植与采集	413	5922	5773	5698	2221	211
5. 花卉及其他观赏植物种植	185	1891	1853	1665	589	67
6. 陆生野生动物繁育与利用	145	1294	1252	1201	447	32
7. 林业有害生物防治	1622	12234	12103	11927	4526	536
8. 森林防火	1168	17168	16944	15645	2039	1068
9. 其他	6633	95884	87521	80888	24726	3430
(二)制造业	317	46951	33169	32003	10934	1801
1. 木材加工及木、竹、藤、棕、苇制品业	220	33323	21584	20591	7580	1640
2. 木、竹、藤家具制造业	20	3196	2585	2491	661	49
3. 木、竹、苇浆造纸业	6	2186	1933	1933	432	—
4. 林产化学产品制造	18	1314	1021	1012	274	45
5. 其他	53	6932	6046	5976	1987	67
(三)服务业	17746	268581	262913	250475	64196	12644
1. 野生动植物保护和自然保护区管理	1020	26077	25656	22812	6597	1737
2. 林业工程技术与规划管理	982	15603	15344	15046	4587	379
3. 林业科技交流和推广服务	2842	36484	36104	35049	11261	2381
4. 林业公共管理和社会组织	11116	159841	157528	150717	32712	6854
①林业行政管理、公安及监督检查机构	10075	149482	147347	140774	29646	6545
②林业专业性、行业性团体	1041	10359	10181	9943	3066	309
5. 其他	1786	30576	28281	26851	9039	1293
(四)其他行业	287	46533	19916	19461	8339	1296

林业系统按行业分全部单位个数、

指标	年末人 单位从业 在岗职工 其中:专业技术人员			按学历结构分		
	小计	其中 中级技术职称人员	其中 高级技术职称人员	中专及中专学历以下	大专学历	大学及大学学历以上
总 计	**315626**	**148307**	**40732**	**676885**	**293605**	**209881**
(一)企业	123421	52035	14655	341628	99103	47937
(二)事业	179435	89952	23955	318782	156037	118328
(三)机关	12770	6320	2122	16475	38465	43616
按行业分:						
(一)农林牧渔业	226349	103841	23127	572331	196857	109244
1. 林木育种育苗	15595	7693	1611	39757	14105	6969
2. 造林与经营管护	99389	44574	7398	281176	89648	50230
3. 木竹采运	71783	31185	9289	196137	56876	26510
4. 经济林产品种植与采集	1455	704	214	3384	1338	976
5. 花卉及其他观赏植物种植	621	331	117	560	704	401
6. 陆生野生动物繁育与利用	444	226	50	559	320	322
7. 林业有害生物防治	6113	3304	1046	2937	4669	4321
8. 森林防火	3461	1711	350	8615	4582	2448
9. 其他	27488	14113	3052	39206	24615	17067
(二)制造业	5194	2568	955	23140	6325	2538
1. 木材加工及木、竹、藤、棕、苇制品业	3382	1726	724	14759	4310	1522
2. 木、竹、藤家具制造业	568	177	20	1618	593	280
3. 木、竹、苇浆造纸业	269	175	67	1611	263	59
4. 林产化学产品制造	280	105	53	597	162	253
5. 其他	695	385	91	4555	997	424
(三)服务业	77046	38961	14336	72083	86682	91710
1. 野生动植物保护和自然保护区管理	7101	3779	1031	9297	7070	6445
2. 林业工程技术与规划管理	9152	4361	2275	3769	4607	6670
3. 林业科技交流和推广服务	18039	9279	4184	12207	10824	12018
4. 林业公共管理和社会组织	32826	17038	4576	36075	57183	57459
①林业行政管理、公安及监督检查机构	28492	14903	3916	32069	53745	54960
②林业专业性、行业性团体	4334	2135	660	4006	3438	2499
5. 其他	9928	4504	2270	10735	6998	9118
(四)其他行业	7037	2937	2314	9331	3741	6389

从业人员和劳动报酬情况(二)

数(人)						年末实有离退休人员(人)	在岗职工年平均人数(人)	在岗职工年工资总额(千元)	离退休人员年生活费(千元)	在岗职工年平均工资(元)
人员					离开本单位仍保留劳动关系人员					
按年龄结构分				其他从业人员						
30岁以下(含30岁)	31~40岁	41~50岁	51岁以上(含51岁)							
133097	**324544**	**508891**	**213839**	**47409**	**321842**	**1034949**	**1148303**	**39650624**	**26062299**	**34530**
56528	123483	220915	87742	12055	287642	660450	465282	12985682	14723918	27909
65389	177490	248820	101448	30784	32491	323399	584607	21583923	9276472	36920
11180	23571	39156	24649	4570	1709	51100	98414	5081020	2061909	51629
95762	238939	390370	153361	33350	275775	853815	846557	25764489	20408702	30434
6044	17709	26289	10789	1997	11990	51446	61503	1712929	1285792	27851
43976	121020	186245	69813	19856	63516	360727	401239	12210116	8872057	30431
30562	66018	130297	52646	3075	191322	375803	260618	7488228	8550505	28733
406	1567	2690	1035	75	149	3971	11405	324880	119236	28486
227	603	621	214	188	38	454	2246	62872	13078	27993
139	313	542	207	51	42	205	1374	40104	10529	29187
1215	3824	4953	1935	176	131	2699	11777	507321	102275	43077
4125	5204	4628	1688	1299	224	2488	15527	524899	81636	33806
9068	22681	34105	15034	6633	8363	56022	80868	2893140	1373593	35776
4163	9224	13699	4917	1166	13782	30722	32000	891205	512804	27850
3048	5999	8315	3229	993	11739	19961	20828	574343	290973	27576
201	586	1081	623	94	611	408	2491	87675	8080	35197
122	577	1038	196	—	253	1427	1935	40045	26722	20695
140	322	471	79	9	293	493	1057	25305	10077	23940
652	1740	2794	790	70	886	8433	5689	163838	176952	28799
29735	71196	98069	51475	12438	5668	114366	249977	12157332	4229817	48634
3307	7181	8958	3366	2844	421	6906	22918	959415	212752	41863
1874	4766	5690	2716	298	259	7141	14977	916449	285815	61190
4453	10971	13633	5992	1055	380	15752	34836	1567828	610335	45006
16485	40743	59370	34119	6811	2313	70626	149774	7296221	2697981	48715
15446	37722	55326	32280	6573	2135	66633	139800	6847347	2570239	48980
1039	3021	4044	1839	238	178	3993	9974	448875	127743	45004
3616	7535	10418	5282	1430	2295	13941	27472	1417419	422933	51595
3437	5185	6753	4086	455	26617	36046	19769	837598	910976	42369

各地区林业系统

地　区	总　计	按性质分				
		企　业	事　业	机　关	合　计	林木育种育苗
全国合计	**43320**	**2270**	**36244**	**4806**	**24970**	**2490**
北　京	312	—	288	24	165	17
天　津	83	—	76	7	75	16
河　北	1491	32	1266	193	1085	164
山　西	2150	17	2000	133	1158	188
内蒙古	1617	50	1300	267	924	111
内蒙古集团	53	28	25	—	19	—
辽　宁	1302	16	1156	130	634	61
吉　林	1443	271	1044	128	1133	50
吉林集团	70	70	—	—	8	—
长白山集团	22	14	3	5	12	—
黑龙江	1916	164	1594	158	884	110
龙江集团	184	110	57	17	66	7
上　海	32	—	31	1	9	—
江　苏	721	103	594	24	510	87
浙　江	997	16	870	111	782	42
安　徽	1422	48	1150	224	785	80
福　建	1879	232	1443	204	1137	111
江　西	2228	279	1748	201	1056	67
山　东	2213	39	1990	184	982	235
河　南	1128	50	866	212	635	129
湖　北	1967	98	1701	168	631	93
湖　南	2922	86	2567	269	1361	150
广　东	1693	38	1408	247	677	44
广　西	2201	222	1727	252	1241	111
海　南	201	28	150	23	108	5
重　庆	933	13	848	72	245	26
四　川	3317	132	2884	301	2489	117
贵　州	2230	79	2009	142	2074	30
云　南	1777	98	1419	260	1132	60
西　藏	86	3	16	67	12	10
陕　西	1528	65	1222	241	704	120
甘　肃	1486	6	1281	199	1039	138
青　海	358	—	238	120	174	32
宁　夏	273	4	242	27	232	17
新　疆	1257	53	1008	196	881	69
新疆兵团	—	—	—	—	—	—
局直属单位	157	28	108	21	16	—
大兴安岭	70	22	28	20	16	—

单位个数(一)

单位:个

按行业分							
农林牧渔业							
造林与经营管护	木竹采运	经济林产品种植与采集	花卉及其他观赏植物种植	陆生野生动物繁育与利用	林业有害生物防治	森林防火	其他
11384	**930**	**413**	**185**	**145**	**1622**	**1168**	**6633**
48	—	6	3	23	10	9	49
24	—	5	—	2	14	1	13
342	22	30	7	5	79	49	387
534	—	—	—	—	97	84	255
408	23	4	1	1	78	53	245
—	19	—	—	—	—	—	—
387	41	24	9	7	57	25	23
309	22	—	—	1	38	27	686
—	8	—	—	—	—	—	—
—	11	—	—	—	1	—	—
426	62	2	—	1	73	42	168
7	41	—	—	1	1	3	6
2	—	—	—	—	1	—	6
226	5	57	6	—	41	23	65
129	7	9	—	8	65	29	493
508	22	—	2	2	71	22	78
434	119	2	5	3	56	49	358
342	151	5	3	3	52	67	366
572	19	38	6	1	40	53	18
176	52	17	13	6	90	51	101
350	8	23	4	4	50	27	72
592	73	20	9	31	71	42	373
286	23	9	1	1	48	38	227
419	47	21	67	8	84	105	379
46	7	1	—	1	9	7	32
163	2	1	1	1	33	13	5
1081	53	14	11	8	91	44	1070
1490	119	72	23	7	89	89	155
420	32	20	1	8	61	67	463
—	—	—	—	—	1	1	—
341	15	9	9	5	40	37	128
538	3	13	2	1	64	42	238
109	—	—	2	1	13	6	11
129	—	2	—	—	19	16	49
543	3	9	—	6	87	48	116
—	—	—	—	—	—	—	—
10	—	—	—	—	—	2	4
10	—	—	—	—	—	2	4

各地区林业系统

地区	按行					
	制造业					
	合计	木材加工及木、竹、藤、棕、苇制品业	木、竹、藤家具制造业	木、竹、苇浆造纸业	林产化学产品制造	其他
全国合计	**317**	**220**	**20**	**6**	**18**	**53**
北京	—	—	—	—	—	—
天津	—	—	—	—	—	—
河北	7	4	—	—	—	3
山西	5	—	—	—	—	5
内蒙古	3	1	1	1	—	—
内蒙古集团	2	1	—	1	—	—
辽宁	1	1	—	—	—	—
吉林	38	23	—	1	2	12
吉林集团	35	20	—	1	2	12
长白山集团	3	3	—	—	—	—
黑龙江	29	19	1	2	2	5
龙江集团	23	16	1	2	1	3
上海	—	—	—	—	—	—
江苏	—	—	—	—	—	—
浙江	—	—	—	—	—	—
安徽	24	14	4	—	1	5
福建	17	12	—	—	3	2
江西	7	3	1	—	2	1
山东	—	—	—	—	—	—
河南	—	—	—	—	—	—
湖北	18	14	—	—	2	2
湖南	37	24	6	1	2	4
广东	15	15	—	—	—	—
广西	60	57	—	—	1	2
海南	3	1	—	—	—	2
重庆	4	4	—	—	—	—
四川	13	4	2	—	2	5
贵州	1	—	—	—	1	—
云南	9	7	—	1	—	1
西藏	3	3	—	—	—	—
陕西	17	11	5	—	—	1
甘肃	2	2	—	—	—	—
青海	—	—	—	—	—	—
宁夏	—	—	—	—	—	—
新疆	—	—	—	—	—	—
新疆兵团	—	—	—	—	—	—
局直属单位	4	1	—	—	—	3
大兴安岭	4	1	—	—	—	3

单位个数(二)

单位:个

业分								
	服务业							
合计	野生动植物保护和自然保护区管理	林业工程技术与规划管理	林业科技交流和推广服务	林业公共管理和社会组织	其中：林业行政管理、公安及监督检查机构	其中：林业专业性、行业性团体	其他	其他行业
17746	**1020**	**982**	**2842**	**11116**	**10075**	**1041**	**1786**	**287**
143	3	6	2	95	89	6	37	4
8	1	—	—	7	7	—	—	—
391	12	5	129	225	225	—	20	8
987	34	47	53	670	662	8	183	—
660	24	63	14	549	536	13	10	30
10	3	1	—	1	—	1	5	22
666	35	35	59	529	473	56	8	1
269	10	10	53	160	160	—	36	3
27	—	—	—	—	—	—	27	—
7	—	1	1	5	5	—	—	—
954	31	15	47	746	734	12	115	49
59	—	2	8	23	18	5	26	36
12	2	3	6	1	1	—	—	11
209	2	2	140	64	61	3	1	2
205	16	4	57	126	123	3	2	10
606	34	72	160	311	278	33	29	7
714	36	65	50	543	366	177	20	11
1148	52	52	72	715	629	86	257	17
1230	71	85	566	365	351	14	143	1
484	42	28	79	297	291	6	38	9
1318	73	113	131	913	913	—	88	—
1515	73	103	248	952	830	122	139	9
988	104	10	92	480	347	133	302	13
885	47	58	115	510	392	118	155	15
90	25	—	7	39	38	1	19	—
681	13	42	17	604	560	44	5	3
800	71	20	158	529	478	51	22	15
150	6	1	1	142	142	—	—	5
600	75	27	99	374	332	42	25	36
71	1	—	3	67	67	—	—	—
803	33	51	285	374	351	23	60	4
445	46	24	84	250	213	37	41	—
184	2	2	55	122	120	2	3	—
40	4	1	7	28	28	—	—	1
373	34	31	31	259	212	47	18	3
—	—	—	—	—	—	—	—	—
117	8	7	22	70	66	4	10	20
30	5	1	2	20	20	—	2	20

各地区林业系统

地　区	总　计	按性质分				
		企　业	事　业	机　关	合　计	林木育种育苗
全国合计	**1549622**	**788365**	**656422**	**104835**	**1187557**	**74818**
北　京	11312	—	10168	1144	5306	733
天　津	751	—	626	125	617	144
河　北	23800	2276	18010	3514	17278	2277
山　西	23949	287	21796	1866	14897	2013
内蒙古	204087	153226	44625	6236	175424	2383
内蒙古集团	154726	150127	4599	—	136164	—
辽　宁	22702	554	20610	1538	14123	675
吉　林	179007	141206	32581	5220	155340	2161
吉林集团	42614	42614	—	—	29443	—
长白山集团	73634	71612	466	1556	69343	—
黑龙江	388374	319673	63803	4898	341850	29161
龙江集团	327295	316468	8983	1844	290394	27619
上　海	1390	—	1215	175	219	—
江　苏	17769	9837	7710	222	15955	3853
浙　江	11697	574	9044	2079	7999	353
安　徽	22674	1998	18297	2379	15855	2504
福　建	25421	7117	14215	4089	15525	496
江　西	72024	23659	42010	6355	54025	4257
山　东	23323	712	20016	2595	13149	3007
河　南	30643	759	25420	4464	18740	3490
湖　北	30303	3915	22676	3712	14342	1298
湖　南	60324	8628	44146	7550	31345	2182
广　东	30904	2947	21445	6512	17045	713
广　西	45558	5640	35762	4156	33185	1046
海　南	8521	2933	4167	1421	4953	103
重　庆	7494	307	5967	1220	3821	215
四　川	47455	17329	23460	6666	33116	1726
贵　州	26253	3737	20306	2210	23229	381
云　南	40965	10986	20359	9620	24184	1693
西　藏	2311	816	293	1202	141	129
陕　西	39472	6165	29598	3709	25799	2606
甘　肃	40448	1186	35146	4116	29238	1579
青　海	9869	—	8653	1216	7232	437
宁　夏	9455	527	8415	513	7465	966
新　疆	22607	4686	15062	2859	16176	2237
新疆兵团	—	—	—	—	—	—
局直属单位	68760	56685	10821	1254	49984	—
大兴安岭	59761	55726	3018	1017	49984	—

单位年末人数(一)

单位:人

按行业分							
农林牧渔业							
造林与经营管护	木竹采运	经济林产品种植与采集	花卉及其他观赏植物种植	陆生野生动物繁育与利用	林业有害生物防治	森林防火	其他
504426	**473920**	**5922**	**1891**	**1294**	**12234**	**17168**	**95884**
1255	—	117	48	350	171	653	1979
172	—	67	—	8	108	11	107
7040	152	249	51	29	704	1028	5748
9156	—	—	—	—	653	1096	1979
30780	136238	39	5	—	784	799	4396
—	136164	—	—	—	—	—	—
8949	3521	115	77	49	380	126	231
41980	102766	—	—	5	423	322	7683
—	29443	—	—	—	—	—	—
—	69241	—	—	—	102	—	—
99110	196655	31	—	28	394	1970	14501
55093	194223	—	—	28	18	468	12945
54	—	—	—	—	19	—	146
10092	112	743	110	—	378	373	294
3693	58	31	—	87	398	196	3183
9766	396	—	30	3	443	214	2499
8702	3675	29	12	6	244	229	2132
32766	9470	72	57	76	289	1757	5281
8635	186	365	58	8	299	396	195
10151	1044	218	282	61	1054	434	2006
10922	249	119	83	38	379	260	994
17246	4179	94	124	138	352	274	6756
10577	1351	64	15	10	286	773	3256
21647	1280	121	331	64	526	2113	6057
4033	68	2	—	68	69	39	571
3134	18	14	16	15	222	171	16
22627	2190	121	230	29	535	278	5380
15576	1706	228	187	83	341	427	4300
10703	4255	136	14	18	407	555	6403
—	—	—	—	—	3	9	—
13396	4337	179	114	67	808	739	3553
23833	9	206	9	—	649	264	2689
6459	—	—	38	28	116	50	104
3769	—	410	—	—	206	761	1353
9429	5	2152	—	26	594	225	1508
—	—	—	—	—	—	—	—
48774	—	—	—	—	—	626	584
48774	—	—	—	—	—	626	584

各地区林业系统

地　区	按　行					
	制　造　业					
	合　计	木材加工及木、竹、藤、棕、苇制品业	木、竹、藤家具制造业	木、竹、苇浆造纸业	林产化学产品制造	其　他
全国合计	**46951**	**33323**	**3196**	**2186**	**1314**	**6932**
北　京	—	—	—	—	—	—
天　津	—	—	—	—	—	—
河　北	56	42	—	—	—	14
山　西	11	—	—	—	—	11
内蒙古	1148	5	46	1097	—	—
内蒙古集团	1102	5	—	1097	—	—
辽　宁	103	103	—	—	—	—
吉　林	13373	10434	—	845	327	1767
吉林集团	11002	8063	—	845	327	1767
长白山集团	2371	2371	—	—	—	—
黑龙江	12353	11564	371	51	109	258
龙江集团	11842	11182	371	51	23	215
上　海	—	—	—	—	—	—
江　苏	—	—	—	—	—	—
浙　江	—	—	—	—	—	—
安　徽	719	360	108	—	36	215
福　建	821	634	—	—	179	8
江　西	394	107	34	—	92	161
山　东	—	—	—	—	—	—
河　南	—	—	—	—	—	—
湖　北	1554	1091	—	—	191	272
湖　南	5344	2622	2521	75	29	97
广　东	187	187	—	—	—	—
广　西	2275	1846	—	—	320	109
海　南	21	2	—	—	—	19
重　庆	53	53	—	—	—	—
四　川	551	366	20	—	24	141
贵　州	7	—	—	—	7	—
云　南	736	613	—	118	—	5
西　藏	816	816	—	—	—	—
陕　西	1070	960	96	—	—	14
甘　肃	1050	1050	—	—	—	—
青　海	—	—	—	—	—	—
宁　夏	—	—	—	—	—	—
新　疆	—	—	—	—	—	—
新疆兵团	—	—	—	—	—	—
局直属单位	4309	468	—	—	—	3841
大兴安岭	4309	468	—	—	—	3841

单位年末人数(二)

单位:人

业　分								
服　务　业								其他行业
合　计	野生动植物保护和自然保护区管理	林业工程技术与规划管理	林业科技交流和推广服务	林业公共管理和社会组织	其中		其　他	
					林业行政管理、公安及监督检查机构	林业专业性、行业性团体		
268581	**26077**	**15603**	**36484**	**159841**	**149482**	**10359**	**30576**	**46533**
4965	61	436	84	2651	2395	256	1733	1041
134	9	—	—	125	125	—	—	—
6392	656	180	946	4372	4372	—	238	74
9041	559	466	594	5644	5596	48	1778	—
10915	782	618	442	8399	8031	368	674	16600
943	311	61	—	43	—	43	528	16517
8392	400	387	573	6973	6506	467	59	84
10158	313	1058	822	5716	5716	—	2249	136
2169	—	—	—	—	—	—	2169	—
1920	—	236	128	1556	1556	—	—	—
15749	569	562	2513	8918	7946	972	3187	18422
6995	—	188	2350	2814	1875	939	1643	18064
607	45	58	329	175	175	—	—	564
1681	8	16	1084	571	434	137	2	133
3432	311	138	667	2294	2274	20	22	266
5752	306	480	1088	3117	2835	282	761	348
9021	454	971	296	6943	5705	1238	357	54
16053	706	569	852	10314	9756	558	3612	1552
10162	806	665	3567	3716	3683	33	1408	12
11663	1780	360	1959	6238	6020	218	1326	240
14407	989	1078	1472	9409	9409	—	1459	—
23536	3743	1266	2285	13948	12596	1352	2294	99
13499	1092	229	1437	7914	7081	833	2827	173
9670	1126	419	934	5902	5242	660	1289	428
3547	1113	—	366	1974	1971	3	94	—
3616	236	225	184	2896	2697	199	75	4
13119	1899	1209	1363	8471	7754	717	177	669
2668	236	129	75	2228	2228	—	—	349
15712	2477	443	1016	11359	10946	413	417	333
1354	73	—	79	1202	1202	—	—	—
11315	730	752	3387	4909	4753	156	1537	1288
10160	2033	536	1734	4665	4366	299	1192	—
2637	11	50	1334	1220	1216	4	22	—
1977	829	45	586	517	517	—	—	13
6240	687	530	479	4297	3257	1040	247	191
—	—	—	—	—	—	—	—	—
11007	1038	1728	3937	2764	2678	86	1540	3460
2008	437	178	196	1017	1017	—	180	3460

各地区林业系统单位

地　区	总　计	按性质分				
		企　业	事　业	机　关	合　计	林木育种育苗
全国合计	**1227780**	**500723**	**623931**	**103126**	**911782**	**62828**
北　京	11257	—	10113	1144	5251	680
天　津	751	—	626	125	617	144
河　北	23273	2134	17678	3461	16855	2203
山　西	23729	172	21726	1831	14825	1985
内蒙古	103204	53753	43252	6199	88793	2361
内蒙古集团	54091	50726	3365	—	49691	—
辽　宁	21859	450	19871	1538	13358	665
吉　林	110182	78424	27610	4148	89563	1792
吉林集团	31781	31781	—	—	19419	—
长白山集团	27581	26925	84	572	25397	—
黑龙江	280190	216175	59170	4845	254293	20276
龙江集团	224636	213982	8820	1834	207412	18769
上　海	1378	—	1203	175	219	—
江　苏	17108	9395	7491	222	15300	3853
浙　江	11028	521	8428	2079	7376	331
安　徽	21362	1402	17581	2379	15115	2446
福　建	23849	6211	13562	4076	14121	461
江　西	57673	13779	37643	6251	41012	2701
山　东	23200	704	19902	2594	13027	2902
河　南	30241	759	25030	4452	18500	3446
湖　北	28188	3398	21094	3696	12831	1258
湖　南	49519	4370	37634	7515	22409	1581
广　东	29685	2839	20395	6451	15990	709
广　西	42661	4630	33877	4154	30934	1010
海　南	8367	2823	4123	1421	4822	101
重　庆	7480	300	5961	1219	3814	215
四　川	46385	16519	23235	6631	32191	1699
贵　州	25861	3395	20256	2210	22837	381
云　南	40666	10795	20261	9610	23935	1693
西　藏	2311	816	293	1202	141	129
陕　西	37367	5522	28158	3687	24067	2591
甘　肃	40345	1169	35061	4115	29137	1579
青　海	9869	—	8653	1216	7232	437
宁　夏	9403	527	8364	512	7414	964
新　疆	22240	4607	14918	2715	15953	2235
新疆兵团	—	—	—	—	—	—
局直属单位	67149	55134	10762	1253	49850	—
大兴安岭	58162	54175	2970	1017	49850	—

从业人员年末人数(一)

单位:人

按行业分							
农林牧渔业							
造林与经营管护	木竹采运	经济林产品种植与采集	花卉及其他观赏植物种植	陆生野生动物繁育与利用	林业有害生物防治	森林防火	其他
440910	**282598**	**5773**	**1853**	**1252**	**12103**	**16944**	**87521**
1255	—	117	48	350	171	653	1977
172	—	67	—	8	108	11	107
6896	152	226	51	29	690	1028	5580
9117	—	—	—	—	653	1096	1974
30666	49759	39	5	—	778	799	4386
—	49691	—	—	—	—	—	—
8907	2813	115	74	49	380	124	231
31064	48628	—	—	5	331	318	7425
—	19419	—	—	—	—	—	—
—	25386	—	—	—	11	—	—
66234	154806	31	—	28	394	1884	10640
26678	152452	—	—	28	18	382	9085
54	—	—	—	—	19	—	146
9439	112	741	110	—	378	373	294
3207	58	31	—	87	398	196	3068
9186	337	—	30	3	443	214	2456
7882	3228	9	12	6	239	222	2062
26306	5664	41	57	58	289	1757	4139
8618	186	365	58	8	299	396	195
9995	1044	218	282	61	1052	433	1969
9553	226	119	75	38	374	260	928
12756	1384	94	124	123	352	273	5722
9718	1249	62	11	10	286	773	3172
20452	1074	121	331	64	526	2007	5349
3913	68	2	—	59	69	39	571
3127	18	14	16	15	222	171	16
21828	2162	121	211	29	535	278	5328
15576	1371	228	183	83	341	427	4247
10473	4236	136	14	18	407	555	6403
—	—	—	—	—	3	9	—
12492	4009	179	114	67	802	739	3074
23768	9	206	9	—	649	247	2670
6459	—	—	38	28	116	50	104
3743	—	410	—	—	206	761	1330
9280	5	2081	—	26	593	225	1508
—	—	—	—	—	—	—	—
48774	—	—	—	—	—	626	450
48774	—	—	—	—	—	626	450

各地区林业系统单位

地　区	按　行					
	制　造　业					
	合　计	木材加工及木、竹、藤、棕、苇制品业	木、竹、藤家具制造业	木、竹、苇浆造纸业	林产化学产品制造	其　他
全国合计	**33169**	**21584**	**2585**	**1933**	**1021**	**6046**
北　京	—	—	—	—	—	—
天　津	—	—	—	—	—	—
河　北	56	42	—	—	—	14
山　西	11	—	—	—	—	11
内蒙古	1148	5	46	1097	—	—
内蒙古集团	1102	5	—	1097	—	—
辽　宁	50	50	—	—	—	—
吉　林	11827	9523	—	592	302	1410
吉林集团	10288	7984	—	592	302	1410
长白山集团	1539	1539	—	—	—	—
黑龙江	2893	2543	—	51	109	190
龙江集团	2724	2463	—	51	23	187
上　海	—	—	—	—	—	—
江　苏	—	—	—	—	—	—
浙　江	—	—	—	—	—	—
安　徽	553	219	108	—	36	190
福　建	779	592	—	—	179	8
江　西	13	4	3	—	6	—
山　东	—	—	—	—	—	—
河　南	—	—	—	—	—	—
湖　北	1234	1033	—	—	9	192
湖　南	4203	1715	2312	75	29	72
广　东	123	123	—	—	—	—
广　西	2056	1653	—	—	320	83
海　南	21	2	—	—	—	19
重　庆	53	53	—	—	—	—
四　川	551	366	20	—	24	141
贵　州	7	—	—	—	7	—
云　南	710	587	—	118	—	5
西　藏	816	816	—	—	—	—
陕　西	850	740	96	—	—	14
甘　肃	1050	1050	—	—	—	—
青　海	—	—	—	—	—	—
宁　夏	—	—	—	—	—	—
新　疆	—	—	—	—	—	—
新疆兵团	—	—	—	—	—	—
局直属单位	4165	468	—	—	—	3697
大兴安岭	4165	468	—	—	—	3697

从业人员年末人数(二)

单位:人

业分								
服务业								其他行业
合计	野生动植物保护和自然保护区管理	林业工程技术与规划管理	林业科技交流和推广服务	林业公共管理和社会组织	其中:林业行政管理、公安及监督检查机构	其中:林业专业性、行业性团体	其他	
262913	**25656**	**15344**	**36104**	**157528**	**147347**	**10181**	**28281**	**19916**
4965	61	436	84	2651	2395	256	1733	1041
134	9	—	—	125	125	—	—	—
6335	656	180	944	4317	4317	—	238	27
8893	557	466	594	5609	5561	48	1667	—
10825	782	599	441	8362	7994	368	641	2438
943	311	61	—	43	—	43	528	2355
8367	400	387	573	6948	6481	467	59	84
8679	312	864	710	4642	4642	—	2151	113
2074	—	—	—	—	—	—	2074	—
645	—	43	30	572	572	—	—	—
15242	568	562	2486	8814	7876	938	2812	7762
6754	—	188	2323	2771	1865	906	1472	7746
603	45	58	325	175	175	—	—	556
1675	8	16	1078	571	434	137	2	133
3429	309	138	666	2294	2274	20	22	223
5438	305	480	1086	3117	2835	282	450	256
8901	452	955	296	6886	5664	1222	312	48
15160	705	568	846	10125	9580	545	2916	1488
10161	806	665	3567	3715	3682	33	1408	12
11502	1716	353	1952	6155	5937	218	1326	239
14123	986	1078	1455	9259	9259	—	1345	—
22839	3415	1255	2157	13866	12514	1352	2146	68
13399	1088	229	1413	7851	7018	833	2818	173
9350	1125	419	928	5805	5224	581	1073	321
3524	1108	—	348	1974	1971	3	94	—
3609	236	225	184	2889	2690	199	75	4
13026	1899	1207	1361	8400	7719	681	159	617
2668	236	129	75	2228	2228	—	—	349
15688	2476	442	1004	11349	10936	413	417	333
1354	73	—	79	1202	1202	—	—	—
11162	725	752	3382	4887	4731	156	1416	1288
10158	2033	536	1734	4663	4364	299	1192	—
2637	11	50	1334	1220	1216	4	22	—
1976	829	45	586	516	516	—	—	13
6096	687	530	479	4153	3113	1040	247	191
—	—	—	—	—	—	—	—	—
10995	1038	1720	3937	2760	2674	86	1540	2139
2008	437	178	196	1017	1017	—	180	2139

各地区林业系统单位

地　　区	总　计	按性质分				
		企　业	事　业	机　关	合　计	林木育种育苗
全国合计	**1180371**	**488668**	**593147**	**98556**	**878432**	**60831**
北　京	10428	—	9293	1135	4726	651
天　津	751	—	626	125	617	144
河　北	22731	1630	17640	3461	16341	2203
山　西	23565	172	21569	1824	14668	1956
内蒙古	102426	53745	42529	6152	88243	2336
内蒙古集团	54091	50726	3365	—	49691	—
辽　宁	20922	444	18945	1533	13041	663
吉　林	110052	78356	27548	4148	89472	1791
吉林集团	31744	31744	—	—	19419	—
长白山集团	27581	26925	84	572	25397	—
黑龙江	278557	215995	57819	4743	253566	20179
龙江集团	223684	213826	8090	1768	207275	18769
上　海	1341	—	1166	175	215	—
江　苏	13492	5832	7438	222	11698	2928
浙　江	10576	411	8157	2008	7164	325
安　徽	20800	1299	17150	2351	14719	2398
福　建	22232	5583	12802	3847	13218	445
江　西	51533	11753	33739	6041	36172	2551
山　东	22491	485	19416	2590	12428	2839
河　南	29826	759	24640	4427	18169	3223
湖　北	26310	2954	19732	3624	11749	1237
湖　南	48660	4370	36833	7457	21862	1520
广　东	28397	2621	19493	6283	15110	689
广　西	39692	4165	31657	3870	28815	985
海　南	6536	2498	3047	991	4366	93
重　庆	7367	300	5849	1218	3716	214
四　川	44520	16009	22163	6348	30952	1621
贵　州	18736	3212	13314	2210	15806	262
云　南	32815	8693	16619	7503	19037	1674
西　藏	1736	460	254	1022	126	114
陕　西	37353	5519	28147	3687	24065	2591
甘　肃	39349	1169	34176	4004	28523	1573
青　海	9406	—	8192	1214	6802	437
宁　夏	9385	518	8355	512	7397	955
新　疆	21807	4602	14625	2580	15799	2234
新疆兵团	—	—	—	—	—	—
局直属单位	66579	55114	10214	1251	49850	—
大兴安岭	58162	54175	2970	1017	49850	—

在岗职工年末人数(一)

单位:人

按行业分							
农林牧渔业							
造林与经营管护	木竹采运	经济林产品种植与采集	花卉及其他观赏植物种植	陆生野生动物繁育与利用	林业有害生物防治	森林防火	其他
421054	**279523**	**5698**	**1665**	**1201**	**11927**	**15645**	**80888**
1219	—	117	48	350	170	653	1518
172	—	67	—	8	108	11	107
6890	152	226	51	29	690	1028	5072
9009	—	—	—	—	653	1076	1974
30165	49759	39	5	—	772	793	4374
—	49691	—	—	—	—	—	—
8796	2609	115	74	49	380	124	231
31029	48628	—	—	5	331	318	7370
—	19419	—	—	—	—	—	—
—	25386	—	—	—	11	—	—
65780	154651	31	—	28	394	1884	10619
26678	152315	—	—	28	18	382	9085
54	—	—	—	—	19	—	142
6766	112	741	110	—	374	373	294
3127	57	31	—	84	387	191	2962
9061	328	—	27	3	443	160	2299
7300	2996	9	12	6	230	193	2027
23379	5207	41	57	48	286	1514	3089
8122	186	365	58	8	299	377	174
9903	1044	215	280	58	1050	433	1963
8679	191	119	70	33	373	255	792
12312	1384	94	124	123	350	252	5703
9407	952	62	11	10	284	632	3063
19169	998	121	289	60	517	1520	5156
3526	68	2	—	59	52	39	527
3084	18	13	15	15	220	123	14
21344	2101	121	133	29	535	248	4820
10694	1036	157	126	57	234	293	2947
8643	3023	136	14	18	407	515	4607
—	—	—	—	—	3	9	—
12490	4009	179	114	67	802	739	3074
23227	9	206	9	—	649	247	2603
6029	—	—	38	28	116	50	104
3738	—	410	—	—	206	761	1327
9166	5	2081	—	26	593	208	1486
—	—	—	—	—	—	—	—
48774	—	—	—	—	—	626	450
48774	—	—	—	—	—	626	450

各地区林业系统单位

地区	按行					
	制造业					
	合计	木材加工及木、竹、藤、棕、苇制品业	木、竹、藤家具制造业	木、竹、苇浆造纸业	林产化学产品制造	其他
全国合计	**32003**	**20591**	**2491**	**1933**	**1012**	**5976**
北京	—	—	—	—	—	—
天津	—	—	—	—	—	—
河北	56	42	—	—	—	14
山西	11	—	—	—	—	11
内蒙古	1140	5	38	1097	—	—
内蒙古集团	1102	5	—	1097	—	—
辽宁	50	50	—	—	—	—
吉林	11814	9510	—	592	302	1410
吉林集团	10275	7971	—	592	302	1410
长白山集团	1539	1539	—	—	—	—
黑龙江	2884	2535	—	51	109	189
龙江集团	2716	2455	—	51	23	187
上海	—	—	—	—	—	—
江苏	—	—	—	—	—	—
浙江	—	—	—	—	—	—
安徽	455	197	32	—	36	190
福建	628	451	—	—	176	1
江西	13	4	3	—	6	—
山东	—	—	—	—	—	—
河南	—	—	—	—	—	—
湖北	933	780	—	—	3	150
湖南	4191	1715	2302	75	29	70
广东	123	123	—	—	—	—
广西	1951	1548	—	—	320	83
海南	21	2	—	—	—	19
重庆	53	53	—	—	—	—
四川	441	274	20	—	24	123
贵州	7	—	—	—	7	—
云南	710	587	—	118	—	5
西藏	460	460	—	—	—	—
陕西	847	737	96	—	—	14
甘肃	1050	1050	—	—	—	—
青海	—	—	—	—	—	—
宁夏	—	—	—	—	—	—
新疆	—	—	—	—	—	—
新疆兵团	—	—	—	—	—	—
局直属单位	4165	468	—	—	—	3697
大兴安岭	4165	468	—	—	—	3697

在岗职工年末人数(二)

单位:人

业分								
服务业								其他行业
合计	野生动植物保护和自然保护区管理	林业工程技术与规划管理	林业科技交流和推广服务	林业公共管理和社会组织	其中:林业行政管理、公安及监督检查机构	其中:林业专业性、行业性团体	其他	
250475	22812	15046	35049	150717	140774	9943	26851	19461
4687	61	382	84	2461	2313	148	1699	1015
134	9	—	—	125	125	—	—	—
6307	631	178	943	4317	4317	—	238	27
8886	557	466	594	5602	5554	48	1667	—
10605	652	569	441	8302	7934	368	641	2438
943	311	61	—	43	—	43	528	2355
7747	400	387	571	6330	5863	467	59	84
8653	312	862	710	4642	4642	—	2127	113
2050	—	—	—	—	—	—	2050	—
645	—	43	30	572	572	—	—	—
14542	568	562	1952	8692	7754	938	2768	7565
6144	—	188	1789	2705	1799	906	1462	7549
596	40	58	323	175	175	—	—	530
1661	8	12	1074	565	434	131	2	133
3274	308	88	637	2222	2203	19	19	138
5374	278	479	1085	3082	2807	275	450	252
8338	377	930	261	6568	5360	1208	202	48
13879	636	562	803	9490	8974	516	2388	1469
10051	782	665	3517	3711	3678	33	1376	12
11418	1716	353	1952	6125	5907	218	1272	239
13628	951	999	1409	8991	8991	—	1278	—
22540	3272	1255	2137	13798	12446	1352	2078	67
12991	940	229	1405	7652	6819	833	2765	173
8605	908	418	844	5461	4880	581	974	321
2149	560	—	336	1159	1156	3	94	—
3594	236	225	184	2874	2675	199	75	4
12510	1788	1207	1283	8078	7436	642	154	617
2662	236	129	69	2228	2228	—	—	261
12735	1725	442	985	9181	8801	380	402	333
1150	54	—	74	1022	1022	—	—	—
11162	725	752	3382	4887	4731	156	1416	1279
9776	1805	536	1691	4552	4253	299	1192	—
2604	10	50	1304	1218	1214	4	22	—
1975	829	45	585	516	516	—	—	13
5817	582	500	479	4009	2969	1040	247	191
—	—	—	—	—	—	—	—	—
10425	856	1706	3935	2682	2597	85	1246	2139
2008	437	178	196	1017	1017	—	180	2139

各地区林业系统单位

地区	总计	按性质分				
		企业	事业	机关	合计	林木育种育苗
全国合计	**47409**	**12055**	**30784**	**4570**	**33350**	**1997**
北京	829	—	820	9	525	29
天津	—	—	—	—	—	—
河北	542	504	38	—	514	—
山西	164	—	157	7	157	29
内蒙古	778	8	723	47	550	25
内蒙古集团	—	—	—	—	—	—
辽宁	937	6	926	5	317	2
吉林	130	68	62	—	91	1
吉林集团	37	37	—	—	—	—
长白山集团	—	—	—	—	—	—
黑龙江	1633	180	1351	102	727	97
龙江集团	952	156	730	66	137	—
上海	37	—	37	—	4	—
江苏	3616	3563	53	—	3602	925
浙江	452	110	271	71	212	6
安徽	562	103	431	28	396	48
福建	1617	628	760	229	903	16
江西	6140	2026	3904	210	4840	150
山东	709	219	486	4	599	63
河南	415	—	390	25	331	223
湖北	1878	444	1362	72	1082	21
湖南	859	—	801	58	547	61
广东	1288	218	902	168	880	20
广西	2969	465	2220	284	2119	25
海南	1831	325	1076	430	456	8
重庆	113	—	112	1	98	1
四川	1865	510	1072	283	1239	78
贵州	7125	183	6942	—	7031	119
云南	7851	2102	3642	2107	4898	19
西藏	575	356	39	180	15	15
陕西	14	3	11	—	2	—
甘肃	996	—	885	111	614	6
青海	463	—	461	2	430	—
宁夏	18	9	9	—	17	9
新疆	433	5	293	135	154	1
新疆兵团	—	—	—	—	—	—
局直属单位	570	20	548	2	—	—
大兴安岭	—	—	—	—	—	—

其他从业人员年末人数(一)

单位:人

按行业分							
农林牧渔业							
造林与经营管护	木竹采运	经济林产品种植与采集	花卉及其他观赏植物种植	陆生野生动物繁育与利用	林业有害生物防治	森林防火	其他
19856	**3075**	**75**	**188**	**51**	**176**	**1299**	**6633**
36	—	—	—	—	1	—	459
—	—	—	—	—	—	—	—
6	—	—	—	—	—	—	508
108	—	—	—	—	—	20	—
501	—	—	—	—	6	6	12
—	—	—	—	—	—	—	—
111	204	—	—	—	—	—	—
35	—	—	—	—	—	—	55
—	—	—	—	—	—	—	—
—	—	—	—	—	—	—	—
454	155	—	—	—	—	—	21
—	137	—	—	—	—	—	—
—	—	—	—	—	—	—	4
2673	—	—	—	—	4	—	—
80	1	—	—	3	11	5	106
125	9	—	3	—	—	54	157
582	232	—	—	—	9	29	35
2927	457	—	—	10	3	243	1050
496	—	—	—	—	—	19	21
92	—	3	2	3	2	—	6
874	35	—	5	5	1	5	136
444	—	—	—	—	2	21	19
311	297	—	—	—	2	141	109
1283	76	—	42	4	9	487	193
387	—	—	—	—	17	—	44
43	—	1	1	—	2	48	2
484	61	—	78	—	—	30	508
4882	335	71	57	26	107	134	1300
1830	1213	—	—	—	—	40	1796
—	—	—	—	—	—	—	—
2	—	—	—	—	—	—	—
541	—	—	—	—	—	—	67
430	—	—	—	—	—	—	—
5	—	—	—	—	—	—	3
114	—	—	—	—	—	17	22
—	—	—	—	—	—	—	—
—	—	—	—	—	—	—	—
—	—	—	—	—	—	—	—

各地区林业系统单位

地区	按行					
	制造业					
	合计	木材加工及木、竹、藤、棕、苇制品业	木、竹、藤家具制造业	木、竹、苇浆造纸业	林产化学产品制造	其他
全国合计	**1166**	**993**	**94**	**—**	**9**	**70**
北京	—	—	—	—	—	—
天津	—	—	—	—	—	—
河北	—	—	—	—	—	—
山西	—	—	—	—	—	—
内蒙古	8	—	8	—	—	—
内蒙古集团	—	—	—	—	—	—
辽宁	—	—	—	—	—	—
吉林	13	13	—	—	—	—
吉林集团	13	13	—	—	—	—
长白山集团	—	—	—	—	—	—
黑龙江	9	8	—	—	—	1
龙江集团	8	8	—	—	—	—
上海	—	—	—	—	—	—
江苏	—	—	—	—	—	—
浙江	—	—	—	—	—	—
安徽	98	22	76	—	—	—
福建	151	141	—	—	3	7
江西	—	—	—	—	—	—
山东	—	—	—	—	—	—
河南	—	—	—	—	—	—
湖北	301	253	—	—	6	42
湖南	12	—	10	—	—	2
广东	—	—	—	—	—	—
广西	105	105	—	—	—	—
海南	—	—	—	—	—	—
重庆	—	—	—	—	—	—
四川	110	92	—	—	—	18
贵州	—	—	—	—	—	—
云南	—	—	—	—	—	—
西藏	356	356	—	—	—	—
陕西	3	3	—	—	—	—
甘肃	—	—	—	—	—	—
青海	—	—	—	—	—	—
宁夏	—	—	—	—	—	—
新疆	—	—	—	—	—	—
新疆兵团	—	—	—	—	—	—
局直属单位	—	—	—	—	—	—
大兴安岭	—	—	—	—	—	—

其他从业人员年末人数(二)

单位:人

业　分								
服　务　业								其他行业
合　计	野生动植物保护和自然保护区管理	林业工程技术与规划管理	林业科技交流和推广服务	林业公共管理和社会组织	其中		其　他	
					林业行政管理、公安及监督检查机构	林业专业性、行业性团体		
12438	**2844**	**298**	**1055**	**6811**	**6573**	**238**	**1430**	**455**
278	—	54	—	190	82	108	34	26
—	—	—	—	—	—	—	—	—
28	25	2	1	—	—	—	—	—
7	—	—	—	7	7	—	—	—
220	130	30	—	60	60	—	—	—
—	—	—	—	—	—	—	—	—
620	—	—	2	618	618	—	—	—
26	—	2	—	—	—	—	24	—
24	—	—	—	—	—	—	24	—
—	—	—	—	—	—	—	—	—
700	—	—	534	122	122	—	44	197
610	—	—	534	66	66	—	10	197
7	5	—	2	—	—	—	—	26
14	—	4	4	6	—	6	—	—
155	1	50	29	72	71	1	3	85
64	27	1	1	35	28	7	—	4
563	75	25	35	318	304	14	110	—
1281	69	6	43	635	606	29	528	19
110	24	—	50	4	4	—	32	—
84	—	—	—	30	30	—	54	—
495	35	79	46	268	268	—	67	—
299	143	—	20	68	68	—	68	1
408	148	—	8	199	199	—	53	—
745	217	1	84	344	344	—	99	—
1375	548	—	12	815	815	—	—	—
15	—	—	—	15	15	—	—	—
516	111	—	78	322	283	39	5	—
6	—	—	6	—	—	—	—	88
2953	751	—	19	2168	2135	33	15	—
204	19	—	5	180	180	—	—	—
—	—	—	—	—	—	—	—	9
382	228	—	43	111	111	—	—	—
33	1	—	30	2	2	—	—	—
1	—	—	1	—	—	—	—	—
279	105	30	—	144	144	—	—	—
—	—	—	—	—	—	—	—	—
570	182	14	2	78	77	1	294	—
—	—	—	—	—	—	—	—	—

各地区林业系统单位离开本单位

地区	总计	按性质分				
		企业	事业	机关	合计	林木育种育苗
全国合计	**321842**	**287642**	**32491**	**1709**	**275775**	**11990**
北京	55	—	55	—	55	53
天津	—	—	—	—	—	—
河北	527	142	332	53	423	74
山西	220	115	70	35	72	28
内蒙古	100883	99473	1373	37	86631	22
内蒙古集团	100635	99401	1234	—	86473	—
辽宁	843	104	739	—	765	10
吉林	68825	62782	4971	1072	65777	369
吉林集团	10833	10833	—	—	10024	—
长白山集团	46053	44687	382	984	43946	—
黑龙江	108184	103498	4633	53	87557	8885
龙江集团	102659	102486	163	10	82982	8850
上海	12	—	12	—	—	—
江苏	661	442	219	—	655	—
浙江	669	53	616	—	623	22
安徽	1312	596	716	—	740	58
福建	1572	906	653	13	1404	35
江西	14351	9880	4367	104	13013	1556
山东	123	8	114	1	122	105
河南	402	—	390	12	240	44
湖北	2115	517	1582	16	1511	40
湖南	10805	4258	6512	35	8936	601
广东	1219	108	1050	61	1055	4
广西	2897	1010	1885	2	2251	36
海南	154	110	44	—	131	2
重庆	14	7	6	1	7	—
四川	1070	810	225	35	925	27
贵州	392	342	50	—	392	—
云南	299	191	98	10	249	—
西藏	—	—	—	—	—	—
陕西	2105	643	1440	22	1732	15
甘肃	103	17	85	1	101	—
青海	—	—	—	—	—	—
宁夏	52	—	51	1	51	2
新疆	367	79	144	144	223	2
新疆兵团	—	—	—	—	—	—
局直属单位	1611	1551	59	1	134	—
大兴安岭	1599	1551	48	—	134	—

仍保留劳动关系人员年末人数(一)

单位:人

按行业分							
农林牧渔业							
造林与经营管护	木竹采运	经济林产品种植与采集	花卉及其他观赏植物种植	陆生野生动物繁育与利用	林业有害生物防治	森林防火	其他
63516	**191322**	**149**	**38**	**42**	**131**	**224**	**8363**
—	—	—	—	—	—	—	2
—	—	—	—	—	—	—	—
144	—	23	—	—	14	—	168
39	—	—	—	—	—	—	5
114	86479	—	—	—	6	—	10
—	86473	—	—	—	—	—	—
42	708	—	3	—	—	2	—
10916	54138	—	—	—	92	4	258
—	10024	—	—	—	—	—	—
—	43855	—	—	—	91	—	—
32876	41849	—	—	—	—	86	3861
28415	41771	—	—	—	—	86	3860
—	—	—	—	—	—	—	—
653	—	2	—	—	—	—	—
486	—	—	—	—	—	—	115
580	59	—	—	—	—	—	43
820	447	20	—	—	5	7	70
6460	3806	31	—	18	—	—	1142
17	—	—	—	—	—	—	—
156	—	—	—	—	2	1	37
1369	23	—	8	—	5	—	66
4490	2795	—	—	15	—	1	1034
859	102	2	4	—	—	—	84
1195	206	—	—	—	—	106	708
120	—	—	—	9	—	—	—
7	—	—	—	—	—	—	—
799	28	—	19	—	—	—	52
—	335	—	4	—	—	—	53
230	19	—	—	—	—	—	—
—	—	—	—	—	—	—	—
904	328	—	—	—	6	—	479
65	—	—	—	—	—	17	19
—	—	—	—	—	—	—	—
26	—	—	—	—	—	—	23
149	—	71	—	—	1	—	—
—	—	—	—	—	—	—	—
—	—	—	—	—	—	—	134
—	—	—	—	—	—	—	134

各地区林业系统单位离开本单位

地　　区	按　行					
	制　造　业					
	合　计	木材加工及木、竹、藤、棕、苇制品业	木、竹、藤家具制造业	木、竹、苇浆造纸业	林产化学产品制造	其　他
全国合计	**13782**	**11739**	**611**	**253**	**293**	**886**
北　京	—	—	—	—	—	—
天　津	—	—	—	—	—	—
河　北	—	—	—	—	—	—
山　西	—	—	—	—	—	—
内蒙古	—	—	—	—	—	—
内蒙古集团	—	—	—	—	—	—
辽　宁	53	53	—	—	—	—
吉　林	1546	911	—	253	25	357
吉林集团	714	79	—	253	25	357
长白山集团	832	832	—	—	—	—
黑龙江	9460	9021	371	—	—	68
龙江集团	9118	8719	371	—	—	28
上　海	—	—	—	—	—	—
江　苏	—	—	—	—	—	—
浙　江	—	—	—	—	—	—
安　徽	166	141	—	—	—	25
福　建	42	42	—	—	—	—
江　西	381	103	31	—	86	161
山　东	—	—	—	—	—	—
河　南	—	—	—	—	—	—
湖　北	320	58	—	—	182	80
湖　南	1141	907	209	—	—	25
广　东	64	64	—	—	—	—
广　西	219	193	—	—	—	26
海　南	—	—	—	—	—	—
重　庆	—	—	—	—	—	—
四　川	—	—	—	—	—	—
贵　州	—	—	—	—	—	—
云　南	26	26	—	—	—	—
西　藏	—	—	—	—	—	—
陕　西	220	220	—	—	—	—
甘　肃	—	—	—	—	—	—
青　海	—	—	—	—	—	—
宁　夏	—	—	—	—	—	—
新　疆	—	—	—	—	—	—
新疆兵团	—	—	—	—	—	—
局直属单位	144	—	—	—	—	144
大兴安岭	144	—	—	—	—	144

仍保留劳动关系人员年末人数(二)

单位:人

业　分								
服　务　业								其他行业
合　计	野生动植物保护和自然保护区管理	林业工程技术与规划管理	林业科技交流和推广服务	林业公共管理和社会组织	其中：林业行政管理、公安及监督检查机构	其中：林业专业性、行业性团体	其　他	
5668	**421**	**259**	**380**	**2313**	**2135**	**178**	**2295**	**26617**
—	—	—	—	—	—	—	—	—
—	—	—	—	—	—	—	—	—
57	—	—	2	55	55	—	—	47
148	2	—	—	35	35	—	111	—
90	—	19	1	37	37	—	33	14162
—	—	—	—	—	—	—	—	14162
25	—	—	—	25	25	—	—	—
1479	1	194	112	1074	1074	—	98	23
95	—	—	—	—	—	—	95	—
1275	—	193	98	984	984	—	—	—
507	1	—	27	104	70	34	375	10660
241	—	—	27	43	10	33	171	10318
4	—	—	4	—	—	—	—	8
6	—	—	6	—	—	—	—	—
3	2	—	1	—	—	—	—	43
314	1	—	2	—	—	—	311	92
120	2	16	—	57	41	16	45	6
893	1	1	6	189	176	13	696	64
1	—	—	—	1	1	—	—	—
161	64	7	7	83	83	—	—	1
284	3	—	17	150	150	—	114	—
697	328	11	128	82	82	—	148	31
100	4	—	24	63	63	—	9	—
320	1	—	6	97	18	79	216	107
23	5	—	18	—	—	—	—	—
7	—	—	—	7	7	—	—	—
93	—	2	2	71	35	36	18	52
—	—	—	—	—	—	—	—	—
24	1	1	12	10	10	—	—	—
—	—	—	—	—	—	—	—	—
153	5	—	5	22	22	—	121	—
2	—	—	—	2	2	—	—	—
—	—	—	—	—	—	—	—	—
1	—	—	—	1	1	—	—	—
144	—	—	—	144	144	—	—	—
—	—	—	—	—	—	—	—	—
12	—	8	—	4	4	—	—	1321
—	—	—	—	—	—	—	—	1321

各地区林业系统单位

地　区	总　计	按性质分				
		企　业	事　业	机　关	合　计	林木育种育苗
全国合计	**1034949**	**660450**	**323399**	**51100**	**853815**	**51446**
北　京	7744	—	7059	685	3273	1179
天　津	362	—	269	93	269	42
河　北	10728	1212	7766	1750	7830	1032
山　西	9975	254	8522	1199	6620	1014
内蒙古	103762	72095	29748	1919	89693	1217
内蒙古集团	81722	71308	10414	—	71194	—
辽　宁	11805	391	10368	1046	7908	319
吉　林	102861	88058	12531	2272	97549	1271
吉林集团	37918	37918	—	—	36282	—
长白山集团	38475	38063	39	373	37819	—
黑龙江	329172	292395	31718	5059	281049	17682
龙江集团	298316	291362	4977	1977	255947	16877
上　海	1516	—	1214	302	143	—
江　苏	8182	4442	3700	40	7496	1348
浙　江	8951	828	7103	1020	7173	231
安　徽	11596	1072	9342	1182	8803	1318
福　建	23132	12888	8054	2190	17026	336
江　西	46666	21489	21978	3199	38775	2232
山　东	9547	255	8188	1104	6137	1546
河　南	8769	376	6834	1559	5432	1241
湖　北	15434	3768	9671	1995	8935	899
湖　南	29164	6669	18387	4108	16228	1086
广　东	29401	4666	20534	4201	21660	757
广　西	31506	3377	26355	1774	26280	877
海　南	5789	4214	1145	430	5083	90
重　庆	5279	143	4003	1133	3506	43
四　川	77559	59943	13871	3745	70667	9262
贵　州	10196	2736	5923	1537	8441	1771
云　南	21465	10769	7809	2887	16598	1044
西　藏	230	—	66	164	64	64
陕　西	15412	5613	8540	1259	10730	743
甘　肃	16366	181	14921	1264	12837	674
青　海	1439	—	1272	167	1186	247
宁　夏	5441	549	4628	264	4736	873
新　疆	9728	3472	5243	1013	7234	1008
新疆兵团	—	—	—	—	—	—
局直属单位	65772	58595	6637	540	54454	—
大兴安岭	60114	57980	1594	540	54454	—

实有离退休人员年末人数(一)

单位:人

按行业分							
农林牧渔业							
造林与经营管护	木竹采运	经济林产品种植与采集	花卉及其他观赏植物种植	陆生野生动物繁育与利用	林业有害生物防治	森林防火	其他
360727	**375803**	**3971**	**454**	**205**	**2699**	**2488**	**56022**
856	—	22	53	—	41	15	1107
72	—	69	—	1	30	15	40
3863	32	71	18	2	123	33	2656
4794	—	—	—	—	119	79	614
15032	71240	19	1	—	372	150	1662
—	71194	—	—	—	—	—	—
4591	2686	138	23	5	84	21	41
16705	77178	—	—	3	100	114	2178
—	36282	—	—	—	—	—	—
—	37817	—	—	—	2	—	—
55635	191142	22	—	—	115	145	16308
33287	190301	—	—	—	1	40	15441
88	—	—	—	—	—	—	55
5334	14	400	3	—	70	211	116
5148	17	10	—	42	115	63	1547
4942	123	—	26	—	191	87	2116
10152	5249	8	—	—	52	31	1198
23107	9791	3	5	17	55	21	3544
4149	20	135	8	—	69	151	59
3497	78	12	57	6	118	32	391
7078	203	53	26	—	36	24	616
8679	3496	4	24	22	68	4	2845
16084	1986	38	—	1	50	116	2628
19770	1052	9	3	26	160	297	4086
4921	6	—	—	—	15	—	51
3227	41	20	33	2	38	102	—
56697	2091	3	68	1	68	61	2416
4144	218	1216	77	38	26	8	943
7313	4641	58	5	1	64	150	3322
—	—	—	—	—	—	—	—
4112	4497	37	3	14	192	46	1086
11210	1	33	—	—	145	37	737
834	—	—	21	22	31	23	8
2328	—	449	—	—	28	398	660
4554	1	1142	—	2	124	54	349
—	—	—	—	—	—	—	—
51811	—	—	—	—	—	—	2643
51811	—	—	—	—	—	—	2643

各地区林业系统单位

地区	按行					
	制造业					
	合计	木材加工及木、竹、藤、棕、苇制品业	木、竹、藤家具制造业	木、竹、苇浆造纸业	林产化学产品制造	其他
全国合计	**30722**	**19961**	**408**	**1427**	**493**	**8433**
北京	—	—	—	—	—	—
天津	—	—	—	—	—	—
河北	1	1	—	—	—	—
山西	132	—	—	—	—	132
内蒙古	29	—	26	3	—	—
内蒙古集团	3	—	—	3	—	—
辽宁	46	46	—	—	—	—
吉林	1833	281	—	260	102	1190
吉林集团	1587	35	—	260	102	1190
长白山集团	246	246	—	—	—	—
黑龙江	18079	12882	—	1017	6	4174
龙江集团	17887	12690	—	1017	6	4174
上海	—	—	—	—	—	—
江苏	—	—	—	—	—	—
浙江	—	—	—	—	—	—
安徽	490	284	27	—	—	179
福建	1626	1538	—	—	44	44
江西	140	3	26	—	81	30
山东	—	—	—	—	—	—
河南	—	—	—	—	—	—
湖北	754	481	—	—	147	126
湖南	2672	2178	295	52	—	147
广东	237	237	—	—	—	—
广西	818	578	—	—	84	156
海南	20	12	—	—	—	8
重庆	90	90	—	—	—	—
四川	223	130	34	—	29	30
贵州	—	—	—	—	—	—
云南	295	197	—	95	—	3
西藏	—	—	—	—	—	—
陕西	865	859	—	—	—	6
甘肃	164	164	—	—	—	—
青海	—	—	—	—	—	—
宁夏	—	—	—	—	—	—
新疆	—	—	—	—	—	—
新疆兵团	—	—	—	—	—	—
局直属单位	2208	—	—	—	—	2208
大兴安岭	2208	—	—	—	—	2208

实有离退休人员年末人数(二)

单位:人

业 分								
服 务 业								其他行业
合 计	野生动植物保护和自然保护区管理	林业工程技术与规划管理	林业科技交流和推广服务	林业公共管理和社会组织	其中		其 他	
					林业行政管理、公安及监督检查机构	林业专业性、行业性团体		
114366	**6906**	**7141**	**15752**	**70626**	**66633**	**3993**	**13941**	**36046**
3574	24	269	26	1710	1559	151	1545	897
93	—	—	—	93	93	—	—	—
2873	227	57	285	2286	2286	—	18	24
3223	77	166	230	2151	2141	10	599	—
4366	124	844	400	2600	2404	196	398	9674
876	1	662	—	—	—	—	213	9649
3849	179	125	272	3244	3155	89	29	2
3405	79	498	327	2424	2424	—	77	74
49	—	—	—	—	—	—	49	—
410	—	6	31	373	373	—	—	—
10492	95	320	1567	6417	6075	342	2093	19552
4933	—	146	1458	2319	1977	342	1010	19549
562	8	14	238	302	302	—	—	811
500	—	8	169	323	127	196	—	186
1639	113	43	411	1071	1065	6	1	139
2129	59	129	360	1283	1254	29	298	174
4456	29	655	119	3492	2747	745	161	24
6965	194	151	525	4403	4221	182	1692	786
3409	195	206	1044	1432	1429	3	532	1
3308	596	78	424	1811	1738	73	399	29
5745	203	350	640	4012	4012	—	540	—
10240	1477	442	884	6110	5670	440	1327	24
7483	150	142	1057	4708	4325	383	1426	21
4100	286	122	497	2411	2128	283	784	308
686	46	—	177	456	456	—	7	—
1683	114	36	132	1381	1335	46	20	—
6489	669	906	544	4322	3999	323	48	180
1622	65	—	—	1557	1557	—	—	133
4530	383	81	260	3718	3599	119	88	42
166	2	—	—	164	164	—	—	—
3593	229	160	1133	1605	1594	11	466	224
3365	493	117	550	1413	1328	85	792	—
253	—	20	60	167	167	—	6	—
704	381	17	39	267	267	—	—	1
2380	130	206	149	1752	1510	242	143	114
—	—	—	—	—	—	—	—	—
6484	279	979	3233	1541	1502	39	452	2626
826	20	103	163	540	540	—	—	2626

各地区林业系统单位

地区	总计	按性质分				
		企业	事业	机关	合计	林木育种育苗
全国合计	**34530**	**27909**	**36920**	**51629**	**30434**	**27851**
北京	84708	—	83529	94734	72329	93455
天津	58708	—	54867	77944	55186	50718
河北	34790	30428	34389	38882	33110	26128
山西	36428	18451	35877	44677	33210	27965
内蒙古	39380	35554	41014	62089	37000	41241
内蒙古集团	36335	36016	41125	—	36012	—
辽宁	30736	16368	29762	46041	27661	27674
吉林	31309	32046	26698	48488	28950	22482
吉林集团	36972	36972	—	—	35087	—
长白山集团	34064	33261	56159	70206	33593	—
黑龙江	23922	22620	26493	46816	22481	20233
龙江集团	23885	22722	44710	54155	22725	19766
上海	106095	—	103244	125089	101944	—
江苏	31921	27313	33570	67276	28949	25867
浙江	68837	47189	65785	87068	63482	76243
安徽	32899	30524	31107	47106	29207	24371
福建	43880	30695	45559	56765	40425	44307
江西	33502	32703	31185	47212	29689	25726
山东	41809	29287	41074	49394	39156	34199
河南	25636	33322	24151	32542	22950	23180
湖北	36838	28790	35988	48137	29562	29569
湖南	32224	27761	31670	37361	28364	28210
广东	47821	29828	43740	68782	39082	33235
广西	32689	18280	32823	47528	30948	30980
海南	39050	32354	34364	70382	31050	33513
重庆	47681	32261	47258	53518	46290	48057
四川	42843	35729	44850	53641	39342	39487
贵州	24719	17932	25917	29903	24061	15182
云南	41285	29586	42700	52375	37765	29871
西藏	54328	42000	62760	57873	49738	48182
陕西	40136	30410	40956	48582	37411	42183
甘肃	38422	19039	37215	54103	36431	36560
青海	39810	—	36565	61978	36888	49016
宁夏	38586	31097	38156	52939	36997	37996
新疆	41235	37188	40045	55261	37017	25047
新疆兵团	—	—	—	—	—	—
局直属单位	37705	29683	74533	67794	27574	—
大兴安岭	29469	27701	51020	56542	27574	—

在岗职工年平均工资(一)

单位:元

按行业分							
农林牧渔业							
造林与经营管护	木竹采运	经济林产品种植与采集	花卉及其他观赏植物种植	陆生野生动物繁育与利用	林业有害生物防治	森林防火	其他
30431	**28733**	**28486**	**27993**	**29187**	**43077**	**33806**	**35776**
88637	—	115140	70999	5000	96481	40195	73235
55614	—	55173	—	58992	54651	53875	60903
36431	27744	28446	42648	26301	32676	28997	32814
35590	—	—	—	—	35420	25643	30773
36087	36040	42643	58664	—	56937	54155	45035
—	36012	—	—	—	—	—	—
28421	23841	18842	35832	37681	34894	31636	30587
19393	34151	—	—	58505	42102	43815	33089
—	35087	—	—	—	—	—	—
—	33583	—	—	—	56084	—	—
19847	24137	52870	—	25469	40091	24365	20015
19814	23967	—	—	25469	33782	23695	18235
111297	—	—	—	—	92916	—	99463
29401	28350	29772	28205	—	37306	31455	39047
59485	78822	70369	—	76334	77317	66486	63719
30372	21210	—	28784	35774	42317	41742	27679
42147	33597	51311	50629	48043	46169	38385	41966
30501	24896	42424	40587	40683	40573	29707	32085
40962	40055	38194	31582	43842	39682	39339	40942
22456	20307	27094	17791	30215	24647	25853	24787
28913	28634	34713	15433	30317	36026	36866	32228
27626	25719	26710	30899	31066	42839	28788	29659
36662	36027	39957	19636	50905	55997	37197	48034
32538	27752	27293	13114	37503	36010	23557	28918
32368	34958	38784	—	11910	51223	37470	20760
46585	40540	31011	31011	31011	46580	40996	49331
39034	32091	32066	36952	45742	49000	48311	42619
27842	31068	24605	26320	30704	29322	23814	21548
36568	32161	43266	29616	42067	47885	44012	44894
—	—	—	—	—	55228	70047	—
36079	30991	35206	46494	38947	42219	45782	44355
35079	30485	41319	41153	—	46473	36064	44775
34187	—	—	56968	64878	60205	60156	63595
34139	—	31759	—	—	46408	46864	38768
41290	47093	27945	—	48600	42750	48752	36616
—	—	—	—	—	—	—	—
27434	—	—	—	—	—	24185	46309
27434	—	—	—	—	—	24185	46309

各地区林业系统单位

地区	按行					
	制造业					
	合计	木材加工及木、竹、藤、棕、苇制品业	木、竹、藤家具制造业	木、竹、苇浆造纸业	林产化学产品制造	其他
全国合计	**27850**	**27576**	**35197**	**20695**	**23940**	**28799**
北京	—	—	—	—	—	—
天津	—	—	—	—	—	—
河北	14321	9763	—	—	—	27994
山西	39741	—	—	—	—	39741
内蒙古	21601	35000	25320	21410	—	—
内蒙古集团	21472	35000	—	21410	—	—
辽宁	12000	12000	—	—	—	—
吉林	32199	33422	—	18098	18219	33285
吉林集团	32805	34442	—	18098	18219	33285
长白山集团	28121	28121	—	—	—	—
黑龙江	20644	20142	—	18241	24925	24829
龙江集团	20904	20596	—	18241	24621	24719
上海	—	—	—	—	—	—
江苏	—	—	—	—	—	—
浙江	—	—	—	—	—	—
安徽	22354	21834	47175	—	31915	17174
福建	23838	18213	—	—	39790	55000
江西	21150	33525	12000	—	17000	24000
山东	—	—	—	—	—	—
河南	—	—	—	—	—	—
湖北	23638	23976	—	—	18960	21973
湖南	32155	28641	35351	33700	34002	11867
广东	14509	14509	—	—	—	—
广西	17777	17175	—	—	19969	20792
海南	5114	2400	—	—	—	5400
重庆	31095	31095	—	—	—	—
四川	28593	32772	29412	—	24190	19973
贵州	17714	—	—	—	17714	—
云南	5710	2543	—	20000	—	39644
西藏	42000	42000	—	—	—	—
陕西	31533	31443	33333	—	—	24000
甘肃	18036	18036	—	—	—	—
青海	—	—	—	—	—	—
宁夏	—	—	—	—	—	—
新疆	—	—	—	—	—	—
新疆兵团	—	—	—	—	—	—
局直属单位	29530	32799	—	—	—	29078
大兴安岭	29530	32799	—	—	—	29078

在岗职工年平均工资(二)

单位:个

业　　分								
服　务　业								其他行业
合　计	野生动植物保护和自然保护区管理	林业工程技术与规划管理	林业科技交流和推广服务	林业公共管理和社会组织	其中		其　他	
					林业行政管理、公安及监督检查机构	林业专业性、行业性团体		
48634	**41863**	**61190**	**45006**	**48715**	**48980**	**45004**	**51595**	**42369**
94258	32624	95795	109133	90373	91080	83647	100979	96335
74925	32988	—	—	77944	77944	—	—	—
39420	47674	57156	27539	39596	39596	—	47992	30663
41791	39018	43291	45395	40763	40722	45393	44457	—
59281	53926	48327	58882	60949	61467	49778	52989	46058
48918	42807	16443	—	66186	—	66186	54920	44925
36205	39355	41206	40220	35274	35578	31595	37565	20000
53809	42410	49192	46760	47178	47178	—	73414	41789
75392	—	—	—	—	—	—	75392	—
68521	—	61188	48977	70206	70206	—	—	—
41921	40841	48320	41479	43218	42923	45589	37251	35100
46261	—	44620	41385	51314	53753	46388	43014	35118
108901	97436	110472	101321	125089	125089	—	—	104624
48101	36500	8933	40999	61482	60853	62913	24500	42000
82262	73144	113917	76363	83886	83849	87993	94474	46669
45210	35909	44333	46555	48436	49087	42459	28528	27434
50853	43006	38857	47320	53848	54608	50128	29663	56544
44003	47984	47329	41621	44445	44779	38591	41118	21835
45113	44610	34970	42122	47176	47280	35717	52470	32000
29904	23177	42914	24710	31242	31304	29486	36647	19358
44070	46598	52106	39988	40690	40690	—	64463	—
35936	32229	38215	28106	36427	36287	37713	44924	22215
58616	58981	88891	50036	64388	67347	40147	45021	37394
42282	39544	37262	38265	45113	46895	30384	34307	30963
55658	37855	—	45806	68032	68070	53333	43731	—
49366	45606	61860	47633	49336	49935	41315	29142	48413
53288	53745	66235	48076	52442	52069	56972	35650	16398
29607	30421	21384	—	29574	29574	—	—	21382
48759	40361	37988	44445	51820	52375	39362	39899	37636
59880	86537	—	76236	57873	57873	—	—	—
46674	51350	51987	45481	47180	47333	43039	42551	38665
46050	37115	42682	41809	52403	53558	36120	43873	—
46316	60050	68825	33091	61957	61978	56376	79430	—
44732	45551	72630	34532	52779	52779	—	—	45206
52075	44887	37228	48247	55185	55439	54460	57586	59632
—	—	—	—	—	—	—	—	—
82329	41909	152956	67567	75453	75226	82416	76481	55848
46564	34028	33135	54623	56542	56542	—	25278	55848

林业系统按行业分职工伤亡事故情况

国民经济行业	轻　伤 （人次）	重　伤 （人次）	死　亡 （人）
总计	**597**	**41**	**44**
一、农、林、牧、渔业	**514**	**35**	**37**
其中：国有林场	96	14	14
木材及竹材采运业	395	15	6
二、采矿业	**—**	**—**	**—**
三、制造业	**27**	**—**	**4**
1. 木材加工及木、竹、藤、棕、苇制品业	20	—	3
2. 木、竹、藤家具制造业	3	—	—
3. 木、竹、苇浆造纸业	2	—	—
4. 林产化学产品制造	—	—	—
5. 其他	2	—	1
四、建筑业	**1**	**—**	**—**
五、其他	**55**	**6**	**3**

各地区林业系统按行业分职工轻伤事故情况

单位：人次

地区	总计	农、林、牧、渔业			采矿业	制造业						建筑业	其他
		合计	其中：国有林场	其中：木材及竹材采运业		合计	木材加工及木、竹、藤、棕、苇制品业	木、竹、藤家具制造业	木、竹、苇浆造纸业	林产化学产品制造	其他		
全国合计	**597**	**514**	**96**	**395**	**—**	**27**	**20**	**3**	**2**	**—**	**2**	**1**	**55**
北京	2	1	1	—	—	—	—	—	—	—	—	—	1
天津	—	—	—	—	—	—	—	—	—	—	—	—	—
河北	1	1	1	—	—	—	—	—	—	—	—	—	—
山西	—	—	—	—	—	—	—	—	—	—	—	—	—
内蒙古	152	150	2	148	—	—	—	—	—	—	—	—	2
内蒙古集团	150	148	—	148	—	—	—	—	—	—	—	—	2
辽宁	—	—	—	—	—	—	—	—	—	—	—	—	—
吉林	53	42	21	21	—	11	11	—	—	—	—	—	—
吉林集团	22	11	—	11	—	11	11	—	—	—	—	—	—
长白山集团	6	6	—	6	—	—	—	—	—	—	—	—	—
黑龙江	225	201	25	173	—	—	—	—	—	—	—	—	24
龙江集团	224	200	24	173	—	—	—	—	—	—	—	—	24
上海	—	—	—	—	—	—	—	—	—	—	—	—	—
江苏	—	—	—	—	—	—	—	—	—	—	—	—	—
浙江	2	2	—	—	—	—	—	—	—	—	—	—	—
安徽	1	1	—	—	—	—	—	—	—	—	—	—	—
福建	3	3	—	3	—	—	—	—	—	—	—	—	—
江西	9	9	9	—	—	—	—	—	—	—	—	—	—
山东	—	—	—	—	—	—	—	—	—	—	—	—	—
河南	—	—	—	—	—	—	—	—	—	—	—	—	—
湖北	3	3	3	—	—	—	—	—	—	—	—	—	—
湖南	32	16	6	5	—	9	4	3	2	—	—	—	7
广东	11	11	4	—	—	—	—	—	—	—	—	—	—
广西	4	3	3	—	—	—	—	—	—	—	—	—	1
海南	6	6	4	—	—	—	—	—	—	—	—	—	—
重庆	2	1	1	—	—	—	—	—	—	—	—	—	1
四川	9	9	3	3	—	—	—	—	—	—	—	—	—
贵州	2	1	1	—	—	—	—	—	—	—	—	—	1
云南	19	11	11	—	—	4	4	—	—	—	—	—	4
西藏	—	—	—	—	—	—	—	—	—	—	—	—	—
陕西	1	1	—	1	—	—	—	—	—	—	—	—	—
甘肃	—	—	—	—	—	—	—	—	—	—	—	—	—
青海	—	—	—	—	—	—	—	—	—	—	—	—	—
宁夏	1	1	1	—	—	—	—	—	—	—	—	—	—
新疆	—	—	—	—	—	—	—	—	—	—	—	—	—
新疆兵团	—	—	—	—	—	—	—	—	—	—	—	—	—
大兴安岭	59	41	—	41	—	3	1	—	—	—	2	1	14

各地区林业系统按行业分职工重伤事故情况

单位:人次

地　区	总计	农、林、牧、渔业			采矿业	制　造　业						建筑业	其他
		合计	其中：国有林场	其中：木材及竹材采运业		合 计	木材加工及木、竹、藤、棕、苇制品业	木、竹、藤家具制造业	木、竹、苇浆造纸业	林产化学产品制造	其他		
全国合计	**41**	**35**	**14**	**15**	**—**	**—**	**—**	**—**	**—**	**—**	**—**	**—**	**6**
北　京	—	—	—	—	—	—	—	—	—	—	—	—	—
天　津	—	—	—	—	—	—	—	—	—	—	—	—	—
河　北	—	—	—	—	—	—	—	—	—	—	—	—	—
山　西	—	—	—	—	—	—	—	—	—	—	—	—	—
内蒙古	—	—	—	—	—	—	—	—	—	—	—	—	—
内蒙古集团	—	—	—	—	—	—	—	—	—	—	—	—	—
辽　宁	—	—	—	—	—	—	—	—	—	—	—	—	—
吉　林	2	2	2	—	—	—	—	—	—	—	—	—	—
吉林集团	—	—	—	—	—	—	—	—	—	—	—	—	—
长白山集团	—	—	—	—	—	—	—	—	—	—	—	—	—
黑龙江	15	15	2	10	—	—	—	—	—	—	—	—	—
龙江集团	11	11	1	10	—	—	—	—	—	—	—	—	—
上　海	—	—	—	—	—	—	—	—	—	—	—	—	—
江　苏	—	—	—	—	—	—	—	—	—	—	—	—	—
浙　江	—	—	—	—	—	—	—	—	—	—	—	—	—
安　徽	1	1	—	—	—	—	—	—	—	—	—	—	—
福　建	—	—	—	—	—	—	—	—	—	—	—	—	—
江　西	—	—	—	—	—	—	—	—	—	—	—	—	—
山　东	—	—	—	—	—	—	—	—	—	—	—	—	—
河　南	—	—	—	—	—	—	—	—	—	—	—	—	—
湖　北	—	—	—	—	—	—	—	—	—	—	—	—	—
湖　南	2	2	—	—	—	—	—	—	—	—	—	—	—
广　东	—	—	—	—	—	—	—	—	—	—	—	—	—
广　西	2	2	2	—	—	—	—	—	—	—	—	—	—
海　南	2	2	—	2	—	—	—	—	—	—	—	—	—
重　庆	1	—	—	—	—	—	—	—	—	—	—	—	1
四　川	3	3	3	—	—	—	—	—	—	—	—	—	—
贵　州	1	1	1	—	—	—	—	—	—	—	—	—	—
云　南	6	1	1	—	—	—	—	—	—	—	—	—	5
西　藏	—	—	—	—	—	—	—	—	—	—	—	—	—
陕　西	—	—	—	—	—	—	—	—	—	—	—	—	—
甘　肃	2	2	2	—	—	—	—	—	—	—	—	—	—
青　海	—	—	—	—	—	—	—	—	—	—	—	—	—
宁　夏	1	1	1	—	—	—	—	—	—	—	—	—	—
新　疆	—	—	—	—	—	—	—	—	—	—	—	—	—
新疆兵团	—	—	—	—	—	—	—	—	—	—	—	—	—
大兴安岭	3	3	—	3	—	—	—	—	—	—	—	—	—

各地区林业系统按行业分职工死亡事故情况

单位:人

地区	总计	农、林、牧、渔业			采矿业	制造业						建筑业	其他
		合计	其中			合计	木材加工及木、竹、藤、棕、苇制品业	木、竹、藤家具制造业	木、竹、苇浆造纸业	林产化学产品制造	其他		
			国有林场	木材及竹材采运业									
全国合计	**44**	**37**	**14**	**6**	**—**	**4**	**3**	**—**	**—**	**—**	**1**	**—**	**3**
北京	1	1	1	—	—	—	—	—	—	—	—	—	—
天津	—	—	—	—	—	—	—	—	—	—	—	—	—
河北	—	—	—	—	—	—	—	—	—	—	—	—	—
山西	—	—	—	—	—	—	—	—	—	—	—	—	—
内蒙古	—	—	—	—	—	—	—	—	—	—	—	—	—
内蒙古集团	—	—	—	—	—	—	—	—	—	—	—	—	—
辽宁	—	—	—	—	—	—	—	—	—	—	—	—	—
吉林	—	—	—	—	—	—	—	—	—	—	—	—	—
吉林集团	—	—	—	—	—	—	—	—	—	—	—	—	—
长白山集团	—	—	—	—	—	—	—	—	—	—	—	—	—
黑龙江	7	6	2	3	—	1	1	—	—	—	—	—	—
龙江集团	4	3	—	3	—	1	1	—	—	—	—	—	—
上海	—	—	—	—	—	—	—	—	—	—	—	—	—
江苏	—	—	—	—	—	—	—	—	—	—	—	—	—
浙江	—	—	—	—	—	—	—	—	—	—	—	—	—
安徽	1	1	—	—	—	—	—	—	—	—	—	—	—
福建	—	—	—	—	—	—	—	—	—	—	—	—	—
江西	—	—	—	—	—	—	—	—	—	—	—	—	—
山东	—	—	—	—	—	—	—	—	—	—	—	—	—
河南	—	—	—	—	—	—	—	—	—	—	—	—	—
湖北	—	—	—	—	—	—	—	—	—	—	—	—	—
湖南	1	1	1	—	—	—	—	—	—	—	—	—	—
广东	6	6	—	—	—	—	—	—	—	—	—	—	—
广西	4	3	—	—	—	1	1	—	—	—	—	—	—
海南	1	1	—	1	—	—	—	—	—	—	—	—	—
重庆	—	—	—	—	—	—	—	—	—	—	—	—	—
四川	3	3	2	1	—	—	—	—	—	—	—	—	—
贵州	2	1	1	—	—	1	1	—	—	—	—	—	—
云南	9	8	2	—	—	—	—	—	—	—	—	—	1
西藏	—	—	—	—	—	—	—	—	—	—	—	—	—
陕西	3	3	3	—	—	—	—	—	—	—	—	—	—
甘肃	4	2	2	—	—	1	—	—	—	—	1	—	1
青海	—	—	—	—	—	—	—	—	—	—	—	—	—
宁夏	1	—	—	—	—	—	—	—	—	—	—	—	1
新疆	—	—	—	—	—	—	—	—	—	—	—	—	—
新疆兵团	—	—	—	—	—	—	—	—	—	—	—	—	—
大兴安岭	1	1	—	1	—	—	—	—	—	—	—	—	—

国家林业局机关及直属单位

指标	单位个数（个）	年末人数（人）				
		总计	单位从业			
			合计	在岗职工		
				小计	其中：女性	其中：非全日制
总计	**157**	**68760**	**67149**	**66579**	**23569**	**817**
国家林业局机关	1	237	236	234	68	—
国家林业局信息中心	1	28	28	28	15	—
国家林业局国有林场和林木种苗工作总站	1	35	35	35	11	—
国家林业局林业工作站管理总站	1	23	23	23	6	—
国家林业局林业基金管理总站	1	36	36	36	19	—
国家林业局宣传中心	1	29	29	23	6	—
国家林业局濒危物种进出口管理中心	1	33	33	33	14	—
国家林业局天然林保护工程管理中心	1	26	26	26	6	—
国家林业局西北华北东北防护林建设局	1	89	89	78	20	—
国家林业局退耕还林(草)工程管理办公室	1	27	27	27	7	—
国家林业局防治荒漠化管理中心	1	21	21	19	9	—
国家林业局世界银行贷款项目管理中心	1	29	29	29	13	—
国家林业局科技发展中心	1	22	22	21	8	—
国家林业局森林资源监督管理办公室	1	21	21	21	1	—
国家林业局亚太森林网络管理中心	1	22	22	22	13	—
国家林业局湿地保护管理中心	1	13	13	13	4	—
国家林业局经济发展研究中心	1	67	67	67	34	—
国家林业局人才开发交流中心	1	25	25	23	9	5
国家林业局对外合作项目中心	1	23	23	23	11	—
国家林业局森林防火预警监测信息中心	1	29	29	29	9	—
中国林业科学研究院	20	3741	3741	3739	1184	675
国家林业局调查规划设计院	1	323	315	303	116	—
国家林业局林产工业规划设计院	1	386	386	386	191	9
国家林业局管理干部学院	1	243	243	243	141	—
中国绿色时报社	1	110	110	102	64	—
中国林业出版社	1	106	106	106	61	—
国家林业局国际竹藤中心	1	89	89	86	31	—
中国林学会	1	37	37	37	20	—
中国野生动物保护协会	1	22	22	22	9	—
中国花卉协会	1	12	12	12	6	—
中国绿化基金会	1	15	15	14	8	—
国家林业局机关服务中心	1	154	154	128	56	94
国家林业局离退休干部局	1	69	69	48	18	13
国家林业局招待所	1	42	42	42	16	—
国家林业局幼儿园	1	61	61	54	54	—
驻内蒙古自治区森林资源监督专员办事处	1	24	24	24	6	—
驻长春森林资源监督专员办事处	1	25	25	23	4	10
驻黑龙江省森林资源监督专员办事处	1	36	36	30	6	—
驻大兴安岭森林资源监督专员办事处	1	19	19	19	2	—
驻福州森林资源监督专员办事处	1	17	14	14	6	—
驻云南省森林资源监督专员办事处	1	13	13	13	4	—
驻成都森林资源监督专员办事处	1	20	20	18	5	2
驻西安森林资源监督专员办事处	1	20	20	20	6	—
驻武汉森林资源监督专员办事处	1	16	16	16	3	2
驻贵阳森林资源监督专员办事处	1	12	12	12	2	—
驻广州森林资源监督专员办事处	1	21	21	21	6	—
驻合肥森林资源监督专员办事处	1	14	14	10	5	—
驻乌鲁木齐森林资源监督专员办事处	1	12	12	12	3	—
驻上海森林资源监督专员办事处	1	16	16	16	6	7
驻北京森林资源监督专员办事处	1	18	18	18	6	—
国家林业局森林病虫害防治总站	1	112	112	112	41	—
国家林业局北方航空护林总站	1	137	137	135	34	—
国家林业局南方航空护林总站	7	136	136	123	33	—
南京森林警察学院	1	616	616	375	159	—
国家林业局华东林业调查规划设计院	1	166	166	166	23	—
国家林业局中南林业调查规划设计院	1	181	181	179	33	—
国家林业局西北林业调查规划设计院	1	207	207	207	58	—
国家林业局昆明勘察设计院	1	287	287	287	78	—
陕西佛坪国家级自然保护区管理局	1	89	89	73	17	—
甘肃白水江国家级自然保护区管理局	1	131	131	131	33	—
国家林业局卧龙自然保护区管理局	1	381	381	215	79	—
国家林业局北戴河培训中心	1	28	28	16	3	—
大兴安岭林业集团公司	70	59761	58162	58162	20650	—

从业人员和劳动报酬情况(一)

人员 其中:专业技术人员 小计	人员 其中:专业技术人员 其中 中级技术职称人员	人员 其中:专业技术人员 其中 高级技术职称人员	按学历结构分 中专及中专学历以下	按学历结构分 大专学历	按学历结构分 大学及大学学历以上	按年龄结构分 30岁以下(含30岁)	按年龄结构分 31~40岁	按年龄结构分 41~50岁	按年龄结构分 51岁以上(含51岁)	其他从业人员	离开本单位仍保留劳动关系人员
24512	**8373**	**3834**	**39501**	**11744**	**15334**	**9358**	**19104**	**28387**	**9730**	**570**	**1611**
—	—	—	3	15	216	10	60	75	89	2	1
12	2	7	3	4	21	5	2	13	8	—	—
—	—	—	—	2	33	1	6	19	9	—	—
—	—	—	—	3	20	1	3	10	9	—	—
7	—	7	1	2	33	5	9	16	6	—	—
2	—	2	—	—	23	—	9	12	2	6	—
—	—	—	—	—	33	2	4	17	10	—	—
—	—	—	—	—	26	3	4	6	13	—	—
—	—	—	4	25	49	10	10	26	32	11	—
—	—	—	—	—	27	2	9	10	6	—	—
—	—	—	1	—	18	2	2	8	7	2	—
14	4	7	—	2	27	4	5	12	8	—	—
—	—	—	—	1	20	3	4	8	6	1	—
—	—	—	1	1	19	—	5	10	6	—	—
—	—	—	—	1	21	9	7	5	1	—	—
—	—	—	—	—	13	—	5	3	5	—	—
43	17	21	4	5	58	12	19	11	25	—	—
7	2	2	—	2	21	7	7	6	3	2	—
—	—	—	—	2	21	11	2	3	7	—	—
11	4	7	—	4	25	9	7	5	8	—	—
2019	820	910	1505	329	1905	606	1091	1178	864	2	—
218	64	95	19	26	258	58	89	91	65	12	8
260	190	70	16	20	350	175	123	51	37	—	—
93	38	25	84	12	147	89	29	70	55	—	—
52	23	29	13	7	82	24	20	35	23	8	—
95	26	40	7	14	85	24	35	21	26	—	—
63	28	20	1	7	78	21	39	21	5	3	—
12	4	8	3	4	30	6	11	9	11	—	—
3	1	2	—	1	21	1	8	7	6	—	—
6	2	4	1	—	11	3	2	5	2	—	—
6	2	4	—	2	12	2	2	5	5	1	—
5	—	5	17	35	76	15	11	47	55	26	—
14	13	1	13	8	27	1	5	8	34	21	—
—	—	—	12	8	22	7	3	16	16	—	—
15	15	—	11	29	14	22	3	20	9	7	—
—	—	—	1	2	21	3	2	5	14	—	—
—	—	—	1	3	19	2	4	6	11	2	—
—	—	—	—	—	30	13	—	11	6	6	—
—	—	—	1	—	18	1	4	10	4	—	—
—	—	—	—	2	12	1	2	9	2	—	3
—	—	—	2	11	—	—	3	3	7	—	—
—	—	—	—	—	18	2	1	9	6	2	—
—	—	—	—	1	19	5	3	11	1	—	—
—	—	—	—	3	13	1	3	7	5	—	—
—	—	—	—	—	12	2	2	4	4	—	—
—	—	—	—	1	20	3	9	6	3	—	—
—	—	—	—	—	10	1	2	2	5	4	—
—	—	—	—	—	12	—	4	7	1	—	—
—	—	—	—	1	15	1	3	9	3	—	—
—	—	—	—	4	14	—	5	10	3	—	—
78	15	45	16	21	75	9	31	26	46	—	—
52	11	2	32	8	95	47	21	35	32	2	—
47	13	4	13	28	82	26	26	48	23	13	—
231	88	105	20	30	325	87	123	89	76	241	—
98	44	54	12	10	144	34	27	43	62	—	—
160	52	64	20	24	135	30	35	70	44	2	—
172	48	84	13	14	180	43	54	63	47	—	—
229	79	38	12	9	266	33	177	58	19	—	—
40	16	15	5	42	26	13	11	29	20	16	—
51	17	6	17	48	66	26	53	39	13	—	—
111	49	15	17	85	113	78	40	79	18	166	—
—	—	—	7	3	6	—	1	7	8	12	—
20286	6686	2136	37593	10823	9746	7747	16808	25833	7774	—	1599

国家林业局机关及直属单位从业人员和劳动报酬情况（二）

指　　标	年末实有离退休人员（人）	在岗职工年平均人数（人）	在岗职工年工资总额（千元）	离退休人员年生活费（千元）	在岗职工年平均工资（元）
总计	**65772**	**64693**	**2439257**	**1754266**	**37705**
国家林业局机关	—	237	27488	—	115983
国家林业局信息中心	—	28	1769	—	63183
国家林业局国有林场和林木种苗工作总站	18	35	3400	1140	97143
国家林业局林业工作站管理总站	12	23	2368	913	102942
国家林业局林业基金管理总站	3	36	2040	110	56662
国家林业局宣传中心	9	29	1806	512	62276
国家林业局濒危物种进出口管理中心	3	33	2612	175	79152
国家林业局天然林保护工程管理中心	4	26	2868	316	110325
国家林业局西北华北东北防护林建设局	60	78	6765	1810	86731
国家林业局退耕还林（草）工程管理办公室	3	28	2904	285	103714
国家林业局防治荒漠化管理中心	3	19	1909	255	100468
国家林业局世界银行贷款项目管理中心	6	30	2026	411	67527
国家林业局科技发展中心	2	21	2305	119	109756
国家林业局森林资源监督管理办公室	—	20	1591	—	79563
国家林业局亚太森林网络管理中心	—	21	1833	—	87277
国家林业局湿地保护管理中心	—	13	1320	—	101569
国家林业局经济发展研究中心	25	70	5694	1131	81343
国家林业局人才开发交流中心	2	25	4548	67	181920
国家林业局对外合作项目中心	2	23	1354	150	58870
国家林业局森林防火预警监测信息中心	1	25	1896	60	75840
中国林业科学研究院	3070	3744	255546	161050	68255
国家林业局调查规划设计院	143	303	67969	9810	224321
国家林业局林产工业规划设计院	294	386	43520	4440	112747
国家林业局管理干部学院	90	244	18794	6315	77026
中国绿色时报社	29	102	15869	2517	155582
中国林业出版社	73	104	13495	3928	129762
国家林业局国际竹藤中心	6	84	8085	267	96245
中国林学会	24	37	2449	1782	66202
中国野生动物保护协会	12	22	1746	835	79343
中国花卉协会	1	12	1023	40	85222
中国绿化基金会	2	14	1788	158	127692
国家林业局机关服务中心	38	158	12672	3735	80205
国家林业局离退休干部局	551	49	4457	6937	90960
国家林业局招待所	12	42	3078	508	73282
国家林业局幼儿园	4	61	3691	190	60506
驻内蒙古自治区森林资源监督专员办事处	11	24	1873	652	78047
驻长春森林资源监督专员办事处	8	25	1701	498	68042
驻黑龙江省森林资源监督专员办事处	15	30	1988	1566	66282
驻大兴安岭森林资源监督专员办事处	8	19	2031	1087	106879
驻福州森林资源监督专员办事处	3	17	1756	224	103271
驻云南省森林资源监督专员办事处	2	13	977	150	75154
驻成都森林资源监督专员办事处	1	18	1261	63	70066
驻西安森林资源监督专员办事处	1	20	1443	67	72142
驻武汉森林资源监督专员办事处	1	16	1729	41	108056
驻贵阳森林资源监督专员办事处	—	11	863	—	78413
驻广州森林资源监督专员办事处	2	20	3068	226	153418
驻合肥森林资源监督专员办事处	1	10	923	71	92263
驻乌鲁木齐森林资源监督专员办事处	—	12	885	—	73774
驻上海森林资源监督专员办事处	3	16	1973	246	123313
驻北京森林资源监督专员办事处	—	18	2275	—	126381
国家林业局森林病虫害防治总站	59	112	7193	3263	64223
国家林业局北方航空护林总站	72	135	6041	2896	44748
国家林业局南方航空护林总站	65	123	9708	3182	78923
南京森林警察学院	193	599	43836	15100	73182
国家林业局华东林业调查规划设计院	67	165	29401	4602	178188
国家林业局中南林业调查规划设计院	83	181	23700	4214	130938
国家林业局西北林业调查规划设计院	95	205	35874	4779	174995
国家林业局昆明勘察设计院	194	276	53583	9117	194141
陕西佛坪国家级自然保护区管理局	31	73	3287	1395	45028
甘肃白水江国家级自然保护区管理局	62	131	4765	3122	36373
国家林业局卧龙自然保护区管理局	166	215	12912	7895	60058
国家林业局北戴河培训中心	13	53	2023	243	38177
大兴安岭林业集团公司	60114	55974	1649510	1479600	29469

5

林业投资

INVESTMENT IN FORESTRY

林业投资完成情况

单位:万元

指标	本年实际	其中:中央投资
一、本年计划投资	**37985074**	**8682522**
二、自年初累计完成投资	**43255140**	**9207326**
其中:国家投资	16314880	—
1. 生态建设与保护	19479662	7389790
(1)造林与更新	10665084	2194399
(2)森林抚育与管护	2575830	1023140
(3)野生动植物保护及自然保护区	257385	161429
(4)湿地恢复与保护	365317	142551
(5)森林生态效益补偿	2044344	1360348
(6)其他(含生态工程补助资金)	3571702	2507923
2. 林业支撑与保障	2327390	693841
(1)林木种苗	954323	90963
(2)森林防火与森林公安	486209	166020
(3)林业有害生物防治	230281	58297
(4)科技教育	76814	34541
(5)林业信息化	22851	3285
(6)其他	556912	340735
3. 林业产业发展	16200261	236676
(1)工业原料林	1273056	25559
(2)特色经济林(不含木本油料)	774359	43225
(3)木本油料	458187	83159
(4)花卉	1028535	1195
(5)林下经济	2103175	15134
(6)木竹制品加工制造	4003251	2992
(7)木竹家具制造	1201074	300
(8)木竹浆造纸	511432	283
(9)非木质林产品加工制造	311941	1885
(10)林业旅游与休闲	1771351	14774
(11)其他	2763900	48170
4. 林业民生工程	1532407	447163
(1)棚户区(危旧房)改造	767271	236298
(2)社会性基础设施	523695	164627
(3)其他	241441	46238
5. 其他投资	3715420	439856
其中:财政事业费	1772839	105132
三、本年实际到位资金合计	**42654719**	**8924651**
1. 上年末结余资金	882226	304303
2. 本年实际到位资金小计	41772493	8620348
(1)国家预算资金	17279475	8588226
(2)国内贷款	4017044	7965
(3)债券	1534	—
(4)利用外资	636899	—
(5)自筹资金	16765086	—
(6)其他资金	3072455	24157

各地区林业投资完成情况(一)

单位:万元

地　　区	本年计划投资	自年初累计完成投资					
		总计	其中:国家投资	生态建设与保护			
				合计	造林与更新	森林抚育与管护	野生动植物保护及自然保护区
全国合计	**37985074**	**43255140**	**16314880**	**19479662**	**10665084**	**2575830**	**257385**
北　京	2099991	2353682	2054335	1846078	1374088	143076	5327
天　津	203034	203034	203034	188278	172969	825	1600
河　北	897626	897626	580673	636325	460200	17231	2070
山　西	1021845	1465912	1036327	1166426	992726	44859	3762
内蒙古	1592968	1513615	1183961	1082552	313288	231797	5071
内蒙古集团	602940	481035	376572	284918	9200	135115	—
辽　宁	1069698	1227495	615774	781595	629075	20479	4027
吉　林	743559	678177	467585	367106	101448	52756	5254
吉林集团	200742	202032	131851	105643	9176	32503	—
长白山集团	283609	204584	151379	89094	25177	11013	694
黑龙江	1120100	974013	856090	723416	40164	111789	4795
龙江集团	865621	707758	663862	563644	—	89760	1951
上　海	44828	147768	139500	134958	18243	10144	4633
江　苏	1007106	1493080	151169	1011884	856544	57734	10160
浙　江	746853	876555	467723	471349	286404	36821	5627
安　徽	441918	971859	250578	696468	500815	129631	2828
福　建	2350000	2643740	119628	762165	587637	69000	20000
江　西	991670	973325	558552	330446	122825	50875	6311
山　东	2343919	3250914	337102	1076388	715224	248389	7226
河　南	—	1102935	208029	644795	530977	7800	3389
湖　北	725291	940769	426409	424381	182597	108355	3829
湖　南	1476146	1908333	735681	834469	416246	148426	23065
广　东	597694	732897	391588	447850	171701	79231	5495
广　西	10971344	10861358	467410	1298740	619629	387796	23869
海　南	141682	136712	122619	77869	24885	20543	2306
重　庆	502227	463092	413595	321367	110449	29112	4026
四　川	2403437	2403437	984888	987846	213661	153791	65598
贵　州	402000	402000	402000	352282	252743	5632	4100
云　南	667230	904811	451034	544312	191063	88119	7543
西　藏	—	188309	135916	128958	33555	30	1973
陕　西	1091744	1091744	719910	693360	318843	75215	4093
甘　肃	870855	837211	602137	396063	83221	28253	4250
青　海	240000	281662	248457	203853	77772	4136	8840
宁　夏	154487	164160	117051	132263	42430	12453	1700
新　疆	648324	730509	471140	453909	223662	106790	4532
新疆兵团	145797	234513	43328	125267	56766	57831	266
局直属单位	417498	434406	394985	261911	—	94742	86
大兴安岭	280464	280982	251112	231571	—	94742	—

各地区林业投资

地　区	生态建设与保护			林业支撑				自年初累计
	湿地恢复与保护	森林生态效益补偿	其他（含生态工程补助资金）	合计	林木种苗	森林防火与森林公安	林业有害生物防治	科技教育
全国合计	**365317**	**2044344**	**3571702**	**2327390**	**954323**	**486209**	**230281**	**76814**
北　京	4316	32958	286313	96093	2494	23390	6509	1780
天　津	1815	207	10862	5874	747	2769	1769	—
河　北	4614	45453	106757	62486	20277	12881	5994	1834
山　西	4631	41905	78543	30636	7096	14703	3011	4261
内蒙古	3748	178206	350442	72233	2043	20916	3400	1088
内蒙古集团	—	—	140603	30112	—	3439	59	—
辽　宁	7454	61150	59410	39826	13798	11395	5048	1041
吉　林	8345	35368	163935	85035	7911	15712	3873	466
吉林集团	—	2248	61716	17674	2703	1638	359	10
长白山集团	766	—	51444	33060	2578	4449	230	81
黑龙江	20959	25986	519723	34022	2777	21978	3826	926
龙江集团	—	333	471600	13907	230	11816	1203	167
上　海	35646	62477	3815	4125	834	252	2443	166
江　苏	56772	20113	10561	217647	189746	9750	12184	2977
浙　江	6329	116349	19819	71568	34949	12907	10410	8579
安　徽	9046	34302	19846	60251	34326	14442	6729	2110
福　建	7300	2300	75928	9330	3705	1375	4250	—
江　西	7319	74061	69055	212313	14171	20748	5230	1585
山　东	61580	27334	16635	391811	282134	59118	42478	3075
河　南	6230	29834	66565	19236	3074	8586	3600	3976
湖　北	12190	61360	56050	47151	26785	6631	4739	4003
湖　南	17580	140113	89039	86544	38290	22860	10141	3887
广　东	2865	133451	55107	72347	8910	25085	7425	2561
广　西	14546	108212	144688	233678	129645	29145	29703	2225
海　南	1096	20283	8756	17846	7366	4392	1831	827
重　庆	1897	47275	128608	31913	3445	9130	17129	1582
四　川	11548	143957	399291	80985	19503	17317	5055	2151
贵　州	660	83923	5224	11854	1120	6479	2355	1900
云　南	5597	175514	76476	82849	8900	49797	4810	1111
西　藏	14170	77223	2007	13830	2223	6538	800	1395
陕　西	9688	88443	197078	38482	18312	8590	4007	2016
甘　肃	7615	63034	209690	45636	3281	10720	3400	2878
青　海	7870	47582	57653	18069	8655	876	3084	2994
宁　夏	5982	11283	58415	9345	5187	902	1855	1401
新　疆	5709	54688	58528	66438	32619	8697	11866	9325
新疆兵团	101	7579	2724	30637	24940	722	3419	981
局直属单位	200	—	166883	57937	20000	28128	1327	2694
大兴安岭	200	—	136629	1856	—	1856	—	—

完成情况(二)

单位:万元

完成投资与保障		林业产业发展							
林业信息化	其他	合计	工业原料林	特色经济林(不含木本油料)	木本油料	花卉	林下经济	木竹制品加工制造	木竹家具制造
22851	**556912**	**16200261**	**1273056**	**774359**	**458187**	**1028535**	**2103175**	**4003251**	**1201074**
2046	59874	72172	—	7510	86	4124	19816	—	—
—	589	600	—	—	—	—	—	—	—
17	21483	108679	1437	12477	2871	7925	8120	29045	3238
326	1239	22353	—	156	16010	627	1690	—	—
—	44786	2277	—	—	—	183	64	—	—
—	26614	—	—	—	—	—	—	—	—
111	8433	342937	—	108692	—	52152	39657	85415	31700
185	56888	39983	702	117	35	85	2988	12336	6043
—	12964	33019	702	2	35	—	1091	11418	5943
—	25722	1733	—	—	—	20	248	718	—
98	4417	12437	—	180	—	8	204	470	—
—	491	1074	—	—	—	—	—	—	—
109	321	4849	—	4244	—	40	527	—	—
645	2345	242449	6140	25236	4682	55577	39457	29041	16671
1230	3493	187851	3050	26839	22987	13846	10867	21390	5728
187	2457	172604	8731	12209	19816	27971	33540	7108	5915
—	—	1716691	189486	—	4940	1400	7000	1238204	—
300	170279	144681	13648	10824	31112	39139	28931	2426	270
1103	3903	1702881	6291	63687	22806	184874	430253	391162	420179
—	—	302224	—	—	—	139260	75558	—	—
1211	3782	359967	2833	26600	18564	38941	13715	156127	28405
1509	9857	761109	56630	38715	103996	81585	161612	39377	27860
1875	26491	37323	5208	680	6848	1218	8012	15	—
3371	39589	8203230	907475	182200	70087	236933	1033179	1876473	417757
31	3399	7658	—	30	175	3027	1980	—	—
72	555	43476	262	7590	3928	420	2784	540	800
1847	35112	1137631	57192	40094	36271	129476	139881	112642	236508
—	—	12000	1500	—	9000	—	1000	500	—
602	17629	133286	9895	8555	28726	2	6957	980	—
2874	—	—	—	—	—	—	—	—	—
37	5520	137308	76	21809	31056	659	16996	—	—
299	25058	158734	1000	74282	21690	7500	5035	—	—
—	2460	26635	—	22761	2469	—	1405	—	—
—	—	15029	—	12174	—	200	—	—	—
470	3461	91207	1500	66698	32	1363	11947	—	—
134	441	77754	1500	61406	—	175	9098	—	—
2296	3492	—	—	—	—	—	—	—	—
—	—	—	—	—	—	—	—	—	—

各地区林业投资

地区	自年初累计完成投资									
	林业产业发展				林业民生工程				其他投资	
	木竹浆造纸	非木质林产品加工制造	林业旅游与休闲	其他	合计	棚户区（危旧房）改造	社会性基础设施	其他	合计	其中：财政事业费
全国合计	**511432**	**311941**	**1771351**	**2763900**	**1532407**	**767271**	**523695**	**241441**	**3715420**	**1772839**
北　京	—	—	13096	27540	18701	—	18352	349	320638	175815
天　津	—	—	—	600	1410	—	—	1410	6872	6872
河　北	—	24461	—	19105	8654	6340	2265	49	81482	56410
山　西	—	130	1870	1870	112431	3887	5713	102831	134066	62133
内蒙古	—	—	173	1857	196776	188698	7647	431	159777	128013
内蒙古集团	—	—	—	—	141279	141279	—	—	24726	—
辽　宁	2500	17000	4635	1186	12665	10703	1619	343	50472	49417
吉　林	—	—	11110	6567	129695	72566	52399	4730	56358	32129
吉林集团	—	—	10221	3607	43124	21585	21539	—	2572	—
长白山集团	—	—	209	538	62564	37255	21128	4181	18133	—
黑龙江	—	—	3699	7876	132519	51596	77939	2984	71619	42352
龙江集团	—	—	—	1074	129133	51411	77722	—	—	—
上　海	—	—	—	38	—	—	—	—	3836	3836
江　苏	5112	638	54164	5731	14191	13846	300	45	6909	3154
浙　江	—	5024	18894	59226	46703	1838	42163	2702	99084	77931
安　徽	8000	60	46622	2632	6771	4227	1122	1422	35765	26354
福　建	—	—	—	275661	687	687	—	—	154867	22293
江　西	—	—	2395	15936	123659	107149	—	16510	162226	107811
山　东	56423	43712	69428	14066	12949	1743	10007	1199	66885	42241
河　南	—	—	—	87406	6596	5619	—	977	130084	26864
湖　北	620	14806	51421	7935	57451	32989	9645	14817	51819	44393
湖　南	67013	33407	141106	9808	66085	29644	32816	3625	160126	110834
广　东	—	—	3753	11589	23780	4078	14655	5047	151597	114667
广　西	144176	124341	1169164	2041445	290778	112822	144168	33788	834932	69934
海　南	—	—	—	2446	10119	6013	3429	677	23220	20004
重　庆	—	2020	22255	2877	10254	4266	5779	209	56082	46011
四　川	167595	17371	138987	61614	49254	19077	12475	17702	147721	49690
贵　州	—	—	—	—	2238	2238	—	—	23626	22185
云　南	59993	116	—	18062	17762	3775	9961	4026	126602	78246
西　藏	—	—	—	—	44621	2216	42405	—	900	—
陕　西	—	8500	12943	45269	29548	14547	7894	7107	193046	73174
甘　肃	—	19855	200	29172	53156	24779	12493	15884	183622	148409
青　海	—	—	—	—	3900	—	3900	—	29205	16833
宁　夏	—	—	250	2405	3472	1332	1790	350	4051	1117
新　疆	—	500	5186	3981	12530	8823	1480	2227	106425	79940
新疆兵团	—	500	5070	5	—	—	—	—	855	840
局直属单位	—	—	—	—	33052	31773	1279	—	81506	33777
大兴安岭	—	—	—	—	33052	31773	1279	—	14503	—

完成情况(三)

单位:万元

本年实际到位资金合计								
总计	上年末结余资金	本年实际到位资金小计						
		合计	国家预算资金	国内贷款	债券	利用外资	自筹资金	其他资金
42654719	**882226**	**41772493**	**17279475**	**4017044**	**1534**	**636899**	**16765086**	**3072455**
2370477	151986	2218491	1796513	—	—	1340	391680	28958
203034	—	203034	203034	—	—	—	—	—
857318	5367	851951	580673	64416	—	695	179661	26506
1465912	—	1465912	1036327	—	—	82	429503	—
1338284	3531	1334753	1186673	—	—	—	71621	76459
481035	—	481035	376572	—	—	—	53933	50530
998522	917	997605	627468	407	—	2177	366806	747
808150	102117	706033	544180	34	34	—	106397	55388
261757	35635	226122	163100	—	—	—	42976	20046
267980	44748	223232	170228	—	—	—	48364	4640
978006	6852	971154	861156	313	—	—	66915	42770
715294	—	715294	669054	—	—	—	39000	7240
133090	—	133090	126918	—	—	—	5725	447
1498746	20608	1478138	341131	16200	—	144408	943365	33034
868529	9014	859515	518526	77611	—	1735	229070	32573
883175	2590	880585	238129	46864	—	4981	550946	39665
2684547	—	2684547	119628	2011514	—	279474	40807	233124
897658	1000	896658	557706	13443	—	86816	64228	174465
3017387	11643	3005744	559172	158474	—	1765	2010959	275374
1102935	—	1102935	279613	360000	—	3322	460000	—
939685	—	939685	426409	122020	—	700	369328	21228
1902628	2745	1899883	717802	197020	—	26451	868845	89765
717870	35139	682731	534426	7160	—	7627	58851	74667
10564550	123042	10441508	545693	507990	—	41886	8020442	1325497
194524	41472	153052	133939	—	—	—	16023	3090
500242	1637	498605	468993	5715	—	—	20674	3223
2403437	11256	2392181	978136	143163	1500	8736	997457	263189
402000	—	402000	336000	—	—	—	66000	—
1042651	132734	909917	669360	79365	—	—	88842	72350
135760	—	135760	135760	—	—	—	—	—
1096182	2369	1093813	885650	950	—	1751	102829	102633
813689	—	813689	632597	147208	—	12500	13181	8203
281662	—	281662	265290	13670	—	2702	—	—
209506	—	209506	117051	42843	—	7549	—	42063
816310	93455	722855	481520	664	—	202	205755	34714
220562	234	220328	43793	96	—	—	176282	157
528253	122752	405501	374002	—	—	—	19176	12323
313631	45732	267899	250013	—	—	—	17886	—

林业固定资产投资完成情况

单位:万元

指　　标	总计
一、本年计划投资	**13552322**
二、自年初累计完成投资	**14154039**
其中:国家投资	2396722
按构成分	
1. 建筑工程	4206278
2. 安装工程	572893
3. 设备工器具购置	1638934
4. 其他	7735934
按性质分	
1. 新建	7929201
2. 扩建	3107383
3. 改建和技术改造	2195479
4. 单纯建造生活设施	112727
5. 迁建	29207
6. 恢复	112097
7. 单纯购置	667945
三、本年新增固定资产	**6537698**
四、房屋建筑面积及竣工价值	
本年房屋施工面积(平方米)	6472849
其中:住宅	4429997
本年房屋竣工面积(平方米)	4407000
其中:住宅	3202592
本年房屋竣工价值	607774
其中:住宅	425996
五、本年实际到位资金合计	**14111382**
1. 上年末结余资金	206766
2. 本年实际到位资金小计	13904616
(1)国家预算资金	3681993
①中央资金	1860451
②地方资金	1821542
(2)国内贷款	554584
(3)债券	—
(4)利用外资	44731
(5)自筹资金	8409835
(6)其他资金	1213473
六、本年各项应付款合计	**1506125**
其中:工程款	833018

注:本表统计范围为按照项目管理的,且计划总投资在500万元以上的城镇林业固定资产投资项目和农村非农户林业固定资产投资项目。

各地区林业固定资产投资完成情况(一)

单位:万元

地区	本年计划投资	自年初累计完成投资					
		总计	其中:国家投资	按构成分			
				建筑工程	安装工程	设备工器具购置	其他
全国合计	**13552322**	**14154039**	**2396722**	**4206278**	**572893**	**1638934**	**7735934**
北京	1280565	1419838	547365	910288	—	2318	507232
天津	—	—	—	—	—	—	—
河北	16268	16268	8095	8404	—	172	7692
山西	25366	25366	25366	4664	5216	7238	8248
内蒙古	335127	268148	119778	230297	14124	9727	14000
内蒙古集团	318022	196117	91654	171107	13872	5529	5609
辽宁	99241	112135	92277	1283	—	269	110583
吉林	219558	137757	77051	85283	5723	13617	33134
吉林集团	59826	57948	26378	37803	686	11343	8116
长白山集团	148650	60750	40914	45033	4016	2112	9589
黑龙江	425801	432709	335909	131550	8864	4404	287891
龙江集团	395915	405979	325287	131230	8864	3849	262036
上海	29366	41041	30177	—	—	88	40953
江苏	126578	367669	7301	13259	28	11554	342828
浙江	12123	18396	2649	15596	62	110	2628
安徽	157193	304046	50297	36717	—	4712	262617
福建	31571	34104	13673	14199	1762	493	17650
江西	21642	105495	22672	77557	874	444	26620
山东	130940	176575	33302	38853	22731	10638	104353
河南	—	—	—	—	—	—	—
湖北	220199	234775	33686	74668	66026	70662	23419
湖南	366412	402101	67127	69043	12404	25921	294733
广东	—	—	—	—	—	—	—
广西	9101576	9002968	291982	2298063	423429	1441685	4839791
海南	3073	2193	142	1674	—	519	—
重庆	23381	39422	10551	24761	—	10	14651
四川	240850	241685	175924	31909	697	2885	206194
贵州	3370	3370	3090	2380	680	—	310
云南	132387	181236	67055	30544	4646	19327	126719
西藏	—	—	—	—	—	—	—
陕西	129431	136592	83678	15803	—	—	120789
甘肃	225899	206266	174942	29281	3379	541	173065
青海	—	26023	—	—	—	—	26023
宁夏	—	1311	1311	1311	—	—	—
新疆	115020	115666	73849	885	540	727	113514
新疆兵团	—	—	—	—	—	—	—
局直属单位	79385	100884	47473	58006	1708	10873	30297
大兴安岭	53504	53411	—	36846	917	10060	5588

各地区林业固定资产

地区	自年初累计完成投资						
	按性质分						
	新建	扩建	改建和技术改造	单纯建造生活设施	迁建	恢复	单纯购置
全国合计	**7929201**	**3107383**	**2195479**	**112727**	**29207**	**112097**	**667945**
北　京	1221589	188149	6352	—	1311	119	2318
天　津	—	—	—	—	—	—	—
河　北	9279	1745	5068	—	—	—	176
山　西	9539	8285	305	—	—	—	7237
内蒙古	259744	—	2033	—	756	2434	3181
内蒙古集团	196117	—	—	—	—	—	—
辽　宁	95972	4974	7	—	—	11156	26
吉　林	90150	8272	31879	—	—	—	7456
吉林集团	33804	3714	13488	—	—	—	6942
长白山集团	49791	—	10634	—	—	—	325
黑龙江	201913	213361	16001	—	—	—	1434
龙江集团	175682	213361	15981	—	—	—	955
上　海	40953	—	—	—	—	—	88
江　苏	364021	1488	2110	50	—	—	—
浙　江	7728	10016	580	—	—	30	42
安　徽	282394	9639	29	690	—	6696	4598
福　建	25113	785	7911	158	—	51	86
江　西	94384	4484	1804	154	—	4235	434
山　东	133234	28788	7188	640	—	1480	5245
河　南	—	—	—	—	—	—	—
湖　北	224193	4958	5337	223	—	—	64
湖　南	331306	52149	14406	267	—	850	3123
广　东	—	—	—	—	—	—	—
广　西	3644884	2525994	2049929	97879	27140	41854	615288
海　南	1674	—	—	—	—	—	519
重　庆	34061	5331	—	20	—	—	10
四　川	206803	13800	4430	3404	—	12744	504
贵　州	3370	—	—	—	—	—	—
云　南	134865	21916	18830	85	—	433	5107
西　藏	—	—	—	—	—	—	—
陕　西	129431	—	—	7161	—	—	—
甘　肃	204004	612	438	1009	—	—	203
青　海	26023	—	—	—	—	—	—
宁　夏	597	—	714	—	—	—	—
新　疆	107137	1128	—	70	—	6644	687
新疆兵团	—	—	—	—	—	—	—
局直属单位	44840	1509	20128	917	—	23371	10119
大兴安岭	21025	193	17385	917	—	3870	10021

投资完成情况(二)

单位:万元

本年新增固定资产	房屋建筑面积及竣工价值					
	本年房屋施工面积(平方米)		本年房屋竣工面积(平方米)		本年房屋竣工价值	
	合计	其中:住宅	合计	其中:住宅	合计	其中:住宅
6537698	**6472849**	**4429997**	**4407000**	**3202592**	**607774**	**425996**
874733	4255	—	12689	—	10449	—
—	—	—	—	—	—	—
9295	60953	—	801	—	96	—
4764	5800	—	—	—	—	—
94545	1370484	1244248	1003832	976642	137535	130797
48577	930911	807494	541611	517040	69390	66050
84878	65050	65050	65369	65050	6513	6513
63603	346847	319118	257394	230710	23592	20683
25962	97826	97826	79826	79826	7047	7047
27196	243321	221292	177568	150884	16545	13636
185872	1131199	785760	1012584	748360	91248	71958
162849	1130087	785760	1011372	748360	90908	71958
26682	—	—	—	—	—	—
17180	82500	80500	55000	55000	14960	14960
4031	—	—	—	—	—	—
208144	7280	5860	7915	4860	1325	690
20083	123250	123250	4339	2453	2771	245
27803	268247	127814	105425	97360	14136	12897
47786	3980	220	4088	220	535	53
—	—	—	—	—	—	—
158498	279280	231953	236750	223553	29955	27644
197547	75724	56190	82667	63000	17593	12070
—	—	—	—	—	—	—
4066008	1697082	612176	959100	213278	159751	51483
519	—	—	—	—	—	—
3509	—	—	14340	14340	—	—
56193	370331	293274	297079	282529	39871	34847
3370	14538	14538	10176	—	2359	—
96993	26107	4884	26143	4884	6533	2082
—	—	—	—	—	—	—
129931	148094	142401	13140	13140	2920	2920
89830	121650	83931	28461	9596	6721	770
—	—	—	—	—	—	—
4323	69910	69910	28927	28927	8477	8355
20066	—	—	—	—	—	—
—	—	—	—	—	—	—
41512	200288	168920	180781	168690	30434	27029
36886	175401	168000	175401	168000	28349	26880

各地区林业固定资产

地　区	本年实际到位					
	总计	上年末结余资金	本年实际			
			合计	国家预算资金		
				小计	中央资金	地方资金
全国合计	**14111382**	**206766**	**13904616**	**3681993**	**1860451**	**1821542**
北　京	1315365	77990	1237375	1097705	4309	1093396
天　津	—	—	—	—	—	—
河　北	31186	793	30393	26644	10765	15879
山　西	25366	—	25366	25366	9769	15597
内蒙古	213328	28	213300	171183	87642	83541
内蒙古集团	196117	—	196117	159078	79341	79737
辽　宁	112147	—	112147	99185	57988	41197
吉　林	174463	23622	150841	99819	91513	8306
吉林集团	68818	11022	57796	28130	24444	3686
长白山集团	91241	12600	78641	59666	56454	3212
黑龙江	419688	—	419688	362445	360396	2049
龙江集团	393034	—	393034	350433	349945	488
上　海	38290	—	38290	37392	35	37357
江　苏	394703	—	394703	25067	2161	22906
浙　江	17992	—	17992	12643	500	12143
安　徽	300759	—	300759	90409	38699	51710
福　建	57806	—	57806	41899	35140	6759
江　西	57212	—	57212	38876	33288	5588
山　东	204767	1703	203064	69133	16856	52277
河　南	—	—	—	—	—	—
湖　北	226843	—	226843	66471	54880	11591
湖　南	339791	3	339788	111723	61637	50086
广　东	—	—	—	—	—	—
广　西	9001015	12991	8988024	455135	300413	154722
海　南	6602	675	5927	3415	913	2502
重　庆	45356	—	45356	41252	28931	12321
四　川	265389	8170	257219	205355	180588	24767
贵　州	3370	—	3370	3370	3090	280
云　南	237341	17259	220082	153763	103190	50573
西　藏	—	—	—	—	—	—
陕　西	129800	—	129800	81523	68988	12535
甘　肃	211106	—	211106	201172	178371	22801
青　海	26023	—	26023	26023	23367	2656
宁　夏	757	—	757	757	757	—
新　疆	117628	2608	115020	75784	47781	28003
新疆兵团	—	—	—	—	—	—
局直属单位	137289	60924	76365	58484	58484	—
大兴安岭	96971	45732	51239	33373	33373	—

投资完成情况(三)

单位:万元

资金合计					本年各项应付款	
到位资金小计					合计	其中:工程款
国内贷款	债券	利用外资	自筹资金	其他资金		
554584	**—**	**44731**	**8409835**	**1213473**	**1506125**	**833018**
—	—	1020	138320	330	470537	379450
—	—	—	—	—	—	—
—	—	—	3220	529	874	—
—	—	—	—	—	—	—
—	—	—	5078	37039	1420	1420
—	—	—	—	37039	—	—
—	—	2171	10555	236	—	—
—	—	—	44132	6890	17999	17969
—	—	—	26338	3328	17769	17769
—	—	—	17008	1967	—	—
—	—	—	52431	4812	1692	1692
—	—	—	37789	4812	1692	1692
—	—	—	481	417	—	—
—	—	—	365546	4090	3660	390
1000	—	—	4327	22	14242	7444
4007	—	720	203231	2392	59774	31122
—	—	—	15479	428	7522	7502
600	—	—	12101	5635	16243	5648
3600	—	507	123871	5953	42304	35167
—	—	—	—	—	—	—
71600	—	—	84797	3975	39220	33879
9877	—	2181	208915	7092	5364	150
—	—	—	—	—	—	—
457663	—	37486	6962564	1075176	731023	292555
—	—	—	2503	9	—	—
—	—	—	4104	—	1400	1400
—	—	641	33313	17910	52647	—
—	—	—	—	—	—	—
6237	—	—	50868	9214	19034	3215
—	—	—	—	—	—	—
—	—	—	42929	5348	—	—
—	—	5	8992	937	12395	10129
—	—	—	—	—	—	—
—	—	—	—	—	550	550
—	—	—	14197	25039	2404	2402
—	—	—	—	—	—	—
—	—	—	17881	—	5821	934
—	—	—	17866	—	—	—

林业利用外资基本情况

单位:万美元

指　　标	项目个数（个）	实际利用外资金额				协议利用外资金额			
		合计	国外借款	外商投资	无偿援助	合计	国外借款	外商投资	无偿援助
总　　计	**219**	**103882**	**9409**	**90428**	**4045**	**48300**	**5805**	**40076**	**2419**
一、造林	125	12794	8512	1654	2628	8728	5510	1167	2051
1. 公益林	65	7541	4983	—	2558	5370	3278	47	2045
2. 工业原料林	37	3330	2612	654	64	1876	1756	120	—
3. 特色经济林	23	1923	917	1000	6	1482	476	1000	6
二、木竹材加工	12	59595	—	59595	—	8006	—	8006	—
其中:木家具制造	3	5020	—	5020	—	2000	—	2000	—
人造板制造	4	24296	—	24296	—	1306	—	1306	—
木制品制造	3	2529	—	2529	—	4700	—	4700	—
三、林纸一体化	2	6222	—	6222	—	1814	—	1814	—
四、林产化工	2	141	—	141	—	41	—	41	—
五、非木质林产品加工	8	6649	96	6553	—	5078	96	4982	—
六、花卉、种苗	19	14346	43	14303	—	23566	—	23566	—
七、科学研究	13	431	120	200	111	208	120	—	88
八、其他	38	3704	638	1760	1306	859	79	500	280

各地区林业利用外资项目个数

单位:个

地区	总计	营造林				木竹材加工				林纸一体化	林产化工	非木质林产品加工	花卉、种苗	科学研究	其他
		合计	公益林	工业原料林	特色经济林	合计	其中								
							木家具制造	人造板制造	木制品制造						
全国合计	**219**	**125**	**65**	**37**	**23**	**12**	**3**	**4**	**3**	**2**	**2**	**8**	**19**	**13**	**38**
北　京	1	1	1	—	—	—	—	—	—	—	—	—	—	—	—
天　津	—	—	—	—	—	—	—	—	—	—	—	—	—	—	—
河　北	3	3	1	1	1	—	—	—	—	—	—	—	—	—	—
山　西	5	5	4	—	1	—	—	—	—	—	—	—	—	—	—
内蒙古	—	—	—	—	—	—	—	—	—	—	—	—	—	—	—
内蒙古集团	—	—	—	—	—	—	—	—	—	—	—	—	—	—	—
辽　宁	6	6	6	—	—	—	—	—	—	—	—	—	—	—	—
吉　林	—	—	—	—	—	—	—	—	—	—	—	—	—	—	—
吉林集团	—	—	—	—	—	—	—	—	—	—	—	—	—	—	—
长白山集团	—	—	—	—	—	—	—	—	—	—	—	—	—	—	—
黑龙江	—	—	—	—	—	—	—	—	—	—	—	—	—	—	—
龙江集团	—	—	—	—	—	—	—	—	—	—	—	—	—	—	—
上　海	—	—	—	—	—	—	—	—	—	—	—	—	—	—	—
江　苏	3	—	—	—	—	2	—	2	—	—	—	—	1	—	—
浙　江	4	3	2	—	1	—	—	—	—	—	—	—	—	—	1
安　徽	18	17	11	4	2	—	—	—	—	—	—	1	—	—	—
福　建	33	1	—	—	1	6	3	1	2	1	1	7	15	—	2
江　西	27	21	3	11	7	1	—	1	—	—	—	—	1	—	4
山　东	1	1	1	—	—	—	—	—	—	—	—	—	—	—	—
河　南	2	2	—	2	—	—	—	—	—	—	—	—	—	—	—
湖　北	1	—	—	—	—	—	—	—	—	—	—	—	1	—	—
湖　南	36	31	18	12	1	—	—	—	—	—	—	—	—	1	4
广　东	3	1	—	1	—	1	—	—	1	—	—	—	—	—	1
广　西	10	5	—	5	—	2	—	—	—	1	1	—	—	1	—
海　南	—	—	—	—	—	—	—	—	—	—	—	—	—	—	—
重　庆	—	—	—	—	—	—	—	—	—	—	—	—	—	—	—
四　川	36	3	2	1	—	—	—	—	—	—	—	—	1	9	23
贵　州	—	—	—	—	—	—	—	—	—	—	—	—	—	—	—
云　南	—	—	—	—	—	—	—	—	—	—	—	—	—	—	—
西　藏	—	—	—	—	—	—	—	—	—	—	—	—	—	—	—
陕　西	8	8	—	—	8	—	—	—	—	—	—	—	—	—	—
甘　肃	12	10	9	—	1	—	—	—	—	—	—	—	—	2	—
青　海	3	—	—	—	—	—	—	—	—	—	—	—	—	—	3
宁　夏	5	5	5	—	—	—	—	—	—	—	—	—	—	—	—
新　疆	2	2	2	—	—	—	—	—	—	—	—	—	—	—	—
新疆兵团	—	—	—	—	—	—	—	—	—	—	—	—	—	—	—
大兴安岭	—	—	—	—	—	—	—	—	—	—	—	—	—	—	—

各地区林业实际利用外资情况

单位:万美元

地区	总计	营造林				木竹材加工				林纸一体化	林产化工	非木质林产品加工	花卉、种苗	科学研究	其他
		合计	公益林	工业原料林	特色经济林	合计	其中：木家具制造	人造板制造	木制品制造						
全国合计	**103882**	**12794**	**7541**	**3330**	**1923**	**59595**	**5020**	**24296**	**2529**	**6222**	**141**	**6649**	**14346**	**431**	**3704**
北　京	167	167	167	—	—	—	—	—	—	—	—	—	—	—	—
天　津	—	—	—	—	—	—	—	—	—	—	—	—	—	—	—
河　北	115	115	95	7	13	—	—	—	—	—	—	—	—	—	—
山　西	11	11	11	—	—	—	—	—	—	—	—	—	—	—	—
内蒙古	—	—	—	—	—	—	—	—	—	—	—	—	—	—	—
内蒙古集团	—	—	—	—	—	—	—	—	—	—	—	—	—	—	—
辽　宁	355	355	355	—	—	—	—	—	—	—	—	—	—	—	—
吉　林	—	—	—	—	—	—	—	—	—	—	—	—	—	—	—
吉林集团	—	—	—	—	—	—	—	—	—	—	—	—	—	—	—
长白山集团	—	—	—	—	—	—	—	—	—	—	—	—	—	—	—
黑龙江	—	—	—	—	—	—	—	—	—	—	—	—	—	—	—
龙江集团	—	—	—	—	—	—	—	—	—	—	—	—	—	—	—
上　海	—	—	—	—	—	—	—	—	—	—	—	—	—	—	—
江　苏	23257	—	—	—	—	23150	—	23150	—	—	—	—	107	—	—
浙　江	280	230	116	—	114	—	—	—	—	—	—	—	—	—	50
安　徽	804	708	560	77	71	—	—	—	—	—	—	96	—	—	—
福　建	46579	1000	—	—	1000	33631	5020	16	1595	1814	41	6553	2122	—	1418
江　西	14341	957	193	420	344	1130	—	1130	—	—	—	—	12000	—	254
山　东	288	288	288	—	—	—	—	—	—	—	—	—	—	—	—
河　南	520	520	—	520	—	—	—	—	—	—	—	—	—	—	—
湖　北	113	—	—	—	—	—	—	—	—	—	—	—	113	—	—
湖　南	4250	4077	2510	1472	95	—	—	—	—	—	—	—	—	120	53
广　东	1230	86	—	86	—	934	—	—	934	—	—	—	—	—	210
广　西	6161	703	—	703	—	750	—	—	—	4408	100	—	—	200	—
海　南	—	—	—	—	—	—	—	—	—	—	—	—	—	—	—
重　庆	—	—	—	—	—	—	—	—	—	—	—	—	—	—	—
四　川	1449	113	68	45	—	—	—	—	—	—	—	—	4	46	1286
贵　州	—	—	—	—	—	—	—	—	—	—	—	—	—	—	—
云　南	—	—	—	—	—	—	—	—	—	—	—	—	—	—	—
西　藏	—	—	—	—	—	—	—	—	—	—	—	—	—	—	—
陕　西	280	280	—	—	280	—	—	—	—	—	—	—	—	—	—
甘　肃	2010	1945	1939	—	6	—	—	—	—	—	—	—	—	65	—
青　海	433	—	—	—	—	—	—	—	—	—	—	—	—	—	433
宁　夏	1206	1206	1206	—	—	—	—	—	—	—	—	—	—	—	—
新　疆	33	33	33	—	—	—	—	—	—	—	—	—	—	—	—
新疆兵团	—	—	—	—	—	—	—	—	—	—	—	—	—	—	—
大兴安岭	—	—	—	—	—	—	—	—	—	—	—	—	—	—	—

各地区林业协议利用外资情况

单位:万美元

地区	总计	营造林				木竹材加工				林纸一体化	林产化工	非木质林产品加工	花卉、种苗	科学研究	其他
		合计	公益林	工业原料林	特色经济林	合计	其中								
							木家具制造	人造板制造	木制品制造						
全国合计	**48300**	**8728**	**5370**	**1876**	**1482**	**8006**	**2000**	**1306**	**4700**	**1814**	**41**	**5078**	**23566**	**208**	**859**
北京	—	—	—	—	—	—	—	—	—	—	—	—	—	—	—
天津	—	—	—	—	—	—	—	—	—	—	—	—	—	—	—
河北	143	143	143	—	—	—	—	—	—	—	—	—	—	—	—
山西	3	3	2	—	1	—	—	—	—	—	—	—	—	—	—
内蒙古	—	—	—	—	—	—	—	—	—	—	—	—	—	—	—
内蒙古集团	—	—	—	—	—	—	—	—	—	—	—	—	—	—	—
辽宁	61	61	61	—	—	—	—	—	—	—	—	—	—	—	—
吉林	—	—	—	—	—	—	—	—	—	—	—	—	—	—	—
吉林集团	—	—	—	—	—	—	—	—	—	—	—	—	—	—	—
长白山集团	—	—	—	—	—	—	—	—	—	—	—	—	—	—	—
黑龙江	—	—	—	—	—	—	—	—	—	—	—	—	—	—	—
龙江集团	—	—	—	—	—	—	—	—	—	—	—	—	—	—	—
上海	—	—	—	—	—	—	—	—	—	—	—	—	—	—	—
江苏	160	—	—	—	—	160	—	160	—	—	—	—	—	—	—
浙江	63	63	63	—	—	—	—	—	—	—	—	—	—	—	—
安徽	804	708	560	77	71	—	—	—	—	—	—	96	—	—	—
福建	18619	1000	—	—	1000	6716	2000	16	4700	1814	41	4982	3566	—	500
江西	21384	254	47	154	53	1130	—	1130	—	—	—	—	20000	—	—
山东	—	—	—	—	—	—	—	—	—	—	—	—	—	—	—
河南	—	—	—	—	—	—	—	—	—	—	—	—	—	—	—
湖北	—	—	—	—	—	—	—	—	—	—	—	—	—	—	—
湖南	4307	4077	2510	1472	95	—	—	—	—	—	—	—	—	120	110
广东	—	—	—	—	—	—	—	—	—	—	—	—	—	—	—
广西	128	128	—	128	—	—	—	—	—	—	—	—	—	—	—
海南	—	—	—	—	—	—	—	—	—	—	—	—	—	—	—
重庆	—	—	—	—	—	—	—	—	—	—	—	—	—	—	—
四川	362	90	45	45	—	—	—	—	—	—	—	—	—	23	249
贵州	—	—	—	—	—	—	—	—	—	—	—	—	—	—	—
云南	—	—	—	—	—	—	—	—	—	—	—	—	—	—	—
西藏	—	—	—	—	—	—	—	—	—	—	—	—	—	—	—
陕西	256	256	—	—	256	—	—	—	—	—	—	—	—	—	—
甘肃	2010	1945	1939	—	6	—	—	—	—	—	—	—	—	65	—
青海	—	—	—	—	—	—	—	—	—	—	—	—	—	—	—
宁夏	—	—	—	—	—	—	—	—	—	—	—	—	—	—	—
新疆	—	—	—	—	—	—	—	—	—	—	—	—	—	—	—
新疆兵团	—	—	—	—	—	—	—	—	—	—	—	—	—	—	—
大兴安岭	—	—	—	—	—	—	—	—	—	—	—	—	—	—	—

国家林业局机关及直属单位

单位	本年计划投资	自年初				
		总计	其中：国家投资	生态建设与保护		
				合计	造林	野生动植物保护及自然保护区
总计	**417498**	**434406**	**394985**	**261911**	**—**	**86**
国家林业局信息中心	3600	3571	3571	—	—	—
国家林业局国有林场和林木种苗工作总站	20000	20000	20000	—	—	—
国家林业局林业工作站管理总站	—	—	—	—	—	—
国家林业局林业基金管理总站	609	609	609	—	—	—
国家林业局宣传中心	3293	3388	3388	—	—	—
国家林业局濒危物种进出口管理中心	—	1178	1178	—	—	—
国家林业局天然林保护工程管理中心	1523	1523	1523	—	—	—
国家林业局西北华北东北防护林建设局	2438	2069	1805	—	—	—
国家林业局退耕还林(草)工程管理办公室	—	701	701	—	—	—
国家林业局防治荒漠化管理中心	679	689	689	—	—	—
国家林业局世界银行贷款项目管理中心	831	800	793	—	—	—
国家林业局科技发展中心	1594	1561	1561	—	—	—
国家林业局森林资源监督管理办公室	500	434	434	104	—	—
国家林业局亚太森林网络管理中心	3344	3264	3002	3002	—	—
国家林业局湿地保护管理中心	1598	1598	1598	—	—	—
国家林业局经济发展研究中心	30	—	—	—	—	—
国家林业局人才开发交流中心	1587	1662	767	—	—	—
国家林业局对外合作项目中心	183	183	183	—	—	—
国家林业局森林防火预警监测信息中心	698	658	658	32	—	—
中国林业科学研究院	10948	9822	9826	515	—	7
国家林业局调查规划设计院	670	380	380	—	—	—
国家林业局林产工业规划设计院	602	75	75	—	—	—
国家林业局管理干部学院	730	1487	1487	—	—	—
中国绿色时报社	1263	1263	1263	—	—	—
中国林业出版社	4890	2463	2463	—	—	—
国家林业局国际竹藤中心	15210	7942	7942	—	—	—
中国林学会	—	—	—	—	—	—
中国野生动物保护协会	7	7	—	—	—	—
中国花卉协会	—	—	—	—	—	—
中国绿化基金会	7475	5313	803	—	—	—

林业投资完成情况(一)

单位:万元

累计完成投资									
		林业支撑与保障							林业产业发展
湿地恢复与保护	其他	合计	林木种苗	森林防火与森林公安	林业有害生物防治	科技教育	林业信息化	其他	
200	**261625**	**57937**	**20000**	**28128**	**1327**	**2694**	**2296**	**3492**	**—**
—	—	2244	—	—	—	—	2244	—	—
—	—	20000	20000	—	—	—	—	—	—
—	—	—	—	—	—	—	—	—	—
—	—	—	—	—	—	—	—	—	—
—	—	—	—	—	—	—	—	—	—
—	—	553	—	—	—	—	—	553	—
—	—	—	—	—	—	—	—	—	—
—	—	—	—	—	—	—	—	—	—
—	—	—	—	—	—	—	—	—	—
—	—	—	—	—	—	—	—	—	—
—	—	—	—	—	—	—	—	—	—
—	—	1199	—	—	—	1199	—	—	—
—	104	—	—	—	—	—	—	—	—
—	3002	18	—	—	—	15	—	3	—
—	—	—	—	—	—	—	—	—	—
—	—	—	—	—	—	—	—	—	—
—	—	1662	—	—	—	—	—	1662	—
—	—	—	—	—	—	—	—	—	—
—	32	390	—	390	—	—	—	—	—
—	508	1492	—	960	—	25	—	507	—
—	—	380	—	—	—	—	—	380	—
—	—	—	—	—	—	—	—	—	—
—	—	—	—	—	—	—	—	—	—
—	—	—	—	—	—	—	—	—	—
—	—	—	—	—	—	—	—	—	—
—	—	1477	—	—	—	1455	22	—	—
—	—	—	—	—	—	—	—	—	—
—	—	—	—	—	—	—	—	—	—
—	—	—	—	—	—	—	—	—	—
—	—	—	—	—	—	—	—	—	—

国家林业局机关及直属单位

单　　位	本年计划投资	自年初				
		总计	其中：国家投资	生态建设与保护		
				合计	造林	野生动植物保护及自然保护区
国家林业局机关服务中心	1874	1874	—	—	—	—
国家林业局离退休干部局	4834	5641	5461	—	—	—
国家林业局招待所	—	—	—	—	—	—
国家林业局幼儿园	—	—	—	—	—	—
驻内蒙古自治区森林资源监督专员办事处	687	687	687	—	—	—
驻长春森林资源监督专员办事处	645	645	645	—	—	—
驻黑龙江省森林资源监督专员办事处	724	724	724	—	—	—
驻大兴安岭森林资源监督专员办事处	484	484	484	—	—	—
驻福州森林资源监督专员办事处	—	428	428	—	—	—
驻云南省森林资源监督专员办事处	—	—	—	—	—	—
驻成都森林资源监督专员办事处	472	341	—	—	—	—
驻西安森林资源监督专员办事处	427	423	423	—	—	—
驻武汉森林资源监督专员办事处	307	307	307	—	—	—
驻贵阳森林资源监督专员办事处	299	299	299	—	—	—
驻广州森林资源监督专员办事处	140	100	100	—	—	—
驻合肥森林资源监督专员办事处	326	326	326	—	—	—
驻乌鲁木齐森林资源监督专员办事处	395	376	376	—	—	—
驻上海森林资源监督专员办事处	619	613	613	—	—	—
驻北京森林资源监督专员办事处	537	434	434	167	—	—
国家林业局森林病虫害防治总站	470	1327	1327	—	—	—
国家林业局北方航空护林总站	1730	1730	1730	—	—	—
国家林业局南方航空护林总站	22601	22221	22221	—	—	—
南京森林警察学院	4009	4133	4133	—	—	—
国家林业局华东林业调查规划设计院	30	78	78	30	—	—
国家林业局中南林业调查规划设计院	9889	9889	9889	—	—	—
国家林业局西北林业调查规划设计院	327	—	—	—	—	—
国家林业局昆明勘察设计院	—	—	—	—	—	—
陕西佛坪国家级自然保护区管理局	—	—	—	—	—	—
甘肃白水江国家级自然保护区管理局	400	79	79	79	—	79
国家林业局卧龙自然保护区管理局	505	27625	26411	26411	—	—
国家林业局北戴河培训中心	—	—	—	—	—	—
大兴安岭林业集团公司	280464	280982	251112	231571	—	—

林业投资完成情况(二)

单位:万元

累 计 完 成 投 资									
		林业支撑与保障							林业产业发展
湿地恢复与保护	其他	合计	林木种苗	森林防火与森林公安	林业有害生物防治	科技教育	林业信息化	其他	
—	—	—	—	—	—	—	—	—	—
—	—	—	—	—	—	—	—	—	—
—	—	—	—	—	—	—	—	—	—
—	—	—	—	—	—	—	—	—	—
—	—	—	—	—	—	—	—	—	—
—	—	—	—	—	—	—	—	—	—
—	—	—	—	—	—	—	—	—	—
—	—	—	—	—	—	—	—	—	—
—	—	—	—	—	—	—	—	—	—
—	—	—	—	—	—	—	—	—	—
—	—	—	—	—	—	—	—	—	—
—	—	174	—	—	—	—	—	174	—
—	—	—	—	—	—	—	—	—	—
—	—	—	—	—	—	—	—	—	—
—	—	—	—	—	—	—	—	—	—
—	—	—	—	—	—	—	—	—	—
—	—	—	—	—	—	—	—	—	—
—	—	—	—	—	—	—	—	—	—
—	167	—	—	—	—	—	—	—	—
—	—	1327	—	—	1327	—	—	—	—
—	—	1730	—	1730	—	—	—	—	—
—	—	22221	—	21978	—	—	30	213	—
—	—	—	—	—	—	—	—	—	—
—	30	—	—	—	—	—	—	—	—
—	—	—	—	—	—	—	—	—	—
—	—	—	—	—	—	—	—	—	—
—	—	—	—	—	—	—	—	—	—
—	—	—	—	—	—	—	—	—	—
—	—	—	—	—	—	—	—	—	—
—	26411	1214	—	1214	—	—	—	—	—
—	—	—	—	—	—	—	—	—	—
200	231371	1856	—	1856	—	—	—	—	—

国家林业局机关及直属单位

单　　位	自年初累计完成投资					
	林业民生工程				其他投资	
	合计	棚户区（危旧房）改造	社会性基础设施	其他	合计	其中：财政事业费
总计	**33052**	**31773**	**1279**	**—**	**81506**	**33777**
国家林业局信息中心	—	—	—	—	1327	246
国家林业局国有林场和林木种苗工作总站	—	—	—	—	—	—
国家林业局林业工作站管理总站	—	—	—	—	—	—
国家林业局林业基金管理总站	—	—	—	—	609	609
国家林业局宣传中心	—	—	—	—	3388	3388
国家林业局濒危物种进出口管理中心	—	—	—	—	625	625
国家林业局天然林保护工程管理中心	—	—	—	—	1523	1523
国家林业局西北华北东北防护林建设局	—	—	—	—	2069	1794
国家林业局退耕还林（草）工程管理办公室	—	—	—	—	701	701
国家林业局防治荒漠化管理中心	—	—	—	—	689	689
国家林业局世界银行贷款项目管理中心	—	—	—	—	800	793
国家林业局科技发展中心	—	—	—	—	362	362
国家林业局森林资源监督管理办公室	—	—	—	—	330	330
国家林业局亚太森林网络管理中心	—	—	—	—	244	197
国家林业局湿地保护管理中心	—	—	—	—	1598	1598
国家林业局经济发展研究中心	—	—	—	—	—	—
国家林业局人才开发交流中心	—	—	—	—	—	—
国家林业局对外合作项目中心	—	—	—	—	183	183
国家林业局森林防火预警监测信息中心	—	—	—	—	236	236
中国林业科学研究院	—	—	—	—	7815	63
国家林业局调查规划设计院	—	—	—	—	—	—
国家林业局林产工业规划设计院	—	—	—	—	75	—
国家林业局管理干部学院	—	—	—	—	1487	—
中国绿色时报社	—	—	—	—	1263	1263
中国林业出版社	—	—	—	—	2463	—
国家林业局国际竹藤中心	—	—	—	—	6465	915
中国林学会	—	—	—	—	—	—
中国野生动物保护协会	—	—	—	—	7	7
中国花卉协会	—	—	—	—	—	—
中国绿化基金会	—	—	—	—	5313	53

林业投资完成情况(三)

单位:万元

本年实际到位资金合计								
总计	上年末结余资金	本年实际到位资金小计						
		合计	国家预算资金	国内贷款	债券	利用外资	自筹资金	其他资金
528253	**122752**	**405501**	**374002**	**—**	**—**	**—**	**19176**	**12323**
3676	76	3600	3600	—	—	—	—	—
20000	—	20000	20000	—	—	—	—	—
—	—	—	—	—	—	—	—	—
609	—	609	609	—	—	—	—	—
3388	165	3223	3223	—	—	—	—	—
1285	71	1214	1178	—	—	—	—	36
1523	—	1523	1523	—	—	—	—	—
2439	121	2318	2070	—	—	—	—	248
701	—	701	701	—	—	—	—	—
704	25	679	679	—	—	—	—	—
878	48	830	830	—	—	—	—	—
1684	169	1515	1515	—	—	—	—	—
500	34	466	466	—	—	—	—	—
3602	258	3344	3344	—	—	—	—	—
1842	244	1598	1598	—	—	—	—	—
78	48	30	30	—	—	—	—	—
2089	20	2069	808	—	—	—	1240	21
183	—	183	183	—	—	—	—	—
739	41	698	698	—	—	—	—	—
19255	8226	11029	10948	—	—	—	—	81
670	—	670	670	—	—	—	—	—
656	54	602	602	—	—	—	—	—
2098	1368	730	730	—	—	—	—	—
1263	—	1263	1263	—	—	—	—	—
4890	1665	3225	2000	—	—	—	—	1225
17992	6852	11140	11140	—	—	—	—	—
—	—	—	—	—	—	—	—	—
34405	26973	7432	7432	—	—	—	—	—
—	—	—	—	—	—	—	—	—
26390	20320	6070	803	—	—	—	—	5267

国家林业局机关及直属单位

单　　位	自　年　初　累　计　完　成　投　资					
	林业民生工程				其他投资	
	合计	棚户区（危旧房）改造	社会性基础设施	其他	合计	其中：财政事业费
国家林业局机关服务中心	—	—	—	—	1874	1854
国家林业局离退休干部局	—	—	—	—	5641	5461
国家林业局招待所	—	—	—	—	—	—
国家林业局幼儿园	—	—	—	—	—	—
驻内蒙古自治区森林资源监督专员办事处	—	—	—	—	687	687
驻长春森林资源监督专员办事处	—	—	—	—	645	645
驻黑龙江省森林资源监督专员办事处	—	—	—	—	724	618
驻大兴安岭森林资源监督专员办事处	—	—	—	—	484	484
驻福州森林资源监督专员办事处	—	—	—	—	428	428
驻云南省森林资源监督专员办事处	—	—	—	—	—	—
驻成都森林资源监督专员办事处	—	—	—	—	341	336
驻西安森林资源监督专员办事处	—	—	—	—	249	168
驻武汉森林资源监督专员办事处	—	—	—	—	307	307
驻贵阳森林资源监督专员办事处	—	—	—	—	299	299
驻广州森林资源监督专员办事处	—	—	—	—	100	100
驻合肥森林资源监督专员办事处	—	—	—	—	326	326
驻乌鲁木齐森林资源监督专员办事处	—	—	—	—	376	169
驻上海森林资源监督专员办事处	—	—	—	—	613	613
驻北京森林资源监督专员办事处	—	—	—	—	267	267
国家林业局森林病虫害防治总站	—	—	—	—	—	—
国家林业局北方航空护林总站	—	—	—	—	—	—
国家林业局南方航空护林总站	—	—	—	—	—	—
南京森林警察学院	—	—	—	—	4133	4133
国家林业局华东林业调查规划设计院	—	—	—	—	48	48
国家林业局中南林业调查规划设计院	—	—	—	—	9889	1258
国家林业局西北林业调查规划设计院	—	—	—	—	—	—
国家林业局昆明勘察设计院	—	—	—	—	—	—
陕西佛坪国家级自然保护区管理局	—	—	—	—	—	—
甘肃白水江国家级自然保护区管理局	—	—	—	—	—	—
国家林业局卧龙自然保护区管理局	—	—	—	—	—	—
国家林业局北戴河培训中心	—	—	—	—	—	—
大兴安岭林业集团公司	33052	31773	1279	—	14503	—

林业投资完成情况(四)

单位:万元

本年实际到位资金合计									
总计	上年末结余资金	本年实际到位资金小计							
		合计	国家预算资金	国内贷款	债券	利用外资	自筹资金	其他资金
1874	—	1874	1874	—	—	—	—	—
6032	391	5641	5461	—	—	—	—	180
—	—	—	—	—	—	—	—	—
—	—	—	—	—	—	—	—	—
712	25	687	637	—	—	—	50	—
645	20	625	625	—	—	—	—	—
837	113	724	618	—	—	—	—	106
546	—	546	546	—	—	—	—	—
428	2	426	376	—	—	—	—	50
—	—	—	—	—	—	—	—	—
504	67	437	432	—	—	—	—	5
536	55	482	482	—	—	—	—	—
307	—	307	307	—	—	—	—	—
299	—	299	299	—	—	—	—	—
140	40	100	100	—	—	—	—	—
326	—	326	326	—	—	—	—	—
436	27	408	349	—	—	—	—	59
619	—	619	619	—	—	—	—	—
537	27	510	510	—	—	—	—	—
1553	1083	470	470	—	—	—	—	—
1730	1730	—	—	—	—	—	—	—
24095	1494	22601	22601	—	—	—	—	—
4200	191	4009	4009	—	—	—	—	—
82	52	30	30	—	—	—	—	—
9889	1401	8488	3443	—	—	—	—	5045
1553	1226	327	327	—	—	—	—	—
—	—	—	—	—	—	—	—	—
—	—	—	—	—	—	—	—	—
1707	1307	400	400	—	—	—	—	—
1496	991	505	505	—	—	—	—	—
—	—	—	—	—	—	—	—	—
313631	45732	267899	250013	—	—	—	17886	—

6

林业教育

FORESTRY EDUCATION

中国

林业统计年鉴2014

2014～2015学年初普通高、中等林业院校和其他高、中等院校林科基本情况

单位：人

名　称	学校单位数（所、个）	毕业生数	招生数	在校学生数	毕业班学生数	教职工数	
						计	其中：专任教师
总计	**—**	**153532**	**145877**	**480674**	**151932**	**20821**	**13574**
一、研究生	**83**	**7379**	**7984**	**24097**	**10097**	**—**	**—**
1. 高等林业院校	6	5282	6025	17104	6971	12091	7557
2. 其他高等院校（林科）	76	1807	1641	6039	2753	—	—
3. 林业科研单位	1	290	318	954	373	—	—
二、本科生	**250**	**40739**	**43299**	**173702**	**43766**	**—**	**—**
1. 普通高等林业院校	7	24654	27093	107223	25906	—	—
2. 其他普通高等院校（林科）	243	16085	16206	66479	17860	—	—
三、高职（专科）生	**235**	**37702**	**39906**	**120219**	**37788**	**—**	**—**
1. 高等林业（园林）职业学校	14	24366	27604	80722	24654	6116	4374
2. 其他高等职业学校（林科）	219	12099	11714	37471	12281	—	—
3. 普通林业学校专科	2	1237	588	2026	853	—	—
四、中职生	**342**	**67712**	**54688**	**162656**	**60281**	**—**	**—**
1. 中等林业（园林）职业学校	18	14501	12975	43107	13869	2614	1643
2. 其他中等职业学校（林科）	324	53211	41713	119549	46412	—	—

2014～2015学年初主要涉林普通高等院校林科学生情况（以林科学生占在校生比例排序）

单位名称	分学科、专业学生数	毕业生数	招生数	在校学生数
中国林业科学研究院	学生总数	290	318	954
	其中：林业学科、专业学生	246	252	753
	占学生总数的比例	84.83%	79.25%	78.93%
北京林业大学	学生总数	4628	4964	18054
	其中：林业学科、专业学生	1617	1631	5994
	占学生总数的比例	34.94%	32.86%	33.20%
东北林业大学	学生总数	5902	6065	23080
	其中：林业学科、专业学生	1575	1595	5908
	占学生总数的比例	26.69%	26.30%	25.60%
西南林业大学	学生总数	3843	4709	17539
	其中：林业学科、专业学生	1028	1146	4039

（续）

单位名称	分学科、专业学生数	毕业生数	招生数	在校学生数
	占学生总数的比例	26.75%	24.34%	23.03%
南京林业大学	学生总数	4827	5304	19724
	其中：林业学科、专业学生	1044	1125	4419
	占学生总数的比例	21.63%	21.21%	22.40%
浙江农林大学	学生总数	3849	4024	15491
	其中：林业学科、专业学生	620	542	2326
	占学生总数的比例	16.11%	13.47%	15.02%
中南林业科技大学	学生总数	6802	7228	27366
	其中：林业学科、专业学生	741	867	3259
	占学生总数的比例	10.89%	12.00%	11.91%
西北农林科技大学	学生总数	7477	7873	29294
	其中：林业学科、专业学生	712	737	2720
	占学生总数的比例	9.52%	9.36%	9.29%
内蒙古农业大学	学生总数	8542	8818	33832
	其中：林业学科、专业学生	846	859	3010
	占学生总数的比例	9.90%	9.74%	8.90%
河北农业大学	学生总数	6212	7034	24098
	其中：林业学科、专业学生	424	555	2037
	占学生总数的比例	6.83%	7.89%	8.45%
福建农林大学	学生总数	7581	7063	27417
	其中：林业学科、专业学生	688	566	2109
	占学生总数的比例	9.08%	8.01%	7.69%
山东农业大学	学生总数	8019	8789	33746
	其中：林业学科、专业学生	509	772	2360
	占学生总数的比例	6.35%	8.78%	6.99%
新疆农业大学	学生总数	3802	3991	16291
	其中：林业学科、专业学生	196	192	997
	占学生总数的比例	5.16%	4.81%	6.12%
安徽农业大学	学生总数	5359	5129	21175
	其中：林业学科、专业学生	297	251	1066
	占学生总数的比例	5.54%	4.89%	5.03%
河南农业大学	学生总数	7307	8197	30940
	其中：林业学科、专业学生	325	148	874
	占学生总数的比例	4.45%	1.81%	2.82%

2014～2015 学年初普通高等林业院校教职工情况(一)

单位:人

学校名称	教职工数								
	合计	校本部教职工							
		计	专任教师						行政人员
			计	正高级	副高级	中级	初级	无职称者	
总　计	**12091**	**11568**	**7557**	**1242**	**2607**	**3148**	**403**	**207**	**6312**
北京林业大学	1844	1762	1186	262	478	367	8	71	298
东北林业大学	2734	2422	1519	297	543	571	93	15	402
南京林业大学	1949	1864	1249	210	395	599	45	—	351
浙江农林大学	1653	1638	1074	159	356	436	56	67	341
中南林业科技大学	2333	2333	1438	190	472	682	52	42	4681
西南林业大学	1167	1148	833	101	280	397	93	12	130
南京森林警察学院	411	401	258	23	83	96	56	—	109

2014～2015 学年初普通高等林业院校教职工情况(二)

单位:人

学校名称	教职工数					另有其他人员			
	校本部教职工		科研机构人员	校办企业职工	其他附设机构人员	聘请校外教师	离退休人员	附属中小学幼儿园教职工	集体所有制人员
	教辅人员	工勤人员							
总 计	**1242**	**620**	**69**	**135**	**325**	**1162**	**4783**	**33**	**114**
北京林业大学	212	66	—	57	31	356	779	33	—
东北林业大学	353	148	6	63	243	18	1139	—	114
南京林业大学	156	108	37	15	33	259	1070	—	—
浙江农林大学	163	60	4	—	11	107	10	—	—
中南林业科技大学	239	188	—	—	—	209	1165	—	—
西南林业大学	96	39	19	—	—	160	428	—	—
南京森林警察学院	23	11	3	—	7	53	192	—	—

2014～2015学年初普通高等林业院校资产情况

学校名称	占地面积(平方米)			图书资料		拥有教学用计算机(台)	多媒体教室座位数(个)	语音实验室数(个)	固定资产总值(万元)	
	总面积	其中		合计(万册)	其中:当年新增(万册)				计	教学、科研仪器设备资产
		绿化用地	运动场地							
一、学校产权	**17823897**	**4260215**	**531978**	**1099.37**	**33.84**	**53633**	**38378**	**1904**	**953458**	**262741**
北京林业大学	8115735	124750	56505	177.45	7.1	9516	5683	136	188843	60578
东北林业大学	1287559	400000	100291	209.08	3.63	9912	7813	393	179430	66207
南京林业大学	3730262	1492104	66475	172.5	6.3	7509	6200	299	145379	55273
浙江农林大学	1859349	920906	101198	151.58	3.73	6453	3103	265	143390	24247
中南林业科技大学	1307246	586000	52175	183.3	3	10834	7598	320	109807	30156
西南林业大学	801768	330253	70118	146.09	8.16	6367	5728	426	133978	19004
南京森林警察学院	721978	406202	85216	59.37	1.92	3042	2253	65	52632	7275
二、非学校产权	**490629**	**16000**	**15000**	**50000**	**—**	**700**	**350**	**35100**	**8700**	**—**
北京林业大学	—	—	—	—	—	—	—	—	—	—
东北林业大学	—	—	—	—	—	—	—	—	—	—
南京林业大学	—	—	—	—	—	—	—	—	—	—
浙江农林大学	—	—	—	—	—	—	—	—	—	—
中南林业科技大学	33300	6000	15000	50000	—	700	350	35100	8700	—
西南林业大学	437329	—	—	—	—	—	—	—	—	—
南京森林警察学院	20000	10000	—	—	—	—	—	—	—	—

2014～2015 学年初普通高等林业院校和其他高等院校、科研院所林科研究生分单位情况(一)

单位:人

学校名称	毕业生数	招生数	在校学生数	毕业班学生数
总　计	**7379**	**7984**	**24097**	**10097**
一、博士生	**1055**	**1421**	**6568**	**3732**
1. 高等林业院校	464	652	3096	1811
北京林业大学	212	265	1136	609
东北林业大学	167	193	939	554
南京林业大学	65	128	729	478
浙江农林大学	—	3	6	—
西南林业大学	—	9	9	—
中南林业科技大学	20	54	277	170
2. 林业科研单位	100	118	409	172
中国林业科学研究院	100	118	409	172
3. 其他高等院校(林业学科)	491	651	3063	1749
二、硕士生	**6324**	**6563**	**17529**	**6365**
1. 高等林业院校	4818	5373	14008	5160
北京林业大学	1229	1403	3683	1439
东北林业大学	1144	1241	3287	1183
南京林业大学	887	1067	2715	1088
浙江农林大学	468	497	1263	282
中南林业科技大学	620	696	1854	711
西南林业大学	470	469	1206	457
2. 林业科研单位	190	200	545	201
中国林业科学研究院	190	200	545	201
3. 其他院所(林科)	1316	990	2976	1004
中国农业大学	14	6	28	22
中国人民大学	5	6	12	6
北京师范大学	1	5	12	3
中国科学院大学	29	22	79	26
中国社会科学院研究生院	—	—	—	—
中国农业科学院研究生院	1	2	4	1
北京农学院	13	11	30	13
天津科技大学	4	1	6	3
河北农业大学	50	34	106	36
山西大学	3	6	20	5
山西农业大学	26	43	122	32
内蒙古农业大学	53	62	176	59
沈阳农业大学	52	43	117	40
辽宁工程技术大学	7	3	15	4
吉林农业大学	13	22	50	14
北华大学	8	15	36	8
东北师范大学	6	—	—	—
东北农业大学	28	3	16	7
黑龙江八一农垦大学	—	—	1	—
上海财经大学	2	2	4	2
上海社会科学院研究生部	1	—	—	—
南京农业大学	26	26	86	37

2014～2015学年初普通高等林业院校和其他高等院校、科研院所林科研究生分单位情况(二)

单位:人

学校名称	毕业生数	招生数	在校学生数	毕业班学生数
苏州大学	7	—	2	2
浙江大学	6	—	—	—
安徽农业大学	67	27	138	58
安徽师范大学	—	1	1	—
福建农林大学	107	76	210	73
福建师范大学	3	1	9	2
江西农业大学	39	20	72	26
江西财经大学	3	13	25	3
南昌大学	3	7	17	5
山东农业大学	64	34	96	26
山东建筑大学	4	—	4	2
青岛农业大学	10	13	28	9
聊城大学	3	6	16	6
齐鲁工业大学	—	—	3	2
曲阜师范大学	1	2	3	1
河南农业大学	27	17	66	23
华北水利水电大学	3	6	13	4
华中农业大学	81	35	125	50
中南财经政法大学	2	2	3	1
湖北民族学院	2	15	34	4
长江大学	7	2	3	1
湖南农业大学	—	2	2	—
湖南师范大学	2	3	4	—
吉首大学	11	6	22	7
华南农业大学	43	20	73	28
华南师范大学	6	5	16	5
仲恺农业工程学院	17	28	54	11
广西大学	34	21	63	22
广西师范大学	1	1	2	—
海南大学	30	9	33	16
西南大学	44	15	53	22
四川大学	8	2	4	2
四川农业大学	101	39	144	56
西南交通大学	4	—	2	2
西华师范大学	3	32	54	8
贵州大学	27	32	99	26
云南农业大学	31	21	81	34
西藏大学	4	—	13	4
西北农林科技大学	127	100	277	81
陕西师范大学	—	—	3	1
西安理工大学	2	13	37	21
长安大学	—	—	—	—
甘肃农业大学	21	23	71	22
兰州大学	—	1	3	1
兰州交通大学	1	—	1	—
青海大学	7	7	16	3
新疆农业大学	11	21	61	15

2014～2015学年初普通高等林业院校和其他高等院校、科研院所林科研究生分学科情况(一)

单位:人

学科名称	毕业生数	招生数	在校学生数	毕业班学生数
总　计	**7379**	**7984**	**24097**	**10097**
一、博士生	**1055**	**1421**	**6568**	**3732**
1. 林业学科小计	979	1301	6110	3486
林木遗传育种	43	49	218	111
森林培育	52	78	383	244
森林保护学	43	52	213	110
森林经理学	26	33	183	107
野生动植物保护与利用	33	34	185	112
园林植物与观赏园艺	43	41	207	125
水土保持与荒漠化防治	52	79	336	168
森林工程	18	26	150	97
木材科学与技术	46	52	274	154
林产化学加工工程	25	47	175	85
土壤学(森林土壤学)	2	4	11	6
植物学(森林植物学)	23	25	125	71
生态学(森林生态学)	52	72	345	204
风景园林学	17	46	151	59
林业经济管理	60	60	361	241
其他林业学科	444	603	2793	1592
2. 林业院校和科研单位其他学科	76	120	458	246
草学学科	3	3	23	15
道路与铁道工程	—	8	8	—
动物学	1	—	1	1
发酵工程	—	2	2	—
发育生物学	3	6	22	12
机械电子工程	—	1	5	2
机械工程学科	—	8	24	7
机械设计及理论	19	3	67	54
机械制造及其自动化	—	1	5	2
交通运输规划与管理	—	1	1	—
农业经济管理	12	20	81	46
农业资源与环境学科	—	7	7	—
生物化学与分子生物学	8	8	39	21
生物学学科	—	9	14	4
食品科学与工程学科	—	5	10	5
水生生物学	—	1	5	3
思想政治教育	—	7	24	12
微生物学	7	8	30	15
细胞生物学	6	7	25	12
遗传学	5	4	21	11
载运工具运用工程	4	4	16	7
制浆造纸工程	8	7	28	17
二、硕士	**6324**	**6563**	**17529**	**6365**
1. 林业学科小计	3768	3792	10050	3462
林木遗传育种	133	157	475	157

2014～2015学年初普通高等林业院校和其他高等院校、科研院所林科研究生分学科情况(二)

单位:人

学科名称	毕业生数	招生数	在校学生数	毕业班学生数
森林培育	272	271	818	268
森林保护学	145	171	505	159
森林经理学	191	161	530	183
野生动植物保护与利用	107	142	416	134
园林植物与观赏园艺	819	335	1053	392
水土保持与荒漠化防治	311	357	995	301
森林工程	66	65	186	62
木材科学与技术	167	150	477	170
林产化学加工工程	91	97	275	86
土壤学(森林土壤学)	33	28	93	33
植物学(森林植物学)	91	87	274	92
生态学(森林生态学)	168	200	561	166
林业经济管理	52	24	84	31
风景园林	427	542	1263	541
其他林科专业	695	1005	2045	687
2. 林业院校和科研单位其他学科	2556	2771	7479	2903
材料加工工程	8	7	24	8
材料物理与化学	—	7	21	7
材料学	12	11	33	11
草学学科	16	13	38	14
测试计量技术及仪器	10	4	4	—
茶学	—	1	3	1
车辆工程	11	12	46	17
城乡规划学学科	88	44	133	45
道路与铁道工程	26	21	61	19
地理学学科	—	5	5	—
地图学与地理信息系统	49	43	127	43
动物学	33	28	80	27
动物遗传育种与繁殖	5	4	13	5
俄语语言文学	2	5	14	4
发酵工程	6	6	12	4
发育生物学	16	16	48	14
法学理论	8	9	26	7
法学学科	1	28	75	21
翻译	29	56	120	64
防灾减灾工程及防护工程	—	1	2	1
概率论与数理统计	1	5	14	4
高分子化学与物理	29	11	36	12
工程	540	670	1327	641
工商管理	79	119	295	176
工商管理学科	—	27	110	44
管理科学与工程学科	47	37	119	43
国际贸易学	14	16	39	8
国际商务	8	9	15	6
果树学	4	5	17	6

2014～2015学年初普通高等林业院校和其他高等院校、科研院所林科研究生分学科情况(三)

单位:人

学科名称	毕业生数	招生数	在校学生数	毕业班学生数
汉语言文字学	7	5	16	6
行政管理	27	29	104	38
化学工程与技术学科	—	4	30	15
化学工艺	15	11	34	12
环境工程	25	26	68	25
环境科学	62	19	58	18
环境科学与工程学科	1	40	120	45
环境与资源保护法学	67	24	75	25
会计	33	55	90	35
会计学	22	29	75	15
机械电子工程	9	18	50	15
机械工程学科	1	12	36	11
机械设计及理论	41	26	65	18
机械制造及其自动化	30	19	67	28
计算机软件与理论	10	10	30	12
计算机系统结构	—	4	10	4
计算机应用技术	41	29	96	36
技术经济及管理	3	3	11	4
检测技术与自动化装置	9	8	24	6
建筑学学科	—	18	49	14
交通信息工程及控制	2	5	18	7
交通运输规划与管理	9	9	23	7
结构工程	49	17	72	27
金融学(含:保险学)	4	4	13	4
精密仪器及机械	—	4	4	—
科学技术哲学	14	—	1	1
控制理论与控制工程	21	19	55	17
伦理学	12	9	35	14
旅游管理	30	24	69	30
马克思主义发展史	1	5	13	5
马克思主义基本原理	15	9	27	10
马克思主义哲学	—	3	3	—
马克思主义中国化研究	25	17	68	24
美学	—	6	14	4
民商法学	—	12	37	10
模式识别与智能系统	2	5	11	1
农产品加工及贮藏工程	23	12	42	17
农业电气化与自动化	4	6	13	2
农业机械化工程	7	10	28	8
农业经济管理	17	33	118	44
农业生物环境与能源工程	4	3	14	7
农业资源与环境学科	—	7	20	6
企业管理	69	32	87	30
桥梁与隧道工程	19	14	42	14
轻工技术与工程学科	—	2	2	—

2014～2015 学年初普通高等林业院校和其他高等院校、科研院所林科研究生分学科情况(四)

单位:人

学科名称	毕业生数	招生数	在校学生数	毕业班学生数
人口、资源与环境经济学	9	8	27	11
人文地理学	—	3	12	4
软件工程学科	—	9	23	7
设计学学科	44	142	365	101
设计艺术学	148	—	40	40
生理学	4	9	34	13
生物工程学科	—	4	12	4
生物化工	8	12	30	9
生物化学与分子生物学	43	47	159	60
生物物理学	14	19	56	20
生物学学科	—	8	8	—
生药学	18	16	48	16
食品科学	22	9	22	5
食品科学与工程学科	—	20	63	21
市政工程	—	1	3	1
蔬菜学	—	1	4	2
数学学科	—	5	10	—
水生生物学	14	8	22	6
思想政治教育	37	24	92	37
特种经济动物饲养	4	7	21	7
统计学	12	14	40	12
土木工程学科	—	39	111	32
外国语言学及应用语言学	31	24	75	30
微生物学	33	44	139	52
细胞生物学	23	21	62	21
宪法学与行政法学	3	15	36	7
心理学学科	2	10	32	10
岩土工程	11	10	31	10
药物化学	7	7	14	3
仪器科学与技术学科	—	—	16	8
遗传学	24	19	63	25
艺术	26	101	292	152
艺术学理论学科	—	3	3	—
英语语言文学	30	16	55	20
应用化学	15	15	43	15
应用数学	11	6	19	7
应用统计	7	6	14	8
应用心理学	8	—	6	6
有机化学	—	6	16	4
载运工具运用工程	27	27	82	27
哲学学科	2	12	34	12
植物学	91	87	274	92
植物营养学	15	9	30	9
制浆造纸工程	25	22	79	29
资产评估	9	10	20	10
自然地理学	7	20	48	15

2014～2015学年初普通高等林业院校和其他高等院校林科本科学生分学校情况

单位:人

学校名称	毕业生数	招生数	在校学生数	毕业班学生数
总　计	**40739**	**43299**	**173702**	**43766**
一、普通高等林业院校	**24654**	**27093**	**107223**	**25906**
北京林业大学	3187	3296	13235	3269
东北林业大学	4591	4631	18854	4569
南京林业大学	3875	4109	16280	4111
浙江农林大学	3381	3524	14222	3468
中南林业科技大学	5438	5890	23348	5623
西南林业大学	3373	4231	16324	3884
南京森林警察学院	809	1412	4960	982
二、其他高等院校(林科)	**16085**	**16206**	**66479**	**17860**

2014～2015学年初普通高等林业院校和其他高等院校林科本科学生分专业情况(一)

单位:人

专业名称	毕业生数	招生数	在校学生数	毕业班学生数
总　计	**40739**	**43299**	**173702**	**43766**
一、林科专业	**20115**	**20388**	**83998**	**20614**
1. 林业工程类	2763	2914	11161	2676
森林工程	412	410	1434	323
木材科学与工程	1915	1933	7688	1919
林产化工	436	571	2039	434
2. 森林资源类	3779	4081	15782	3751
林学	2844	2947	11590	2775
森林保护	628	810	2861	622
野生动物与自然保护区管理	307	324	1331	354
3. 环境生态类	13219	12996	55485	13795
园林	11763	11352	49051	12175
水土保持与荒漠化防治	995	1016	4173	956
风景园林	461	466	2098	664
环境生态类新专业	—	162	163	—
4. 农林经济管理类	354	397	1570	392
农林经济管理	354	397	1570	392
二、林业院校非林科专业	**20624**	**22911**	**89704**	**23152**
包装工程	161	214	770	193
保险学	32	60	196	58
材料成型及控制工程	45	77	273	88
材料化学	154	166	638	159
材料科学与工程	—	75	99	24
财务管理	113	136	592	161
草业科学	48	27	212	49
测绘工程	145	227	804	207
测控技术与仪器	45	62	207	50
茶学	—	28	57	29
产品设计	—	302	795	277
朝鲜语	26	31	116	28
车辆工程	219	318	1389	346
城市地下空间工程	—	70	130	60
城市管理	60	79	205	30
城乡规划	220	250	1328	274
地理科学	—	47	91	43
地理科学类专业	54	—	—	—
地理信息科学	186	258	1042	250
电气工程及其自动化	248	215	853	195
电子科学与技术	27	65	197	56
电子商务	132	150	476	113
电子信息工程	393	353	1510	402

2014～2015学年初普通高等林业院校和其他高等院校林科本科学生分专业情况(二)

单位:人

专业名称	毕业生数	招生数	在校学生数	毕业班学生数
电子信息科学与技术	55	118	415	123
电子信息类专业	—	149	149	—
动画	154	54	460	87
动物科学	108	155	482	133
动物医学	41	117	358	106
俄语	68	92	324	79
法学	365	451	1675	404
法语	110	86	339	76
服装与服饰设计	44	—	137	45
高分子材料与工程	256	236	1015	251
给排水科学与工程	54	88	482	140
工程管理	282	264	1132	291
工程力学	—	43	171	49
工商管理	311	416	1411	324
工业工程	75	85	334	99
工业设计	445	393	1647	345
公安管理学	—	133	289	156
公共事业管理	172	120	636	163
公共艺术	—	51	70	19
广播电视学	27	32	156	42
广告学	225	206	916	195
国际经济与贸易	502	469	2268	632
国际商务	48	91	293	75
过程装备与控制工程	49	61	192	42
汉语国际教育	—	65	106	41
汉语言	31	—	74	—
汉语言文学	150	195	680	182
行政管理	41	62	202	46
化学	44	49	196	60
化学工程与工艺	250	205	845	219
化学生物学	—	46	116	35
环境工程	265	295	1090	285
环境科学	223	227	954	292
环境设计	705	658	2988	797
会计学	1227	921	4444	1121
会展经济与管理	—	38	38	—
机械电子工程	135	210	784	229
机械设计制造及其自动化	1019	725	3039	747
计算机科学与技术	460	622	2483	740
建筑环境与能源应用工程	—	61	283	62
建筑学	110	156	830	160

2014～2015 学年初普通高等林业院校和其他高等院校林科本科学生分专业情况(三)

单位:人

专业名称	毕业生数	招生数	在校学生数	毕业班学生数
交通工程	90	121	396	109
交通运输	393	253	1044	244
金融工程	—	88	163	75
金融学	356	412	1400	330
经济统计学	—	58	227	62
经济学	61	80	306	76
警务指挥与战术	—	148	219	71
酒店管理	—	74	132	58
粮食工程	—	27	61	34
旅游管理	449	472	1919	513
能源与动力工程	146	165	701	193
农村区域发展	44	44	162	42
农学	93	122	456	102
农业机械化及其自动化	43	—	81	—
农业资源与环境	70	62	259	63
汽车服务工程	45	172	570	168
轻化工程	201	174	711	171
人力资源管理	146	115	538	113
人文地理与城乡规划	59	107	337	104
日语	231	212	787	183
软件工程	99	232	618	142
商务英语	—	49	199	47
设计学类专业	—	434	436	—
社会工作	85	89	326	84
社会体育指导与管理	30	30	119	28
摄影	48	—	108	25
生态学	119	127	449	106
生物工程	125	111	507	112
生物技术	263	414	1443	363
生物科学	185	87	511	128
生物科学类专业	—	69	69	—
生物制药	—	35	68	33
食品科学与工程	332	372	1527	395
食品质量与安全	40	89	420	98
市场营销	251	260	1219	359
视觉传达设计	99	170	756	317
数学与应用数学	90	99	418	117
数字媒体技术	—	57	179	—
数字媒体艺术	107	—	178	82

2014～2015学年初普通高等林业院校和其他高等院校林科本科学生分专业情况(四)

单位:人

专业名称	毕业生数	招生数	在校学生数	毕业班学生数
泰语	—	39	173	46
体育教育	54	37	182	58
通信工程	158	206	760	182
统计学	128	29	214	29
土地资源管理	—	131	415	127
土木工程	1321	810	3897	942
土木类专业	113	—	—	—
网络安全与执法	—	98	213	115
网络工程	30	28	116	30
文化产业管理	60	58	219	48
物理学	33	48	181	66
物流工程	148	200	805	226
物流管理	147	155	611	205
物业管理	113	53	238	51
消防工程	64	140	348	108
心理学	68	—	—	—
信息工程	—	51	189	46
信息管理与信息系统	268	329	1317	398
信息与计算科学	229	291	1064	277
刑事科学技术	112	230	895	233
艺术设计学	459	—	584	9
音乐表演	41	76	245	50
印刷工程	52	51	209	33
英语	646	525	2194	562
应用化学	156	194	695	203
应用生物科学	—	35	159	43
应用统计学	—	60	115	55
应用物理学	—	38	99	38
应用心理学	—	73	302	84
园艺	269	270	1025	260
越南语	—	34	106	40
侦查学	401	401	1695	460
政治学与行政学	58	61	215	55
植物保护	92	96	413	91
治安学	278	321	1518	389
中药学	65	60	178	54
种子科学与工程	—	—	56	27
自动化	279	300	1144	296
自然地理与资源环境	123	98	413	85

2014～2015 学年初高等林业职业院校教职工情况(一)

单位:人

学校名称	教职工数								
	合计	校本部教职工							
		计	专任教师						行政人员
			计	正高级	副高级	中级	初级	无职称者	
总 计	**6257**	**6179**	**4478**	**228**	**1137**	**1607**	**1186**	**320**	**679**
山西林业职业技术学院	306	285	216	4	42	72	71	27	29
辽宁林业职业技术学院	419	419	283	28	78	105	52	20	58
黑龙江林业职业技术学院	642	637	316	47	98	84	69	18	155
黑龙江生态工程职业学院	496	496	236	32	77	100	21	6	76
安徽林业职业技术学院	132	132	98	2	27	36	31	2	9
福建林业职业技术学院	422	408	340	9	69	88	160	14	22
江西环境工程职业学院	746	737	525	29	105	173	206	12	51
湖北生态工程职业技术学院	620	620	463	7	87	116	164	89	91
湖南环境生物职业技术学院	932	932	753	28	223	360	112	30	82
广西生态工程职业技术学院	395	366	271	15	77	123	26	30	51
云南林业职业技术学院	553	553	485	8	106	196	154	21	23
甘肃林业职业技术学院	453	453	388	19	121	138	83	27	15
宁夏防沙治沙职业技术学院	141	141	104	—	27	16	37	24	17

2014～2015 学年初高等林业职业院校教职工情况(二)

单位:人

学校名称	教职工数					另有其他人员			
	校本部教职工		科研机构人员	校办企业职工	其他附设机构人员	聘请校外教师	离退休人员	附属中小学幼儿园教职工	集体所有制人员
	教辅人员	工勤人员							
总 计	**501**	**521**	**1**	**13**	**64**	**1676**	**2154**	**—**	**—**
山西林业职业技术学院	19	21	—	—	21	114	79	—	—
辽宁林业职业技术学院	7	71	—	—	—	70	280	—	—
黑龙江林业职业技术学院	77	89	—	—	5	176	492	—	—
黑龙江生态工程职业学院	94	90	—	—	—	176	203	—	—
安徽林业职业技术学院	8	17	—	—	—	96	62	—	—
福建林业职业技术学院	34	12	1	13	—	161	83	—	—
江西环境工程职业学院	70	91	—	—	9	130	110	—	—
湖北生态工程职业技术学院	37	29	—	—	—	230	91	—	—
湖南环境生物职业技术学院	76	21	—	—	—	180	327	—	—
广西生态工程职业技术学院	20	24	—	—	29	110	227	—	—
云南林业职业技术学院	16	29	—	—	—	108	111	—	—
甘肃林业职业技术学院	37	13	—	—	—	124	57	—	—
宁夏防沙治沙职业技术学院	6	14	—	—	—	1	32	—	—

2014～2015 学年高等林业职业教育及普通专科分学校情况(一)

单位:人

学校名称	毕业生数	招生数	在校学生数	毕业班学生数
总　计	**37702**	**39906**	**120219**	**37788**
(一)高等林业职业学校	24366	27604	80722	24654
山西林业职业技术学院	1652	1491	5327	1998
辽宁林业职业技术学院	1567	2126	6244	2215
黑龙江林业职业技术学院	1999	2043	6452	2295
黑龙江生态工程职业学院	1742	1523	4914	1211
安徽林业职业技术学院	1068	1146	3139	959
福建林业职业技术学院	1761	1889	6420	2135
江西环境工程职业学院	2072	2765	7369	2114
河南林业职业学院	—	91	204	—
湖北生态工程职业技术学院	2378	3505	9752	2651
湖南环境生物职业技术学院	2997	3080	9222	2752
广西生态工程职业技术学院	1924	2432	5936	1372
云南林业职业技术学院	2166	2146	6332	1841
甘肃林业职业技术学院	2833	3092	8731	2906
宁夏防沙治沙职业技术学院	207	275	680	205
(二)普通林业学校专科	1237	588	2026	853
中南林业科技大学	724	588	1887	714
南京森林警察学院	513	—	139	139
(三)其他高等学校(林科)	12099	11714	37471	12281
北京农学院	58	101	214	55
北京联合大学	13	16	37	10
北京城市学院	26	—	48	26
北京农业职业学院	38	60	172	42
天津农学院	61	56	204	69
天津滨海职业学院	42	55	155	45
河北农业大学	177	—	176	176
河北北方学院	66	5	93	33
衡水学院	38	13	58	45
邢台学院	52	18	68	16
沧州师范学院	20	8	22	14
河北科技师范学院	53	—	—	—
河北政法职业学院	95	55	182	52
沧州职业技术学院	74	67	299	120
保定职业技术学院	70	53	145	50
石家庄工程职业学院	—	44	225	79
唐山职业技术学院	157	92	361	104
衡水职业技术学院	73	9	124	77
河北旅游职业学院	84	90	332	139
河北美术学院	—	21	58	13
廊坊职业技术学院	27	93	274	73
河北女子职业技术学院	20	—	—	—
廊坊东方职业技术学院	16	8	25	7
宣化科技职业学院	—	20	23	—
吕梁学院	46	122	425	154
太原学院	20	21	74	24

2014～2015 学年高等林业职业教育及普通专科分学校情况(二)

单位:人

学校名称	毕业生数	招生数	在校学生数	毕业班学生数
长治职业技术学院	24	25	59	16
晋城职业技术学院	—	23	24	—
山西运城农业职业技术学院	—	—	—	—
内蒙古农业大学	27	27	147	31
内蒙古电子信息职业技术学院	60	61	187	58
锡林郭勒职业学院	—	12	54	18
乌兰察布职业学院	27	38	176	70
鄂尔多斯生态环境职业学院	—	—	—	—
辽宁农业职业技术学院	153	171	494	158
沈阳大学	30	—	—	—
阜新高等专科学校	27	—	52	32
辽东学院	69	—	58	33
辽宁职业学院	37	68	182	41
辽宁水利职业学院	45	85	171	37
长春科技学院	17	28	75	28
松原职业技术学院	11	—	5	5
伊春职业学院	30	27	270	124
黑龙江职业学院	22	49	113	17
黑龙江建筑职业技术学院	53	60	189	54
大庆职业学院	—	7	7	—
黑龙江农业职业技术学院	18	8	28	13
黑龙江农业工程职业学院	56	31	108	39
齐齐哈尔工程学院	—	18	31	—
大兴安岭职业学院	23	44	119	48
黑龙江农业经济职业学院	36	19	76	23
黑龙江生物科技职业学院	33	11	60	18
黑龙江农垦科技职业学院	—	12	52	14
上海城市管理职业技术学院	120	78	309	114
上海农林职业技术学院	122	127	335	88
连云港职业技术学院	—	51	190	56
扬州市职业大学	—	81	157	—
硅湖职业技术学院	13	3	41	11
江苏联合职业技术学院	248	—	625	235
扬州环境资源职业技术学院	65	—	—	—
南通农业职业技术学院	113	22	276	115
江苏农牧科技职业学院	90	74	266	97
苏州农业职业技术学院	211	194	624	228
江苏农林职业技术学院	331	488	1658	597
江海职业技术学院	—	8	8	—
无锡城市职业技术学院	44	43	87	—
江苏城市职业学院	73	46	199	54
南京旅游职业学院	23	23	65	16
徐州生物工程职业技术学院	—	12	65	32
金华职业技术学院	171	124	463	137
宁波城市职业技术学院	89	188	610	202
嘉兴职业技术学院	138	151	471	147
丽水职业技术学院	86	84	322	144

2014～2015学年高等林业职业教育及普通专科分学校情况(三)

单位:人

学校名称	毕业生数	招生数	在校学生数	毕业班学生数
台州科技职业学院	36	47	136	44
温州科技职业学院	174	185	560	193
芜湖职业技术学院	53	43	160	58
宿州职业技术学院	78	54	174	39
六安职业技术学院	66	141	440	139
合肥职业技术学院	53	32	74	25
滁州职业技术学院	64	56	143	48
池州职业技术学院	159	111	342	124
宣城职业技术学院	78	66	177	47
安徽城市管理职业学院	101	136	402	126
安庆职业技术学院	94	73	343	91
黄山职业技术学院	—	25	77	31
漳州职业技术学院	69	80	253	93
闽西职业技术学院	29	29	104	41
福建农业职业技术学院	176	71	470	248
福州黎明职业技术学院	26	—	52	15
宁德职业技术学院	13	12	52	22
漳州城市职业学院	41	51	150	50
武夷山职业学院	39	15	30	11
江西农业大学	37	—	—	—
景德镇学院	59	41	130	35
江西科技师范大学	100	79	79	—
江西工程学院	—	—	—	—
南昌工学院	28	42	72	—
江西生物科技职业学院	64	77	255	64
吉安职业技术学院	—	20	20	—
临沂大学	12	53	116	16
济宁职业技术学院	19	2	64	21
潍坊职业学院	55	132	236	33
东营职业学院	33	42	101	28
聊城职业技术学院	9	16	45	14
滨州职业学院	20	22	87	30
潍坊科技学院	52	28	114	49
山东英才学院	16	87	123	11
东营科技职业学院	—	38	40	2
淄博职业学院	10	28	60	23
青岛求实职业技术学院	35	33	85	25
山东协和学院	—	32	32	—
山东旅游职业学院	—	6	6	—
泰山职业技术学院	21	39	85	15
枣庄职业学院	—	4	25	8
潍坊工程职业学院	—	5	15	5
山东农业工程学院	43	58	211	53
河南科技大学	291	—	65	65
河南农业大学	61	—	160	100
河南科技学院	87	85	250	70
三门峡职业技术学院	60	15	108	44

2014～2015学年高等林业职业教育及普通专科分学校情况(四)

单位:人

学校名称	毕业生数	招生数	在校学生数	毕业班学生数
新乡学院	77	—	112	67
信阳农林学院	170	236	428	92
濮阳职业技术学院	83	10	73	38
许昌职业技术学院	64	30	142	63
商丘职业技术学院	89	57	238	106
河南农业职业学院	345	205	840	318
商丘学院	—	38	106	26
许昌陶瓷职业学院	—	—	3	3
黄冈职业技术学院	65	55	246	80
江汉大学	—	—	23	23
荆楚理工学院	45	55	178	54
恩施职业技术学院	19	159	171	11
武汉生物工程学院	197	167	483	138
武汉工贸职业学院	32	18	32	14
荆州职业技术学院	40	34	131	61
仙桃职业学院	25	47	172	35
武汉软件工程职业学院	54	—	74	74
湖北三峡职业技术学院	58	63	182	53
湖北生物科技职业学院	133	73	318	115
咸宁职业技术学院	73	62	208	50
武汉民政职业学院	68	93	180	52
三峡旅游职业技术学院	78	19	68	31
永州职业技术学院	33	27	74	14
湖南生物机电职业技术学院	212	215	658	198
娄底职业技术学院	73	67	263	126
长沙职业技术学院	19	21	59	18
岳阳职业技术学院	43	46	151	52
常德职业技术学院	30	31	124	51
湘西民族职业技术学院	—	11	34	15
益阳职业技术学院	21	158	265	58
湖南应用技术学院	44	94	266	87
湖南都市职业学院	—	15	52	20
顺德职业技术学院	81	41	155	29
深圳职业技术学院	154	152	471	154
私立华联学院	38	58	244	95
广东农工商职业技术学院	160	106	425	164
阳江职业技术学院	60	83	234	67
河源职业技术学院	51	48	139	49
揭阳职业技术学院	—	29	29	—
广州城市职业学院	51	84	242	87
东莞职业技术学院	69	94	249	74
广东环境保护工程职业学院	—	169	711	304
广东生态工程职业学院	—	486	486	—
玉林师范学院	13	—	—	—
桂林师范高等专科学校	—	14	64	23
贺州学院	11	—	8	8
广西交通职业技术学院	—	66	213	63
广西农业职业技术学院	82	64	240	104
广西城市职业学院	23	26	84	25

2014～2015 学年高等林业职业教育及普通专科分学校情况（五）

单位：人

学校名称	毕业生数	招生数	在校学生数	毕业班学生数
广西英华国际职业学院	26	2	26	18
广西工程职业学院	—	6	25	11
海南职业技术学院	59	132	280	47
琼台师范高等专科学校	47	110	202	30
重庆三峡职业学院	296	330	979	331
重庆工贸职业技术学院	157	84	282	87
重庆城市管理职业学院	170	162	483	165
重庆旅游职业学院	71	32	124	54
西南科技大学	20	48	131	42
西昌学院	22	14	135	51
西华师范大学	39	50	160	51
绵阳师范学院	21	—	43	13
南充职业技术学院	84	45	112	29
内江职业技术学院	52	38	145	44
成都农业科技职业学院	150	90	360	124
广安职业技术学院	23	40	132	31
安顺职业技术学院	13	32	84	10
黔东南民族职业技术学院	20	71	110	23
黔南民族职业技术学院	7	8	44	15
遵义职业技术学院	—	18	23	—
黔西南民族职业技术学院	22	40	94	33
贵阳职业技术学院	110	51	226	101
云南农业大学	—	24	24	—
普洱学院	36	36	98	33
昆明学院	37	—	27	27
云南农业职业技术学院	245	50	169	58
西双版纳职业技术学院	32	15	71	19
玉溪农业职业技术学院	128	51	226	84
云南热带作物职业学院	70	—	103	62
云南国防工业职业技术学院	61	24	111	39
大理农林职业技术学院	—	55	149	—
西藏大学农牧学院	40	40	110	35
西藏职业技术学院	57	90	297	104
杨凌职业技术学院	36	32	113	57
榆林学院	19	—	—	—
安康学院	12	—	56	22
西安东方亚太职业技术学院	—	5	5	—
咸阳职业技术学院	46	72	150	43
西安职业技术学院	9	—	39	31
汉中职业技术学院	12	21	60	8
延安职业技术学院	—	—	29	13
河西学院	44	—	1	1
陇南师范高等专科学校	—	33	45	—
兰州职业技术学院	35	50	289	40
甘肃农业职业技术学院	102	58	168	52
青海畜牧兽医职业技术学院	36	36	138	32
宁夏职业技术学院	73	53	163	43
伊犁职业技术学院	5	19	81	12
巴音郭楞职业技术学院	29	30	92	26
新疆应用职业技术学院	21	32	84	12

2014～2015 学年高等林业(生态)职业技术学院和其他高等职业学院林科分专业情况(一)

单位:人

专业名称	毕业生数	招生数	在校学生数	毕业班学生数
总　　计	**37702**	**39906**	**120219**	**37788**
(一)林科专业	17657	17600	55838	18123
林业技术	1729	2082	5526	1718
园林技术	12167	11609	36463	12019
城市园林	767	1296	4291	1393
园林建筑	45	129	433	116
商品花卉	485	492	1686	620
森林资源保护	195	245	754	251
野生植物资源开发与利用	211	40	197	75
野生动物保护	20	19	56	22
自然保护区建设与管理	45	118	185	40
森林生态旅游	336	303	842	308
林产化工技术	21	—	—	—
木材加工技术	184	135	472	180
森林工程技术	8	30	46	—
人造板自动化生产技术	32	—	34	34
家具卖场设计与管理	99	428	695	105
高尔夫场地管理	50	154	300	63
林业信息技术	46	36	100	28
经济林培育与利用	29	15	68	25
森林防火指挥与通讯	—	10	106	38
其他林科专业	1188	459	3584	1088
(二)非林科专业	20045	22306	64381	19665
包装技术与设计	17	49	137	36
财务管理	35	161	383	74
茶艺	—	17	66	29
城市水净化技术	—	9	9	—
城镇规划	225	145	406	114
畜牧兽医	65	50	156	43
传媒策划与管理	—	36	79	—
导游	40	25	99	34
道路桥梁工程技术	505	399	1303	464
地理信息系统与地图制图技术	149	101	342	130
电脑艺术设计	113	120	297	100
电气自动化技术	21	57	161	50
电子商务	243	444	1009	272
雕刻艺术与家具设计	24	91	309	119
动漫设计与制作	117	142	366	69
都市园艺	—	40	55	—
房地产经营与估价	42	12	41	14
服装设计	22	20	67	18

2014～2015学年高等林业(生态)职业技术学院和其他高等职业学院林科分专业情况(二)

单位:人

专业名称	毕业生数	招生数	在校学生数	毕业班学生数
给排水工程技术	68	53	128	43
工程测量技术	261	249	901	342
工程测量与监理	52	230	554	144
工程机械运用与维护	15	—	9	9
工程监理	359	204	628	195
工程造价	791	1248	3282	876
工商企业管理	18	24	85	24
工业分析与检验	—	—	21	—
工业设计	—	5	16	—
公共管理类专业	—	28	28	—
广告设计与制作	91	158	408	105
广告与会展	5	16	51	16
国际贸易实务	—	—	13	13
国际商务	74	—	144	98
焊接技术及自动化	14	6	48	23
护理	1734	1684	5397	1666
环境工程技术	42	79	204	50
环境监测与评价	213	201	542	145
环境监测与治理技术	252	278	746	236
环境艺术设计	519	462	1388	483
会计	629	838	2349	544
会计电算化	1176	1222	4153	1512
会计与审计	394	420	1247	421
会展策划与管理	48	35	147	57
机电一体化技术	374	809	1685	350
机械制造与自动化	98	49	250	117
计算机多媒体技术	20	20	46	12
计算机网络技术	441	317	811	260
计算机系统维护	28	—	14	9
计算机信息管理	89	80	287	80
计算机应用技术	269	473	1145	340
家具设计与制造	333	282	1013	391
家政服务	40	48	196	108
建筑工程管理	—	114	239	46
建筑工程技术	1579	1698	5490	1512
建筑设计类专业	2	—	26	15
建筑装饰工程技术	89	123	301	98
金融与证券	82	147	376	104
经济管理	132	127	350	101
景观设计	5	119	293	57
景区开发与管理	26	34	82	27

2014～2015学年高等林业(生态)职业技术学院和其他高等职业学院林科分专业情况(三)

单位:人

专业名称	毕业生数	招生数	在校学生数	毕业班学生数
酒店管理	534	535	1547	501
康复治疗技术	—	25	25	—
口腔医学技术	—	69	117	—
连锁经营管理	38	—	64	43
楼宇智能化工程技术	35	18	77	35
旅游服务与管理	—	—	—	—
旅游管理	372	241	638	235
旅游英语	24	38	101	36
绿色食品生产与检验	—	51	140	47
模具设计与制造	17	37	121	43
葡萄与葡萄酒工程	—	102	179	—
汽车电子技术	73	86	253	89
汽车技术服务与营销	188	240	703	178
汽车检测与维修技术	114	367	776	167
汽车运用技术	81	187	412	89
汽车运用与维修	—	82	122	—
汽车制造与装配技术	—	49	93	—
软件技术	85	77	247	85
商务管理	37	—	31	31
商务英语	108	50	190	74
设施农业技术	50	24	60	25
社区管理与服务	—	47	95	—
涉外旅游	6	—	4	2
生物技术及应用	282	156	492	173
生物制药技术	97	112	302	115
食品加工技术	—	10	18	—
食品生物技术	18	22	37	10
食品营养与检测	168	157	503	185
食品质量与安全监管	—	—	2	2
市场开发与营销	68	90	213	48
市场营销	323	422	1122	325
市政工程技术	94	43	216	82
视觉传达艺术设计	13	18	93	41
室内检测与控制技术	25	—	—	—
室内设计技术	1584	1302	4147	1354
室内装饰设计	—	—	10	—
数控技术	71	78	298	111
数控设备应用与维护	42	11	67	27

2014～2015学年高等林业(生态)职业技术学院和其他高等职业学院林科分专业情况(四)

单位:人

专业名称	毕业生数	招生数	在校学生数	毕业班学生数
水利工程	72	73	241	98
水土保持	98	51	176	73
水文与工程地质	—	46	46	—
通信技术	—	176	451	186
投资与理财	96	29	103	31
图形图像制作	154	174	494	157
微电子技术	—	—	18	—
文秘	125	65	225	89
物联网应用技术	—	87	183	48
物流管理	463	483	1493	494
物业管理	13	6	6	—
西餐工艺	—	41	83	—
新闻采编与制作	17	15	59	29
新闻与传播	11	—	—	—
休闲服务与管理	—	30	49	—
学前教育	130	220	665	227
药学	212	179	576	184
医学检验技术	131	173	451	157
医药营销	—	6	32	8
艺术设计	94	196	483	122
营销与策划	122	198	490	139
影视动画	19	11	61	17
应用电子技术	123	117	323	119
应用俄语	12	—	16	10
应用化工技术	58	41	115	58
应用日语	—	—	—	—
园艺技术	407	453	1265	426
侦查	180	—	—	—
治安管理	333	—	139	139
中草药栽培技术	—	39	89	25
中药	75	80	185	51
中药制药技术	43	8	52	27
助产	201	210	541	156
装潢艺术设计	64	65	159	43
装饰艺术设计	19	214	503	—
资产评估与管理	123	104	254	83
资源环境与城市管理	123	172	462	121

2014～2015 学年初主要涉林高等院校及科研单位分学科专业学生情况(一)

单位:人

单 位 名 称	分学科、专业学生数	毕业生数	招生数	在校学生数	毕业班学生数
北京林业大学	**学生总数**	**4628**	**4964**	**18054**	**5317**
	其中:林业学科、专业学生	1617	1631	5994	2020
	占学生总数的比例	34.94%	32.86%	33.20%	37.99%
	一、研究生合计	1441	1668	4819	2048
	(一)博士小计	212	265	1136	609
	1. 林业学科	172	194	882	492
	林木遗传育种	10	11	50	25
	森林培育	6	13	62	39
	森林保护学	14	14	50	22
	森林经理学	6	7	39	26
	野生动植物保护与利用	18	14	85	52
	园林植物与观赏园艺	13	19	62	29
	水土保持与荒漠化防治	32	36	129	62
	森林工程	3	5	18	10
	木材科学与技术	10	16	77	39
	林产化学加工工程	11	17	66	36
	林业经济管理	26	16	118	80
	土壤学	2	4	11	6
	植物学	12	10	56	32
	生态学学科	9	12	59	34
	2. 其他学科	40	71	254	117
	(二)硕士小计	1229	1403	3683	1439
	1. 林业学科	598	746	1806	654
	林木遗传育种	22	30	71	18
	森林培育	28	27	80	25
	森林保护学	16	34	84	22
	森林经理学	28	17	60	21
	野生动植物保护与利用	37	45	133	44
	园林植物与观赏园艺	65	42	139	50
	水土保持与荒漠化防治	49	73	188	48
	森林工程	4	8	26	9
	木材科学与技术	30	37	112	38
	林产化学加工工程	12	31	77	18
	林业经济管理	9	10	29	10
	土壤学	9	8	27	8
	植物学	21	24	68	21
	生态学	31	29	80	21
	林业(专业学位)	74	107	189	82
	风景园林(专业学位)	79	116	231	115
	林业工程(专业学位)	84	108	212	104
	2. 其他学科	631	657	1877	785
	二、本专科生合计	3187	3296	13235	3269
	1. 林科专业	847	691	3306	874
	木材科学与工程	133	172	654	150

2014～2015 学年初主要涉林高等院校及科研单位分学科专业学生情况(二)

单位:人

单位名称	分学科、专业学生数	毕业生数	招生数	在校学生数	毕业班学生数
	林产化工	76	84	300	67
	林学	109	—	238	103
	森林资源保护与游憩	—	—	—	—
	野生动物与自然保护区管理	24	47	159	28
	园林	177	138	712	189
	水土保持与荒漠化防治	96	94	411	94
	风景园林	148	116	559	159
	农林经济管理	84	40	273	84
	2. 其他专业	2340	2605	9929	2395
东北林业大学	**学生总数**	**5902**	**6065**	**23080**	**6306**
	其中:林业学科、专业学生	1575	1595	5908	1991
	占学生总数的比例	26.69%	26.30%	25.60%	31.57%
	一、研究生合计	1311	1434	4226	1737
	(一)博士小计	167	193	939	554
	1. 林业学科	128	141	724	436
	林木遗传育种	10	10	43	19
	森林培育	1	5	27	18
	森林保护学	9	9	41	23
	森林经理学	9	6	21	10
	野生动植物保护与利用	9	9	60	39
	园林植物与观赏园艺	4	3	12	6
	水土保持与荒漠化防治	1	6	30	18
	森林工程	5	8	49	33
	木材科学与技术	10	11	64	38
	林产化学加工工程	6	5	25	16
	林业经济管理	15	15	90	64
	植物学	8	7	32	15
	生态学	13	8	45	27
	其他林业学科	28	39	185	110
	2. 其他学科	39	52	215	118
	(二)硕士小计	1144	1241	3287	1183
	1. 林业学科	466	593	1464	577
	林木遗传育种	17	29	93	35
	森林培育	5	12	37	14
	森林保护学	12	28	76	20
	森林经理学	20	16	54	19
	野生动植物保护与利用	4	19	56	20
	园林植物与观赏园艺	23	20	60	20
	水土保持与荒漠化防治	14	10	33	11
	森林工程	20	25	60	13
	木材科学与技术	19	30	83	26
	林产化学加工工程	10	10	31	10
	林业经济管理	3	7	20	6
	土壤学	4	4	13	5

2014～2015学年初主要涉林高等院校及科研单位分学科专业学生情况(三)

单位:人

单位名称	分学科、专业学生数	毕业生数	招生数	在校学生数	毕业班学生数
	植物学	18	18	57	19
	生态学	14	20	66	26
	林业(专业学位)	19	28	62	34
	农业推广(林业,专业学位)	42	47	100	53
	工程(林业工程,专业学位)	146	183	369	186
	风景园林(专业学位)	30	34	57	23
	其他林业学科	46	53	137	37
	2. 其他学科	678	648	1823	606
	二、本专科生合计	4591	4631	18854	4569
	(一)本科小计	4591	4631	18854	4569
	1. 林科专业	782	705	3032	786
	林产化工	49	59	215	45
	木材科学与工程	141	142	523	125
	森林保护	47	55	220	54
	森林工程	100	84	367	84
	野生动物与自然保护区管理	62	60	288	78
	风景园林	125	94	418	118
	农林经济管理	74	62	270	74
	林学	93	91	415	112
	园林	91	58	316	96
	2. 其他专业	3809	3926	15822	3783
南京林业大学	**学生总数**	**4827**	**5304**	**19724**	**5677**
	其中:林业学科、专业学生	1044	1125	4419	1441
	占学生总数的比例	21.63%	21.21%	22.40%	25.38%
	一、研究生合计	952	1195	3444	1566
	(一)博士小计	65	128	729	478
	1. 林业学科	40	90	538	360
	林木遗传育种	5	3	32	20
	森林培育	4	12	48	29
	森林保护学	2	7	40	29
	森林经理学	—	3	25	19
	野生动植物保护与利用	1	1	4	2
	园林植物与观赏园艺	3	4	33	25
	水土保持与荒漠化防治	1	6	35	23
	森林工程	6	8	47	30
	木材科学与技术	7	7	61	44
	林产化学加工工程	3	11	44	22
	林业经济管理	3	9	75	56
	植物学	3	8	37	24
	其他林业学科	2	11	57	37
	2. 其他学科	25	38	191	118
	(二)硕士小计	887	1067	2715	1088
	1. 林业学科	344	367	971	359
	林木遗传育种	12	18	58	21

2014～2015 学年初主要涉林高等院校及科研单位分学科专业学生情况(四)

单位:人

单位名称	分学科、专业学生数	毕业生数	招生数	在校学生数	毕业班学生数
	森林培育	19	29	79	23
	森林保护学	18	21	60	19
	森林经理学	13	14	38	11
	野生动植物保护与利用	2	1	5	1
	园林植物与观赏园艺	23	20	60	20
	水土保持与荒漠化防治	11	16	45	15
	森林工程	10	10	24	10
	木材科学与技术	37	33	98	31
	林产化学加工工程	16	15	48	16
	林业经济管理	8	—	—	—
	土壤学	6	—	—	—
	植物学	23	26	76	26
	生态学	28	27	83	29
	林业(专业学位)	27	41	81	40
	风景园林(专业学位)	64	72	145	73
	其他林业学科	27	24	71	24
	2. 其他学科	543	700	1744	729
	二、本专科生合计	3875	4109	16280	4111
	(一)本科小计	3875	4109	16280	4111
	1. 林科专业	660	668	2910	722
	森林工程	23	31	98	22
	木材科学与工程	241	145	814	253
	林产化工	26	66	209	44
	林学	165	186	696	162
	森林保护	—	27	48	—
	园林	105	74	445	122
	风景园林	69	79	402	92
	农林经济管理	31	60	198	27
	2. 其他专业	3215	3441	13370	3389
中南林业科技大学	**学生总数**	**6802**	**7228**	**27366**	**7218**
	其中:林业学科、专业学生	741	867	3259	869
	占学生总数的比例	10.89%	12.00%	11.91%	12.04%
	一、研究生合计	640	750	2131	881
	(一)博士小计	20	54	277	170
	1. 林业学科	17	29	156	113
	林木遗传育种	2	1	6	4
	森林培育	3	5	35	23
	森林保护学	2	1	7	4
	森林经理学	1	1	10	20
	野生动植物保护与利用	—	1	3	2
	园林植物与观赏园艺	1	1	14	16
	水土保持与荒漠化防治	—	1	5	2
	森林工程	3	2	29	21
	木材科学与技术	4	2	21	13

2014～2015 学年初主要涉林高等院校及科研单位分学科专业学生情况(五)

单位:人

单位名称	分学科、专业学生数	毕业生数	招生数	在校学生数	毕业班学生数
	林产化学加工工程	—	3	11	4
	其他林业学科	1	11	15	4
	2. 其他学科	3	25	121	57
	(二)硕士小计	620	696	1854	711
	1. 林业学科	185	183	511	162
	林木遗传育种	—	2	6	1
	森林培育	27	27	85	26
	森林保护学	6	6	20	7
	森林经理学	15	26	71	23
	野生动植物保护与利用	4	2	6	2
	园林植物与观赏园艺	35	12	36	14
	水土保持与荒漠化防治	10	10	26	7
	森林工程	8	2	6	4
	木材科学与技术	12	9	20	11
	林产化学加工工程	5	4	7	3
	林业经济管理	4	1	6	3
	植物学	6	3	18	7
	生态学	24	58	134	30
	林业(专业学位)	11	13	23	10
	其他林业学科	18	8	47	14
	2. 其他学科	435	513	1343	549
	二、本专科生合计	6162	6478	25235	6337
	(一)本科小计	5438	5890	23348	5623
	1. 林科专业	539	655	2592	594
	森林工程	48	83	295	60
	木材科学与工程	81	99	461	112
	林产化工	34	45	181	33
	林学	143	131	567	145
	森林保护	30	31	144	37
	园林	148	53	382	137
	风景园林	—	119	236	—
	农林经济管理	55	94	326	70
	2. 其他专业	4899	5235	20756	5029
	(二)高职小计	724	588	1887	714
	商品花卉	724	588	1887	714
西南林业大学	**学生总数**	**3843**	**4709**	**17539**	**4341**
	其中:林业学科、专业学生	1028	1146	4039	1034
	占学生总数的比例	26.75%	24.34%	23.03%	23.82%
	一、研究生合计	470	478	1215	457
	(一)博士小计	—	9	9	—
	1. 林业学科	—	7	7	—
	森林培育	—	1	1	—
	森林经理学	—	1	1	—
	野生动植物保护与利用	—	1	1	—

2014～2015学年初主要涉林高等院校及科研单位分学科专业学生情况(六)

单位:人

单位名称	分学科、专业学生数	毕业生数	招生数	在校学生数	毕业班学生数
	水土保持与荒漠化防治	—	1	1	—
	森林工程	—	1	1	—
	木材科学与技术	—	1	1	—
	林产化学加工工程	—	1	1	—
	2. 其他学科	—	2	2	—
	(二)硕士小计	470	469	1206	457
	1. 林业学科	293	275	704	278
	林木遗传育种	6	3	21	8
	森林培育	11	7	35	16
	森林保护学	11	9	33	13
	森林经理学	20	13	38	12
	野生动植物保护与利用	20	6	30	11
	园林植物与观赏园艺	16	5	23	9
	水土保持与荒漠化防治	13	9	25	8
	森林工程	11	7	20	6
	木材科学与技术	11	2	17	8
	林产化学加工工程	1	3	7	2
	林业经济管理	10	3	12	5
	植物学	20	12	41	14
	生态学	27	32	92	27
	林业(专业学位)	22	28	55	27
	工程(林业工程,专业学位)	20	38	65	27
	风景园林(专业学位)	74	88	173	85
	其他林业学科	—	10	17	—
	2. 其他学科	177	194	502	179
	二、本专科生合计	3373	4231	16324	3884
	(一)本科小计	3373	4231	16324	3884
	1. 林科专业	735	871	3335	756
	森林工程	59	75	286	73
	木材科学与工程	85	170	548	83
	林产化工	37	65	224	32
	林学	123	160	644	145
	森林保护	93	42	254	87
	野生动物与自然保护区管理	34	29	130	33
	园林	222	197	789	203
	水土保持与荒漠化防治	45	52	221	50
	农林经济管理	37	81	239	50
	2. 其他专业	2638	3360	12989	3128
西北农林科技大学	**学生总数**	**7477**	**7873**	**29294**	**8630**
	其中:林业学科、专业学生	712	737	2720	773
	占学生总数的比例	9.52%	9.36%	9.29%	8.96%
	一、研究生合计	2196	2584	7467	3164
	(一)博士小计	276	402	1989	1205
	1. 林业学科	26	45	206	112
	林木遗传育种	—	1	10	9
	森林培育	4	6	20	11

2014～2015学年初主要涉林高等院校及科研单位分学科专业学生情况(七)

单位:人

单位名称	分学科、专业学生数	毕业生数	招生数	在校学生数	毕业班学生数
	森林保护学	2	6	22	10
	森林经理学	1	2	6	1
	野生动植物保护与利用	1	1	11	8
	园林植物与观赏园艺	2	1	10	9
	水土保持与荒漠化防治	8	16	75	37
	林业经济管理	5	1	7	5
	植物学	3	11	45	22
	2. 其他学科	250	357	1783	1093
	(二)硕士小计	1920	2182	5478	1959
	1. 林业学科	181	163	398	139
	林木遗传育种	11	6	17	6
	森林培育	7	9	23	5
	森林保护学	16	10	36	11
	森林经理学	6	7	22	8
	野生动植物保护与利用	8	5	22	8
	园林植物与观赏园艺	28	11	11	—
	水土保持与荒漠化防治	36	39	110	32
	木材科学与技术	5	3	11	4
	林产化学加工工程	8	6	18	6
	林业经济管理	2	4	7	1
	风景园林(专业学位)	30	39	71	32
	林业(专业学位)	24	24	50	26
	2. 其他学科	162	231	451	220
	二、本专科生合计	5281	5289	21827	5466
	1. 林业学科	505	529	2116	522
	木材科学与工程	95	89	352	95
	林产化工	54	56	187	47
	森林保护	49	61	203	50
	水土保持与荒漠化防治	122	60	384	123
	林学	89	119	422	110
	园林	96	85	509	97
	风景园林(专业学位)	—	59	59	—
	2. 其他学科	4776	4760	19711	4944
浙江农林大学	**学生总数**	**3849**	**4024**	**15491**	**3750**
	其中:林业学科、专业学生	620	542	2326	625
	占学生总数的比例	16.11%	13.47%	15.02%	16.67%
	一、研究生合计	468	500	1269	282
	(一)博士小计	—	3	6	—
	林学学科	—	3	6	—
	(二)硕士小计	468	497	1263	282
	1. 林业学科	168	120	362	123
	林木遗传育种	18	15	42	13
	森林培育	30	18	50	16
	森林保护学	16	10	27	9
	森林经理学	15	13	43	15
	野生动植物保护与利用	—	1	8	4

2014～2015学年初主要涉林高等院校及科研单位分学科专业学生情况(八)

单位:人

单位名称	分学科、专业学生数	毕业生数	招生数	在校学生数	毕业班学生数
	园林植物与观赏园艺	39	14	40	13
	水土保持与荒漠化防治	—	1	3	1
	森林工程	—	1	6	3
	木材科学与技术	10	6	36	15
	林产化学加工工程	6	4	7	3
	林业经济管理	11	—	1	—
	植物学	—	4	12	4
	生态学学科	23	14	44	16
	其他林业学科	—	19	43	11
	2. 其他学科	300	377	901	159
	二、本专科生合计	3381	3524	14222	3468
	(一)本科小计	3381	3524	14222	3468
	1. 林科专业	452	422	1964	502
	林学	60	90	378	84
	木材科学与工程	140	141	573	142
	农林经济管理	73	60	264	65
	园林	60	73	266	61
	风景园林	119	58	483	150
	2. 其他专业	2929	3102	12258	2966
中国林业科学研究院	**学生总数**	**290**	**318**	**954**	**373**
	其中:林业学科、专业学生	246	252	753	301
	占学生总数的比例	84.83%	79.25%	78.93%	80.70%
	一、研究生合计	290	318	954	373
	(一)博士小计	100	118	409	172
	1. 林业学科	78	88	313	134
	林木遗传育种	14	19	66	30
	森林培育	8	13	48	22
	森林保护学	13	10	34	14
	森林经理学	6	8	37	21
	野生动植物保护与利用	1	1	5	3
	园林植物与观赏园艺	6	5	19	8
	水土保持与荒漠化防治	3	4	18	7
	林产化学加工工程	5	10	28	7
	木材科学与技术	9	10	31	9
	其他林业学科	13	8	27	13
	2. 其他学科	22	30	96	38
	(二)硕士小计	190	200	545	201
	1. 林业学科	168	164	440	167
	林木遗传育种	9	17	40	13
	森林培育	16	19	60	19
	森林保护学	6	9	24	9
	森林经理学	9	3	11	4
	野生动植物保护与利用	1	1	6	4
	园林植物与观赏园艺	2	1	6	3
	水土保持与荒漠化防治	5	6	14	5
	森林工程	2	—	3	1

2014～2015学年初主要涉林高等院校及科研单位分学科专业学生情况(九)

单位:人

单位名称	分学科、专业学生数	毕业生数	招生数	在校学生数	毕业班学生数
	木材科学与技术	10	11	30	11
	林产化学加工工程	6	10	23	6
	林业经济管理	7	3	16	7
	土壤学	2	1	8	4
	植物学	3	—	2	1
	生态学学科	21	20	62	17
	风景园林(专业学位)	60	54	108	54
	其他林业学科	9	9	27	9
	2. 其他学科	22	36	105	34
河北农业大学	**学生总数**	**5366**	**6273**	**22114**	**5613**
	其中:林业学科、专业学生	424	555	2037	662
	占学生总数的比例	7.90%	8.85%	9.21%	11.79%
	一、研究生合计	789	814	2260	958
	(一)博士小计	38	53	277	171
	1. 林业学科	8	10	65	42
	林木遗传育种	2	1	4	2
	森林保护学	—	2	5	1
	森林经理学	—	—	2	1
	森林培育	—	2	13	10
	园林植物与观赏园艺	—	—	1	—
	林业经济管理	4	—	5	3
	土壤学	1	3	20	14
	植物学	1	2	15	11
	2. 其他学科	30	43	212	129
	(二)硕士小计	751	761	1983	787
	1. 林业学科	108	101	257	101
	林木遗传育种	7	7	19	6
	森林保护学	8	5	22	9
	森林经理学	9	5	17	6
	森林培育	7	8	26	10
	水土保持与荒漠化防治	1	2	5	1
	园林植物与观赏园艺	15	6	13	2
	林业经济管理	10	8	23	8
	植物学	13	14	39	12
	风景园林(专业学位)	38	46	93	47
	2. 其他学科	643	660	1726	686
	二、本专科生合计	4577	5459	19854	4655
	(一)本科小计	4577	5459	19854	4655
	1. 林科专业	278	401	1503	390
	林学	78	120	435	102
	森林保护	—	30	102	42
	园林	91	97	417	119
	风景园林	59	68	276	69
	木材科学与工程	50	86	273	58

2014～2015学年初主要涉林高等院校及科研单位分学科专业学生情况(十)

单位:人

单位名称	分学科、专业学生数	毕业生数	招生数	在校学生数	毕业班学生数
	2. 其他专业	4299	5058	18351	4265
内蒙古农业大学	**学生总数**	**8542**	**8818**	**33832**	**9219**
	其中:林业学科、专业学生	846	859	3010	814
	占学生总数的比例	9.90%	9.74%	8.90%	8.83%
	一、研究生合计	770	900	2486	965
	(一)博士小计	85	110	453	234
	1. 林业学科	15	17	84	51
	林木遗传育种	—	1	2	1
	森林保护学	—	—	2	2
	森林经理学	1	2	9	5
	森林培育	2	1	5	4
	野生动植物保护与利用	2	3	9	4
	园林植物与观赏园艺	—	—	1	1
	水土保持与荒漠化防治	2	3	17	10
	森林工程	1	2	6	3
	木材科学与技术	1	2	9	5
	林业经济管理	—	1	3	1
	土壤学	2	1	8	5
	植物学	4	1	13	10
	2. 其他学科	70	93	369	183
	(二)硕士小计	685	790	2033	731
	1. 林业学科	83	104	248	88
	林木遗传育种	1	5	12	3
	森林培育	6	6	14	4
	森林经理学	5	6	15	6
	森林保护学	1	2	5	1
	水土保持与荒漠化防治	14	18	45	14
	野生动植物保护与利用	2	8	17	6
	园林植物与观赏园艺	9	2	11	2
	森林工程	8	8	25	10
	木材科学与技术	5	3	16	6
	林产化学加工工程	—	1	6	4
	林业经济管理	2	3	10	3
	林业(专业学位)	5	13	20	6
	风景园林(专业学位)	25	29	52	23
	2. 其他学科	602	686	1785	643
	二、本专科生合计	7772	7918	31346	8254
	本科小计	6819	6872	27984	7163
	林科专业	748	738	2678	675
	林学	105	95	441	115
	森林保护	—	90	263	—
	水土保持与荒漠化防治	125	117	393	109
	园林	282	256	1025	335
	森林工程	160	60	173	30

2014～2015学年初主要涉林高等院校及科研单位分学科专业学生情况(十一)

单位:人

单位名称	分学科、专业学生数	毕业生数	招生数	在校学生数	毕业班学生数
	木材科学与工程	76	120	383	86
安徽农业大学	**学生总数**	**5359**	**5129**	**21175**	**5802**
	其中:林业学科、专业学生	297	251	1066	317
	占学生总数的比例	5.54%	4.89%	5.03%	5.46%
	一、研究生合计	740	918	2595	826
	(一)博士小计	37	50	181	79
	1.林业学科	7	10	31	17
	森林培育	2	3	11	7
	森林保护学	1	1	4	2
	木材科学与技术	2	3	8	4
	木材科学与技术	2	3	8	4
	2. 其他学科	30	40	150	62
	(二)硕士小计	703	868	2414	747
	1.林业学科	78	59	225	79
	林木遗传育种	—	—	2	1
	森林保护学	1	3	10	3
	森林经理学	2	4	18	8
	园林植物与观赏园艺	52	12	82	34
	木材科学与技术	7	5	15	5
	土壤学	9	6	30	12
	植物学	2	2	11	5
	林业(专业学位)	5	27	57	11
	2. 其他学科	625	809	2189	668
	二、本专科生合计	4619	4211	18580	4976
	(一)本科小计	4619	4211	18580	4976
	林科专业	212	182	810	221
	木材科学与工程	58	66	220	54
	农林经济管理	53	57	280	71
	园林	101	59	310	96
福建农林大学	**学生总数**	**7581**	**7063**	**27417**	**7472**
	其中:林业学科、专业学生	688	566	2109	654
	占学生总数的比例	9.08%	8.01%	7.69%	8.75%
	一、研究生合计	1073	1136	3347	1260
	(一)博士小计	84	111	509	287
	1.林业学科	13	21	94	51
	林木遗传育种	—	1	3	1
	森林保护学	—	—	3	2
	森林经理学	1	1	10	6
	森林培育	1	3	14	11
	野生动植物保护与利用	1	2	4	2
	园林植物与观赏园艺	2	—	3	3
	水土保持与荒漠化防治	1	1	6	2
	木材科学与技术	3	—	2	2
	林业经济管理	4	6	20	9
	植物学	—	—	5	4
	其他林业学科	—	7	24	9

2014～2015 学年初主要涉林高等院校及科研单位分学科专业学生情况(十二)

单位:人

单位名称	分学科、专业学生数	毕业生数	招生数	在校学生数	毕业班学生数
	2. 其他学科	71	90	415	236
	(二)硕士小计	989	1025	2838	973
	1. 林业学科	158	100	280	114
	林木遗传育种	3	1	4	2
	森林保护学	2	4	6	1
	森林经理学	14	10	29	11
	森林培育	8	25	43	11
	野生动植物保护与利用	1	2	2	—
	园林植物与观赏园艺	55	11	42	23
	水土保持与荒漠化防治	7	9	30	10
	森林工程	3	2	9	2
	木材科学与技术	9	3	14	6
	林产化学加工工程	4	2	8	3
	林业经济管理	2	1	12	5
	土壤学	18	—	10	10
	植物学	5	2	11	4
	林业(专业学位)	27	21	48	26
	其他林业学科	—	7	12	—
	2. 其他学科	831	925	2558	859
	二、本专科生合计	6508	5927	24070	6212
	(一)本科小计	5706	5927	22962	5526
	1. 林科专业	517	445	1735	489
	林学	122	108	408	116
	森林保护	54	52	162	42
	森林工程	33	40	147	36
	水土保持与荒漠化防治	49	63	218	48
	园林	222	59	409	212
	风景园林	—	63	223	—
	农林经济管理	37	60	168	35
	2. 其他专业	5991	5482	22335	5723
山东农业大学	**学生总数**	**8019**	**8789**	**33746**	**8521**
	其中:林业学科、专业学生	509	772	2360	498
	占学生总数的比例	6.35%	8.78%	6.99%	5.84%
	一、研究生合计	1014	1140	3087	1174
	(一)博士小计	105	111	399	175
	1. 林业学科	8	10	29	10
	森林培育	5	4	11	4
	土壤学	3	6	18	6
	2. 其他学科	97	101	370	165
	(二)硕士小计	909	1029	2688	999
	1. 林业学科	108	92	229	69
	林木遗传育种	6	2	11	4
	森林培育	8	6	16	4
	森林保护学	7	7	21	6
	森林经理学	4	5	15	4
	园林植物与观赏园艺	27	3	5	—

2014～2015学年初主要涉林高等院校及科研单位分学科专业学生情况(十三)

单位:人

单位名称	分学科、专业学生数	毕业生数	招生数	在校学生数	毕业班学生数
	水土保持与荒漠化防治	12	11	28	8
	植物学	14	20	53	13
	土壤学	12	13	36	11
	其他林业学科	18	25	44	19
	二、本专科生合计	7005	7649	30659	7347
	(一)本科小计	7005	7649	30659	7347
	林学	61	76	280	57
	园林	154	65	464	131
	风景园林	—	62	266	68
	木材科学与工程	36	83	222	43
	农林经济管理	57	161	305	62
	森林保护	57	121	363	75
	水土保持与荒漠化防治	50	82	285	56
	生态学	—	87	141	—
河南农业大学	**学生总数**	**7307**	**8197**	**30940**	**7900**
	其中:林业学科、专业学生	325	148	874	352
	占学生总数的比例	4.45%	1.81%	2.82%	4.46%
	一、研究生合计	585	680	1993	850
	(一)博士小计	40	63	170	60
	1. 林业学科	4	4	12	5
	森林培育	4	—	5	5
	其他林业学科	—	4	7	—
	2. 其他学科	36	59	158	55
	(二)硕士小计	545	617	1823	790
	1. 林业学科	50	29	116	61
	林木遗传育种	1	—	2	—
	森林培育	5	—	14	6
	森林经理学	4	—	8	3
	园林植物与观赏园艺	17	—	25	14
	风景园林(专业学位)	23	29	67	38
	2. 其他学科	495	588	1707	729
	二、本专科生合计	6722	7517	28947	7050
	(一)本科小计	5837	6340	25514	6053
	1. 林科专业	271	115	746	286
	林学	52	58	223	49
	园林	219	57	523	237
	2. 其他专业	6451	7402	28201	6764
新疆农业大学	**学生总数**	**3802**	**3991**	**16291**	**4099**
	其中:林业学科、专业学生	196	192	997	208
	占学生总数的比例	5.16%	4.81%	6.12%	5.07%
	一、研究生合计	574	612	1826	818
	(一)博士小计	23	37	177	104
	1. 林业学科	1	—	2	1
	林业经济管理	1	—	2	1
	(二)硕士小计	551	575	1649	714
	1. 林业学科	24	27	95	32
	林木遗传育种	2	1	4	1

2014～2015 学年初主要涉林高等院校及科研单位分学科专业学生情况（十四）

单位：人

单位名称	分学科、专业学生数	毕业生数	招生数	在校学生数	毕业班学生数
	森林培育	1	2	12	5
	森林保护学	—	4	10	2
	森林经理学	1	1	7	2
	野生动植物保护与利用	—	3	4	—
	园林植物与观赏园艺	7	9	17	3
	水土保持与荒漠化防治	—	—	4	—
	林业经济管理	—	1	3	2
	植物学	3	1	11	7
	土壤学	10	5	23	10
	二、本科小计	3228	3379	14465	3281
	1. 林科专业	171	165	900	175
	水土保持与荒漠化防治	—	—	78	—
	林学	117	41	328	130
	园林	54	46	340	45
	森林保护	—	78	154	—
辽宁林业职业技术学院	**学生总数**	**1567**	**2126**	**6244**	**2215**
	其中：林业类专业学生	559	659	1866	670
	占学生总数的比例	35.67%	31.00%	29.88%	30.25%
	高尔夫场地管理	—	31	31	—
	林业技术	152	127	330	123
	园林技术	306	323	1034	380
	商品花卉	24	44	123	43
	森林生态旅游	26	36	118	48
	木材加工技术	19	36	114	47
	人造板自动化生产技术	32	—	29	29
	家具卖场设计与管理	—	62	87	—
黑龙江林业职业技术学院	**学生总数**	**1999**	**2043**	**6452**	**2295**
	其中：林业类专业学生	239	609	1287	322
	占学生总数的比例	11.96%	29.81%	19.95%	14.03%
	林业技术	9	16	47	18
	园林技术	119	214	533	183
	野生植物资源开发与利用	—	9	24	—
	木材加工技术	12	4	29	16
	家具卖场设计与管理	99	366	606	105
	森林防火指挥与通讯	—	—	48	—
黑龙江生态职业技术学院	**学生总数**	**1742**	**1580**	**4914**	**1211**
	其中：林业类专业学生	263	213	674	188
	占学生总数的比例	15.10%	13.48%	13.72%	15.52%
	林业技术	18	6	29	12
	园林工程技术	110	111	364	104
	园林技术	71	53	164	35
	旅游管理（生态旅游方向）	25	31	64	19
	家具设计与制造	39	12	53	18
安徽林业职业技术学院	**学生总数**	**1068**	**1146**	**3139**	**959**
	其中：林业类专业学生	352	301	834	262
	占学生总数的比例	32.96%	26.27%	26.57%	27.32%
	林业技术	72	72	226	94
	园林技术	224	229	608	168
	森林生态旅游	24	—	—	—

2014～2015学年初主要涉林高等院校及科研单位分学科专业学生情况(十五)

单位:人

单位名称	分学科、专业学生数	毕业生数	招生数	在校学生数	毕业班学生数
	资产评估(森林资源方向)	32	—	—	—
福建林业职业技术学院	**学生总数**	**1761**	**1891**	**6420**	**2135**
	其中:林业类专业学生	163	138	547	199
	占学生总数的比例	9.26%	7.30%	8.52%	9.32%
	林业技术	46	43	148	52
	木材加工技术	20	2	29	18
	园林技术	97	93	359	129
	城市园林	—	—	11	—
江西环境工程职业技术学院	**学生总数**	**2072**	**2765**	**7369**	**2114**
	其中:林业类专业学生	368	580	1564	525
	占学生总数的比例	17.76%	20.98%	21.22%	24.83%
	林业技术	55	201	363	77
	园林技术	313	379	1126	386
	雕刻艺术与家具设计	—	—	75	62
河南林业职业学院	**学生总数**	**1254**	**1771**	**5033**	**1856**
	其中:林业类专业学生	413	872	1500	835
	占学生总数的比例	32.93%	49.24%	29.80%	44.99%
	一、高职林业类专业学生小计	281	252	712	259
	林业技术	33	23	93	34
	森林生态旅游	46	20	101	59
	园林技术	167	171	469	166
	园林工程	35	38	49	—
	二、中职林业类专业学生小计	132	620	788	576
	现代林业技术	78	276	347	343
	森林生态旅游	4	15	48	2
	园林技术	50	329	393	231
湖北生态职业技术学院	**学生总数**	**2378**	**3505**	**9752**	**2651**
	其中:林业类专业学生	594	647	2066	755
	占学生总数的比例	24.98%	18.46%	21.19%	28.48%
	林业信息工程与管理	8	—	—	—
	林业技术	19	106	313	83
	园林技术	487	493	1600	588
	木材加工技术	—	6	16	10
	森林生态旅游	80	42	137	74
湖南生物环境职业技术学院	**学生总数**	**2997**	**3080**	**9222**	**2752**
	其中:林业类专业学生	222	241	647	163
	占学生总数的比例	7.41%	7.82%	7.02%	5.92%
	林业技术	43	18	74	17
	森林生态旅游	—	12	21	6
	园林技术	179	211	552	140
广西生态工程职业技术学院	**学生总数**	**1924**	**2432**	**5936**	**1372**
	其中:林业类专业学生	610	537	1481	391
	占学生总数的比例	31.70%	22.08%	24.95%	28.50%
	一、高职林业类专业学生小计	610	537	1481	391
	林业技术	322	339	873	213
	园林工程技术	213	169	487	140
	野生植物资源开发与利用	24	—	—	—
	木材加工技术	9	—	25	9
	人造板自动化生产技术	—	—	5	5

2014～2015 学年初主要涉林高等院校及科研单位分学科专业学生情况(十六)

单位:人

单位名称	分学科、专业学生数	毕业生数	招生数	在校学生数	毕业班学生数
	家具设计与制造	23	29	58	7
	林业信息工程与管理	19	—	33	17
云南林业职业技术学院	**学生总数**	**2166**	**2423**	**6332**	**1841**
	其中:林业类专业学生	989	937	2710	872
	占学生总数的比例	45.66%	38.67%	42.80%	47.37%
	林业技术	148	239	560	149
	森林资源保护	95	75	258	99
	经济林培育与利用	29	18	65	25
	自然保护区建设与管理	36	26	107	41
	野生动物保护	20	19	56	22
	野生植物资源开发与利用	84	31	153	66
	园林技术	286	256	759	245
	商品花卉	69	40	134	42
	木材加工技术	57	63	213	69
	林产化工技术	21	—	—	—
	森林生态旅游	54	73	130	29
	林业信息技术	46	36	100	28
	林业经济信息管理	44	61	175	57
甘肃林业职业技术学院	**学生总数**	**2833**	**3092**	**8731**	**2906**
	其中:林业类专业学生	578	646	2124	669
	占学生总数的比例	20.40%	20.89%	24.33%	23.02%
	林业技术	205	177	637	240
	森林资源保护	47	89	280	75
	园林工程技术	125	142	434	144
	园林技术	121	116	456	141
	森林生态旅游	80	77	226	69
	林业信息技术	—	45	91	—
宁夏防沙治沙职业技术学院	**学生总数**	**207**	**275**	**680**	**205**
	其中:林业类专业学生	80	97	237	72
	占学生总数的比例	38.65%	35.27%	34.85%	35.12%
	林业技术	—	20	31	—
	防沙治沙工程	—	30	79	30
	森林资源保护	38	—	19	19
	园林技术	42	47	108	23
上海农林职业技术学院	**学生总数**	**1322**	**1417**	**3869**	**1295**
	其中:林业类专业学生	150	121	398	184
	占学生总数的比例	11.35%	8.54%	10.29%	14.21%
	园林技术	116	121	336	122
	都市林业资源与林政管理	34	—	62	62
江苏农林职业技术学院	**学生总数**	**3540**	**3322**	**11028**	**3724**
	其中:林业类专业学生	492	615	1710	393
	占学生总数的比例	13.90%	18.51%	15.51%	10.55%
	林业技术	39	86	228	41
	园林技术	344	362	1035	216
	园林建筑	39	90	200	41
	高尔夫场地管理	19	37	91	23
	木材加工技术	29	—	51	51
	家具设计与制造	22	40	105	21

2014～2015学年中等林业(园林)职业学校和其他中等职业学校林科分学校学生情况

单位:人

学校名称	毕业生数	招生数	在校学生数	毕业班学生数
总　计	**67712**	**54688**	**162656**	**60281**
(一)中等林业(园林)职业学校	14501	12975	43107	13869
北京市园林学校	128	130	523	153
天津市园林学校	743	60	515	312
涿鹿县宝峰寺林业中学	274	60	341	174
内蒙古扎兰屯林业学校	1592	667	2098	670
内蒙古大兴安岭林业学校	1441	113	1037	777
沈阳市园林学校	46	—	58	22
黑龙江省林业卫生学校	410	1740	7727	2834
朗乡林业局职业中学	16	12	58	31
黑龙江省伊春林业学校	1735	1961	4298	1787
黑龙江省齐齐哈尔林业学校	1011	788	1977	891
福建三明林业学校	1822	2041	6827	2655
广东省林业职业技术学校	1446	1190	4008	—
广西壮族自治区桂林林业学校	686	737	2072	706
贵州省林业学校	755	2358	7165	773
普洱林业学校	182	125	312	39
陕西省榆林林业学校	946	229	804	305
甘肃省庆阳林业学校	540	450	2492	1424
新疆林业学校	728	314	795	316
(二)高职院校及其他中等专业学校(林科)	53211	41713	119549	46412

2014～2015 学年初普通中等林业(园林)

学校名称	教职工数总计	校本部					
		合　计	专任教师				
			计	正高级	副高级	讲师	助理讲师
合 计	**2614**	**2609**	**1643**	**1**	**571**	**528**	**310**
北京市园林学校	99	99	61	1	16	26	16
天津市园林学校	55	55	39	—	13	19	7
涿鹿县宝峰寺林业中学	29	29	28	—	12	16	—
内蒙古扎兰屯林业学校	119	119	99	—	64	19	11
内蒙古大兴安岭林业学校	187	187	102	—	60	35	7
沈阳市园林学校	39	39	34	—	9	21	4
黑龙江省林业卫生学校	495	495	271	—	25	24	32
朗乡林业局职业中学	33	33	25	—	4	15	6
黑龙江省伊春林业学校	132	132	78	—	46	9	23
黑龙江省齐齐哈尔林业学校	186	186	115	—	46	23	41
福建三明林业学校	160	160	127	—	39	41	46
广东省林业职业技术学校	237	237	129	—	57	35	24
广西壮族自治区桂林林业学校	106	106	83	—	13	49	21
贵州省林业学校	162	162	83	—	33	37	13
普洱林业学校	75	70	50	—	14	20	16
陕西省榆林林业学校	185	185	113	—	52	49	12
甘肃省庆阳林业学校	127	127	93	—	29	43	17
新疆林业学校	188	188	113	—	39	47	14

职业学校教职工情况

单位:人

职工数				校办厂(场)职工	附设机构人员	兼任教师(不在教职工数中)
教员	教辅人员	行政人员	工勤人员			
232	**343**	**279**	**344**	**—**	**5**	**233**
2	15	8	15	—	—	—
—	5	3	8	—	—	5
—	—	—	1	—	—	—
5	3	6	11	—	—	29
—	11	23	51	—	—	—
—	4	—	1	—	—	1
190	81	104	39	—	—	—
—	4	—	4	—	—	—
—	17	22	15	—	—	—
5	17	7	47	—	—	—
—	11	13	9	—	—	112
13	67	24	17	—	—	—
—	11	9	3	—	—	—
—	34	11	34	—	—	68
—	7	—	13	—	5	—
—	14	32	26	—	—	11
4	19	4	11	—	—	7
13	23	13	39	—	—	—

2014～2015 学年初普通中等林业(园林)职业学校和其他中等职业学校林科分专业学生情况(一)

单位:人

专业名称	毕业生数	招生数	在校学生数	毕业班学生数
总　计	**67712**	**54688**	**162656**	**60281**
(一)林科专业	61723	46464	134923	52098
现代林业技术	7871	4722	15353	6656
森林资源保护与管理	2718	1288	2879	904
园林技术	28330	25526	79321	29008
园林绿化	12495	7000	19730	8584
木材加工	5749	4082	8530	3614
林产化工	—	—	135	105
生态环境保护	171	291	656	194
其他林业专业	4389	3555	8319	3033
(二)非林科专业	5989	8224	27733	8183
宠物养护与经营	6	17	43	10
道路与桥梁工程施工	88	20	92	60
电气运行与控制	4	32	262	156
电子电器应用与维修	24	—	47	47
电子技术应用	—	—	59	—
电子商务	96	316	639	35
电子与信息技术	27	—	32	32
服装设计与工艺	40	51	162	1
工程测量	—	41	92	—
工程机械运用与维修	—	77	164	—
工程造价	27	125	242	43
工艺美术	—	78	78	—
果蔬花卉生产技术	11	48	65	16
焊接技术应用	14	9	34	15
护理	433	3103	11254	2804
化学工艺	331	131	246	18
会计	343	502	1175	573
会计电算化	328	407	1448	488
机电技术应用	5	55	144	—
机电设备安装与维修	100	19	144	68
机械加工技术	7	—	6	3
机械制造技术	—	—	8	—
计算机动漫与游戏制作	—	53	119	11
计算机平面设计	80	43	137	54
计算机网络技术	32	112	248	—
计算机应用	1654	722	2499	1247
家具设计与制作	191	357	797	417
建筑工程施工	19	58	187	16

2014～2015 学年初普通中等林业(园林)职业学校和其他中等职业学校林科分专业学生情况(二)

单位:人

专业名称	毕业生数	招生数	在校学生数	毕业班学生数
建筑装饰	2	83	83	—
景区服务与管理	—	11	24	2
酒店服务与管理	52	—	23	22
康复技术	—	11	57	24
客户信息服务	25	—	2	—
口腔修复工艺	110	92	303	150
旅游服务类专业	—	13	31	—
旅游服务与管理	239	116	496	181
美发与形象设计	44	40	124	16
美术设计与制作	49	42	126	—
民族民居装饰	—	—	40	—
木材加工	42	—	44	44
农村电气技术	34	—	11	11
农村经济综合管理	283	5	226	111
农村医学	25	30	875	51
农业机械使用与维护	176	5	190	171
农业与农村用水	37	—	127	127
其他类专业	141	—	162	18
汽车电子技术应用	25	—	24	4
汽车运用与维修	234	697	1693	259
汽车制造与检修	2	—	—	—
石油天然气开采	34	—	—	—
市政工程施工	118	48	255	110
数控技术应用	24	31	129	53
水利水电工程施工	—	44	86	—
太阳能与沼气技术利用	—	120	120	—
通信运营服务	1	—	—	—
文化艺术类专业	—	26	46	—
文秘	83	—	33	—
现代农艺技术	5	25	61	13
橡胶工艺	—	4	23	—
学前教育	111	158	832	368
眼视光与配镜	35	66	161	52
药剂	26	—	91	24
药品食品检验	—	—	28	—
中草药种植	15	181	530	237
中药制药	16	—	92	3
其他类专业	141	—	162	18

附录一

国有林区135个木材采运企业和20个重点营林局主要统计指标

ANNEX Ⅰ

国有林区营

指标名称	计量单位	合 计
一、造林面积	**公顷**	**39763**
1. 人工造林	公顷	23344
2. 飞播造林	公顷	1954
3. 无林地和疏林地新封	公顷	14465
二、有林地造林面积	**公顷**	**110037**
1. 林冠下造林	公顷	92704
2. 飞播营林	公顷	1066
3. 有林地和灌木林地新封	公顷	16267
三、更新造林面积	**公顷**	**2644**
四、森林管护面积	**公顷**	**40651375**
五、低产低效林改造面积	**公顷**	**15584**
六、未成林抚育作业面积	**公顷次**	**507641**
七、中、幼龄林抚育面积	**公顷**	**1393872**
八、年末实有育苗面积	**公顷**	**3527**
其中：本年新育	公顷	362

林生产情况

135 个木材采运企业	20 个重点营林局
27168	**12595**
14416	8928
1287	667
11465	3000
102726	**7311**
89726	2978
1066	—
11934	4333
2631	13
33801044	**6850331**
15359	**225**
486421	**21220**
1236170	**157702**
1744	**1783**
192	**170**

国有林区分企业的

企业名称	造林面积				有林地造林面积			
	合计	人工造林	飞播造林	无林地和疏林地新封	合计	林冠下造林	飞播营林	有林地和灌木林地新封
全国合计	**39763**	**23344**	**1954**	**14465**	**110037**	**92704**	**1066**	**16267**
135个木材采运企业小计	27168	14416	1287	11465	102726	89726	1066	11934
20个重点营林局小计	12595	8928	667	3000	7311	2978	—	4333
内蒙古	**10732**	**8066**	**—**	**2666**	**30731**	**30731**	**—**	**—**
内蒙古集团林管局	**2809**	**2809**	**—**	**—**	**30262**	**30262**	**—**	**—**
阿尔山	167	167	—	—	1333	1333	—	—
绰尔	200	200	—	—	2000	2000	—	—
绰源	267	267	—	—	1000	1000	—	—
乌尔旗汉	100	100	—	—	2667	2667	—	—
库都尔	133	133	—	—	2000	2000	—	—
图里河	—	—	—	—	2667	2667	—	—
伊图里河	10	10	—	—	2200	2200	—	—
克一河	—	—	—	—	1000	1000	—	—
甘河	140	140	—	—	1029	1029	—	—
吉文	168	168	—	—	1001	1001	—	—
阿里河	976	976	—	—	2001	2001	—	—
根河	—	—	—	—	3000	3000	—	—
金河	70	70	—	—	1334	1334	—	—
阿龙山	172	172	—	—	3354	3354	—	—
满归	27	27	—	—	1338	1338	—	—
得耳布尔	30	30	—	—	1334	1334	—	—
莫尔道嘎	349	349	—	—	1004	1004	—	—
内蒙古集团营林局	**139**	**139**	**—**	**—**	**469**	**469**	**—**	**—**
大杨树	92	92	—	—	268	268	—	—
毕拉河	47	47	—	—	201	201	—	—
内蒙古林业厅营林局	**7784**	**5118**	**—**	**2666**	**—**	**—**	**—**	**—**
免渡河	—	—	—	—	—	—	—	—
乌奴尔	—	—	—	—	—	—	—	—
巴林	333	333	—	—	—	—	—	—
南木	400	400	—	—	—	—	—	—
红花尔基	5051	3718	—	1333	—	—	—	—
柴河	—	—	—	—	—	—	—	—
五岔沟	667	—	—	667	—	—	—	—
白狼	1333	667	—	666	—	—	—	—
吉林	**4121**	**4121**	**—**	**—**	**40352**	**40352**	**—**	**—**
吉林集团林管局	**2761**	**2761**	**—**	**—**	**18685**	**18685**	**—**	**—**
临江	63	63	—	—	1823	1823	—	—
三岔子	—	—	—	—	2338	2338	—	—
湾沟	216	216	—	—	1670	1670	—	—
松江河	70	70	—	—	2326	2326	—	—
泉阳	56	56	—	—	1216	1216	—	—
露水河	32	32	—	—	2894	2894	—	—
白石山	67	67	—	—	1037	1037	—	—
红石	2257	2257	—	—	5381	5381	—	—
延边林管局	**824**	**824**	**—**	**—**	**19158**	**19158**	**—**	**—**
黄泥河	154	154	—	—	1840	1840	—	—
敦化	140	140	—	—	628	628	—	—
大石头	357	357	—	—	2302	2302	—	—

营林生产情况(一)

单位:公顷

更新造林面积	森林管护面积	低产低效林改造面积	未成林抚育作业面积（公顷次）	中、幼龄林抚育面积	年末实有育苗面积	
					合 计	其中：本年新育
2644	**40651375**	**15584**	**507641**	**1393872**	**3527**	**362**
2631	33801044	15359	486421	1236170	1744	192
13	6850331	225	21220	157702	1783	170
134	**11250049**	**—**	**402**	**445603**	**1697**	**147**
134	**7169290**	**—**	**—**	**347601**	**136**	**29**
—	482676	—	—	4668	3	1
—	422014	—	—	22670	25	2
—	299786	—	—	19336	9	1
134	577020	—	—	23334	8	1
—	483600	—	—	20011	5	2
—	356233	—	—	22001	2	1
—	410549	—	—	21355	4	1
—	363301	—	—	18674	2	1
—	357258	—	—	22695	1	1
—	362438	—	—	20012	8	1
—	451958	—	—	22668	12	8
—	628824	—	—	24668	37	4
—	516319	—	—	21340	2	1
—	357427	—	—	23434	4	1
—	390295	—	—	19388	6	1
—	254367	—	—	17334	6	1
—	455225	—	—	24013	2	1
—	**1336714**	**—**	**—**	**2669**	**3**	**2**
—	793033	—	—	1335	2	1
—	543681	—	—	1334	1	1
—	**2744045**	**—**	**402**	**95333**	**1558**	**116**
—	278733	—	—	20000	—	—
—	215200	—	402	12667	14	—
—	288000	—	—	12000	2	1
—	330200	—	—	11333	—	—
—	598067	—	—	8000	4	1
—	369867	—	—	11333	6	1
—	584275	—	—	13333	1333	97
—	79703	—	—	6667	199	16
1559	**3595534**	**2041**	**286472**	**142860**	**675**	**80**
1137	**1105291**	**497**	**150932**	**46630**	**121**	**23**
60	174773	—	—	8340	11	3
83	—	—	23352	8000	21	5
796	101474	—	10078	4667	5	1
109	161000	92	30908	8437	24	—
20	106638	—	11219	4890	4	—
44	124178	—	15158	5699	15	6
—	137538	135	9234	5148	23	4
25	299690	270	50983	1449	18	4
409	**2223888**	**1407**	**116055**	**84798**	**499**	**43**
1	209111	—	13600	9333	11	2
—	236683	—	17300	4511	15	3
—	264206	137	7902	11926	6	2

国有林区分企业的

企业名称	造林面积				有林地造林面积			
	合计	人工造林	飞播造林	无林地和疏林地新封	合计	林冠下造林	飞播营林	有林地和灌木林地新封
八家子	46	46	—	—	960	960	—	—
和龙	—	—	—	—	2742	2742	—	—
汪清	30	30	—	—	1743	1743	—	—
大兴沟	4	4	—	—	1667	1667	—	—
天桥岭	31	31	—	—	1008	1008	—	—
白河	—	—	—	—	4304	4304	—	—
珲春	62	62	—	—	1964	1964	—	—
吉林省林业厅营林局	**536**	**536**	**—**	**—**	**2509**	**2509**	**—**	**—**
上营	284	284	—	—	478	478	—	—
辉南	—	—	—	—	908	908	—	—
长白	252	252	—	—	—	—	—	—
安图	—	—	—	—	1123	1123	—	—
长白山 *	—	—	—	—	—	—	—	—
龙江集团	**—**	**—**	**—**	**—**	**21621**	**21621**	**—**	**—**
牡丹江林业管理局	**—**	**—**	**—**	**—**	**2881**	**2881**	**—**	**—**
大海林	—	—	—	—	99	99	—	—
柴河	—	—	—	—	333	333	—	—
东京城	—	—	—	—	140	140	—	—
穆棱	—	—	—	—	500	500	—	—
绥阳	—	—	—	—	348	348	—	—
海林	—	—	—	—	352	352	—	—
林口	—	—	—	—	—	—	—	—
八面通	—	—	—	—	1109	1109	—	—
合江林业管理局	**—**	**—**	**—**	**—**	**2490**	**2490**	**—**	**—**
桦南	—	—	—	—	80	80	—	—
双鸭山	—	—	—	—	30	30	—	—
鹤立	—	—	—	—	376	376	—	—
鹤北	—	—	—	—	—	—	—	—
东方红	—	—	—	—	441	441	—	—
迎春	—	—	—	—	1563	1563	—	—
清河	—	—	—	—	—	—	—	—
伊春林业管理局	**—**	**—**	**—**	**—**	**9627**	**9627**	**—**	**—**
双丰	—	—	—	—	247	247	—	—
铁力	—	—	—	—	—	—	—	—
桃山	—	—	—	—	3	3	—	—
朗乡	—	—	—	—	467	467	—	—
南岔	—	—	—	—	30	30	—	—
金山屯	—	—	—	—	4	4	—	—
美溪	—	—	—	—	67	67	—	—
乌马河	—	—	—	—	1606	1606	—	—
翠峦	—	—	—	—	1534	1534	—	—
友好	—	—	—	—	20	20	—	—
上甘岭	—	—	—	—	133	133	—	—
五营	—	—	—	—	1005	1005	—	—
红星	—	—	—	—	523	523	—	—
新青	—	—	—	—	103	103	—	—
汤旺河	—	—	—	—	2000	2000	—	—
乌伊岭	—	—	—	—	1885	1885	—	—

营林生产情况(二)

单位:公顷

更新造林面积	森林管护面积	低产低效林改造面积	未成林抚育作业面积（公顷次）	中、幼龄林抚育面积	年末实有育苗面积	
					合 计	其中：本年新育
47	154718	135	14265	5343	8	1
—	174435	—	22571	6667	10	4
237	313833	467	7846	6667	404	20
1	122604	—	350	8667	—	—
20	193506	268	6599	14349	18	1
—	189663	400	17565	8001	18	8
103	365129	—	8057	9334	9	2
13	**266355**	**137**	**19485**	**11432**	**55**	**14**
—	—	—	6886	1333	9	—
13	65394	—	3950	1686	2	—
—	89400	—	2033	2513	14	—
—	111561	137	6616	5900	30	14
—	—	—	—	—	—	—
—	**8463023**	**790**	**218361**	**487155**	**590**	**57**
—	**2318200**	**199**	**47455**	**109310**	**95**	**6**
—	259775	199	16301	14667	11	1
—	327308	—	9793	14667	8	1
—	417733	—	9087	16667	13	—
—	253245	—	—	16667	34	1
—	487352	—	—	17333	7	—
—	150200	—	4291	7333	9	2
—	271544	—	—	13334	3	—
—	151043	—	7983	8642	10	1
—	**1461983**	**68**	**58493**	**70676**	**116**	**19**
—	225475	—	4311	13333	10	1
—	134311	—	7225	8000	19	2
—	70827	68	9288	5333	21	4
—	381427	—	7204	14000	19	1
—	353666	—	14002	14667	13	5
—	153347	—	11077	8667	19	6
—	142930	—	5386	6676	15	—
—	**2174948**	**523**	**77131**	**183166**	**291**	**22**
—	—	—	7617	—	130	—
—	183592	—	3702	14000	17	9
—	140139	—	—	9333	3	2
—	262325	—	6370	16667	21	1
—	—	—	—	14667	14	—
—	—	—	6407	13833	11	—
—	214573	—	—	11333	7	2
—	117154	—	4478	10000	8	1
—	—	—	5193	8000	8	1
—	269533	—	9931	14000	6	1
—	121772	—	3634	7333	6	1
—	117068	—	—	7333	7	1
—	—	523	—	14667	10	—
—	271852	—	9980	14667	16	1
—	200206	—	7500	12000	9	1
—	276734	—	12319	15333	18	1

国有林区分企业的

企业名称	造林面积				有林地造林面积			
	合计	人工造林	飞播造林	无林地和疏林地新封	合计	林冠下造林	飞播营林	有林地和灌木林地新封
松花江林业管理局	**—**	**—**	**—**	**—**	**6290**	**6290**	**—**	**—**
山河屯	—	—	—	—	1823	1823	—	—
苇河	—	—	—	—	687	687	—	—
亚布力	—	—	—	—	300	300	—	—
方正	—	—	—	—	533	533	—	—
兴隆	—	—	—	—	—	—	—	—
绥棱	—	—	—	—	—	—	—	—
通北	—	—	—	—	2100	2100	—	—
沾河	—	—	—	—	847	847	—	—
总局直属单位	**—**	**—**	**—**	**—**	**333**	**333**	**—**	**—**
带岭实验局	—	—	—	—	333	333	—	—
大兴安岭	**—**	**—**	**—**	**—**	**—**	**—**	**—**	**—**
大兴安岭林管局	**—**	**—**	**—**	**—**	**—**	**—**	**—**	**—**
松岭	—	—	—	—	—	—	—	—
新林	—	—	—	—	—	—	—	—
塔河	—	—	—	—	—	—	—	—
呼中	—	—	—	—	—	—	—	—
阿木尔	—	—	—	—	—	—	—	—
图强	—	—	—	—	—	—	—	—
西林吉	—	—	—	—	—	—	—	—
十八站	—	—	—	—	—	—	—	—
韩家园	—	—	—	—	—	—	—	—
大兴安岭营林局	**—**	**—**	**—**	**—**	**—**	**—**	**—**	**—**
加格达奇	—	—	—	—	—	—	—	—
四川	**9999**	**2000**	**—**	**7999**	**—**	**—**	**—**	**—**
阿坝州林管局	**1334**	**—**	**—**	**1334**	**—**	**—**	**—**	**—**
川西	—	—	—	—	—	—	—	—
黑水	—	—	—	—	—	—	—	—
马尔康	—	—	—	—	—	—	—	—
小金	667	—	—	667	—	—	—	—
观音桥	667	—	—	667	—	—	—	—
松潘	—	—	—	—	—	—	—	—
南坪	—	—	—	—	—	—	—	—
壤塘	—	—	—	—	—	—	—	—
甘孜州林管局	**1332**	**—**	**—**	**1332**	**—**	**—**	**—**	**—**
道孚	666	—	—	666	—	—	—	—
新龙	—	—	—	—	—	—	—	—
丹巴	—	—	—	—	—	—	—	—
炉霍	—	—	—	—	—	—	—	—
白玉	—	—	—	—	—	—	—	—
力邱河	—	—	—	—	—	—	—	—
翁达	666	—	—	666	—	—	—	—
其他地、州林管局	**7333**	**2000**	**—**	**5333**	**—**	**—**	**—**	**—**
川南	4667	—	—	4667	—	—	—	—
雷波	1466	1133	—	333	—	—	—	—
凉北	1200	867	—	333	—	—	—	—
夹金山	—	—	—	—	—	—	—	—
木里	—	—	—	—	—	—	—	—

营林生产情况(三)

单位:公顷

更新造林面积	森林管护面积	低产低效林改造面积	未成林抚育作业面积(公顷次)	中、幼龄林抚育面积	年末实有育苗面积	
					合　计	其中:本年新育
—	**2412202**	**—**	**32489**	**117336**	**79**	**8**
—	202706	—	—	12003	12	—
—	186290	—	6295	14667	10	2
—	279662	—	—	16000	12	1
—	199502	—	—	15333	12	3
—	304427	—	8351	15333	13	—
—	179300	—	4873	11333	7	2
—	309032	—	—	12667	2	—
—	751283	—	12970	20000	11	—
—	**95690**	**—**	**2793**	**6667**	**9**	**2**
—	95690	—	2793	6667	9	2
—	**7395839**	**12665**	**—**	**203332**	**123**	**34**
—	**6445477**	**12665**	**—**	**182066**	**108**	**26**
—	674118	1467	—	19667	4	1
—	859205	1333	—	24533	4	2
—	909480	1333	—	24533	31	1
—	767108	1333	—	22667	23	8
—	546612	1333	—	16000	16	2
—	500587	1333	—	16000	8	3
—	722013	1333	—	17333	14	3
—	672502	1333	—	18000	4	4
—	793852	1867	—	23333	4	2
—	**950362**	**—**	**—**	**21266**	**15**	**8**
—	950362	—	—	21266	15	8
—	**3264326**	**—**	**73**	**23653**	**16**	**7**
—	**1350210**	**—**	**73**	**9421**	**4**	**2**
—	114642	—	—	667	—	—
—	255881	—	—	1333	—	—
—	223612	—	—	2000	—	—
—	119070	—	—	667	1	1
—	194781	—	—	1287	1	—
—	110768	—	—	1667	—	—
—	191538	—	73	600	2	1
—	139918	—	—	1200	—	—
—	**1157729**	**—**	**—**	**7999**	**12**	**5**
—	210817	—	—	667	4	3
—	270537	—	—	1333	3	1
—	135304	—	—	1333	—	—
—	78198	—	—	667	1	1
—	310897	—	—	1333	2	—
—	96385	—	—	1333	1	—
—	55591	—	—	1333	1	—
—	**756387**	**—**	**—**	**6233**	**—**	**—**
—	73559	—	—	—	—	—
—	123439	—	—	1333	—	—
—	51246	—	—	1667	—	—
—	160170	—	—	—	—	—
—	242042	—	—	233	—	—

国有林区分企业的

企业名称	造林面积				有林地造林面积			
	合计	人工造林	飞播造林	无林地和疏林地新封	合计	林冠下造林	飞播营林	有林地和灌木林地新封
普威	—	—	—	—	—	—	—	—
盐边	—	—	—	—	—	—	—	—
云南	**2708**	**2375**	**—**	**333**	**5134**	**—**	**—**	**5134**
云南省林管局	**2708**	**2375**	**—**	**333**	**5134**	**—**	**—**	**5134**
华坪	133	133	—	—	667	—	—	667
碧泉	266	266	—	—	—	—	—	—
黑白水	43	43	—	—	333	—	—	333
中甸 *	—	—	—	—	—	—	—	—
巨甸	—	—	—	—	—	—	—	—
红旗	333	—	—	333	—	—	—	—
云台山	—	—	—	—	2134	—	—	2134
漾江	—	—	—	—	—	—	—	—
景东	—	—	—	—	667	—	—	667
墨江	333	333	—	—	—	—	—	—
卫国	333	333	—	—	1333	—	—	1333
江边 *	—	—	—	—	—	—	—	—
清水江 *	—	—	—	—	—	—	—	—
南盘江 *	—	—	—	—	—	—	—	—
新平	—	—	—	—	—	—	—	—
宁蒗	1267	1267	—	—	—	—	—	—
陕西	**534**	**200**	**—**	**334**	**7133**	**—**	**—**	**7133**
陕西省林管局	**200**	**200**	**—**	**—**	**6800**	**—**	**—**	**6800**
宁西	—	—	—	—	667	—	—	667
太白	—	—	—	—	1533	—	—	1533
长青	—	—	—	—	1000	—	—	1000
宁东	200	200	—	—	2000	—	—	2000
汉西	—	—	—	—	800	—	—	800
龙草坪	—	—	—	—	800	—	—	800
陕西省营林局	**334**	**—**	**—**	**334**	**333**	**—**	**—**	**333**
马头滩	334	—	—	334	—	—	—	—
辛家山	—	—	—	—	333	—	—	333
甘肃	**9201**	**6068**	**—**	**3133**	**4000**	**—**	**—**	**4000**
甘肃省林管局	**6066**	**2933**	**—**	**3133**	**—**	**—**	**—**	**—**
舟曲	933	400	—	533	—	—	—	—
迭部	2067	1000	—	1067	—	—	—	—
洮河	1533	533	—	1000	—	—	—	—
白水江	1533	1000	—	533	—	—	—	—
甘肃省营林局	**3135**	**3135**	**—**	**—**	**4000**	**—**	**—**	**4000**
小陇山	3135	3135	—	—	4000	—	—	4000
青海	**—**	**—**	**—**	**—**	**—**	**—**	**—**	**—**
青海省林管局	**—**	**—**	**—**	**—**	**—**	**—**	**—**	**—**
玛可河 *	—	—	—	—	—	—	—	—
新疆	**2468**	**514**	**1954**	**—**	**1066**	**—**	**1066**	**—**
新疆维吾尔自治区林管局	**1801**	**514**	**1287**	**—**	**1066**	**—**	**1066**	**—**
天山西部	1801	514	1287	—	—	—	—	—
阿尔泰山	—	—	—	—	1066	—	1066	—
新疆维吾尔自治区营林局	**667**	**—**	**667**	**—**	**—**	**—**	**—**	**—**
天山中东部	667	—	667	—	—	—	—	—

注:标 * 的单位已改为从事管护工作的事业性质单位或划归地方管理,因此没有数据。

营林生产情况(四)

单位:公顷

更新造林面积	森林管护面积	低产低效林改造面积	未成林抚育作业面积(公顷次)	中、幼龄林抚育面积	年末实有育苗面积	
					合 计	其中:本年新育
—	59704	—	—	2000	—	—
—	46227	—	—	1000	—	—
667	**1864748**	**—**	**1000**	**10534**	**3**	**—**
667	**1864748**	**—**	**1000**	**10534**	**3**	**—**
—	54792	—	—	867	—	—
—	204299	—	—	2667	—	—
—	80355	—	—	467	—	—
—	—	—	—	—	—	—
—	150875	—	—	333	3	—
—	102376	—	—	2667	—	—
667	308993	—	—	2200	—	—
—	150930	—	—	—	—	—
—	185627	—	—	—	—	—
—	71933	—	1000	—	—	—
—	273427	—	—	—	—	—
—	—	—	—	—	—	—
—	—	—	—	—	—	—
—	—	—	—	—	—	—
—	65067	—	—	—	—	—
—	216074	—	—	1333	—	—
—	**534708**	**—**	**—**	**21267**	**31**	**—**
—	**475268**	**—**	**—**	**17933**	**26**	**—**
—	117160	—	—	3400	21	—
—	146927	—	—	3733	—	—
—	34020	—	—	667	5	—
—	103647	—	—	5333	—	—
—	38847	—	—	2800	—	—
—	34667	—	—	2000	—	—
—	**59440**	**—**	**—**	**3334**	**5**	**—**
—	34380	—	—	1667	2	—
—	25060	—	—	1667	3	—
—	**1417074**	**88**	**—**	**31334**	**251**	**16**
—	**772207**	**—**	**—**	**17333**	**193**	**7**
—	104053	—	—	3333	21	2
—	277960	—	—	5333	70	2
—	317080	—	—	6000	79	2
—	73114	—	—	2667	23	1
—	**644867**	**88**	**—**	**14001**	**58**	**9**
—	644867	88	—	14001	58	9
—	**—**	**—**	**—**	**—**	**—**	**—**
—	**—**	**—**	**—**	**—**	**—**	**—**
—	—	—	—	—	—	—
284	**2866074**	**—**	**1333**	**28134**	**141**	**21**
284	**2017526**	**—**	**—**	**18467**	**52**	**—**
173	769187	—	—	4134	52	—
111	1248339	—	—	14333	—	—
—	**848548**	**—**	**1333**	**9667**	**89**	**21**
—	848548	—	1333	9667	89	21

国有林区企业总产值

（按现行价

指标名称	计量单位	合 计
一、企业总产值	**万元**	**7605382**
1. 第一产业	万元	3333919
（1）涉林产业	万元	2118021
①林木育种和育苗	万元	50627
②造林和更新	万元	40663
③森林经营和管护	万元	541375
④木材和竹材采运	万元	432551
⑤经济林产品的种植与采集	万元	955895
⑥花卉及其他观赏植物种植	万元	2575
⑦陆生野生动物繁育与利用	万元	94335
（2）非林产业	万元	1215898
2. 第二产业	万元	2158268
（1）涉林产业	万元	883197
①木材加工和木、竹、藤、棕、苇制品制造	万元	517085
②木、竹、藤家具制造	万元	88384
③木、竹、苇浆造纸和纸制品	万元	357
④林产化学产品制造	万元	47926
⑤木质工艺品和木质文教体育用品制造	万元	18625
⑥非木质林产品加工制造业	万元	70045
⑦其他	万元	140775
（2）非林产业	万元	1275071
3. 第三产业	万元	2113195
其中：林业生产服务	万元	46133
林业旅游与休闲服务	万元	638595
林业公共管理及其他组织服务	万元	182256
二、企业销售产值	**万元**	**3287041**

和销售产值

格计算）

135 个木材采运企业	20 个重点营林局
7365086	**240296**
3157330	176589
1969928	148093
39340	11287
35167	5496
459145	82230
398858	33693
943394	12501
2495	80
91529	2806
1187402	28496
2137227	21041
876976	6221
511371	5714
88384	—
357	—
47926	—
18625	—
70045	—
140268	507
1260251	14820
2070529	42666
37401	8732
630973	7622
171903	10353
3244288	**42753**

国有林区分企业的

（按现行价

企业名称	企业总				
	总计	第一			
		合计	涉林		
			小计	林木育种和育苗	造林和更新
全国合计	**7605382**	**3333919**	**2118021**	**50627**	**40663**
135 个木材采运企业小计	7365086	3157330	1969928	39340	35167
20 个重点营林局小计	240296	176589	148093	11287	5496
内蒙古	**735463**	**406646**	**348534**	**5616**	**12543**
内蒙古集团林管局	**630389**	**322400**	**288094**	**4413**	**10280**
阿尔山	60965	9182	7171	192	575
绰尔	52219	22772	16093	211	633
绰源	23325	14885	11991	409	472
乌尔旗汉	49850	23079	19917	207	1318
库都尔	30144	15780	15253	340	678
图里河	24657	13530	12951	340	800
伊图里河	17451	10517	9700	204	662
克一河	31968	17169	16287	167	300
甘河	32867	17569	16239	110	380
吉文	21083	11837	11837	184	351
阿里河	49032	33438	22772	228	600
根河	50697	25143	24652	621	657
金河	39836	28927	27212	248	492
阿龙山	32009	17273	16922	360	1175
满归	34265	20999	20723	142	428
得耳布尔	30490	14788	14103	250	405
莫尔道嘎	49531	25512	24271	200	354
内蒙古集团营林局	**26579**	**15205**	**11010**	**166**	**170**
大杨树	11778	8887	4692	94	107
毕拉河	14801	6318	6318	72	63
内蒙古林业厅营林局	**78495**	**69041**	**49430**	**1037**	**2093**
免渡河	11172	10076	7623	—	—
乌奴尔	7656	7373	5751	—	—
巴林	6397	6014	4712	23	—
南木	5995	4761	4062	—	150
红花尔基	13104	11532	9386	330	1863
柴河	8932	8089	4650	—	—
五岔沟	20453	18667	11740	684	80
白狼	4786	2529	1506	—	—
吉林	**1248284**	**543949**	**527502**	**19081**	**9889**
吉林集团林管局	**820775**	**337818**	**323467**	**8062**	**4373**
临江	102766	40002	37806	20	736
三岔子	107350	46977	45985	2623	—
湾沟	96450	10322	10322	50	299

企业总产值和销售产值(一)

格计算)　　　　　　　　　　　　　　　　　　　　　　　　　　　　单位:万元

产 值						
产 业						第二产业
产 业					非林产业	
森林经营和管护	木材和竹材采运	经济林产品的种植与采集	花卉及其他观赏植物种植	陆生野生动物繁育与利用		
541375	**432551**	**955895**	**2575**	**94335**	**1215898**	**2158268**
459145	398858	943394	2495	91529	1187402	2137227
82230	33693	12501	80	2806	28496	21041
195677	**95527**	**34021**	**—**	**5150**	**58112**	**106448**
149379	**88762**	**31266**	**—**	**3994**	**34306**	**101710**
5633	138	633	—	—	2011	6717
9413	5656	180	—	—	6679	19591
6974	3362	774	—	—	2894	1108
10330	8025	36	—	1	3162	18241
9746	4188	301	—	—	527	6280
8680	2944	187	—	—	579	2367
6777	2026	31	—	—	817	1128
8872	4371	2542	—	35	882	5548
10460	5009	280	—	—	1330	5656
6764	3265	1273	—	—	—	1419
8579	5226	8139	—	—	10666	5800
13025	9240	1109	—	—	491	4883
10569	8259	4644	—	3000	1715	979
8330	5402	1270	—	385	351	5834
6797	6681	6675	—	—	276	2133
8645	4475	245	—	83	685	7292
9785	10495	2947	—	490	1241	6734
8042	**1035**	**614**	**—**	**983**	**4195**	**4252**
3786	590	115	—	—	4195	—
4256	445	499	—	983	—	4252
38256	**5730**	**2141**	**—**	**173**	**19611**	**486**
5862	1747	14	—	—	2453	327
3907	1698	146	—	—	1622	59
4050	579	20	—	40	1302	100
3094	558	260	—	—	699	—
6546	444	203	—	—	2146	—
3931	704	15	—	—	3439	—
10366	—	570	—	40	6927	—
500	—	913	—	93	1023	—
43589	**233861**	**170331**	**1572**	**49179**	**16447**	**353570**
20185	**96769**	**153193**	**1492**	**39393**	**14351**	**242329**
704	11707	12514	—	12125	2196	42418
4778	16294	19137	—	3153	992	11309
1437	4606	1330	—	2600	—	78468

国有林区分企业的

（按现行价

企业名称	企业总				
	总计	第一			
		合计	涉林		
			小计	林木育种和育苗	造林和更新
松江河	147993	48214	47412	1157	415
泉阳	64046	31520	31520	159	1236
露水河	114181	72081	72081	2021	481
白石山	96577	45945	41795	1150	300
红石	91412	42757	36546	882	906
延边林管局	**363793**	**164221**	**163231**	**7989**	**4814**
黄泥河	52083	12357	12357	2249	115
敦化	52625	22608	22608	504	391
大石头	33604	14546	14546	1360	255
八家子	24615	16264	16264	1056	93
和龙	51601	24554	23921	252	—
汪清	48419	22462	22462	134	220
大兴沟	12209	8726	8726	2000	500
天桥岭	25326	8438	8438	89	63
白河	39734	19241	19191	17	1018
珲春	23577	15025	14718	328	2159
吉林省林业厅营林局	**63716**	**41910**	**40804**	**3030**	**702**
上营	20123	14593	14593	93	300
辉南	7909	5803	5642	139	178
长白	6683	4542	4542	—	164
安图	29001	16972	16027	2798	60
长白山 *	—	—	—	—	—
龙江集团	**4545374**	**1864694**	**800753**	**8478**	**9832**
牡丹江林业管理局	**1051941**	**369239**	**257481**	**867**	**2037**
大海林	155035	31298	21016	224	624
柴河	181807	41380	30013	80	—
东京城	206130	64975	47622	—	—
穆棱	153073	57887	34954	156	241
绥阳	142261	86769	75700	—	500
海林	100843	30789	24589	374	227
林口	59530	31896	15556	33	—
八面通	53262	24245	8031	—	445
合江林业管理局	**685215**	**314990**	**118446**	**287**	**2054**
桦南	93383	49477	5458	59	400
双鸭山	84720	29895	3959	38	137
鹤立	43350	25049	4780	15	66
鹤北	105388	37872	18764	11	41
东方红	123496	63939	36823	119	1025
迎春	57748	29747	3857	8	125

企业总产值和销售产值（二）

格计算）　　　　单位：万元

产值						
产业						第二产业
产业					非林产业	
森林经营和管护	木材和竹材采运	经济林产品的种植与采集	花卉及其他观赏植物种植	陆生野生动物繁育与利用		
2740	13308	18167	1492	10133	802	30253
2365	5300	20397	—	2063	—	15230
7348	11565	49903	—	763	—	22964
—	11525	25320	—	3500	4150	15532
813	22464	6425	—	5056	6211	26155
18693	**111212**	**12351**	**—**	**8172**	**990**	**100158**
705	9288	—	—	—	—	16463
1395	20318	—	—	—	—	13701
2610	10310	—	—	11	—	9068
3383	11732	—	—	—	—	6733
2842	14089	4097	—	2641	633	11573
377	10605	5726	—	5400	—	18753
1512	4714	—	—	—	—	3069
1347	6939	—	—	—	—	3900
1759	15387	890	—	120	50	11280
2763	7830	1638	—	—	307	5618
4711	**25880**	**4787**	**80**	**1614**	**1106**	**11083**
700	13000	200	—	300	—	3500
1376	2595	1118	—	236	161	351
534	3644	200	—	—	—	2046
2101	6641	3269	80	1078	945	5186
—	—	—	—	—	—	—
113050	**77924**	**582175**	**50**	**9244**	**1063941**	**1450343**
31782	**24479**	**197426**	**—**	**890**	**111758**	**331894**
4352	4278	11538	—	—	10282	71370
4664	4625	20644	—	—	11367	81397
5423	4853	37346	—	—	17353	51924
4667	4124	25766	—	—	22933	38871
6022	2863	66315	—	—	11069	31940
2700	1213	19185	—	890	6200	29916
2400	2247	10876	—	—	16340	12620
1554	276	5756	—	—	16214	13856
15708	**16458**	**76005**	**30**	**7904**	**196544**	**264276**
2360	—	2639	—	—	44019	28140
1640	318	1826	—	—	25936	40839
1179	346	3174	—	—	20269	9601
2420	3604	12688	—	—	19108	49501
5050	9844	12851	30	7904	27116	42179
1345	838	1541	—	—	25890	17014

国有林区分企业的

（按现行价

企业名称	企业总				
	总计	第一			
		合计	涉林		
			小计	林木育种和育苗	造林和更新
清河	177130	79011	44805	37	260
伊春林业管理局	**1747108**	**703068**	**244147**	**5541**	**3468**
双丰	85448	34492	2193	64	64
铁力	108785	46058	15102	114	—
桃山	82744	58924	4474	56	7
朗乡	118531	63752	9778	2800	210
南岔	69228	38829	10915	232	13
金山屯	102017	35606	13341	16	—
美溪	112375	17123	5960	1587	—
乌马河	142081	35748	7673	183	502
翠峦	139741	34200	10568	35	988
友好	209740	105557	40899	96	34
上甘岭	57486	32309	19600	—	549
五营	144161	25541	25541	42	300
红星	80566	43160	1529	10	78
新青	114023	65632	35202	158	103
汤旺河	145734	52115	29569	90	—
乌伊岭	34448	14022	11803	58	620
松花江林业管理局	**889542**	**446101**	**166780**	**1629**	**2202**
山河屯	96015	34190	12515	100	100
苇河	114887	70640	11349	97	161
亚布力	148000	70941	50775	193	330
方正	109553	54807	26738	287	83
兴隆	110430	62705	22627	32	—
绥棱	118833	38586	14123	200	—
通北	93627	54749	4649	60	1418
沾河	98197	59483	24004	660	110
总局直属单位	**171568**	**31296**	**13899**	**154**	**71**
带岭实验局	171568	31296	13899	154	71
大兴安岭	**856698**	**391032**	**320031**	**4803**	**—**
大兴安岭林管局	**838872**	**373636**	**305871**	**4755**	**—**
松岭	90912	29941	24274	265	—
新林	150866	70263	57523	253	—
塔河	122914	63373	52243	744	—
呼中	101219	54888	46022	572	—
阿木尔	44962	23321	19127	1127	—
图强	52202	35761	32724	618	—
西林吉	174139	45139	30492	619	—
十八站	43864	18682	15436	277	—

企业总产值和销售产值（三）

格计算）　　　　　　　　　　　　　　　　　　　　　　　　　　　　单位：万元

产值						
产业						第二产业
产业					非林产业	
森林经营和管护	木材和竹材采运	经济林产品的种植与采集	花卉及其他观赏植物种植	陆生野生动物繁育与利用		
1714	1508	41286	—	—	34206	77002
41455	**78**	**193585**	**20**	**—**	**458921**	**554538**
1197	—	868	—	—	32299	42271
2520	—	12468	—	—	30956	30271
2080	—	2331	—	—	54450	16490
3000	78	3690	—	—	53974	31279
4281	—	6389	—	—	27914	14171
2490	—	10815	20	—	22265	45991
4373	—	—	—	—	11163	47619
—	—	6988	—	—	28075	43922
2883	—	6662	—	—	23632	72081
3500	—	37269	—	—	64658	84362
1320	—	17731	—	—	12709	10677
1586	—	23613	—	—	—	47429
1441	—	—	—	—	41631	21299
5492	—	29449	—	—	30430	26151
2532	—	26947	—	—	22546	8217
2760	—	8365	—	—	2219	12308
23064	**35776**	**103659**	**—**	**450**	**279321**	**199675**
1458	4090	6767	—	—	21675	20805
4419	4172	2050	—	450	59291	22972
2935	10268	37049	—	—	20166	24208
2760	2886	20722	—	—	28069	28081
2498	7618	12479	—	—	40078	22877
2200	3600	8123	—	—	24463	50008
2794	—	377	—	—	50100	13525
4000	3142	16092	—	—	35479	17199
1041	**1133**	**11500**	**—**	**—**	**17397**	**99960**
1041	1133	11500	—	—	17397	99960
96171	**21352**	**167770**	**148**	**29787**	**71001**	**216175**
86790	**21352**	**163039**	**148**	**29787**	**67765**	**216175**
9146	1530	12088	—	1245	5667	31735
11273	2831	42511	—	655	12740	37139
11837	2172	37490	—	—	11130	33793
10193	1871	33061	50	275	8866	18199
7412	2559	7189	—	840	4194	10279
6929	2534	6473	—	16170	3037	8840
9147	2795	11011	24	6896	14647	39033
8586	1558	4353	45	617	3246	21670

国有林区分企业的

（按现行价

企业名称	企业总				
	总计	第一			
		合计	涉林		
			小计	林木育种和育苗	造林和更新
韩家园	57794	32268	28030	280	—
大兴安岭营林局	**17826**	**17396**	**14160**	**48**	**—**
加格达奇	17826	17396	14160	48	—
四川	**41337**	**38068**	**35605**	**1457**	**1451**
阿坝州林管局	**13405**	**10837**	**10777**	**—**	**140**
川西	1306	1167	1167	—	—
黑水	1412	1346	1346	—	—
马尔康	1801	1312	1312	—	—
小金	1478	1393	1393	—	70
观音桥	1232	1042	1042	—	70
松潘	1076	1057	1057	—	—
南坪	3671	2091	2091	—	—
壤塘	1429	1429	1369	—	—
甘孜州林管局	**15010**	**14820**	**12417**	**1457**	**70**
道孚	2500	2500	2354	255	—
新龙	2200	2200	2055	495	—
丹巴	2600	2600	2338	34	—
炉霍	2200	2200	2200	491	—
白玉	2600	2600	1297	66	—
力邱河	1700	1510	1372	100	—
翁达	1210	1210	801	16	70
其他地、州林管局	**12922**	**12411**	**12411**	**—**	**1241**
川南	2883	2634	2634	—	505
雷波	1392	1388	1388	—	411
凉北	1110	1110	1110	—	325
夹金山	2090	1832	1832	—	—
木里	2428	2428	2428	—	—
普威	1940	1940	1940	—	—
盐边	1079	1079	1079	—	—
云南	**14678**	**6346**	**6346**	**168**	**245**
云南省林管局	**14678**	**6346**	**6346**	**168**	**245**
华坪	133	133	133	130	—
碧泉	—	—	—	—	—
黑白水	—	—	—	—	—
中甸 *	—	—	—	—	—
巨甸	254	254	254	38	—
红旗	—	—	—	—	—
云台山	1554	1554	1554	—	35
漾江	—	—	—	—	—

企业总产值和销售产值（四）

格计算）

单位：万元

产　值						
产　业						第二产业
产　业					非林产业	
森林经营和管护	木材和竹材采运	经济林产品的种植与采集	花卉及其他观赏植物种植	陆生野生动物繁育与利用		
12267	3502	8863	29	3089	4238	15487
9381	**—**	**4731**	**—**	**—**	**3236**	**—**
9381	—	4731	—	—	3236	—
31527	**—**	**779**	**391**	**—**	**2463**	**—**
10437	**—**	**200**	**—**	**—**	**60**	**—**
1167	—	—	—	—	—	—
1346	—	—	—	—	—	—
1202	—	110	—	—	—	—
1323	—	—	—	—	—	—
972	—	—	—	—	—	—
987	—	70	—	—	—	—
2071	—	20	—	—	—	—
1369	—	—	—	—	60	—
9920	**—**	**579**	**391**	**—**	**2403**	**—**
1691	—	17	391	—	146	—
1560	—	—	—	—	145	—
2204	—	100	—	—	262	—
1509	—	200	—	—	—	—
1231	—	—	—	—	1303	—
1010	—	262	—	—	138	—
715	—	—	—	—	409	—
11170	**—**	**—**	**—**	**—**	**—**	**—**
2129	—	—	—	—	—	—
977	—	—	—	—	—	—
785	—	—	—	—	—	—
1832	—	—	—	—	—	—
2428	—	—	—	—	—	—
1940	—	—	—	—	—	—
1079	—	—	—	—	—	—
3568	**2215**	**—**	**150**	**—**	**—**	**8324**
3568	**2215**	**—**	**150**	**—**	**—**	**8324**
—	3	—	—	—	—	—
—	—	—	—	—	—	—
—	—	—	—	—	—	—
—	—	—	—	—	—	—
59	7	—	150	—	—	—
—	—	—	—	—	—	—
1519	—	—	—	—	—	—
—	—	—	—	—	—	—

国有林区分企业的

（按现行价

企业名称	企业总				
	总计	第一			
		合计	涉林		
			小计	林木育种和育苗	造林和更新
景东	1621	1621	1621	—	—
墨江	1051	1051	1051	—	106
卫国	10065	1733	1733	—	104
江边 *	—	—	—	—	—
清水江 *	—	—	—	—	—
南盘江 *	—	—	—	—	—
新平	—	—	—	—	—
宁蒗	—	—	—	—	—
陕西	**41052**	**8209**	**7404**	**669**	**1442**
陕西省林管局	**32417**	**6616**	**5811**	**509**	**805**
宁西	4501	799	779	18	70
太白	13125	1255	955	136	162
长青	5652	527	527	284	105
宁东	4470	1502	1502	—	300
汉西	2733	1539	1539	—	84
龙草坪	1936	994	509	71	84
陕西省营林局	**8635**	**1593**	**1593**	**160**	**637**
马头滩	6535	1288	1288	160	602
辛家山	2100	305	305	—	35
甘肃	**82483**	**45186**	**45126**	**8814**	**3911**
甘肃省林管局	**50512**	**25111**	**25109**	**2749**	**2017**
舟曲	9986	3860	3858	107	253
迭部	15847	8478	8478	947	706
洮河	18018	9678	9678	1661	486
白水江	6661	3095	3095	34	572
甘肃省营林局	**31971**	**20075**	**20017**	**6065**	**1894**
小陇山	31971	20075	20017	6065	1894
青海	**—**	**—**	**—**	**—**	**—**
青海省林管局	**—**	**—**	**—**	**—**	**—**
玛可河 *	—	—	—	—	—
新疆	**40013**	**29789**	**26720**	**1541**	**1350**
新疆维吾尔自治区林管局	**26939**	**18420**	**15641**	**760**	**1350**
天山西部	15398	7389	4829	107	672
阿尔泰山	11541	11031	10812	653	678
新疆维吾尔自治区营林局	**13074**	**11369**	**11079**	**781**	**—**
天山中东部	13074	11369	11079	781	—

企业总产值和销售产值(五)

格计算) 单位:万元

产值						
产业						第二产业
产业					非林产业	
森林经营和管护	木材和竹材采运	经济林产品的种植与采集	花卉及其他观赏植物种植	陆生野生动物繁育与利用		
1207	414	—	—	—	—	—
783	162	—	—	—	—	—
—	1629	—	—	—	—	8324
—	—	—	—	—	—	—
—	—	—	—	—	—	—
—	—	—	—	—	—	—
—	—	—	—	—	—	—
—	—	—	—	—	—	—
3900	**115**	**75**	**264**	**939**	**805**	**16404**
3104	**115**	**75**	**264**	**939**	**805**	**11184**
590	—	50	—	51	20	902
650	—	7	—	—	300	8506
120	—	18	—	—	—	1033
910	28	—	264	—	—	342
480	87	—	—	888	—	251
354	—	—	—	—	485	150
796	**—**	**—**	**—**	**—**	**—**	**5220**
526	—	—	—	—	—	4020
270	—	—	—	—	—	1200
30975	**1048**	**378**	**—**	**—**	**60**	**6969**
20193	**—**	**150**	**—**	**—**	**2**	**6969**
3348	—	150	—	—	2	2040
6825	—	—	—	—	—	1542
7531	—	—	—	—	—	1715
2489	—	—	—	—	—	1672
10782	**1048**	**228**	**—**	**—**	**58**	**—**
10782	1048	228	—	—	58	—
—	**—**	**—**	**—**	**—**	**—**	**—**
—	**—**	**—**	**—**	**—**	**—**	**—**
—	—	—	—	—	—	—
22918	**509**	**366**	**—**	**36**	**3069**	**35**
12656	**509**	**366**	**—**	**—**	**2779**	**35**
3175	509	366	—	—	2560	—
9481	—	—	—	—	219	35
10262	**—**	**—**	**—**	**36**	**290**	**—**
10262	—	—	—	36	290	—

国有林区分企业的

（按现行价

企业名称	企业总					
	第二					
	涉林					
	小计	木材加工和木、竹、藤、棕、苇制品制造	木、竹、藤家具制造	木、竹、苇浆造纸和纸制品	林产化学产品制造	木质工艺品和木质文教体育用品制造
全国合计	**883197**	**517085**	**88384**	**357**	**47926**	**18625**
135个木材采运企业小计	876976	511371	88384	357	47926	18625
20个重点营林局小计	6221	5714	—	—	—	—
内蒙古	**3593**	**459**	**—**	**—**	**—**	**—**
内蒙古集团林管局	**3134**	**—**	**—**	**—**	**—**	**—**
阿尔山	—	—	—	—	—	—
绰尔	—	—	—	—	—	—
绰源	—	—	—	—	—	—
乌尔旗汉	—	—	—	—	—	—
库都尔	—	—	—	—	—	—
图里河	1707	—	—	—	—	—
伊图里河	—	—	—	—	—	—
克一河	1427	—	—	—	—	—
甘河	—	—	—	—	—	—
吉文	—	—	—	—	—	—
阿里河	—	—	—	—	—	—
根河	—	—	—	—	—	—
金河	—	—	—	—	—	—
阿龙山	—	—	—	—	—	—
满归	—	—	—	—	—	—
得耳布尔	—	—	—	—	—	—
莫尔道嘎	—	—	—	—	—	—
内蒙古集团营林局	**—**	**—**	**—**	**—**	**—**	**—**
大杨树	—	—	—	—	—	—
毕拉河	—	—	—	—	—	—
内蒙古林业厅营林局	**459**	**459**	**—**	**—**	**—**	**—**
免渡河	300	300	—	—	—	—
乌奴尔	59	59	—	—	—	—
巴林	100	100	—	—	—	—
南木	—	—	—	—	—	—
红花尔基	—	—	—	—	—	—
柴河	—	—	—	—	—	—
五岔沟	—	—	—	—	—	—
白狼	—	—	—	—	—	—
吉林	**148798**	**62304**	**4926**	**—**	**2049**	**714**
吉林集团林管局	**112493**	**40104**	**4744**	**—**	**100**	**—**
临江	42418	5536	3870	—	—	—
三岔子	3049	2869	—	—	—	—
湾沟	1768	1768	—	—	—	—

企业总产值和销售产值(六)

格计算)　　　　单位:万元

产　值								企业销售产值
产　业			第三产业					
产　业		非林产业	合　计	其中:林业生产服务	其中:林业旅游与休闲服务	其中:林业公共管理及其他组织服务		
非木质林产品加工制造业	其他							
70045	**140775**	**1275071**	**2113195**	**46133**	**638595**	**182256**	**3287041**	
70045	140268	1260251	2070529	37401	630973	171903	3244288	
—	507	14820	42666	8732	7622	10353	42753	
—	**3134**	**102855**	**222369**	**1509**	**58577**	**2010**	**95405**	
—	**3134**	**98576**	**206279**	**—**	**55830**	**—**	**86627**	
—	—	6717	45066	—	37140	—	138	
—	—	19591	9856	—	574	—	3570	
—	—	1108	7332	—	348	—	3613	
—	—	18241	8530	—	471	—	7810	
—	—	6280	8084	—	—	—	4188	
—	1707	660	8760	—	472	—	3234	
—	—	1128	5806	—	—	—	2145	
—	1427	4121	9251	—	326	—	4075	
—	—	5656	9642	—	—	—	5152	
—	—	1419	7827	—	—	—	3397	
—	—	5800	9794	—	1097	—	5533	
—	—	4883	20671	—	5070	—	9636	
—	—	979	9930	—	317	—	7220	
—	—	5834	8902	—	—	—	4402	
—	—	2133	11133	—	995	—	7360	
—	—	7292	8410	—	406	—	5080	
—	—	6734	17285	—	8614	—	10074	
—	**—**	**4252**	**7122**	**—**	**1377**	**—**	**736**	
—	—	—	2891	—	—	—	389	
—	—	4252	4231	—	1377	—	347	
—	**—**	**27**	**8968**	**1509**	**1370**	**2010**	**8042**	
—	—	27	769	30	—	—	2025	
—	—	—	224	40	—	—	1756	
—	—	—	283	—	145	102	579	
—	—	—	1234	—	—	1172	413	
—	—	—	1572	—	136	400	—	
—	—	—	843	112	136	336	3269	
—	—	—	1786	—	23	—	—	
—	—	—	2257	1327	930	—	—	
11360	**67445**	**204772**	**350765**	**21194**	**22749**	**29480**	**767246**	
10852	**56693**	**129836**	**240628**	**11090**	**13394**	**9042**	**517741**	
9572	23440	—	20346	—	4208	—	11146	
180	—	8260	49064	3414	688	—	81304	
—	—	76700	7660	3780	80	3800	9875	

国有林区分企业的

（按现行价

企业名称	企业总					
	第二					
	涉林					
	小计	木材加工和木、竹、藤、棕、苇制品制造	木、竹、藤家具制造	木、竹、苇浆造纸和纸制品	林产化学产品制造	木质工艺品和木质文教体育用品制造
松江河	30253	—	—	—	—	—
泉阳	—	—	—	—	—	—
露水河	13328	12228	—	—	—	—
白石山	10032	6332	600	—	100	—
红石	11645	11371	274	—	—	—
延边林管局	**30543**	**16945**	**182**	**—**	**1949**	**714**
黄泥河	617	109	—	—	—	—
敦化	1356	1356	—	—	—	—
大石头	1164	1164	—	—	—	—
八家子	439	—	—	—	—	—
和龙	1013	1013	—	—	—	—
汪清	18753	9541	182	—	1949	—
大兴沟	3069	1451	—	—	—	714
天桥岭	484	311	—	—	—	—
白河	2630	2000	—	—	—	—
珲春	1018	—	—	—	—	—
吉林省林业厅营林局	**5762**	**5255**	**—**	**—**	**—**	**—**
上营	3500	3500	—	—	—	—
辉南	—	—	—	—	—	—
长白	200	200	—	—	—	—
安图	2062	1555	—	—	—	—
长白山*	—	—	—	—	—	—
龙江集团	**509076**	**318374**	**80078**	**357**	**—**	**17911**
牡丹江林业管理局	**124218**	**91541**	**10181**	**—**	**—**	**713**
大海林	15321	—	—	—	—	—
柴河	41476	30514	3787	—	—	713
东京城	8727	2333	6394	—	—	—
穆棱	25610	25610	—	—	—	—
绥阳	14268	14268	—	—	—	—
海林	9400	9400	—	—	—	—
林口	2670	2670	—	—	—	—
八面通	6746	6746	—	—	—	—
合江林业管理局	**72633**	**37791**	**5509**	**—**	**—**	**9586**
桦南	4402	4402	—	—	—	—
双鸭山	280	280	—	—	—	—
鹤立	2580	2580	—	—	—	—
鹤北	17017	7171	3461	—	—	—
东方红	15199	13835	—	—	—	84
迎春	2272	2272	—	—	—	—

企业总产值和销售产值（七）

格计算）　　　　　　　　　　　　　　　　　　　　单位：万元

产　值							
产　业			第三产业				企业销售产值
产　业		非林产业	合　计	其中：林业生产服务	其中：林业旅游与休闲服务	其中：林业公共管理及其他组织服务	
非木质林产品加工制造业	其他						
—	30253	—	69526	1224	1625	—	137210
—	—	15230	17296	—	4200	—	26222
1100	—	9636	19136	556	711	2869	79138
—	3000	5500	35100	1600	1500	—	93000
—	—	14510	22500	516	382	2373	79846
508	**10245**	**69615**	**99414**	**8979**	**7801**	**17862**	**225029**
508	—	15846	23263	162	—	989	50156
—	—	12345	16316	98	140	1693	49370
—	—	7904	9990	—	185	2380	32120
—	439	6294	1618	294	6	1318	10927
—	—	10560	15474	41	—	1183	13441
—	7081	—	7204	—	—	604	13612
—	904	—	414	—	—	414	10498
—	173	3416	12988	5672	—	7316	11671
—	630	8650	9213	1098	7250	865	23840
—	1018	4600	2934	1614	220	1100	9394
—	**507**	**5321**	**10723**	**1125**	**1554**	**2576**	**24476**
—	—	—	2030	—	10	2020	13753
—	—	351	1755	49	1544	—	4785
—	—	1846	95	—	—	—	5938
—	507	3124	6843	1076	—	556	—
—	—	—	—	—	—	—	—
22195	**70161**	**941267**	**1230337**	**2925**	**416518**	**98566**	**1922326**
6462	**15321**	**207676**	**350808**	**1061**	**57080**	**5180**	**412773**
—	15321	56049	52367	—	23256	—	108520
6462	—	39921	59030	545	8444	3406	5503
—	—	43197	89231	55	9900	1774	9242
—	—	13261	56315	20	3120	—	129305
—	—	17672	23552	47	2500	—	3425
—	—	20516	40138	—	4850	—	70590
—	—	9950	15014	394	3000	—	44648
—	—	7110	15161	—	2010	—	41540
13362	**6385**	**191643**	**105949**	**326**	**25606**	**—**	**435367**
—	—	23738	15766	—	2412	—	54622
—	—	40559	13986	197	3600	—	63540
—	—	7021	8700	—	2496	—	26130
—	6385	32484	18015	129	4022	—	83109
1280	—	26980	17378	—	4706	—	91098
—	—	14742	10987	—	1560	—	15212

国有林区分企业的

（按现行价

企业名称	企　业　总					
	第　二					
	涉　林					
	小　计	木材加工和木、竹、藤、棕、苇制品制造	木、竹、藤家具制造	木、竹、苇浆造纸和纸制品	林产化学产品制造	木质工艺品和木质文教体育用品制造
清河	30883	7251	2048	—	—	9502
伊春林业管理局	**183903**	**67604**	**62028**	**357**	**—**	**7612**
双丰	30341	4150	26131	60	—	—
铁力	6091	3741	2350	—	—	—
桃山	4320	4320	—	—	—	—
朗乡	5695	1275	—	—	—	4420
南岔	7479	—	7479	—	—	—
金山屯	8800	4480	4320	—	—	—
美溪	14198	13352	846	—	—	—
乌马河	7026	3128	2625	—	—	1273
翠峦	11606	10347	1259	—	—	—
友好	8637	5238	2960	—	—	439
上甘岭	9555	9319	236	—	—	—
五营	47429	769	582	297	—	80
红星	7616	1614	6002	—	—	—
新青	10015	814	7200	—	—	1400
汤旺河	5057	5057	—	—	—	—
乌伊岭	38	—	38	—	—	—
松花江林业管理局	**96692**	**91438**	**1400**	**—**	**—**	**—**
山河屯	7000	7000	—	—	—	—
苇河	10600	9775	—	—	—	—
亚布力	10083	10083	—	—	—	—
方正	8973	8973	—	—	—	—
兴隆	14412	13692	720	—	—	—
绥棱	24131	23031	—	—	—	—
通北	11950	11950	—	—	—	—
沾河	9543	6934	680	—	—	—
总局直属单位	**31630**	**30000**	**960**	**—**	**—**	**—**
带岭实验局	31630	30000	960	—	—	—
大兴安岭	**213344**	**127624**	**3380**	**—**	**45877**	**—**
大兴安岭林管局	**213344**	**127624**	**3380**	**—**	**45877**	**—**
松岭	31735	14025	—	—	12303	—
新林	35188	25858	—	—	1001	—
塔河	33393	7554	3323	—	8334	—
呼中	18111	17810	57	—	136	—
阿木尔	10279	5592	—	—	1175	—
图强	8498	6507	—	—	831	—
西林吉	38983	22217	—	—	14660	—
十八站	21670	14517	—	—	7153	—

企业总产值和销售产值(八)

格计算)　　　　单位:万元

产值·产业·产业·非木质林产品加工制造业	产值·产业·产业·其他	产值·产业·非林产业	产值·第三产业·合计	产值·第三产业·其中:林业生产服务	产值·第三产业·其中:林业旅游与休闲服务	产值·第三产业·其中:林业公共管理及其他组织服务	企业销售产值
12082	—	46119	21117	—	6810	—	101656
601	**45701**	**370635**	**489502**	**—**	**232500**	**71815**	**807458**
—	—	11930	8685	—	2991	—	—
—	—	24180	32456	—	19773	—	92668
—	—	12170	7330	—	3976	—	69139
—	—	25584	23500	—	20000	—	94820
—	—	6692	16228	—	16036	—	—
—	—	37191	20420	—	15900	—	—
—	—	33421	47633	—	34300	—	33441
—	—	36896	62411	—	3862	58549	113664
—	—	60475	33460	—	7703	—	—
—	—	75725	19821	—	6555	13266	199253
—	—	1122	14500	—	14500	—	—
—	45701	—	71191	—	42936	—	—
—	—	13683	16107	—	—	—	—
601	—	16136	22240	—	9750	—	59808
—	—	3160	85402	—	34218	—	128245
—	—	12270	8118	—	—	—	16420
1100	**2754**	**102983**	**243766**	**1538**	**80674**	**1917**	**120895**
—	—	13805	41020	—	28000	—	4090
—	825	12372	21275	—	5164	1917	14194
—	—	14125	52851	—	30000	—	9098
—	—	19108	26665	288	5010	—	—
—	—	8465	24848	—	4000	—	41424
1100	—	25877	30239	1250	3000	—	26631
—	—	1575	25353	—	2300	—	11950
—	1929	7656	21515	—	3200	—	13508
670	**—**	**68330**	**40312**	**—**	**20658**	**19654**	**145833**
670	—	68330	40312	—	20658	19654	145833
36463	**—**	**2831**	**249491**	**7891**	**134481**	**20259**	**480598**
36463	**—**	**2831**	**249061**	**7891**	**134371**	**19939**	**472608**
5407	—	—	29236	1653	15800	1130	48677
8329	—	1951	43464	1571	7500	8000	95457
14182	—	400	25748	—	6500	—	88843
108	—	88	28132	—	15870	6012	52659
3512	—	—	11362	982	—	1116	29757
1160	—	342	7601	933	2800	1322	37977
2106	—	50	89967	—	83321	689	61504
—	—	—	3512	552	880	963	22630

国有林区分企业的

（按现行价

企业名称	企业总					
	第二					
	涉林					
	小计	木材加工和木、竹、藤、棕、苇制品制造	木、竹、藤家具制造	木、竹、苇浆造纸和纸制品	林产化学产品制造	木质工艺品和木质文教体育用品制造
韩家园	15487	13544	—	—	284	—
大兴安岭营林局	**—**	**—**	**—**	**—**	**—**	**—**
加格达奇	—	—	—	—	—	—
四川	**—**	**—**	**—**	**—**	**—**	**—**
阿坝州林管局	**—**	**—**	**—**	**—**	**—**	**—**
川西	—	—	—	—	—	—
黑水	—	—	—	—	—	—
马尔康	—	—	—	—	—	—
小金	—	—	—	—	—	—
观音桥	—	—	—	—	—	—
松潘	—	—	—	—	—	—
南坪	—	—	—	—	—	—
壤塘	—	—	—	—	—	—
甘孜州林管局	**—**	**—**	**—**	**—**	**—**	**—**
道孚	—	—	—	—	—	—
新龙	—	—	—	—	—	—
丹巴	—	—	—	—	—	—
炉霍	—	—	—	—	—	—
白玉	—	—	—	—	—	—
力邱河	—	—	—	—	—	—
翁达	—	—	—	—	—	—
其他地、州林管局	**—**	**—**	**—**	**—**	**—**	**—**
川南	—	—	—	—	—	—
雷波	—	—	—	—	—	—
凉北	—	—	—	—	—	—
夹金山	—	—	—	—	—	—
木里	—	—	—	—	—	—
普威	—	—	—	—	—	—
盐边	—	—	—	—	—	—
云南	**8324**	**8324**	**—**	**—**	**—**	**—**
云南省林管局	**8324**	**8324**	**—**	**—**	**—**	**—**
华坪	—	—	—	—	—	—
碧泉	—	—	—	—	—	—
黑白水	—	—	—	—	—	—
中甸 *	—	—	—	—	—	—
巨甸	—	—	—	—	—	—
红旗	—	—	—	—	—	—
云台山	—	—	—	—	—	—
漾江	—	—	—	—	—	—

企业总产值和销售产值(九)

格计算)　　单位:万元

产值							企业销售产值
产业			第三产业				
产业		非林产业	合计	其中:林业生产服务	其中:林业旅游与休闲服务	其中:林业公共管理及其他组织服务	
非木质林产品加工制造业	其他						
1659	—	—	10039	2200	1700	707	35104
—	**—**	**—**	**430**	**—**	**110**	**320**	**7990**
—	—	—	430	—	110	320	7990
—	**—**	**—**	**3269**	**—**	**940**	**194**	**—**
—	**—**	**—**	**2568**	**—**	**628**	**190**	**—**
—	—	—	139	—	—	—	—
—	—	—	66	—	—	—	—
—	—	—	489	—	489	—	—
—	—	—	85	—	—	—	—
—	**—**	**—**	**190**	**—**	**—**	**190**	**—**
—	—	—	19	—	19	—	—
—	—	—	1580	—	120	—	—
—	—	—	—	—	—	—	—
—	—	—	190	—	190	—	—
—	—	—	—	—	—	—	—
—	—	—	—	—	—	—	—
—	—	—	—	—	—	—	—
—	—	—	—	—	—	—	—
—	—	—	—	—	—	—	—
—	—	—	190	—	190	—	—
—	—	—	—	—	—	—	—
—	**—**	**—**	**511**	**—**	**122**	**4**	**—**
—	—	—	249	—	—	—	—
—	—	—	4	—	—	4	—
—	—	—	—	—	—	—	—
—	—	—	258	—	122	—	—
—	—	—	—	—	—	—	—
—	—	—	—	—	—	—	—
—	—	—	—	—	—	—	—
—	**—**	**—**	**8**	**—**	**8**	**—**	**11107**
—	**—**	**—**	**8**	**—**	**8**	**—**	**11107**
—	—	—	—	—	—	—	3
—	—	—	—	—	—	—	—
—	—	—	—	—	—	—	—
—	—	—	—	—	—	—	—
—	—	—	—	—	—	—	—
—	—	—	—	—	—	—	—
—	—	—	—	—	—	—	—
—	—	—	—	—	—	—	—

国有林区分企业的

（按现行价

企业名称	企业总					
	第二					
	涉林					
	小计	木材加工和木、竹、藤、棕、苇制品制造	木、竹、藤家具制造	木、竹、苇浆造纸和纸制品	林产化学产品制造	木质工艺品和木质文教体育用品制造
景东	—	—	—	—	—	—
墨江	—	—	—	—	—	—
卫国	8324	8324	—	—	—	—
江边 *	—	—	—	—	—	—
清水江 *	—	—	—	—	—	—
南盘江 *	—	—	—	—	—	—
新平	—	—	—	—	—	—
宁蒗	—	—	—	—	—	—
陕西	**—**	**—**	**—**	**—**	**—**	**—**
陕西省林管局	**—**	**—**	**—**	**—**	**—**	**—**
宁西	—	—	—	—	—	—
太白	—	—	—	—	—	—
长青	—	—	—	—	—	—
宁东	—	—	—	—	—	—
汉西	—	—	—	—	—	—
龙草坪	—	—	—	—	—	—
陕西省营林局	**—**	**—**	**—**	**—**	**—**	**—**
马头滩	—	—	—	—	—	—
辛家山	—	—	—	—	—	—
甘肃	**27**	**—**	**—**	**—**	**—**	**—**
甘肃省林管局	**27**	**—**	**—**	**—**	**—**	**—**
舟曲	27	—	—	—	—	—
迭部	—	—	—	—	—	—
洮河	—	—	—	—	—	—
白水江	—	—	—	—	—	—
甘肃省营林局	**—**	**—**	**—**	**—**	**—**	**—**
小陇山	—	—	—	—	—	—
青海	**—**	**—**	**—**	**—**	**—**	**—**
青海省林管局	**—**	**—**	**—**	**—**	**—**	**—**
玛可河 *	—	—	—	—	—	—
新疆	**35**	**—**	**—**	**—**	**—**	**—**
新疆维吾尔自治区林管局	**35**	**—**	**—**	**—**	**—**	**—**
天山西部	—	—	—	—	—	—
阿尔泰山	35	—	—	—	—	—
新疆维吾尔自治区营林局	**—**	**—**	**—**	**—**	**—**	**—**
天山中东部	—	—	—	—	—	—

企业总产值和销售产值（十）

格计算）　　　　　　　　　　　　　　　　　　　　　　　　单位:万元

产值							
产业			第三产业				企业销售产值
产业		非林产业	合计	其中:林业生产服务	其中:林业旅游与休闲服务	其中:林业公共管理及其他组织服务	
非木质林产品加工制造业	其他						
—	—	—	—	—	—	—	—
—	—	—	—	—	—	—	—
—	—	—	8	—	8	—	11104
—	—	—	—	—	—	—	—
—	—	—	—	—	—	—	—
—	—	—	—	—	—	—	—
—	—	—	—	—	—	—	—
—	—	—	—	—	—	—	—
—	**—**	**16404**	**16439**	**—**	**1704**	**10809**	**6453**
—	**—**	**11184**	**14617**	**—**	**154**	**10797**	**6453**
—	—	902	2800	—	54	2638	975
—	—	8506	3364	—	—	3297	503
—	—	1033	4092	—	—	787	3607
—	—	342	2626	—	100	2340	409
—	—	251	943	—	—	943	888
—	—	150	792	—	—	792	71
—	**—**	**5220**	**1822**	**—**	**1550**	**12**	**—**
—	—	4020	1227	—	1215	12	—
—	—	1200	595	—	335	—	—
27	**—**	**6942**	**30328**	**6187**	**2505**	**19059**	**—**
27	**—**	**6942**	**18432**	**770**	**1420**	**13665**	**—**
27	—	2013	4086	183	107	2981	—
—	—	1542	5827	260	105	4745	—
—	—	1715	6625	327	1044	4360	—
—	—	1672	1894	—	164	1579	—
—	**—**	**—**	**11896**	**5417**	**1085**	**5394**	**—**
—	—	—	11896	5417	1085	5394	—
—	**—**	**—**	**—**	**—**	**—**	**—**	**—**
—	**—**	**—**	**—**	**—**	**—**	**—**	**—**
—	—	—	—	—	—	—	—
—	**35**	**—**	**10189**	**6427**	**1113**	**1879**	**3906**
—	**35**	**—**	**8484**	**5746**	**537**	**1838**	**2397**
—	—	—	8009	5657	342	1838	2397
—	35	—	475	89	195	—	—
—	**—**	**—**	**1705**	**681**	**576**	**41**	**1509**
—	—	—	1705	681	576	41	1509

国有林区主

指标名称	计量单位	合　计
一、商品材产量	**立方米**	**3448249**
1. 原木	立方米	3396346
2. 薪材	立方米	51903
按用途分：		
1. 直接用原木	立方米	716223
2. 加工用材	立方米	1863938
3. 造纸用材	立方米	61943
4. 其他	立方米	806145
二、木材销售量	**立方米**	**3834126**
三、木材实际库存量	**立方米**	**999256**
四、锯材产量	**立方米**	**598984**
五、人造板产量	**立方米**	**580055**
其中：胶合板	立方米	32294
纤维板	立方米	329299
刨花板	立方米	50963
六、木片、木粒加工产品产量	**实积立方米**	**200843**
七、木地板	**平方米**	**1960354**
八、卫生筷子	**标准箱**	**1280943**

要产品产量

	135 个木材采运企业	20 个重点营林局
	3152333	**295916**
	3100430	295916
	51903	—
	582454	133769
	1736741	127197
	61943	—
	771195	34950
	3539024	**295102**
	849791	**149465**
	559323	**39661**
	578431	**1624**
	31670	624
	329299	—
	49963	1000
	199343	**1500**
	1960354	**—**
	1280943	**—**

国有林区分企业

企业名称	商品材产量			按用途分			
	合　计	原　木	薪　材	直接用原木	加工用材	造纸用材	其他
全国合计	**3448249**	**3396346**	**51903**	**716223**	**1863938**	**61943**	**806145**
135 个木材采运企业小计	3152333	3100430	51903	582454	1736741	61943	771195
20 个重点营林局小计	295916	295916	—	133769	127197	—	34950
内蒙古	**1169200**	**1129670**	**39530**	**256049**	**307373**	**47032**	**558746**
内蒙古集团林管局	**1069619**	**1030089**	**39530**	**189344**	**289162**	**47032**	**544081**
阿尔山	—	—	—	—	—	—	—
绰尔	65988	65988	—	37212	301	—	28475
绰源	39273	39273	—	—	38694	—	579
乌尔旗汉	97370	85735	11635	41453	41790	4026	10101
库都尔	47407	47407	—	7944	14504	659	24300
图里河	39316	39316	—	20848	8247	1156	9065
伊图里河	24002	23768	234	—	7029	234	16739
克一河	46190	44836	1354	1357	7739	1354	35740
甘河	57251	53335	3916	4708	7857	3916	40770
吉文	41869	41869	—	—	8916	2736	30217
阿里河	63827	62002	1825	—	8747	1825	53255
根河	110234	110234	—	29747	11544	13110	55833
金河	103370	103370	—	39054	21980	8134	34202
阿龙山	67194	64212	2982	6425	12429	2982	45358
满归	76278	76278	—	—	4000	1851	70427
得耳布尔	56077	56077	—	596	27580	1347	26554
莫尔道嘎	133973	116389	17584	—	67805	3702	62466
内蒙古集团营林局	**13340**	**13340**	**—**	**686**	**—**	**—**	**12654**
大杨树	8364	8364	—	400	—	—	7964
毕拉河	4976	4976	—	286	—	—	4690
内蒙古林业厅营林局	**86241**	**86241**	**—**	**66019**	**18211**	**—**	**2011**
免渡河	25688	25688	—	13461	10216	—	2011
乌奴尔	22000	22000	—	22000	—	—	—
巴林	8000	8000	—	8000	—	—	—
南木	8995	8995	—	1000	7995	—	—
红花尔基	9906	9906	—	9906	—	—	—
柴河	11652	11652	—	11652	—	—	—
五岔沟	—	—	—	—	—	—	—
白狼	—	—	—	—	—	—	—
吉林	**1437414**	**1431767**	**5647**	**231783**	**1092709**	**1160**	**111762**
吉林集团林管局	**563875**	**560595**	**3280**	**42235**	**472982**	**—**	**48658**
临江	62166	60554	1612	11597	48957	—	1612
三岔子	96467	96371	96	14852	72988	—	8627
湾沟	27900	27900	—	1830	17628	—	8442

的主要产品产量(一)

单位:立方米

木材销售量	木材实际库存量	锯材产量	人造板产量				木片、木粒加工产品产量(实积立方米)	木地板(平方米)	卫生筷子(标准箱)
			合计	其中					
				胶合板	纤维板	刨花板			
3834126	**999256**	**598984**	**580055**	**32294**	**329299**	**50963**	**200843**	**1960354**	**1280943**
3539024	849791	559323	578431	31670	329299	49963	199343	1960354	1280943
295102	149465	39661	1624	624	—	1000	1500	—	—
1145115	**438375**	**—**	**1000**	**—**	**—**	**1000**	**1500**	**—**	**—**
1044733	**392875**	**—**	**—**	**—**	**—**	**—**	**—**	**—**	**—**
3241	1311	—	—	—	—	—	—	—	—
41666	57109	—	—	—	—	—	—	—	—
37311	6669	—	—	—	—	—	—	—	—
94548	33126	—	—	—	—	—	—	—	—
49442	13044	—	—	—	—	—	—	—	—
41181	15082	—	—	—	—	—	—	—	—
27046	4005	—	—	—	—	—	—	—	—
43018	13467	—	—	—	—	—	—	—	—
59639	29420	—	—	—	—	—	—	—	—
43563	13527	—	—	—	—	—	—	—	—
67579	19270	—	—	—	—	—	—	—	—
115120	20643	—	—	—	—	—	—	—	—
90359	64375	—	—	—	—	—	—	—	—
54750	29042	—	—	—	—	—	—	—	—
84036	26124	—	—	—	—	—	—	—	—
63636	2683	—	—	—	—	—	—	—	—
128598	43978	—	—	—	—	—	—	—	—
9804	**4210**	**—**	**—**	**—**	**—**	**—**	**—**	**—**	**—**
5394	2970	—	—	—	—	—	—	—	—
4410	1240	—	—	—	—	—	—	—	—
90578	**41290**	**—**	**1000**	**—**	**—**	**1000**	**1500**	**—**	**—**
29759	10282	—	—	—	—	—	1500	—	—
21987	22013	—	—	—	—	—	—	—	—
—	—	—	1000	—	—	1000	—	—	—
6675	8995	—	—	—	—	—	—	—	—
—	—	—	—	—	—	—	—	—	—
32157	—	—	—	—	—	—	—	—	—
—	—	—	—	—	—	—	—	—	—
—	—	—	—	—	—	—	—	—	—
1336567	**475820**	**73245**	**137800**	**817**	**128390**	**—**	**109**	**1000000**	**—**
573359	**75034**	**14437**	**111385**	**—**	**106004**	**—**	**—**	**—**	**—**
59266	11656	—	—	—	—	—	—	—	—
95234	9804	1735	5381	—	—	—	—	—	—
23765	17361	5050	—	—	—	—	—	—	—

国有林区分企业

企业名称	商品材产量			按用途分			
	合　计	原　木	薪　材	直接用原木	加工用材	造纸用材	其他
松江河	81900	81529	371	—	76624	—	5276
泉阳	41237	41237	—	8619	32618	—	—
露水河	66931	66931	—	227	48075	—	18629
白石山	59574	58373	1201	3855	54518	—	1201
红石	127700	127700	—	1255	121574	—	4871
延边林管局	**690485**	**688118**	**2367**	**122484**	**510741**	**1160**	**56100**
黄泥河	58664	58664	—	7423	17598	—	33643
敦化	105988	105988	—	—	101206	—	4782
大石头	67051	66970	81	5131	60514	—	1406
八家子	74927	72641	2286	6360	65121	1160	2286
和龙	84435	84435	—	—	84435	—	—
汪清	81812	81812	—	81812	—	—	—
大兴沟	23382	23382	—	6178	17204	—	—
天桥岭	49175	49175	—	7162	39629	—	2384
白河	100899	100899	—	2836	86464	—	11599
珲春	44152	44152	—	5582	38570	—	—
吉林省林业厅营林局	**183054**	**183054**	**—**	**67064**	**108986**	**—**	**7004**
上营	67064	67064	—	67064	—	—	—
辉南	20912	20912	—	—	18054	—	2858
长白	46412	46412	—	—	46412	—	—
安图	48666	48666	—	—	44520	—	4146
长白山 *	—	—	—	—	—	—	—
龙江集团	**543604**	**536878**	**6726**	**135320**	**296955**	**3273**	**108056**
牡丹江林业管理局	**212632**	**210115**	**2517**	**60664**	**122028**	**855**	**29085**
大海林	40060	40060	—	9966	29239	855	—
柴河	24986	24986	—	—	22308	—	2678
东京城	42555	41386	1169	—	38030	—	4525
穆棱	29271	29271	—	4219	13735	—	11317
绥阳	22714	22119	595	—	13056	—	9658
海林	6737	6737	—	170	5660	—	907
林口	40782	40782	—	40782	—	—	—
八面通	5527	4774	753	5527	—	—	—
合江林业管理局	**96160**	**96160**	**—**	**23516**	**43311**	**—**	**29333**
桦南	—	—	—	—	—	—	—
双鸭山	3888	3888	—	1032	1777	—	1079
鹤立	3499	3499	—	3499	—	—	—
鹤北	25926	25926	—	16423	9315	—	188
东方红	39151	39151	—	—	25269	—	13882
迎春	10480	10480	—	2562	525	—	7393

的主要产品产量(二)

单位:立方米

木材销售量	木材实际库存量	锯材产量	人造板产量				木片、木粒加工产品产量(实积立方米)	木地板(平方米)	卫生筷子(标准箱)
			合计	其中					
				胶合板	纤维板	刨花板			
82100	8816	—	—	—	—	—	—	—	—
43852	7072	—	—	—	—	—	—	—	—
80055	966	673	—	—	—	—	—	—	—
60543	3415	—	45935	—	45935	—	—	—	—
128544	15944	6979	60069	—	60069	—	—	—	—
581069	**298934**	**19147**	**25791**	**193**	**22386**	**—**	**109**	**1000000**	**—**
66821	11950	—	—	—	—	—	109	—	—
89439	41394	4744	—	—	—	—	—	—	—
61700	35528	1874	—	—	—	—	—	—	—
68722	14397	—	—	—	—	—	—	—	—
77044	20371	—	—	—	—	—	—	—	—
10177	39311	—	22386	—	22386	—	—	1000000	—
29946	21067	4375	2011	—	—	—	—	—	—
46610	22843	1833	—	—	—	—	—	—	—
74840	66553	6321	1394	193	—	—	—	—	—
55770	25520	—	—	—	—	—	—	—	—
182139	**101852**	**39661**	**624**	**624**	**—**	**—**	**—**	**—**	**—**
59076	7988	35000	—	—	—	—	—	—	—
24766	14688	—	—	—	—	—	—	—	—
46144	38878	—	—	—	—	—	—	—	—
52153	40298	4661	624	624	—	—	—	—	—
—	—	—	—	—	—	—	—	—	—
710077	**41288**	**433151**	**242155**	**20347**	**58065**	**49140**	**18699**	**879605**	**803337**
264686	**38076**	**96586**	**79320**	**4950**	**—**	**37000**	**5305**	**524770**	**424500**
44717	2717	33836	450	450	—	—	5305	—	—
28021	1748	15075	24950	4000	—	—	—	—	—
73325	11230	5800	600	500	—	—	—	—	41500
43406	—	18760	53320	—	—	37000	—	484770	23000
27860	—	15630	—	—	—	—	—	—	360000
18703	—	—	—	—	—	—	—	—	—
21260	22381	7485	—	—	—	—	—	40000	—
7394	—	—	—	—	—	—	—	—	—
145125	**4**	**73629**	**8364**	**5523**	**—**	**—**	**1879**	**56500**	**170290**
—	—	14210	—	—	—	—	—	—	34260
3888	4	2000	—	—	—	—	—	—	—
8496	—	2000	1000	1000	—	—	800	—	—
36325	—	17350	—	—	—	—	800	—	86000
61897	—	25009	2704	2103	—	—	—	—	50030
13521	—	6000	—	—	—	—	279	—	—

企业名称	商品材产量			按用途分			
	合　计	原　木	薪　材	直接用原木	加工用材	造纸用材	其他
清河	13216	13216	—	—	6425	—	6791
伊春林业管理局	**1293**	**—**	**1293**	**—**	**—**	**—**	**1293**
双丰	—	—	—	—	—	—	—
铁力	—	—	—	—	—	—	—
桃山	—	—	—	—	—	—	—
朗乡	1293	—	1293	—	—	—	1293
南岔	—	—	—	—	—	—	—
金山屯	—	—	—	—	—	—	—
美溪	—	—	—	—	—	—	—
乌马河	—	—	—	—	—	—	—
翠峦	—	—	—	—	—	—	—
友好	—	—	—	—	—	—	—
上甘岭	—	—	—	—	—	—	—
五营	—	—	—	—	—	—	—
红星	—	—	—	—	—	—	—
新青	—	—	—	—	—	—	—
汤旺河	—	—	—	—	—	—	—
乌伊岭	—	—	—	—	—	—	—
松花江林业管理局	**220529**	**219358**	**1171**	**47265**	**124919**	**—**	**48345**
山河屯	27746	26575	1171	3657	22075	—	2014
苇河	22590	22590	—	2361	18529	—	1700
亚布力	55198	55198	—	5130	28895	—	21173
方正	23343	23343	—	3675	19203	—	465
兴隆	40772	40772	—	—	17779	—	22993
绥棱	18438	18438	—	—	18438	—	—
通北	—	—	—	—	—	—	—
沾河	32442	32442	—	32442	—	—	—
总局直属单位	**12990**	**11245**	**1745**	**3875**	**6697**	**2418**	**—**
带岭实验局	12990	11245	1745	3875	6697	2418	—
大兴安岭	**250112**	**250112**	**—**	**91736**	**134901**	**9175**	**14300**
大兴安岭林管局	**250112**	**250112**	**—**	**91736**	**134901**	**9175**	**14300**
松岭	23493	23493	—	9923	12526	1044	—
新林	35194	35194	—	23177	10926	1091	—
塔河	29460	29460	—	12165	17295	—	—
呼中	24381	24381	—	14482	7462	2437	—
阿木尔	22465	22465	—	9381	12978	106	—
图强	26135	26135	—	8695	17347	93	—
西林吉	37116	37116	—	117	21771	928	14300
十八站	16658	16658	—	2855	13398	405	—

的主要产品产量(三)

单位:立方米

木材销售量	木材实际库存量	锯材产量	人造板产量				木片、木粒加工产品产量(实积立方米)	木地板(平方米)	卫生筷子(标准箱)
			合计	其中					
				胶合板	纤维板	刨花板			
20998	—	7060	4660	2420	—	—	—	56500	—
2082	**1944**	**44210**	**72698**	**7563**	**7065**	**12140**	**—**	**291335**	**—**
—	—	16000	2600	1000	—	—	—	—	—
—	—	2650	1450	1450	—	—	—	289650	—
—	1155	—	3498	1346	—	—	—	1685	—
1293	—	—	10211	—	1250	8961	—	—	—
—	—	—	—	—	—	—	—	—	—
789	789	—	3551	—	—	—	—	—	—
—	—	2468	18617	—	—	—	—	—	—
—	—	14133	2069	—	—	2069	—	—	—
—	—	—	—	—	—	—	—	—	—
—	—	—	6500	685	5815	—	—	—	—
—	—	4021	6338	3082	—	—	—	—	—
—	—	2020	—	—	—	—	—	—	—
—	—	—	4610	—	—	—	—	—	—
—	—	2918	4885	—	—	1110	—	—	—
—	—	—	8369	—	—	—	—	—	—
—	—	—	—	—	—	—	—	—	—
281395	**—**	**143726**	**62773**	**2311**	**51000**	**—**	**11515**	**—**	**178547**
27746	—	8000	—	—	—	—	—	—	—
32121	—	27928	129	129	—	—	—	—	—
55198	—	8275	680	680	—	—	—	—	84334
30432	—	26030	3204	1502	—	—	5503	—	22113
64241	—	35000	—	—	—	—	—	—	—
31947	—	—	56200	—	51000	—	2012	—	—
—	—	2000	—	—	—	—	—	—	—
39710	—	36493	2560	—	—	—	4000	—	72100
16789	**1264**	**75000**	**19000**	**—**	**—**	**—**	**—**	**7000**	**30000**
16789	1264	75000	19000	—	—	—	—	7000	30000
591004	**25785**	**92588**	**139743**	**1947**	**104810**	**823**	**180535**	**80749**	**477606**
589591	**25785**	**92588**	**139743**	**1947**	**104810**	**823**	**180535**	**80749**	**477606**
50543	—	6527	797	—	—	—	119600	21445	65500
55742	—	8672	90123	—	90123	—	—	—	170380
80176	—	7332	1880	—	—	—	24018	—	28560
165868	2746	29709	29934	718	14687	823	1379	—	77640
51654	1237	1603	—	—	—	—	4400	59304	4497
35615	2469	8843	—	—	—	—	20800	—	—
58851	—	11479	885	885	—	—	10200	—	—
43074	—	18423	3274	344	—	—	—	—	94181

企业名称	商品材产量			按用途分			
	合 计	原 木	薪 材	直接用原木	加工用材	造纸用材	其他
韩家园	35210	35210	—	10941	21198	3071	—
大兴安岭营林局	**—**	**—**	**—**	**—**	**—**	**—**	**—**
加格达奇	—	—	—	—	—	—	—
四川	**—**	**—**	**—**	**—**	**—**	**—**	**—**
阿坝州林管局	**—**	**—**	**—**	**—**	**—**	**—**	**—**
川西	—	—	—	—	—	—	—
黑水	—	—	—	—	—	—	—
马尔康	—	—	—	—	—	—	—
小金	—	—	—	—	—	—	—
观音桥	—	—	—	—	—	—	—
松潘	—	—	—	—	—	—	—
南坪	—	—	—	—	—	—	—
壤塘	—	—	—	—	—	—	—
甘孜州林管局	**—**	**—**	**—**	**—**	**—**	**—**	**—**
道孚	—	—	—	—	—	—	—
新龙	—	—	—	—	—	—	—
丹巴	—	—	—	—	—	—	—
炉霍	—	—	—	—	—	—	—
白玉	—	—	—	—	—	—	—
力邱河	—	—	—	—	—	—	—
翁达	—	—	—	—	—	—	—
其他地、州林管局	**—**	**—**	**—**	**—**	**—**	**—**	**—**
川南	—	—	—	—	—	—	—
雷波	—	—	—	—	—	—	—
凉北	—	—	—	—	—	—	—
夹金山	—	—	—	—	—	—	—
木里	—	—	—	—	—	—	—
普威	—	—	—	—	—	—	—
盐边	—	—	—	—	—	—	—
云南	**29681**	**29681**	**—**	**378**	**28000**	**1303**	**—**
云南省林管局	**29681**	**29681**	**—**	**378**	**28000**	**1303**	**—**
华坪	178	178	—	178	—	—	—
碧泉	—	—	—	—	—	—	—
黑白水	—	—	—	—	—	—	—
中甸 *	—	—	—	—	—	—	—
巨甸	200	200	—	200	—	—	—
红旗	—	—	—	—	—	—	—
云台山	—	—	—	—	—	—	—
漾江	—	—	—	—	—	—	—

的主要产品产量(四)

单位:立方米

木材销售量	木材实际库存量	锯材产量	人造板产量				木片、木粒加工产品产量(实积立方米)	木地板(平方米)	卫生筷子(标准箱)
			合计	其中					
				胶合板	纤维板	刨花板			
48068	19333	—	12850	—	—	—	138	—	36848
1413	—	—	—	—	—	—	—	—	—
1413	—	—	—	—	—	—	—	—	—
—	—	—	—	—	—	—	—	—	—
—	—	—	—	—	—	—	—	—	—
—	—	—	—	—	—	—	—	—	—
—	—	—	—	—	—	—	—	—	—
—	—	—	—	—	—	—	—	—	—
—	—	—	—	—	—	—	—	—	—
—	—	—	—	—	—	—	—	—	—
—	—	—	—	—	—	—	—	—	—
—	—	—	—	—	—	—	—	—	—
—	—	—	—	—	—	—	—	—	—
—	—	—	—	—	—	—	—	—	—
—	—	—	—	—	—	—	—	—	—
—	—	—	—	—	—	—	—	—	—
—	—	—	—	—	—	—	—	—	—
—	—	—	—	—	—	—	—	—	—
—	—	—	—	—	—	—	—	—	—
—	—	—	—	—	—	—	—	—	—
—	—	—	—	—	—	—	—	—	—
—	—	—	—	—	—	—	—	—	—
—	—	—	—	—	—	—	—	—	—
—	—	—	—	—	—	—	—	—	—
—	—	—	—	—	—	—	—	—	—
—	—	—	—	—	—	—	—	—	—
—	—	—	—	—	—	—	—	—	—
—	—	—	—	—	—	—	—	—	—
35788	**15325**	—	**59357**	**9183**	**38034**	—	—	—	—
35788	**15325**	—	**59357**	**9183**	**38034**	—	—	—	—
178	—	—	—	—	—	—	—	—	—
—	2571	—	—	—	—	—	—	—	—
—	—	—	—	—	—	—	—	—	—
—	—	—	—	—	—	—	—	—	—
200	—	—	—	—	—	—	—	—	—
—	—	—	—	—	—	—	—	—	—
—	—	—	—	—	—	—	—	—	—
—	—	—	—	—	—	—	—	—	—

企业名称	商品材产量			按用途分			
	合　计	原　木	薪　材	直接用原木	加工用材	造纸用材	其他
景东	8284	8284	—	—	8000	284	—
墨江	2500	2500	—	—	2000	500	—
卫国	18519	18519	—	—	18000	519	—
江边 *	—	—	—	—	—	—	—
清水江 *	—	—	—	—	—	—	—
南盘江 *	—	—	—	—	—	—	—
新平	—	—	—	—	—	—	—
宁蒗	—	—	—	—	—	—	—
陕西	**—**	**—**	**—**	**—**	**—**	**—**	**—**
陕西省林管局	**—**	**—**	**—**	**—**	**—**	**—**	**—**
宁西	—	—	—	—	—	—	—
太白	—	—	—	—	—	—	—
长青	—	—	—	—	—	—	—
宁东	—	—	—	—	—	—	—
汉西	—	—	—	—	—	—	—
龙草坪	—	—	—	—	—	—	—
陕西省营林局	**—**	**—**	**—**	**—**	**—**	**—**	**—**
马头滩	—	—	—	—	—	—	—
辛家山	—	—	—	—	—	—	—
甘肃	**13281**	**13281**	**—**	**—**	**—**	**—**	**13281**
甘肃省林管局	**—**	**—**	**—**	**—**	**—**	**—**	**—**
舟曲	—	—	—	—	—	—	—
迭部	—	—	—	—	—	—	—
洮河	—	—	—	—	—	—	—
白水江	—	—	—	—	—	—	—
甘肃省营林局	**13281**	**13281**	**—**	**—**	**—**	**—**	**13281**
小陇山	13281	13281	—	—	—	—	13281
青海	**—**	**—**	**—**	**—**	**—**	**—**	**—**
青海省林管局	**—**	**—**	**—**	**—**	**—**	**—**	**—**
玛可河 *	—	—	—	—	—	—	—
新疆	**4957**	**4957**	**—**	**957**	**4000**	**—**	**—**
新疆维吾尔自治区林管局	**4957**	**4957**	**—**	**957**	**4000**	**—**	**—**
天山西部	4957	4957	—	957	4000	—	—
阿尔泰山	—	—	—	—	—	—	—
新疆维吾尔自治区营林局	**—**	**—**	**—**	**—**	**—**	**—**	**—**
天山中东部	—	—	—	—	—	—	—

的主要产品产量（五）

单位：立方米

木材销售量	木材实际库存量	锯材产量	人造板产量				木片、木粒加工产品产量（实积立方米）	木地板（平方米）	卫生筷子（标准箱）
			合计	其中					
				胶合板	纤维板	刨花板			
9722	7069	—	—	—	—	—	—	—	—
1476	900	—	—	—	—	—	—	—	—
24212	4785	—	59357	9183	38034	—	—	—	—
—	—	—	—	—	—	—	—	—	—
—	—	—	—	—	—	—	—	—	—
—	—	—	—	—	—	—	—	—	—
—	—	—	—	—	—	—	—	—	—
—	—	—	—	—	—	—	—	—	—
—	—	—	—	—	—	—	—	—	—
—	—	—	—	—	—	—	—	—	—
—	—	—	—	—	—	—	—	—	—
—	—	—	—	—	—	—	—	—	—
—	—	—	—	—	—	—	—	—	—
—	—	—	—	—	—	—	—	—	—
—	—	—	—	—	—	—	—	—	—
—	—	—	—	—	—	—	—	—	—
—	—	—	—	—	—	—	—	—	—
—	—	—	—	—	—	—	—	—	—
—	—	—	—	—	—	—	—	—	—
11168	**2113**	—	—	—	—	—	—	—	—
—	—	—	—	—	—	—	—	—	—
—	—	—	—	—	—	—	—	—	—
—	—	—	—	—	—	—	—	—	—
—	—	—	—	—	—	—	—	—	—
—	—	—	—	—	—	—	—	—	—
11168	**2113**	—	—	—	—	—	—	—	—
11168	2113	—	—	—	—	—	—	—	—
—	—	—	—	—	—	—	—	—	—
—	—	—	—	—	—	—	—	—	—
—	—	—	—	—	—	—	—	—	—
4407	**550**	—	—	—	—	—	—	—	—
4407	**550**	—	—	—	—	—	—	—	—
4407	550	—	—	—	—	—	—	—	—
—	—	—	—	—	—	—	—	—	—
—	—	—	—	—	—	—	—	—	—
—	—	—	—	—	—	—	—	—	—

国有林区非木材产品产量

指标名称	计量单位	合　计	135 个木材采运企业	20 个重点营林局
一、各类经济林产品产量合计	吨	210454	207550	2904
二、中药材	吨	42868	41210	1658
三、食用菌	吨	108869	107531	1338
四、山野菜	吨	46575	45672	903
五、年末大牲畜存栏数	只	738159	642876	95283
六、年末家禽存栏数	只	6090212	6035722	54490
七、森林旅游人数	人次	11623519	10969534	653985

国有林区从业人员和劳动报酬情况

指标名称	计量单位	合　计	135 个木材采运企业	20 个重点营林局
一、年末人数	人	645796	616461	29335
其中:混岗职工人数	人	93948	91611	2337
1. 在岗职工	人	403156	379657	23499
其中:混岗职工人数	人	3722	3526	196
非全日制	人	4202	4202	—
2. 其他从业人员	人	1206	927	279
3. 离开本单位仍保留劳动关系人员	人	241434	235877	5557
二、年末参加基本养老保险人数	人	615063	588277	26786
三、年末参加基本医疗保险人数	人	726153	691905	34248
四、在岗职工平均人数	人	377473	354072	23401
五、在岗职工工资总额	千元	10449295	9622320	826975
六、年末离退休人员人数	人	536561	518662	17899
七、离退休人员年生活费	千元	12512909	12048041	464867

国有林区分企业的非木材产品产量(一)

企业名称	各类经济林产品产量合计(吨)	中药材(吨)	食用菌(吨)	山野菜(吨)	年末大牲畜存栏数(只)	年末家禽存栏数(只)	森林旅游人数(人次)
全国合计	**210454**	**42868**	**108869**	**46575**	**738159**	**6090212**	**11623519**
135个木材采运企业小计	207550	41210	107531	45672	642876	6035722	10969534
20个重点营林局小计	2904	1658	1338	903	95283	54490	653985
内蒙古	**10963**	**524**	**1212**	**2642**	**199527**	**151531**	**1165401**
内蒙古集团林管局	**10596**	**513**	**1046**	**2448**	**112248**	**145331**	**1040012**
阿尔山	110	—	12	98	12980	—	750303
绰尔	60	—	—	—	15684	800	10000
绰源	173	45	20	108	8574	9820	6000
乌尔旗汉	61	46	4	5	5288	1356	8000
库都尔	61	—	61	—	2220	8000	—
图里河	40	20	5	—	3010	1100	8000
伊图里河	12	5	1	3	1358	1060	—
克一河	448	34	374	30	4894	12000	5500
甘河	215	184	16	—	6060	26500	—
吉文	141	1	140	—	—	—	—
阿里河	3166	—	234	2115	35901	42235	18000
根河	652	62	24	85	2480	3000	78000
金河	1100	—	—	—	3600	2500	5200
阿龙山	1130	45	59	—	1983	16960	—
满归	2417	1	16	—	1250	4400	16000
得耳布尔	83	26	2	—	1766	6100	7009
莫尔道嘎	727	44	78	4	5200	9500	128000
内蒙古集团营林局	**301**	**—**	**15**	**37**	**—**	**—**	**27000**
大杨树	57	—	—	—	—	—	—
毕拉河	244	—	15	37	—	—	27000
内蒙古林业厅营林局	**66**	**11**	**151**	**157**	**87279**	**6200**	**98389**
免渡河	—	—	3	4	70	—	—
乌奴尔	—	—	2	27	2000	4900	—
巴林	—	—	6	—	—	—	36250
南木	44	—	42	2	2112	—	—
红花尔基	—	6	12	1	12000	1300	9300
柴河	—	—	3	—	20109	—	21389
五岔沟	22	5	63	5	50068	—	450
白狼	—	—	20	118	920	—	31000
吉林	**38731**	**3787**	**14530**	**2839**	**53054**	**297434**	**582668**
吉林集团林管局	**20494**	**3192**	**3761**	**1402**	**15265**	**80012**	**167675**
临江	1183	608	170	301	8860	11732	8975
三岔子	898	42	47	78	979	2280	5000
湾沟	300	—	—	50	750	35000	2000

国有林区分企业的非木材产品产量(二)

企业名称	各类经济林产品产量合计（吨）	中药材（吨）	食用菌（吨）	山野菜（吨）	年末大牲畜存栏数（只）	年末家禽存栏数（只）	森林旅游人数（人次）
松江河	2124	—	286	198	1435	3200	46500
泉阳	1220	490	45	90	2800	27800	4200
露水河	6632	1970	150	340	—	—	53000
白石山	3270	60	3000	10	91	—	20000
红石	4867	22	63	335	350	—	28000
延边林管局	**15717**	**558**	**9873**	**1247**	**32985**	**180022**	**263993**
黄泥河	2313	180	1929	279	2065	10000	—
敦化	1955	35	450	60	1772	50000	9330
大石头	2128	22	1543	18	5417	87600	2800
八家子	850	—	100	450	9800	7000	2000
和龙	711	16	485	73	2094	2982	—
汪清	969	15	275	55	7384	3200	—
大兴沟	1827	25	1520	98	416	—	—
天桥岭	2122	15	1890	167	1677	—	—
白河	2377	173	1601	38	398	500	232940
珲春	465	77	80	9	1962	18740	16923
吉林省林业厅营林局	**2520**	**37**	**896**	**190**	**4804**	**37400**	**151000**
上营	1600	1	400	120	1000	1000	11000
辉南	44	1	1	5	544	4800	140000
长白	—	27	—	—	—	—	—
安图	876	8	495	65	3260	31600	—
长白山 *	—	—	—	—	—	—	—
龙江集团	**158182**	**32025**	**81088**	**37706**	**463618**	**5130805**	**8148320**
牡丹江林业管理局	**39613**	**2681**	**23888**	**7853**	**59918**	**461581**	**1798772**
大海林	3383	241	2285	721	22125	109286	338460
柴河	3019	1	2202	52	970	30295	619300
东京城	7810	260	4995	430	5741	120000	246930
穆棱	4748	344	3050	380	7300	38000	200000
绥阳	14150	200	8500	5200	14200	120000	87000
海林	2370	1610	840	600	1410	14000	130000
林口	3307	25	1400	260	1800	10000	86000
八面通	826	—	616	210	6372	20000	91082
合江林业管理局	**24910**	**6714**	**6235**	**3480**	**94716**	**459500**	**1256534**
桦南	1022	45	135	162	13890	250000	86000
双鸭山	2924	65	146	227	10633	25000	288000
鹤立	838	220	324	190	16050	30000	102000
鹤北	3678	60	1700	1313	23307	48500	217000
东方红	3041	1010	1190	700	10791	60000	220034
迎春	642	114	20	388	8400	40000	83000

国有林区分企业的非木材产品产量(三)

企业名称	各类经济林产品产量合计（吨）	中药材（吨）	食用菌（吨）	山野菜（吨）	年末大牲畜存栏数（只）	年末家禽存栏数（只）	森林旅游人数（人次）
清河	12765	5200	2720	500	11645	6000	260500
伊春林业管理局	**50189**	**20499**	**25937**	**13291**	**162554**	**2605374**	**3108888**
双丰	3224	2610	174	450	17788	179800	39000
铁力	462	7436	462	415	7656	23918	235688
桃山	2620	2015	450	650	19570	82750	65900
朗乡	3617	310	1391	440	18890	130521	243936
南岔	5048	1330	3955	1093	689	69135	180023
金山屯	3506	200	2820	221	1305	6000	194750
美溪	2600	—	1900	700	20350	135000	470000
乌马河	1997	126	1425	520	1797	80522	31398
翠峦	1119	258	621	189	4993	320000	95213
友好	4415	110	1900	1645	4873	1071948	90000
上甘岭	1125	120	475	365	17565	196800	185000
五营	7570	325	3436	2472	9458	77830	690000
红星	2640	1325	1400	1010	—	—	—
新青	4098	508	2100	590	7185	74000	206300
汤旺河	4334	3620	2448	1886	12385	136150	381680
乌伊岭	1814	206	980	645	18050	21000	—
松花江林业管理局	**40420**	**1511**	**24278**	**11982**	**130940**	**924350**	**1781400**
山河屯	4390	340	2050	320	6918	520000	360000
苇河	7502	417	6963	42	—	—	185200
亚布力	8870	—	7642	1000	4110	80000	540000
方正	3845	201	2854	691	41863	120000	267200
兴隆	2665	96	2254	54	37151	61000	120000
绥棱	1067	7	826	158	18138	106000	110000
通北	485	—	19	466	2395	22000	85000
沾河	11596	450	1670	9251	20365	15350	114000
总局直属单位	**3050**	**620**	**750**	**1100**	**15490**	**680000**	**202726**
带岭实验局	3050	620	750	1100	15490	680000	202726
大兴安岭	**2320**	**6532**	**11877**	**3386**	**14833**	**478184**	**1133106**
大兴安岭林管局	**2303**	**4922**	**11601**	**2869**	**12362**	**467294**	**1123939**
松岭	8	40	1021	500	832	93800	158000
新林	1661	433	3361	216	733	43375	83000
塔河	41	2000	2006	800	6800	141700	8210
呼中	197	1363	2900	218	1331	53330	172497
阿木尔	194	324	321	20	668	21059	—
图强	76	44	349	5	69	22975	29878
西林吉	97	19	750	450	605	54200	661147
十八站	4	306	368	200	485	27650	2286

国有林区分企业的非木材产品产量(四)

企业名称	各类经济林产品产量合计（吨）	中药材（吨）	食用菌（吨）	山野菜（吨）	年末大牲畜存栏数（只）	年末家禽存栏数（只）	森林旅游人数（人次）
韩家园	25	393	525	460	839	9205	8921
大兴安岭营林局	**17**	**1610**	**276**	**517**	**2471**	**10890**	**9167**
加格达奇	17	1610	276	517	2471	10890	9167
四川	**—**	**—**	**159**	**—**	**3087**	**8750**	**55845**
阿坝州林管局	**—**	**—**	**142**	**—**	**—**	**6000**	**21300**
川西	—	—	—	—	—	—	—
黑水	—	—	—	—	—	—	—
马尔康	—	—	2	—	—	6000	15000
小金	—	—	—	—	—	—	—
观音桥	—	—	—	—	—	—	—
松潘	—	—	140	—	—	—	6300
南坪	—	—	—	—	—	—	—
壤塘	—	—	—	—	—	—	—
甘孜州林管局	**—**	**—**	**17**	**—**	**3087**	**2750**	**34545**
道孚	—	—	1	—	287	—	—
新龙	—	—	—	—	400	—	—
丹巴	—	—	2	—	—	450	—
炉霍	—	—	3	—	—	—	—
白玉	—	—	—	—	700	500	—
力邱河	—	—	11	—	—	—	34545
翁达	—	—	—	—	1700	1800	—
其他地、州林管局	**—**	**—**	**—**	**—**	**—**	**—**	**—**
川南	—	—	—	—	—	—	—
雷波	—	—	—	—	—	—	—
凉北	—	—	—	—	—	—	—
夹金山	—	—	—	—	—	—	—
木里	—	—	—	—	—	—	—
普威	—	—	—	—	—	—	—
盐边	—	—	—	—	—	—	—
云南	**—**	**—**	**—**	**—**	**—**	**—**	**13333**
云南省林管局	**—**	**—**	**—**	**—**	**—**	**—**	**13333**
华坪	—	—	—	—	—	—	—
碧泉	—	—	—	—	—	—	—
黑白水	—	—	—	—	—	—	—
中甸 *	—	—	—	—	—	—	—
巨甸	—	—	—	—	—	—	—
红旗	—	—	—	—	—	—	—
云台山	—	—	—	—	—	—	—
漾江	—	—	—	—	—	—	—

国有林区分企业的非木材产品产量(五)

企业名称	各类经济林产品产量合计（吨）	中药材（吨）	食用菌（吨）	山野菜（吨）	年末大牲畜存栏数（只）	年末家禽存栏数（只）	森林旅游人数（人次）
景东	—	—	—	—	—	—	—
墨江	—	—	—	—	—	—	—
卫国	—	—	—	—	—	—	13333
江边 *	—	—	—	—	—	—	—
清水江 *	—	—	—	—	—	—	—
南盘江 *	—	—	—	—	—	—	—
新平	—	—	—	—	—	—	—
宁蒗	—	—	—	—	—	—	—
陕西	**3**	**—**	**3**	**—**	**—**	**21000**	**55050**
陕西省林管局	**3**	**—**	**3**	**—**	**—**	**21000**	**5050**
宁西	—	—	—	—	—	21000	1800
太白	3	—	—	—	—	—	—
长青	—	—	3	—	—	—	—
宁东	—	—	—	—	—	—	3250
汉西	—	—	—	—	—	—	—
龙草坪	—	—	—	—	—	—	—
陕西省营林局	**—**	**—**	**—**	**—**	**—**	**—**	**50000**
马头滩	—	—	—	—	—	—	—
辛家山	—	—	—	—	—	—	50000
甘肃	**—**	**—**	**—**	**2**	**584**	**—**	**240562**
甘肃省林管局	**—**	**—**	**—**	**—**	**—**	**—**	**89397**
舟曲	—	—	—	—	—	—	7235
迭部	—	—	—	—	—	—	5000
洮河	—	—	—	—	—	—	74006
白水江	—	—	—	—	—	—	3156
甘肃省营林局	**—**	**—**	**—**	**2**	**584**	**—**	**151165**
小陇山	—	—	—	2	584	—	151165
青海	**—**	**—**	**—**	**—**	**—**	**—**	**—**
青海省林管局	**—**	**—**	**—**	**—**	**—**	**—**	**—**
玛可河 *	—	—	—	—	—	—	—
新疆	**255**	**—**	**—**	**—**	**3456**	**2508**	**229234**
新疆维吾尔自治区林管局	**255**	**—**	**—**	**—**	**3311**	**2508**	**61970**
天山西部	255	—	—	—	1035	—	52490
阿尔泰山	—	—	—	—	2276	2508	9480
新疆维吾尔自治区营林局	**—**	**—**	**—**	**—**	**145**	**—**	**167264**
天山中东部	—	—	—	—	145	—	167264

国有林区分企业的从业人员

企业名称	年末人数					
	总计	其中：混岗职工人数	在岗职工			其他从业人员
			合计	其中		
				混岗职工人数	非全日制	
全国合计	**645796**	**93948**	**403156**	**3722**	**4202**	**1206**
135 个木材采运企业小计	616461	91611	379657	3526	4202	927
20 个重点营林局小计	29335	2337	23499	196	—	279
内蒙古	**144551**	**55144**	**57744**	**196**	**—**	**233**
内蒙古集团林管局	**131106**	**52807**	**47844**	**—**	**—**	**—**
阿尔山	9695	6058	2683	—	—	—
绰尔	5121	969	3087	—	—	—
绰源	3852	1137	1676	—	—	—
乌尔旗汉	11223	6314	2938	—	—	—
库都尔	11885	6487	3032	—	—	—
图里河	6553	2426	2716	—	—	—
伊图里河	5252	1590	2216	—	—	—
克一河	6394	1999	2658	—	—	—
甘河	9458	3764	3332	—	—	—
吉文	5494	1257	2411	—	—	—
阿里河	8958	4366	2865	—	—	—
根河	13066	6898	3731	—	—	—
金河	8149	3139	3054	—	—	—
阿龙山	6013	1665	2426	—	—	—
满归	6260	1747	2753	—	—	—
得耳布尔	5829	1253	2533	—	—	—
莫尔道嘎	7904	1738	3733	—	—	—
内蒙古集团营林局	**5058**	**2141**	**1847**	**—**	**—**	**—**
大杨树	3159	1767	919	—	—	—
毕拉河	1899	374	928	—	—	—
内蒙古林业厅营林局	**8387**	**196**	**8053**	**196**	**—**	**233**
免渡河	1415	196	1219	196	—	196
乌奴尔	859	—	859	—	—	—
巴林	663	—	634	—	—	—
南木	578	—	578	—	—	—
红花尔基	1133	—	1061	—	—	—
柴河	938	—	901	—	—	37
五岔沟	1725	—	1725	—	—	—
白狼	1076	—	1076	—	—	—
吉林	**114716**	**2300**	**60260**	**1180**	**—**	**—**
吉林集团林管局	**38958**	**544**	**29448**	**544**	**—**	**—**
临江	4266	—	2408	—	—	—
三岔子	7256	303	6630	303	—	—
湾沟	2785	—	1232	—	—	—

和劳动报酬情况(一)

单位:人

离开本单位仍保留劳动关系人员	年末参加基本养老保险人数	年末参加基本医疗保险人数	在岗职工 平均人数	在岗职工 工资总额(千元)	年末离退休人员人数	离退休人员年生活费(千元)
241434	**615063**	**726153**	**377473**	**10449295**	**536561**	**12512909**
235877	588277	691905	354072	9622320	518662	12048041
5557	26786	34248	23401	826975	17899	464867
86574	**89370**	**93310**	**58027**	**2123074**	**76919**	**2071176**
83262	**78299**	**78299**	**48071**	**1731500**	**68584**	**1823025**
7012	3637	3637	2679	93038	3926	109809
2034	4152	4152	3189	111415	2624	75533
2176	2715	2715	1668	57640	1629	47873
8285	4909	4909	3087	105684	4936	120613
8853	5398	5398	3175	109931	5440	151291
3837	4127	4127	2771	98603	3520	103472
3036	3662	3662	2226	76780	3290	87387
3736	4395	4395	2345	81754	3453	90415
6126	5694	5694	3391	117644	6445	169419
3083	4237	4237	2403	82961	3374	85743
6093	4592	4592	2942	101811	5043	131318
9335	6168	6168	3616	138631	7380	186041
5095	5010	5010	3208	119947	4045	106281
3587	4348	4348	2387	93999	3397	80057
3507	4513	4513	2892	113378	3964	88955
3296	4576	4576	2364	82064	2664	73618
4171	6166	6166	3728	146220	3454	115200
3211	**2917**	**2917**	**1793**	**64206**	**2610**	**69257**
2240	1392	1392	902	33161	2099	54372
971	1525	1525	891	31045	511	14885
101	**8154**	**12094**	**8163**	**327368**	**5725**	**178894**
—	**1219**	**2354**	**1219**	**47040**	**1135**	**34580**
—	859	1698	870	36380	839	24360
29	663	663	663	29040	635	20700
—	578	1154	576	27800	576	16580
72	1133	1133	1133	50100	453	14280
—	901	955	901	39310	321	10510
—	1725	3061	1725	79880	1305	42007
—	1076	1076	1076	17819	461	15877
54456	**112994**	**113688**	**57037**	**1868253**	**77124**	**1452928**
9510	**36536**	**36536**	**26910**	**865931**	**35982**	**641413**
1858	3998	3998	2007	74631	7213	6374
626	6535	6535	6187	206560	7322	177434
1553	2618	2618	995	45778	2490	47649

国有林区分企业的从业人员

企业名称	年末人数					
	总计	其中：混岗职工人数	在岗职工			其他从业人员
			合计	其中		
				混岗职工人数	非全日制	
松江河	5466	—	4977	—	—	—
泉阳	3610	—	2093	—	—	—
露水河	4832	241	2802	241	—	—
白石山	4727	—	4101	—	—	—
红石	6016	—	5205	—	—	—
延边林管局	**68608**	**1756**	**25904**	**636**	**—**	**—**
黄泥河	7303	—	3014	—	—	—
敦化	13093	965	4741	—	—	—
大石头	6949	—	3178	—	—	—
八家子	5389	518	1921	518	—	—
和龙	5518	123	2277	118	—	—
汪清	7427	—	2670	—	—	—
大兴沟	4149	150	1670	—	—	—
天桥岭	5670	—	1708	—	—	—
白河	8103	—	2671	—	—	—
珲春	5007	—	2054	—	—	—
吉林省林业厅营林局	**7150**	**—**	**4908**	**—**	**—**	**—**
上营	2505	—	2296	—	—	—
辉南	872	—	872	—	—	—
长白	769	—	719	—	—	—
安图	3004	—	1021	—	—	—
长白山 *	—	—	—	—	—	—
龙江集团	**307554**	**35404**	**207805**	**1246**	**2556**	**137**
牡丹江林业管理局	**42292**	**—**	**37345**	**—**	**—**	**—**
大海林	5467	—	5170	—	—	—
柴河	4680	—	4605	—	—	—
东京城	7057	—	6655	—	—	—
穆棱	6299	—	5060	—	—	—
绥阳	5054	—	5054	—	—	—
海林	4326	—	3991	—	—	—
林口	4550	—	3517	—	—	—
八面通	4859	—	3293	—	—	—
合江林业管理局	**33153**	**169**	**26392**	**33**	**—**	**137**
桦南	6862	—	2914	—	—	—
双鸭山	3755	114	3347	1	—	137
鹤立	3757	—	3580	—	—	—
鹤北	6448	—	5848	—	—	—
东方红	6461	55	4833	32	—	—
迎春	3098	—	3098	—	—	—

和劳动报酬情况(二)

单位:人

离开本单位仍保留劳动关系人员	年末参加基本养老保险人数	年末参加基本医疗保险人数	在岗职工		年末离退休人员人数	离退休人员年生活费(千元)
			平均人数	工资总额(千元)		
489	5192	5192	4705	168820	6391	135488
1517	3469	3469	1837	34690	3361	79181
2030	4578	4578	2588	96768	3656	83444
626	4212	4212	3468	89246	2966	60506
811	5934	5934	5123	149438	2583	51337
42704	**69370**	**67535**	**25362**	**841831**	**37273**	**739213**
4289	7063	7303	2907	78765	3900	89758
8352	12534	14545	4369	148857	6641	157028
3771	6949	6803	3189	103095	5592	9626
3468	5389	5513	1921	63563	3010	70151
3241	5518	6068	2281	84970	3073	70781
4757	8873	7427	2787	86399	4620	106755
2479	4573	3262	1480	45806	1746	33987
3962	5670	4745	1681	50206	3171	68621
5432	8103	7178	2681	103652	4423	108289
2953	4698	4691	2066	76517	1097	24218
2242	**7088**	**9617**	**4765**	**160491**	**3869**	**72303**
209	2505	4148	2133	76982	1643	32504
—	810	1644	899	26326	772	17444
50	769	1433	698	21015	664	1129
1983	3004	2392	1035	36167	790	21226
—	—	—	—	—	—	—
99612	**317770**	**390320**	**188619**	**4279861**	**268959**	**6192542**
4947	34716	37596	32461	882071	52800	1243233
297	4784	5467	4251	95429	8027	185698
75	3875	4408	4725	173803	9217	218664
402	6848	7057	4690	135858	10996	248420
1239	3708	4259	4675	120586	6946	169113
—	4590	4882	4439	126995	5964	142138
335	3772	4326	2903	78791	4584	112334
1033	4198	4121	3501	69875	3904	91104
1566	2941	3076	3277	80733	3162	75762
6624	**30062**	**41637**	**24008**	**570173**	**29271**	**713865**
3948	6401	7160	2873	81713	4566	116340
271	3225	4116	3295	65911	3547	85464
177	3470	4848	3435	52000	2355	54258
600	5905	8318	5509	99886	3972	95664
1628	5915	10351	3946	115329	8056	204982
—	2784	4055	2761	88532	2431	61765

国有林区分企业的从业人员

企业名称	年末人数					
	总计	其中:混岗职工人数	在岗职工			其他从业人员
			合计	其中		
				混岗职工人数	非全日制	
清河	2772	—	2772	—	—	—
伊春林业管理局	**173366**	**34066**	**97557**	**433**	**—**	**—**
双丰	15151	6278	6957	—	—	—
铁力	10500	2079	5464	—	—	—
桃山	21381	11992	4582	—	—	—
朗乡	10972	—	9485	—	—	—
南岔	11480	1990	9009	—	—	—
金山屯	11126	2016	5462	—	—	—
美溪	10454	798	5879	328	—	—
乌马河	14852	7553	5277	—	—	—
翠峦	11088	—	6421	—	—	—
友好	10653	—	7952	—	—	—
上甘岭	6066	96	4268	96	—	—
五营	8025	—	5561	—	—	—
红星	6722	—	5624	—	—	—
新青	9629	491	6144	—	—	—
汤旺河	8150	773	4927	9	—	—
乌伊岭	7117	—	4545	—	—	—
松花江林业管理局	**50733**	**1169**	**41033**	**780**	**2556**	**—**
山河屯	5855	—	3843	—	289	—
苇河	7947	—	6824	—	—	—
亚布力	5652	41	4353	—	—	—
方正	5840	—	4629	—	—	—
兴隆	6890	348	4168	—	371	—
绥棱	6934	780	6834	780	1896	—
通北	5127	—	5127	—	—	—
沾河	6488	—	5255	—	—	—
总局直属单位	**8010**	**—**	**5478**	**—**	**—**	**—**
带岭实验局	8010	—	5478	—	—	—
大兴安岭	**48774**	**1100**	**48774**	**1100**	**—**	**—**
大兴安岭林管局	**46644**	**1100**	**46644**	**1100**	**—**	**—**
松岭	4879	539	4879	539	—	—
新林	6630	—	6630	—	—	—
塔河	7350	—	7350	—	—	—
呼中	6686	—	6686	—	—	—
阿木尔	4165	561	4165	561	—	—
图强	4320	—	4320	—	—	—
西林吉	6844	—	6844	—	—	—
十八站	3175	—	3175	—	—	—

和劳动报酬情况(三)

单位:人

离开本单位仍保留劳动关系人员	年末参加基本养老保险人数	年末参加基本医疗保险人数	在岗职工		年末离退休人员人数	离退休人员年生活费(千元)
			平均人数	工资总额(千元)		
—	2362	2789	2189	66803	4344	95393
75809	**149220**	**190630**	**91702**	**1827542**	**126206**	**2855168**
8194	8959	13662	5620	72996	8552	176750
5036	20498	16648	4581	125587	9664	213442
16799	9389	10994	4582	88462	8759	223776
1487	8597	10972	9568	169014	11439	263386
2471	10594	10594	9184	172782	7616	184693
5664	12176	16672	7197	111074	9895	221784
4575	9656	9656	5739	121376	4536	108428
9575	7750	12970	5277	119270	6770	155000
4667	9910	17025	6418	123308	13076	290820
2701	8100	9317	5483	128199	7695	180765
1798	6760	8400	2501	66379	4433	105571
2464	8499	14562	5653	108326	6158	142601
1098	5641	8738	5624	84011	7576	83435
3485	9138	9138	4878	113725	8421	214792
3223	6436	15059	5045	117114	6819	177342
2572	7117	6223	4352	105919	4797	112582
9700	**94236**	**107821**	**35018**	**906852**	**56025**	**1268786**
2012	12728	16688	3689	94930	5778	143767
1123	14409	14044	5903	148018	12447	252203
1299	11750	11750	3890	95250	5441	143046
1211	11671	10193	5010	124989	4484	109638
2722	11897	12250	4086	97994	12372	258219
100	12499	18348	4869	92256	6489	141264
—	9304	11867	2889	104920	5345	131665
1233	9978	12681	4682	148496	3669	88984
2532	**9536**	**12636**	**5430**	**93223**	**4657**	**111490**
2532	9536	12636	5430	93223	4657	111490
—	**47728**	**48774**	**46885**	**1286220**	**51811**	**1250960**
—	**45719**	**46644**	**44786**	**1225070**	**48997**	**1190080**
—	4673	4879	4860	131840	7760	158510
—	6349	6630	6634	193710	10840	263450
—	7350	7350	6900	181020	5495	202740
—	6686	6686	6065	166320	7362	180250
—	3996	4165	4380	125780	2941	72530
—	4320	4320	3933	90880	4252	100770
—	6844	6844	6244	163310	6183	113250
—	3017	3175	3175	88080	3247	77710

国有林区分企业的从业人员

企业名称	年末人数					
	总计	其中：混岗职工人数	在岗职工			其他从业人员
			合计	其中		
				混岗职工人数	非全日制	
韩家园	2595	—	2595	—	—	—
大兴安岭营林局	**2130**	**—**	**2130**	**—**	**—**	**—**
加格达奇	2130	—	2130	—	—	—
四川	**6462**	**—**	**6059**	**—**	**1646**	**80**
阿坝州林管局	**1986**	**—**	**1849**	**—**	**373**	**45**
川西	265	—	157	—	—	45
黑水	267	—	267	—	—	—
马尔康	398	—	398	—	—	—
小金	176	—	176	—	—	—
观音桥	214	—	210	—	—	—
松潘	237	—	212	—	—	—
南坪	318	—	318	—	262	—
壤塘	111	—	111	—	111	—
甘孜州林管局	**1155**	**—**	**1155**	**—**	**—**	**—**
道孚	212	—	212	—	—	—
新龙	191	—	191	—	—	—
丹巴	266	—	266	—	—	—
炉霍	180	—	180	—	—	—
白玉	122	—	122	—	—	—
力邱河	131	—	131	—	—	—
翁达	53	—	53	—	—	—
其他地、州林管局	**3321**	**—**	**3055**	**—**	**1273**	**35**
川南	1341	—	1341	—	1273	—
雷波	273	—	155	—	—	35
凉北	236	—	151	—	—	—
夹金山	471	—	471	—	—	—
木里	571	—	571	—	—	—
普威	300	—	237	—	—	—
盐边	129	—	129	—	—	—
云南	**3917**	**—**	**3220**	**—**	**—**	**563**
云南省林管局	**3917**	**—**	**3220**	**—**	**—**	**563**
华坪	419	—	221	—	—	179
碧泉	236	—	236	—	—	—
黑白水	141	—	108	—	—	33
中甸 *	—	—	—	—	—	—
巨甸	96	—	96	—	—	—
红旗	162	—	162	—	—	—
云台山	504	—	493	—	—	6
漾江	605	—	260	—	—	345

和劳动报酬情况(四)

单位:人

离开本单位仍保留劳动关系人员	年末参加基本养老保险人数	年末参加基本医疗保险人数	在岗职工		年末离退休人员人数	离退休人员年生活费（千元）
			平均人数	工资总额（千元）		
—	2484	2595	2595	84130	917	20870
—	**2009**	**2130**	**2099**	**61150**	**2814**	**60880**
—	2009	2130	2099	61150	2814	60880
323	**18316**	**40862**	**6175**	**229260**	**41324**	**1033690**
92	**1936**	**21117**	**1873**	**70301**	**20635**	**549608**
63	220	1619	161	7161	1399	41582
—	267	4652	269	8900	4385	115750
—	398	4699	408	12869	4301	112468
—	176	1886	179	7930	1710	34571
4	214	3976	213	8197	3762	99317
25	232	232	209	9230	1454	38640
—	318	2605	320	11991	2287	70680
—	111	1448	114	4023	1337	36600
—	**5447**	**8729**	**1186**	**60369**	**7574**	**212158**
—	212	1836	232	10720	1624	44480
—	1901	1901	193	11050	1710	47636
—	266	1630	270	10596	1364	36010
—	1537	1537	180	10100	1357	40740
—	878	878	122	7851	756	20394
—	600	600	136	6162	469	11978
—	53	347	53	3890	294	10920
231	**10933**	**11016**	**3116**	**98589**	**13115**	**271924**
—	1341	1341	1390	35912	3752	81493
83	1910	1993	155	7379	1755	45401
85	1670	1670	151	4419	1434	36871
—	471	471	480	16739	528	13306
—	4335	4335	572	20550	3764	94853
63	300	300	238	9201	1105	—
—	906	906	130	4390	777	—
134	**3897**	**7587**	**3404**	**103909**	**6569**	**119518**
134	**3897**	**7587**	**3404**	**103909**	**6569**	**119518**
19	240	726	249	7010	486	12900
—	236	883	236	9454	647	15616
—	108	534	110	3857	426	13531
—	—	—	—	—	—	—
—	96	276	96	3351	180	5360
—	162	477	162	3888	315	7402
5	820	1228	502	14121	1351	17358
—	260	260	260	5950	410	9476

国有林区分企业的从业人员

企业名称	年末人数					
	总计	其中：混岗职工人数	在岗职工			其他从业人员
			合计	其中		
				混岗职工人数	非全日制	
景东	280	—	280	—	—	—
墨江	207	—	207	—	—	—
卫国	710	—	600	—	—	—
江边 *	—	—	—	—	—	—
清水江 *	—	—	—	—	—	—
南盘江 *	—	—	—	—	—	—
新平	79	—	79	—	—	—
宁蒗	478	—	478	—	—	—
陕西	**4273**	**—**	**3758**	**—**	**—**	**188**
陕西省林管局	**3762**	**—**	**3293**	**—**	**—**	**142**
宁西	1073	—	1073	—	—	—
太白	1275	—	1144	—	—	29
长青	222	—	118	—	—	104
宁东	632	—	632	—	—	—
汉西	291	—	193	—	—	9
龙草坪	269	—	133	—	—	—
陕西省营林局	**511**	**—**	**465**	**—**	**—**	**46**
马头滩	245	—	245	—	—	—
辛家山	266	—	220	—	—	46
甘肃	**13080**	**—**	**13080**	**—**	**—**	**—**
甘肃省林管局	**7764**	**—**	**7764**	**—**	**—**	**—**
舟曲	1369	—	1369	—	—	—
迭部	2750	—	2750	—	—	—
洮河	2775	—	2775	—	—	—
白水江	870	—	870	—	—	—
甘肃省营林局	**5316**	**—**	**5316**	**—**	**—**	**—**
小陇山	5316	—	5316	—	—	—
青海	**—**	**—**	**—**	**—**	**—**	**—**
青海省林管局	**—**	**—**	**—**	**—**	**—**	**—**
玛可河 *	—	—	—	—	—	—
新疆	**2469**	**—**	**2456**	**—**	**—**	**5**
新疆维吾尔自治区林管局	**1686**	**—**	**1676**	**—**	**—**	**5**
天山西部	989	—	981	—	—	4
阿尔泰山	697	—	695	—	—	1
新疆维吾尔自治区营林局	**783**	**—**	**780**	**—**	**—**	**—**
天山中东部	783	—	780	—	—	—

和劳动报酬情况(五)

单位:人

离开本单位仍保留劳动关系人员	年末参加基本养老保险人数	年末参加基本医疗保险人数	在岗职工		年末离退休人员人数	离退休人员年生活费(千元)
			平均人数	工资总额(千元)		
—	280	989	286	8200	709	16990
—	207	207	212	7804	514	1079
110	710	710	733	23567	791	1714
—	—	—	—	—	—	—
—	—	—	—	—	—	—
—	—	—	—	—	—	—
—	300	300	80	4335	221	4774
—	478	997	478	12372	519	13320
327	**4137**	**8534**	**3889**	**119603**	**4487**	**123806**
327	**3626**	**8023**	**3424**	**110853**	**4261**	**118563**
—	1073	2348	1073	45952	1275	35922
102	1275	2747	1275	28245	1472	39480
—	222	718	118	4809	496	13957
—	632	1071	632	16648	439	12744
89	291	538	193	8710	247	7160
136	133	601	133	6490	332	9300
—	**511**	**511**	**465**	**8750**	**226**	**5243**
—	245	245	245	4210	132	2983
—	266	266	220	4540	94	2260
—	**18457**	**18457**	**10942**	**330319**	**6955**	**199414**
—	13141	13141	5614	158981	5377	144354
—	2834	2834	1108	29504	1465	40426
—	4979	4979	1875	51266	2229	55886
—	3897	3897	2034	60634	1122	32223
—	1431	1431	597	17576	561	15819
—	5316	5316	5328	171338	1578	55060
—	5316	5316	5328	171338	1578	55060
—	**—**	**—**	**—**	**—**	**—**	**—**
—	**—**	**—**	**—**	**—**	**—**	**—**
—	—	—	—	—	—	—
8	**2394**	**4621**	**2495**	**108795**	**2413**	**68875**
5	**1603**	**2958**	**1707**	**75124**	**1336**	**45644**
4	906	1738	1002	40797	763	27176
1	697	1220	705	34327	573	18468
3	**791**	**1663**	**788**	**33671**	**1077**	**23231**
3	791	1663	788	33671	1077	23231

国有林区林业投资完成情况(一)

指标名称	计量单位	合 计	135 个木材采运企业	20 个重点营林局
一、本年计划投资	**万元**	**1589858**	**1421014**	**168844**
二、自年初累计完成投资	**万元**	**1557533**	**1314911**	**242622**
其中:国家投资	万元	1268242	1058113	210129
1.生态建设与保护	万元	1039700	890622	149078
(1)造林与更新	万元	57124	46577	10547
(2)森林抚育与管护	万元	396772	333430	63342
(3)野生动植物保护及自然保护区	万元	1845	1791	54
(4)湿地恢复与保护	万元	1475	1275	200
(5)森林生态效益补偿	万元	20683	17086	3597
(6)其他(含生态工程补助资金)	万元	561801	490463	71338
2.林业支撑与保障	万元	112989	99508	13481
(1)林木种苗	万元	6332	5719	613
(2)森林防火与森林公安	万元	24536	21070	3466
(3)林业有害生物防治	万元	1514	1117	397
(4)科技教育	万元	390	171	219
(5)林业信息化	万元	—	—	—
(6)其他	万元	80217	71431	8786
3.林业产业发展	万元	9553	8986	567
(1)工业原料林	万元	—	—	—
(2)特色经济林	万元	561	561	—
(3)林下经济	万元	1541	1350	191
(4)木竹制品加工制造	万元	1105	1105	—

国有林区林业投资完成情况(二)

指标名称	计量单位	合　计	135 个木材采运企业	20 个重点营林局
(5)林业旅游与休闲	万元	1306	1138	168
(6)其他	万元	5040	4832	208
4. 林业民生工程	万元	320955	255132	65823
(1)棚户区(危旧房)改造	万元	229725	173640	56085
(2)社会性基础设施	万元	80014	73174	6840
(3)其他	万元	11216	8318	2898
5. 其他投资	万元	74336	60663	13673
其中:财政事业费	万元	14561	8406	6155
三、本年房屋竣工面积	**平方米**	**1025230**	**708613**	**316617**
本年房屋竣工价值	万元	133363	83704	49659
四、本年新增公路里程	**千米**	**868**	**249**	**619**
五、本年实际到位资金合计	**万元**	**1604856**	**1388648**	**216208**
1. 上年末结余资金	万元	156622	130230	26392
2. 本年实际到位资金小计	万元	1448234	1258418	189816
(1)国家预算资金	万元	1296623	1119707	176916
①中央资金	万元	1186387	1030043	156344
②地方资金	万元	110236	89664	20572
(2)国内贷款	万元	—	—	—
(3)债券	万元	—	—	—
(4)利用外资	万元	—	—	—
(5)自筹资金	万元	130523	118132	12391
(6)其他资金	万元	21088	20579	509

国有林区分企业的

企业名称	本年计划投资	自年初累计						
		总计	其中：国家投资	生态建设与保护				
				合计	造林与更新	森林抚育与管护	野生动植物保护及自然保护区	湿地恢复与保护
全国合计	**1589858**	**1557533**	**1268242**	**1039700**	**57124**	**396772**	**1845**	**1475**
135 个木材采运企业小计	1421014	1314911	1058113	890622	46577	333430	1791	1275
20 个重点营林局小计	168844	242622	210129	149078	10547	63342	54	200
内蒙古	**505257**	**485661**	**467659**	**335299**	**13175**	**167096**	**—**	**—**
内蒙古集团林管局	**411842**	**346344**	**330656**	**260341**	**9060**	**128715**	**—**	**—**
阿尔山	20664	19580	16983	12357	400	4719	—	—
绰尔	23555	18823	18035	14767	600	7919	—	—
绰源	14015	12585	12261	10524	300	6003	—	—
乌尔旗汉	25321	26088	25974	16456	800	9137	—	—
库都尔	31950	22159	20569	16757	600	8949	—	—
图里河	25650	17552	15378	14350	800	7027	—	—
伊图里河	19811	15054	14447	12750	660	6755	—	—
克一河	20454	18211	17568	13675	300	6583	—	—
甘河	26333	25742	25005	17904	300	9315	—	—
吉文	12538	11904	11622	11453	300	6533	—	—
阿里河	40145	23038	22184	15831	600	8019	—	—
根河	38501	32266	31833	25351	900	11393	—	—
金河	17092	17087	17006	16807	400	7888	—	—
阿龙山	21040	21780	21776	16265	1000	7200	—	—
满归	17952	16343	14698	14563	400	6653	—	—
得耳布尔	24954	21637	21637	14043	400	6803	—	—
莫尔道嘎	31867	26495	23680	16488	300	7819	—	—
内蒙古集团营林局	**20230**	**16619**	**15085**	**7757**	**140**	**3730**	**—**	**—**
大杨树	6773	6005	5449	4528	80	2019	—	—
毕拉河	13457	10614	9636	3229	60	1711	—	—
内蒙古林业厅营林局	**73185**	**122698**	**121918**	**67201**	**3975**	**34651**	**—**	**—**
免渡河	9975	39174	39024	9815	280	6479	—	—
乌奴尔	7957	9465	9449	7885	—	4428	—	—
巴林	7380	25997	25971	7845	240	4587	—	—
南木	7320	8706	8681	7466	162	4937	—	—
红花尔基	12067	10498	10387	9370	2263	5859	—	—
柴河	7898	8270	7818	7597	70	4869	—	—
五岔沟	15256	15256	15256	12742	310	2328	—	—
白狼	5332	5332	5332	4481	650	1164	—	—
吉林	**472972**	**395765**	**275170**	**208365**	**34644**	**46693**	**703**	**—**
吉林集团林管局	**176573**	**172691**	**121103**	**105643**	**9176**	**32503**	**—**	**—**
临江	21042	20219	12727	12838	736	8462	—	—
三岔子	29197	29197	21971	16991	947	5182	—	—
湾沟	12001	15151	12405	6462	980	2332	—	—

林业投资完成情况(一)

单位:万元

完成投资															
		林业支撑与保障							林业产业发展						
森林生态效益补偿	其他	合计	林木种苗	森林防火与森林公安	林业有害生物防治	科技教育	林业信息化	其他	合计	工业原料林	特色经济林	林下经济	木竹制品加工制造	林业旅游与休闲	其他
20683	**561801**	**112989**	**6332**	**24536**	**1514**	**390**	**—**	**80217**	**9553**	**—**	**561**	**1541**	**1105**	**1306**	**5040**
17086	490463	99508	5719	21070	1117	171	—	71431	8986	—	561	1350	1105	1138	4832
3597	71338	13481	613	3466	397	219	—	8786	567	—	—	191	—	168	208
81	**154947**	**31073**	**54**	**5559**	**52**	**—**	**—**	**25408**	**73**	**—**	**—**	**—**	**—**	**73**	**—**
—	**122566**	**21387**	**—**	**2885**	**—**	**—**	**—**	**18502**	**—**	**—**	**—**	**—**	**—**	**—**	**—**
—	7238	3441	—	—	—	—	—	3441	—	—	—	—	—	—	—
—	6248	1003	—	—	—	—	—	1003	—	—	—	—	—	—	—
—	4221	248	—	—	—	—	—	248	—	—	—	—	—	—	—
—	6519	3371	—	—	—	—	—	3371	—	—	—	—	—	—	—
—	7208	312	—	—	—	—	—	312	—	—	—	—	—	—	—
—	6523	217	—	—	—	—	—	217	—	—	—	—	—	—	—
—	5335	598	—	598	—	—	—	—	—	—	—	—	—	—	—
—	6792	729	—	729	—	—	—	—	—	—	—	—	—	—	—
—	8289	1662	—	—	—	—	—	1662	—	—	—	—	—	—	—
—	4620	169	—	—	—	—	—	169	—	—	—	—	—	—	—
—	7212	942	—	—	—	—	—	942	—	—	—	—	—	—	—
—	13058	1649	—	—	—	—	—	1649	—	—	—	—	—	—	—
—	8519	199	—	—	—	—	—	199	—	—	—	—	—	—	—
—	8065	3186	—	—	—	—	—	3186	—	—	—	—	—	—	—
—	7510	135	—	—	—	—	—	135	—	—	—	—	—	—	—
—	6840	2375	—	1558	—	—	—	817	—	—	—	—	—	—	—
—	8369	1151	—	—	—	—	—	1151	—	—	—	—	—	—	—
—	**3887**	**5869**	**—**	**—**	**—**	**—**	**—**	**5869**	**—**	**—**	**—**	**—**	**—**	**—**	**—**
—	2429	971	—	—	—	—	—	971	—	—	—	—	—	—	—
—	1458	4898	—	—	—	—	—	4898	—	—	—	—	—	—	—
81	**28494**	**3817**	**54**	**2674**	**52**	**—**	**—**	**1037**	**73**	**—**	**—**	**—**	**—**	**73**	**—**
—	3056	30	—	—	—	—	—	30	—	—	—	—	—	—	—
15	3442	—	—	—	—	—	—	—	—	—	—	—	—	—	—
—	3018	—	—	—	—	—	—	—	—	—	—	—	—	—	—
—	2367	12	—	—	12	—	—	—	—	—	—	—	—	—	—
—	1248	410	24	366	20	—	—	—	73	—	—	—	—	73	—
—	2658	—	—	—	—	—	—	—	—	—	—	—	—	—	—
33	10071	2514	—	1792	10	—	—	712	—	—	—	—	—	—	—
33	2634	851	30	516	10	—	—	295	—	—	—	—	—	—	—
2248	**124077**	**52341**	**5281**	**6455**	**620**	**91**	**—**	**39894**	**4418**	**—**	**2**	**578**	**125**	**430**	**3283**
2248	**61716**	**17674**	**2703**	**1638**	**359**	**10**	**—**	**12964**	**3678**	**—**	**2**	**250**	**125**	**221**	**3080**
—	3640	2138	222	383	196	—	—	1337	734	—	—	—	—	—	734
—	10862	2845	550	756	—	—	—	1539	—	—	—	—	—	—	—
—	3150	658	30	17	20	—	—	591	66	—	—	45	—	21	—

国有林区分企业的

企业名称	本年计划投资	自年初累计						
		总计	其中：国家投资	生态建设与保护				
				合计	造林与更新	森林抚育与管护	野生动植物保护及自然保护区	湿地恢复与保护
松江河	33443	26313	20906	19047	1329	3857	—	—
泉阳	18386	15887	9148	7900	341	2653	—	—
露水河	25691	15417	9266	10845	836	4307	—	—
白石山	11700	25718	14211	16399	2151	2148	—	—
红石	25113	24789	20469	15161	1856	3562	—	—
延边林管局	**273421**	**195530**	**145057**	**84162**	**21229**	**10893**	**676**	**—**
黄泥河	27703	20760	15290	7352	6045	1142	26	—
敦化	35942	26257	15662	8744	474	975	—	—
大石头	24310	15761	13876	7885	—	—	—	—
八家子	31773	27140	16952	10849	—	1003	—	—
和龙	23869	22401	17401	7739	—	1053	280	—
汪清	20501	19699	17609	8555	600	922	—	—
大兴沟	16584	8560	7503	6567	5134	1433	—	—
天桥岭	21324	17130	12539	9276	8102	1095	—	—
白河	50048	24700	16571	9420	874	1393	—	—
珲春	21367	13122	11654	7775	—	1877	370	—
吉林省林业厅营林局	**22978**	**27544**	**9010**	**18560**	**4239**	**3297**	**27**	**—**
上营	8375	8375	4255	8375	—	2841	—	—
辉南	—	5745	—	4400	207	232	27	—
长白	7188	6515	—	1829	84	224	—	—
安图	7415	6909	4755	3956	3948	—	—	—
长白山 *	—	—	—	—	—	—	—	—
龙江集团	**156112**	**172108**	**110581**	**122157**	**800**	**25735**	**—**	**—**
牡丹江林业管理局	**57314**	**55723**	**46050**	**37338**	**—**	**8063**	**—**	**—**
大海林	29151	27560	19537	12722	—	2640	—	—
柴河	—	—	—	—	—	—	—	—
东京城	28163	28163	26513	24616	—	5423	—	—
穆棱	—	—	—	—	—	—	—	—
绥阳	—	—	—	—	—	—	—	—
海林	—	—	—	—	—	—	—	—
林口	—	—	—	—	—	—	—	—
八面通	—	—	—	—	—	—	—	—
合江林业管理局	**—**	**—**	**—**	**—**	**—**	**—**	**—**	**—**
桦南	—	—	—	—	—	—	—	—
双鸭山	—	—	—	—	—	—	—	—
鹤立	—	—	—	—	—	—	—	—
鹤北	—	—	—	—	—	—	—	—
东方红	—	—	—	—	—	—	—	—
迎春	—	—	—	—	—	—	—	—

林业投资完成情况(二)

单位:万元

完成投资															
		林业支撑与保障							林业产业发展						
森林生态效益补偿	其他	合计	林木种苗	森林防火与森林公安	林业有害生物防治	科技教育	林业信息化	其他	合计	工业原料林	特色经济林	林下经济	木竹制品加工制造	林业旅游与休闲	其他
—	13861	5851	1158	—	—	—	—	4693	485	—	—	—	—	—	485
—	4906	808	41	55	—	—	—	712	801	—	—	—	—	—	801
695	5007	1838	592	45	83	10	—	1108	37	—	2	35	—	—	—
630	11470	1252	50	—	20	—	—	1182	740	—	—	135	125	200	280
923	8820	2284	60	382	40	—	—	1802	815	—	—	35	—	—	780
—	**51364**	**32192**	**2548**	**4416**	**177**	**1**	**—**	**25050**	**610**	**—**	**—**	**248**	**—**	**209**	**153**
—	139	2730	—	742	3	—	—	1985	—	—	—	—	—	—	—
—	7295	7910	1543	851	3	—	—	5513	150	—	—	—	—	150	—
—	7885	1221	—	67	—	—	—	1154	—	—	—	—	—	—	—
—	9846	2785	—	167	83	—	—	2535	73	—	—	—	—	—	73
—	6406	3012	283	991	—	—	—	1738	—	—	—	—	—	—	—
—	7033	2600	60	21	10	—	—	2509	80	—	—	—	—	—	80
—	—	805	6	60	—	—	—	739	1	—	—	1	—	—	—
—	79	1271	—	77	66	—	—	1128	—	—	—	—	—	—	—
—	7153	6277	—	242	3	—	—	6032	—	—	—	—	—	—	—
—	5528	3581	656	1198	9	1	—	1717	306	—	—	247	—	59	—
—	**10997**	**2475**	**30**	**401**	**84**	**80**	**—**	**1880**	**130**	**—**	**—**	**80**	**—**	**—**	**50**
—	5534	—	—	—	—	—	—	—	—	—	—	—	—	—	—
—	3934	832	—	176	54	—	—	602	40	—	—	—	—	—	40
—	1521	831	—	225	—	—	—	606	80	—	—	80	—	—	—
—	8	812	30	—	30	80	—	672	10	—	—	—	—	—	10
—	—	—	—	—	—	—	—	—	—	—	—	—	—	—	—
—	**95622**	**4870**	**—**	**4526**	**327**	**—**	**—**	**17**	**300**	**—**	**—**	**—**	**—**	**—**	**300**
—	**29275**	**146**	**—**	**—**	**146**	**—**	**—**	**—**	**—**	**—**	**—**	**—**	**—**	**—**	**—**
—	10082	91	—	—	91	—	—	—	—	—	—	—	—	—	—
—	—	—	—	—	—	—	—	—	—	—	—	—	—	—	—
—	19193	55	—	—	55	—	—	—	—	—	—	—	—	—	—
—	—	—	—	—	—	—	—	—	—	—	—	—	—	—	—
—	—	—	—	—	—	—	—	—	—	—	—	—	—	—	—
—	—	—	—	—	—	—	—	—	—	—	—	—	—	—	—
—	—	—	—	—	—	—	—	—	—	—	—	—	—	—	—
—	—	—	—	—	—	—	—	—	—	—	—	—	—	—	—
—	**—**	**—**	**—**	**—**	**—**	**—**	**—**	**—**	**—**	**—**	**—**	**—**	**—**	**—**	**—**
—	—	—	—	—	—	—	—	—	—	—	—	—	—	—	—
—	—	—	—	—	—	—	—	—	—	—	—	—	—	—	—
—	—	—	—	—	—	—	—	—	—	—	—	—	—	—	—
—	—	—	—	—	—	—	—	—	—	—	—	—	—	—	—
—	—	—	—	—	—	—	—	—	—	—	—	—	—	—	—
—	—	—	—	—	—	—	—	—	—	—	—	—	—	—	—

国有林区分企业的

企业名称	本年计划投资	自年初累计						
		总计	其中：国家投资	生态建设与保护				
				合计	造林与更新	森林抚育与管护	野生动植物保护及自然保护区	湿地恢复与保护
清河	—	—	—	—	—	—	—	—
伊春林业管理局	**48230**	**68086**	**17582**	**43609**	**800**	**10560**	**—**	**—**
双丰	6759	6759	—	1720	—	1320	—	—
铁力	5252	5252	—	2520	—	2520	—	—
桃山	—	—	—	—	—	—	—	—
朗乡	—	—	—	—	—	—	—	—
南岔	—	—	—	—	—	—	—	—
金山屯	—	—	—	—	—	—	—	—
美溪	—	—	—	—	—	—	—	—
乌马河	—	—	—	—	—	—	—	—
翠峦	17097	17097	—	11645	—	1440	—	—
友好	—	—	—	—	—	—	—	—
上甘岭	14596	14596	13419	8707	400	1320	—	—
五营	—	19856	—	16377	400	1320	—	—
红星	—	—	—	—	—	—	—	—
新青	4526	4526	4163	2640	—	2640	—	—
汤旺河	—	—	—	—	—	—	—	—
乌伊岭	—	—	—	—	—	—	—	—
松花江林业管理局	**50568**	**48299**	**46949**	**41210**	**—**	**7112**	**—**	**—**
山河屯	—	—	—	—	—	—	—	—
苇河	13472	13472	13106	12512	—	2640	—	—
亚布力	18920	18920	18300	14339	—	2880	—	—
方正	—	—	—	—	—	—	—	—
兴隆	—	—	—	—	—	—	—	—
绥棱	—	—	—	—	—	—	—	—
通北	18176	15907	15543	14359	—	1592	—	—
沾河	—	—	—	—	—	—	—	—
总局直属单位	**—**	**—**	**—**	**—**	**—**	**—**	**—**	**—**
带岭实验局	—	—	—	—	—	—	—	—
大兴安岭	**233447**	**229375**	**204541**	**185000**	**—**	**83113**	**—**	**200**
大兴安岭林管局	**217788**	**215347**	**190542**	**171901**	**—**	**73599**	**—**	**—**
松岭	24414	24414	21921	19498	—	8434	—	—
新林	28393	28394	26413	23970	—	10873	—	—
塔河	38828	39668	27889	25429	—	10522	—	—
呼中	25287	25287	23923	22046	—	10159	—	—
阿木尔	17413	17413	15962	14580	—	6363	—	—
图强	17944	18399	17032	15242	—	6464	—	—
西林吉	26188	21562	20460	19700	—	8263	—	—
十八站	18859	18655	17430	15311	—	7861	—	—

林业投资完成情况(三)

单位:万元

完成投资															
		林业支撑与保障							林业产业发展						
森林生态效益补偿	其他	合计	林木种苗	森林防火与森林公安	林业有害生物防治	科技教育	林业信息化	其他	合计	工业原料林	特色经济林	林下经济	木竹制品加工制造	林业旅游与休闲	其他
—	—	—	—	—	—	—	—	—	—	—	—	—	—	—	—
—	**32249**	**3011**	**—**	**2837**	**157**	**—**	**—**	**17**	**300**	**—**	**—**	**—**	**—**	**—**	**300**
—	400	866	—	866	—	—	—	—	171	—	—	—	—	—	171
—	—	—	—	—	—	—	—	—	—	—	—	—	—	—	—
—	—	—	—	—	—	—	—	—	—	—	—	—	—	—	—
—	—	—	—	—	—	—	—	—	—	—	—	—	—	—	—
—	—	—	—	—	—	—	—	—	—	—	—	—	—	—	—
—	—	—	—	—	—	—	—	—	—	—	—	—	—	—	—
—	—	—	—	—	—	—	—	—	—	—	—	—	—	—	—
—	—	—	—	—	—	—	—	—	—	—	—	—	—	—	—
—	10205	17	—	—	—	—	—	17	—	—	—	—	—	—	—
—	—	—	—	—	—	—	—	—	—	—	—	—	—	—	—
—	6987	989	—	943	46	—	—	—	—	—	—	—	—	—	—
—	14657	1074	—	1028	46	—	—	—	—	—	—	—	—	—	—
—	—	—	—	—	—	—	—	—	—	—	—	—	—	—	—
—	—	65	—	—	65	—	—	—	129	—	—	—	—	—	129
—	—	—	—	—	—	—	—	—	—	—	—	—	—	—	—
—	—	—	—	—	—	—	—	—	—	—	—	—	—	—	—
—	**34098**	**1713**	**—**	**1689**	**24**	**—**	**—**	**—**	**—**	**—**	**—**	**—**	**—**	**—**	**—**
—	—	—	—	—	—	—	—	—	—	—	—	—	—	—	—
—	9872	870	—	870	—	—	—	—	—	—	—	—	—	—	—
—	11459	819	—	819	—	—	—	—	—	—	—	—	—	—	—
—	—	—	—	—	—	—	—	—	—	—	—	—	—	—	—
—	—	—	—	—	—	—	—	—	—	—	—	—	—	—	—
—	—	—	—	—	—	—	—	—	—	—	—	—	—	—	—
—	12767	24	—	—	24	—	—	—	—	—	—	—	—	—	—
—	—	—	—	—	—	—	—	—	—	—	—	—	—	—	—
—	**—**	**—**	**—**	**—**	**—**	**—**	**—**	**—**	**—**	**—**	**—**	**—**	**—**	**—**	**—**
—	—	—	—	—	—	—	—	—	—	—	—	—	—	—	—
—	**101687**	**1856**	**—**	**1856**	**—**	**—**	**—**	**—**	**—**	**—**	**—**	**—**	**—**	**—**	**—**
—	**98302**	**1856**	**—**	**1856**	**—**	**—**	**—**	**—**	**—**	**—**	**—**	**—**	**—**	**—**	**—**
—	11064	—	—	—	—	—	—	—	—	—	—	—	—	—	—
—	13097	—	—	—	—	—	—	—	—	—	—	—	—	—	—
—	14907	—	—	—	—	—	—	—	—	—	—	—	—	—	—
—	11887	—	—	—	—	—	—	—	—	—	—	—	—	—	—
—	8217	—	—	—	—	—	—	—	—	—	—	—	—	—	—
—	8778	655	—	655	—	—	—	—	—	—	—	—	—	—	—
—	11437	—	—	—	—	—	—	—	—	—	—	—	—	—	—
—	7450	705	—	705	—	—	—	—	—	—	—	—	—	—	—

国有林区分企业的

企业名称	本年计划投资	自年初累计						
		总　计	其中：国家投资	生态建设与保护				
				合计	造林与更新	森林抚育与管护	野生动植物保护及自然保护区	湿地恢复与保护
韩家园	20462	21555	19512	16125	—	4660	—	—
大兴安岭营林局	**15659**	**14028**	**13999**	**13099**	**—**	**9514**	**—**	**200**
加格达奇	15659	14028	13999	13099	—	9514	—	200
四川	**44027**	**57177**	**32559**	**44630**	**1341**	**29168**	**466**	**—**
阿坝州林管局	**11744**	**23224**	**5782**	**17031**	**144**	**12742**	**362**	**—**
川西	1722	1722	1722	1269	—	894	—	—
黑水	3469	3469	—	2666	—	1972	—	—
马尔康	—	5868	—	5269	4	3504	—	—
小金	1879	1879	—	1388	70	994	—	—
观音桥	3138	3138	2677	2472	70	2225	—	—
松潘	—	2684	—	1235	—	1072	—	—
南坪	—	2928	—	1430	—	1291	—	—
壤塘	1536	1536	1383	1302	—	790	362	—
甘孜州林管局	**12801**	**12801**	**12801**	**11537**	**140**	**9291**	**—**	**—**
道孚	2442	2442	2442	2132	70	1691	—	—
新龙	2186	2186	2186	1981	—	1662	—	—
丹巴	2409	2409	2409	2270	—	1860	—	—
炉霍	1509	1509	1509	1362	—	1107	—	—
白玉	1600	1600	1600	1394	—	1231	—	—
力邱河	1652	1652	1652	1492	—	1010	—	—
翁达	1003	1003	1003	906	70	730	—	—
其他地、州林管局	**19482**	**21152**	**13976**	**16062**	**1057**	**7135**	**104**	**—**
川南	6078	6651	5921	4316	521	1882	104	—
雷波	2542	2542	2542	2374	411	1217	—	—
凉北	1736	1736	1444	1312	125	660	—	—
夹金山	2129	2129	2129	1834	—	—	—	—
木里	3978	5075	—	3539	—	1925	—	—
普威	1940	1940	1940	1735	—	978	—	—
盐边	1079	1079	—	952	—	473	—	—
云南	**14240**	**30997**	**4453**	**17007**	**1404**	**12438**	**—**	**—**
云南省林管局	**14240**	**30997**	**4453**	**17007**	**1404**	**12438**	**—**	**—**
华坪	1539	1509	—	243	95	148	—	—
碧泉	2098	2098	—	1322	128	1194	—	—
黑白水	937	903	—	76	61	15	—	—
中甸 *	—	—	—	—	—	—	—	—
巨甸	685	498	—	61	2	59	—	—
红旗	1074	1074	—	1074	—	1074	—	—
云台山	1077	7571	1077	2643	210	2191	—	—
漾江	—	2231	—	2231	74	1559	—	—

林业投资完成情况(四)

单位:万元

完成投资															
		林业支撑与保障							林业产业发展						
森林生态效益补偿	其他	合计	林木种苗	森林防火与森林公安	林业有害生物防治	科技教育	林业信息化	其他	合计	工业原料林	特色经济林	林下经济	木竹制品加工制造	林业旅游与休闲	其他
—	11465	496	—	496	—	—	—	—	—	—	—	—	—	—	—
—	**3385**	**—**	**—**	**—**	**—**	**—**	**—**	**—**	**—**	**—**	**—**	**—**	**—**	**—**	**—**
—	3385	—	—	—	—	—	—	—	—	—	—	—	—	—	—
2633	**11022**	**4069**	**—**	**2214**	**126**	**—**	**—**	**1729**	**3020**	**—**	**259**	**772**	**—**	**708**	**1281**
1111	**2672**	**2285**	**—**	**722**	**90**	**—**	**—**	**1473**	**1893**	**—**	**—**	**142**	**—**	**543**	**1208**
106	269	185	—	50	30	—	—	105	—	—	—	—	—	—	—
96	598	803	—	50	—	—	—	753	—	—	—	—	—	—	—
239	1522	—	—	—	—	—	—	—	599	—	—	—	—	489	110
91	233	130	—	100	30	—	—	—	—	—	—	—	—	—	—
177	—	100	—	100	—	—	—	—	—	—	—	—	—	—	—
113	50	715	—	100	—	—	—	615	734	—	—	82	—	54	598
139	—	272	—	272	—	—	—	—	500	—	—	—	—	—	500
150	—	80	—	50	30	—	—	—	60	—	—	60	—	—	—
—	**2106**	**634**	**—**	**600**	**34**	**—**	**—**	**—**	**630**	**—**	**—**	**630**	**—**	**—**	**—**
—	371	130	—	100	30	—	—	—	180	—	—	180	—	—	—
—	319	100	—	100	—	—	—	—	105	—	—	105	—	—	—
—	410	104	—	100	4	—	—	—	35	—	—	35	—	—	—
—	255	100	—	100	—	—	—	—	47	—	—	47	—	—	—
—	163	50	—	50	—	—	—	—	156	—	—	156	—	—	—
—	482	100	—	100	—	—	—	—	60	—	—	60	—	—	—
—	106	50	—	50	—	—	—	—	47	—	—	47	—	—	—
1522	**6244**	**1150**	**—**	**892**	**2**	**—**	**—**	**256**	**497**	**—**	**259**	**—**	**—**	**165**	**73**
247	1562	228	—	—	—	—	—	228	—	—	—	—	—	—	—
188	558	120	—	120	—	—	—	—	48	—	—	—	—	—	48
118	409	140	—	140	—	—	—	—	284	—	259	—	—	—	25
265	1569	130	—	100	2	—	—	28	165	—	—	—	—	165	—
503	1111	200	—	200	—	—	—	—	—	—	—	—	—	—	—
103	654	205	—	205	—	—	—	—	—	—	—	—	—	—	—
98	381	127	—	127	—	—	—	—	—	—	—	—	—	—	—
687	**2478**	**194**	**—**	**193**	**1**	**—**	**—**	**—**	**980**	**—**	**—**	**—**	**980**	**—**	**—**
687	**2478**	**194**	**—**	**193**	**1**	**—**	**—**	**—**	**980**	**—**	**—**	**—**	**980**	**—**	**—**
—	—	—	—	—	—	—	—	—	—	—	—	—	—	—	—
—	—	10	—	10	—	—	—	—	—	—	—	—	—	—	—
—	—	40	—	40	—	—	—	—	—	—	—	—	—	—	—
—	—	—	—	—	—	—	—	—	—	—	—	—	—	—	—
—	—	—	—	—	—	—	—	—	—	—	—	—	—	—	—
—	—	—	—	—	—	—	—	—	—	—	—	—	—	—	—
—	242	12	—	12	—	—	—	—	—	—	—	—	—	—	—
446	152	—	—	—	—	—	—	—	—	—	—	—	—	—	—

国有林区分企业的

企业名称	本年计划投资	自年初累计						
		总计	其中：国家投资	生态建设与保护				
				合计	造林与更新	森林抚育与管护	野生动植物保护及自然保护区	湿地恢复与保护
景东	2419	2419	2112	2071	468	1361	—	—
墨江	1264	1264	1264	1172	106	1036	—	—
卫国	—	4656	—	3626	104	2599	—	—
江边＊	—	—	—	—	—	—	—	—
清水江＊	—	—	—	—	—	—	—	—
南盘江＊	—	—	—	—	—	—	—	—
新平	889	889	—	889	—	—	—	—
宁蒗	2258	5885	—	1599	156	1202	—	—
陕西	**42981**	**51006**	**47980**	**35361**	**875**	**4586**	**470**	**—**
陕西省林管局	**42981**	**45322**	**45322**	**33729**	**805**	**3104**	**470**	**—**
宁西	9509	9051	9051	8413	70	590	230	—
太白	10682	16401	16401	9270	162	650	—	—
长青	3788	4707	4707	3441	105	120	—	—
宁东	10758	6841	6841	5971	300	910	240	—
汉西	4990	4798	4798	3290	84	480	—	—
龙草坪	3254	3524	3524	3344	84	354	—	—
陕西省营林局	**—**	**5684**	**2658**	**1632**	**70**	**1482**	**—**	**—**
马头滩	—	3303	1789	829	35	764	—	—
辛家山	—	2381	869	803	35	718	—	—
甘肃	**79119**	**74525**	**74475**	**45831**	**3489**	**6738**	**177**	**—**
甘肃省林管局	**47983**	**43389**	**43339**	**22612**	**1498**	**3713**	**169**	**—**
舟曲	10432	8298	8290	3641	236	757	—	—
迭部	14948	14008	13989	7519	471	1059	—	—
洮河	16228	15259	15240	8523	345	1327	169	—
白水江	6375	5824	5820	2929	446	570	—	—
甘肃省营林局	**31136**	**31136**	**31136**	**23219**	**1991**	**3025**	**8**	**—**
小陇山	31136	31136	31136	23219	1991	3025	8	—
青海	**—**	**—**	**—**	**—**	**—**	**—**	**—**	**—**
青海省林管局	**—**	**—**	**—**	**—**	**—**	**—**	**—**	**—**
玛可河＊	—	—	—	—	—	—	—	—
新疆	**41703**	**60919**	**50824**	**46050**	**1396**	**21205**	**29**	**1275**
新疆维吾尔自治区林管局	**36047**	**36006**	**34501**	**28440**	**1264**	**13562**	**10**	**1275**
天山西部	27617	20560	19661	13527	446	4116	10	123
阿尔泰山	8430	15446	14840	14913	818	9446	—	1152
新疆维吾尔自治区营林局	**5656**	**24913**	**16323**	**17610**	**132**	**7643**	**19**	**—**
天山中东部	5656	24913	16323	17610	132	7643	19	—

林业投资完成情况(五)

单位:万元

完成投资															
		林业支撑与保障							林业产业发展						
森林生态效益补偿	其他	合计	林木种苗	森林防火与森林公安	林业有害生物防治	科技教育	林业信息化	其他	合计	工业原料林	特色经济林	林下经济	木竹制品加工制造	林业旅游与休闲	其他
—	242	41	—	41	—	—	—	—	—	—	—	—	—	—	—
—	30	41	—	41	—	—	—	—	—	—	—	—	—	—	—
—	923	50	—	49	1	—	—	—	980	—	—	—	980	—	—
—	—	—	—	—	—	—	—	—	—	—	—	—	—	—	—
—	—	—	—	—	—	—	—	—	—	—	—	—	—	—	—
—	—	—	—	—	—	—	—	—	—	—	—	—	—	—	—
—	889	—	—	—	—	—	—	—	—	—	—	—	—	—	—
241	—	—	—	—	—	—	—	—	—	—	—	—	—	—	—
6234	**23196**	**1710**	**280**	**1150**	**120**	**160**	—	—	**398**	—	**300**	**80**	—	—	**18**
6184	**23166**	**1576**	**250**	**1146**	**20**	**160**	—	—	**398**	—	**300**	**80**	—	—	**18**
1527	5996	120	—	60	—	60	—	—	40	—	—	40	—	—	—
1914	6544	168	—	68	—	100	—	—	—	—	—	—	—	—	—
435	2781	73	60	13	—	—	—	—	—	—	—	—	—	—	—
1350	3171	273	190	63	20	—	—	—	300	—	300	—	—	—	—
506	2220	912	—	912	—	—	—	—	58	—	—	40	—	—	18
452	2454	30	—	30	—	—	—	—	—	—	—	—	—	—	—
50	**30**	**134**	**30**	**4**	**100**	—	—	—	—	—	—	—	—	—	—
30	—	30	30	—	—	—	—	—	—	—	—	—	—	—	—
20	30	104	—	4	100	—	—	—	—	—	—	—	—	—	—
2906	**32521**	**14864**	**360**	**1170**	**110**	**110**	—	**13114**	—	—	—	—	—	—	—
2134	**15098**	**14128**	**190**	**814**	**10**	—	—	**13114**	—	—	—	—	—	—	—
162	2486	2632	—	148	—	—	—	2484	—	—	—	—	—	—	—
685	5304	4905	20	250	10	—	—	4625	—	—	—	—	—	—	—
1054	5628	4922	120	328	—	—	—	4474	—	—	—	—	—	—	—
233	1680	1669	50	88	—	—	—	1531	—	—	—	—	—	—	—
772	**17423**	**736**	**170**	**356**	**100**	**110**	—	—	—	—	—	—	—	—	—
772	17423	736	170	356	100	110	—	—	—	—	—	—	—	—	—
—	—	—	—	—	—	—	—	—	—	—	—	—	—	—	—
—	—	—	—	—	—	—	—	—	—	—	—	—	—	—	—
—	—	—	—	—	—	—	—	—	—	—	—	—	—	—	—
5894	**16251**	**2012**	**357**	**1413**	**158**	**29**	—	**55**	**364**	—	—	**111**	—	**95**	**158**
3200	**9129**	**1562**	**28**	**1382**	**97**	—	—	**55**	—	—	—	—	—	—	—
1339	7493	1490	10	1382	43	—	—	55	—	—	—	—	—	—	—
1861	1636	72	18	—	54	—	—	—	—	—	—	—	—	—	—
2694	**7122**	**450**	**329**	**31**	**61**	**29**	—	—	**364**	—	—	**111**	—	**95**	**158**
2694	7122	450	329	31	61	29	—	—	364	—	—	111	—	95	158

国有林区分企业的

企业名称	自年初累计完成投资						本年房屋竣工面积（平方米）	本年房屋竣工价值
	林业民生工程				其他投资			
	合计	棚户区（危旧房）改造	社会性基础设施	其他	合计	其中：财政事业费		
全国合计	**320955**	**229725**	**80014**	**11216**	**74336**	**14561**	**1025230**	**133363**
135 个木材采运企业小计	255132	173640	73174	8318	60663	8406	708613	83704
20 个重点营林局小计	65823	56085	6840	2898	13673	6155	316617	49659
内蒙古	**99520**	**92157**	**6477**	**886**	**19696**	**287**	**444716**	**64144**
内蒙古集团林管局	**48273**	**48273**	**—**	**—**	**16343**	**—**	**131458**	**17335**
阿尔山	1185	1185	—	—	2597	—	15800	1185
绰尔	2265	2265	—	—	788	—	—	—
绰源	1489	1489	—	—	324	—	7180	1048
乌尔旗汉	6147	6147	—	—	114	—	39388	5507
库都尔	3500	3500	—	—	1590	—	17241	2593
图里河	811	811	—	—	2174	—	—	—
伊图里河	1099	1099	—	—	607	—	—	—
克一河	3164	3164	—	—	643	—	22355	2789
甘河	5439	5439	—	—	737	—	—	—
吉文	—	—	—	—	282	—	—	—
阿里河	5411	5411	—	—	854	—	—	—
根河	4883	4883	—	—	383	—	—	—
金河	—	—	—	—	81	—	—	—
阿龙山	2325	2325	—	—	4	—	—	—
满归	—	—	—	—	1645	—	—	—
得耳布尔	4213	4213	—	—	1006	—	29494	4213
莫尔道嘎	6342	6342	—	—	2514	—	—	—
内蒙古集团营林局	**1512**	**1512**	**—**	**—**	**1481**	**—**	**—**	**—**
大杨树	—	—	—	—	506	—	—	—
毕拉河	1512	1512	—	—	975	—	—	—
内蒙古林业厅营林局	**49735**	**42372**	**6477**	**886**	**1872**	**287**	**313258**	**46809**
免渡河	28790	25803	2987	—	539	38	186381	28790
乌奴尔	1542	1120	422	—	38	38	12580	2570
巴林	17700	15449	2251	—	452	73	114297	15449
南木	886	—	—	886	342	65	—	—
红花尔基	601	—	601	—	44	44	—	—
柴河	216	—	216	—	457	29	—	—
五岔沟	—	—	—	—	—	—	—	—
白狼	—	—	—	—	—	—	—	—
吉林	**108433**	**61585**	**42667**	**4181**	**22208**	**473**	**261572**	**25630**
吉林集团林管局	**43124**	**21585**	**21539**	**—**	**2572**	**—**	**80246**	**5340**
临江	4509	2284	2225	—	—	—	5140	419
三岔子	7740	6787	953	—	1621	—	—	—
湾沟	7014	20	6994	—	951	—	—	—

林业投资完成情况（六）

单位：万元

本年新增公路里程（千米）	本年实际到位资金合计										
	总计	上年末结余资金	本年实际到位资金小计								
			合计	国家预算资金			国内贷款	债券	利用外资	自筹资金	其他
				小计	中央资金	地方资金					
868	**1604856**	**156622**	**1448234**	**1296623**	**1186387**	**110236**	**—**	**—**	**—**	**130523**	**21088**
249	1388648	130230	1258418	1119707	1030043	89664	—	—	—	118132	20579
619	216208	26392	189816	176916	156344	20572	—	—	—	12391	509
206	**435385**	**—**	**435385**	**416268**	**380917**	**35351**	**—**	**—**	**—**	**19117**	**—**
85	**346043**	**—**	**346043**	**329700**	**310850**	**18850**	**—**	**—**	**—**	**16343**	**—**
6	19580	—	19580	16983	16588	395	—	—	—	2597	—
6	18823	—	18823	18035	18035	—	—	—	—	788	—
3	12585	—	12585	12261	11072	1189	—	—	—	324	—
6	26088	—	26088	25974	21927	4047	—	—	—	114	—
6	22159	—	22159	20569	20069	500	—	—	—	1590	—
18	17552	—	17552	15378	15378	—	—	—	—	2174	—
6	15054	—	15054	14447	14023	424	—	—	—	607	—
3	18211	—	18211	17568	15596	1972	—	—	—	643	—
6	25742	—	25742	25005	22461	2544	—	—	—	737	—
3	11904	—	11904	11622	11622	—	—	—	—	282	—
6	23038	—	23038	22184	19923	2261	—	—	—	854	—
—	32266	—	32266	31883	31883	—	—	—	—	383	—
—	17087	—	17087	17006	17006	—	—	—	—	81	—
3	21780	—	21780	21776	21776	—	—	—	—	4	—
3	16343	—	16343	14698	14698	—	—	—	—	1645	—
3	21637	—	21637	20631	17951	2680	—	—	—	1006	—
7	26194	—	26194	23680	20842	2838	—	—	—	2514	—
62	**17153**	**—**	**17153**	**15135**	**14163**	**972**	**—**	**—**	**—**	**2018**	**—**
3	6005	—	6005	5499	5499	—	—	—	—	506	—
59	11148	—	11148	9636	8664	972	—	—	—	1512	—
59	**72189**	**—**	**72189**	**71433**	**55904**	**15529**	**—**	**—**	**—**	**756**	**—**
10	10150	—	10150	10000	7796	2204	—	—	—	150	—
13	8380	—	8380	8364	5892	2472	—	—	—	16	—
16	7350	—	7350	7324	5394	1930	—	—	—	26	—
6	7320	—	7320	7295	5633	1662	—	—	—	25	—
10	10573	—	10573	10462	9417	1045	—	—	—	111	—
4	7828	—	7828	7400	6051	1349	—	—	—	428	—
—	15256	—	15256	15256	11455	3801	—	—	—	—	—
—	5332	—	5332	5332	4266	1066	—	—	—	—	—
637	**522854**	**89879**	**432975**	**345064**	**312573**	**32491**	**—**	**—**	**—**	**71191**	**16720**
—	**230051**	**35635**	**194416**	**163100**	**142894**	**20206**	**—**	**—**	**—**	**19236**	**12080**
—	26634	13192	13442	12727	11529	1198	—	—	—	715	—
—	36555	7028	29527	22752	21929	823	—	—	—	6351	424
—	15616	5855	9761	7734	7486	248	—	—	—	902	1125

国有林区分企业的

企业名称	自年初累计完成投资						本年房屋竣工面积（平方米）	本年房屋竣工价值
	林业民生工程				其他投资			
	合计	棚户区（危旧房）改造	社会性基础设施	其他	合计	其中：财政事业费		
松江河	930	930	—	—	—	—	420	63
泉阳	6378	6378	—	—	—	—	41506	4358
露水河	2697	2697	—	—	—	—	—	—
白石山	7327	500	6827	—	—	—	10300	500
红石	6529	1989	4540	—	—	—	22880	—
延边林管局	**62049**	**36740**	**21128**	**4181**	**16517**	**—**	**181326**	**20290**
黄泥河	6935	6935	—	—	3743	—	—	—
敦化	9453	5272	—	4181	—	—	89663	8590
大石头	5720	5658	62	—	935	—	26100	3132
八家子	11351	5437	5914	—	2082	—	6697	800
和龙	9237	2527	6710	—	2413	—	6440	978
汪清	8464	1452	7012	—	—	—	8176	1452
大兴沟	864	77	787	—	323	—	—	—
天桥岭	4324	4324	—	—	2259	—	4607	516
白河	4241	4241	—	—	4762	—	34982	3982
珲春	1460	817	643	—	—	—	4661	840
吉林省林业厅营林局	**3260**	**3260**	**—**	**—**	**3119**	**473**	**—**	**—**
上营	—	—	—	—	—	—	—	—
辉南	—	—	—	—	473	473	—	—
长白	2745	2745	—	—	1030	—	—	—
安图	515	515	—	—	1616	—	—	—
长白山 *	—	—	—	—	—	—	—	—
龙江集团	**44781**	**16854**	**27927**	**—**	**—**	**—**	**113600**	**12852**
牡丹江林业管理局	**18239**	**14035**	**4204**	**—**	**—**	**—**	**82100**	**9852**
大海林	14747	11755	2992	—	—	—	82100	9852
柴河	—	—	—	—	—	—	—	—
东京城	3492	2280	1212	—	—	—	—	—
穆棱	—	—	—	—	—	—	—	—
绥阳	—	—	—	—	—	—	—	—
海林	—	—	—	—	—	—	—	—
林口	—	—	—	—	—	—	—	—
八面通	—	—	—	—	—	—	—	—
合江林业管理局	**—**	**—**	**—**	**—**	**—**	**—**	**—**	**—**
桦南	—	—	—	—	—	—	—	—
双鸭山	—	—	—	—	—	—	—	—
鹤立	—	—	—	—	—	—	—	—
鹤北	—	—	—	—	—	—	—	—
东方红	—	—	—	—	—	—	—	—
迎春	—	—	—	—	—	—	—	—

林业投资完成情况(七)

单位:万元

本年新增公路里程(千米)	本年实际到位资金合计		本年实际到位资金小计								
	总计	上年末结余资金	合计	国家预算资金			国内贷款	债券	利用外资	自筹资金	其他
				小计	中央资金	地方资金					
—	33962	—	33962	29754	25546	4208	—	—	—	485	3723
—	27591	—	27591	23318	17581	5737	—	—	—	3849	424
—	37560	9560	28000	22621	21063	1558	—	—	—	2212	3167
—	27020	—	27020	23725	19409	4316	—	—	—	1907	1388
—	25113	—	25113	20469	18351	2118	—	—	—	2815	1829
164	**256853**	**44573**	**212280**	**161933**	**150537**	**11396**	**—**	**—**	**—**	**46214**	**4133**
—	22301	1987	20314	15015	9731	5284	—	—	—	4889	410
—	28485	52	28433	17890	17090	800	—	—	—	9975	568
—	23826	4214	19612	17727	17085	642	—	—	—	1834	51
—	34576	2418	32158	21970	19932	2038	—	—	—	9102	1086
—	32463	11956	20507	15507	14505	1002	—	—	—	4564	436
—	25003	5534	19469	17379	16947	432	—	—	—	1116	974
—	13676	3483	10193	9136	9007	129	—	—	—	1057	—
—	23088	5616	17472	12867	12500	367	—	—	—	4291	314
—	32008	4254	27754	19542	18925	617	—	—	—	8129	83
164	21427	5059	16368	14900	14815	85	—	—	—	1257	211
473	**35950**	**9671**	**26279**	**20031**	**19142**	**889**	**—**	**—**	**—**	**5741**	**507**
—	8375	817	7558	3438	3355	83	—	—	—	4120	—
473	11480	5844	5636	5636	5004	632	—	—	—	—	—
—	7188	3010	4178	4129	4129	—	—	—	—	49	—
—	8907	—	8907	6828	6654	174	—	—	—	1572	507
—	—	—	—	—	—	—	—	—	—	—	—
—	**110863**	**—**	**110863**	**93896**	**93762**	**134**	**—**	**—**	**—**	**14322**	**2645**
—	**31688**	**—**	**31688**	**19537**	**19537**	**—**	**—**	**—**	**—**	**12133**	**18**
—	30038	—	30038	19537	19537	—	—	—	—	10483	18
—	—	—	—	—	—	—	—	—	—	—	—
—	1650	—	1650	—	—	—	—	—	—	1650	—
—	—	—	—	—	—	—	—	—	—	—	—
—	—	—	—	—	—	—	—	—	—	—	—
—	—	—	—	—	—	—	—	—	—	—	—
—	—	—	—	—	—	—	—	—	—	—	—
—	—	—	—	—	—	—	—	—	—	—	—
—	**—**	**—**	**—**	**—**	**—**	**—**	**—**	**—**	**—**	**—**	**—**
—	—	—	—	—	—	—	—	—	—	—	—
—	—	—	—	—	—	—	—	—	—	—	—
—	—	—	—	—	—	—	—	—	—	—	—
—	—	—	—	—	—	—	—	—	—	—	—
—	—	—	—	—	—	—	—	—	—	—	—
—	—	—	—	—	—	—	—	—	—	—	—

国有林区分企业的

企业名称	自年初累计完成投资						本年房屋竣工面积（平方米）	本年房屋竣工价值
	林业民生工程				其他投资			
	合计	棚户区（危旧房）改造	社会性基础设施	其他	合计	其中：财政事业费		
清河	—	—	—	—	—	—	—	—
伊春林业管理局	**21166**	**—**	**21166**	**—**	**—**	**—**	**—**	**—**
双丰	4002	—	4002	—	—	—	—	—
铁力	2732	—	2732	—	—	—	—	—
桃山	—	—	—	—	—	—	—	—
朗乡	—	—	—	—	—	—	—	—
南岔	—	—	—	—	—	—	—	—
金山屯	—	—	—	—	—	—	—	—
美溪	—	—	—	—	—	—	—	—
乌马河	—	—	—	—	—	—	—	—
翠峦	5435	—	5435	—	—	—	—	—
友好	—	—	—	—	—	—	—	—
上甘岭	4900	—	4900	—	—	—	—	—
五营	2405	—	2405	—	—	—	—	—
红星	—	—	—	—	—	—	—	—
新青	1692	—	1692	—	—	—	—	—
汤旺河	—	—	—	—	—	—	—	—
乌伊岭	—	—	—	—	—	—	—	—
松花江林业管理局	**5376**	**2819**	**2557**	**—**	**—**	**—**	**31500**	**3000**
山河屯	—	—	—	—	—	—	—	—
苇河	90	—	90	—	—	—	—	—
亚布力	3762	1800	1962	—	—	—	31500	3000
方正	—	—	—	—	—	—	—	—
兴隆	—	—	—	—	—	—	—	—
绥棱	—	—	—	—	—	—	—	—
通北	1524	1019	505	—	—	—	—	—
沾河	—	—	—	—	—	—	—	—
总局直属单位	**—**	**—**	**—**	**—**	**—**	**—**	**—**	**—**
带岭实验局	—	—	—	—	—	—	—	—
大兴安岭	**33052**	**31773**	**1279**	**—**	**9467**	**—**	**171144**	**27594**
大兴安岭林管局	**32152**	**30873**	**1279**	**—**	**9438**	**—**	**171144**	**27594**
松岭	3029	3029	—	—	1887	—	—	—
新林	3818	3416	402	—	606	—	—	—
塔河	11344	11344	—	—	2895	—	168140	26908
呼中	2936	2936	—	—	305	—	—	—
阿木尔	2003	1376	627	—	830	—	—	—
图强	1535	1535	—	—	967	—	—	—
西林吉	760	760	—	—	1102	—	—	—
十八站	1986	1986	—	—	653	—	—	—

林业投资完成情况(八)

单位:万元

本年新增公路里程(千米)	本年实际到位资金合计										
	总计	上年末结余资金	本年实际到位资金小计								
			合计	国家预算资金			国内贷款	债券	利用外资	自筹资金	其他
				小计	中央资金	地方资金					
—	—	—	—	—	—	—	—	—	—	—	—
—	**30876**	**—**	**30876**	**27315**	**27315**	**—**	**—**	**—**	**—**	**934**	**2627**
—	6759	—	6759	5834	5834	—	—	—	—	925	—
—	—	—	—	—	—	—	—	—	—	—	—
—	—	—	—	—	—	—	—	—	—	—	—
—	—	—	—	—	—	—	—	—	—	—	—
—	—	—	—	—	—	—	—	—	—	—	—
—	—	—	—	—	—	—	—	—	—	—	—
—	—	—	—	—	—	—	—	—	—	—	—
—	—	—	—	—	—	—	—	—	—	—	—
—	17097	—	17097	16003	16003	—	—	—	—	—	1094
—	—	—	—	—	—	—	—	—	—	—	—
—	2494	—	2494	1315	1315	—	—	—	—	—	1179
—	—	—	—	—	—	—	—	—	—	—	—
—	—	—	—	—	—	—	—	—	—	—	—
—	4526	—	4526	4163	4163	—	—	—	—	9	354
—	—	—	—	—	—	—	—	—	—	—	—
—	—	—	—	—	—	—	—	—	—	—	—
—	**48299**	**—**	**48299**	**47044**	**46910**	**134**	**—**	**—**	**—**	**1255**	**—**
—	—	—	—	—	—	—	—	—	—	—	—
—	13472	—	13472	13106	13106	—	—	—	—	366	—
—	18920	—	18920	18300	18261	39	—	—	—	620	—
—	—	—	—	—	—	—	—	—	—	—	—
—	—	—	—	—	—	—	—	—	—	—	—
—	—	—	—	—	—	—	—	—	—	—	—
—	15907	—	15907	15638	15543	95	—	—	—	269	—
—	—	—	—	—	—	—	—	—	—	—	—
—	**—**	**—**	**—**	**—**	**—**	**—**	**—**	**—**	**—**	**—**	**—**
—	—	—	—	—	—	—	—	—	—	—	—
—	**228551**	**25182**	**203369**	**185446**	**185446**	**—**	**—**	**—**	**—**	**17923**	**—**
—	**203744**	**16615**	**187129**	**169235**	**169235**	**—**	**—**	**—**	**—**	**17894**	**—**
—	26778	2364	24414	21921	21921	—	—	—	—	2493	—
—	1981	—	1981	—	—	—	—	—	—	1981	—
—	36764	2376	34388	29520	29520	—	—	—	—	4868	—
—	25287	—	25287	23923	23923	—	—	—	—	1364	—
—	17413	—	17413	15962	15962	—	—	—	—	1451	—
—	19621	1222	18399	17032	17032	—	—	—	—	1367	—
—	33154	8888	24266	23164	23164	—	—	—	—	1102	—
—	20445	1019	19426	18201	18201	—	—	—	—	1225	—

国有林区分企业的

企业名称	自年初累计完成投资						本年房屋竣工面积（平方米）	本年房屋竣工价值
	林业民生工程				其他投资			
	合计	棚户区（危旧房）改造	社会性基础设施	其他	合计	其中：财政事业费		
韩家园	4741	4491	250	—	193	—	3004	686
大兴安岭营林局	**900**	**900**	**—**	**—**	**29**	**—**	**—**	**—**
加格达奇	900	900	—	—	29	—	—	—
四川	**3552**	**3552**	**—**	**—**	**1906**	**423**	**—**	**—**
阿坝州林管局	**169**	**169**	**—**	**—**	**1846**	**423**	**—**	**—**
川西	—	—	—	—	268	—	—	—
黑水	—	—	—	—	—	—	—	—
马尔康	—	—	—	—	—	—	—	—
小金	—	—	—	—	361	—	—	—
观音桥	75	75	—	—	491	—	—	—
松潘	—	—	—	—	—	—	—	—
南坪	—	—	—	—	726	423	—	—
壤塘	94	94	—	—	—	—	—	—
甘孜州林管局	**—**	**—**	**—**	**—**	**—**	**—**	**—**	**—**
道孚	—	—	—	—	—	—	—	—
新龙	—	—	—	—	—	—	—	—
丹巴	—	—	—	—	—	—	—	—
炉霍	—	—	—	—	—	—	—	—
白玉	—	—	—	—	—	—	—	—
力邱河	—	—	—	—	—	—	—	—
翁达	—	—	—	—	—	—	—	—
其他地、州林管局	**3383**	**3383**	**—**	**—**	**60**	**—**	**—**	**—**
川南	2107	2107	—	—	—	—	—	—
雷波	—	—	—	—	—	—	—	—
凉北	—	—	—	—	—	—	—	—
夹金山	—	—	—	—	—	—	—	—
木里	1276	1276	—	—	60	—	—	—
普威	—	—	—	—	—	—	—	—
盐边	—	—	—	—	—	—	—	—
云南	**5799**	**4518**	**1281**	**—**	**7017**	**6777**	**29230**	**—**
云南省林管局	**5799**	**4518**	**1281**	**—**	**7017**	**6777**	**29230**	**—**
华坪	43	43	—	—	1223	983	—	—
碧泉	427	—	427	—	339	339	—	—
黑白水	—	—	—	—	787	787	—	—
中甸 *	—	—	—	—	—	—	—	—
巨甸	—	—	—	—	437	437	—	—
红旗	—	—	—	—	—	—	—	—
云台山	4916	4062	854	—	—	—	29230	—
漾江	—	—	—	—	—	—	—	—

林业投资完成情况(九)

单位:万元

本年新增公路里程(千米)	本年实际到位资金合计										
	总计	上年末结余资金	本年实际到位资金小计								
			合计	国家预算资金			国内贷款	债券	利用外资	自筹资金	其他
				小计	中央资金	地方资金					
—	22301	746	21555	19512	19512	—	—	—	—	2043	—
—	**24807**	**8567**	**16240**	**16211**	**16211**	**—**	**—**	**—**	**—**	**29**	**—**
—	24807	8567	16240	16211	16211	—	—	—	—	29	—
—	**57503**	**4410**	**53093**	**52569**	**44299**	**8270**	**—**	**—**	**—**	**136**	**388**
—	**24698**	**3134**	**21564**	**21261**	**15981**	**5280**	**—**	**—**	**—**	**136**	**167**
—	1773	—	1773	1773	1303	470	—	—	—	—	—
—	3388	—	3388	3388	2528	860	—	—	—	—	—
—	7024	1755	5269	5269	3187	2082	—	—	—	—	—
—	2055	176	1879	1879	1404	475	—	—	—	—	—
—	4341	1203	3138	2971	2677	294	—	—	—	—	167
—	1806	—	1806	1670	1670	—	—	—	—	136	—
—	2928	—	2928	2928	1829	1099	—	—	—	—	—
—	1383	—	1383	1383	1383	—	—	—	—	—	—
—	**12801**	**—**	**12801**	**12801**	**11530**	**1271**	**—**	**—**	**—**	**—**	**—**
—	2442	—	2442	2442	2201	241	—	—	—	—	—
—	2186	—	2186	2186	1951	235	—	—	—	—	—
—	2409	—	2409	2409	2144	265	—	—	—	—	—
—	1509	—	1509	1509	1305	204	—	—	—	—	—
—	1600	—	1600	1600	1494	106	—	—	—	—	—
—	1652	—	1652	1652	1522	130	—	—	—	—	—
—	1003	—	1003	1003	913	90	—	—	—	—	—
—	**20004**	**1276**	**18728**	**18507**	**16788**	**1719**	**—**	**—**	**—**	**—**	**221**
—	7265	—	7265	7265	6496	769	—	—	—	—	—
—	2541	—	2541	2493	2262	231	—	—	—	—	48
—	1736	—	1736	1623	1444	179	—	—	—	—	113
—	2129	—	2129	2129	2006	123	—	—	—	—	—
—	5254	1276	3978	3918	3501	417	—	—	—	—	60
—	—	—	—	—	—	—	—	—	—	—	—
—	1079	—	1079	1079	1079	—	—	—	—	—	—
—	**39243**	**11958**	**27285**	**22648**	**22106**	**542**	**—**	**—**	**—**	**3402**	**1235**
—	**39243**	**11958**	**27285**	**22648**	**22106**	**542**	**—**	**—**	**—**	**3402**	**1235**
—	1539	—	1539	1539	1530	9	—	—	—	—	—
—	2098	—	2098	2098	2098	—	—	—	—	—	—
—	1033	114	919	919	919	—	—	—	—	—	—
—	—	—	—	—	—	—	—	—	—	—	—
—	685	—	685	685	677	8	—	—	—	—	—
—	950	138	812	812	812	—	—	—	—	—	—
—	8499	1817	6682	3598	3073	525	—	—	—	2334	750
—	3631	1605	2026	2026	2026	—	—	—	—	—	—

国有林区分企业的

<table>
<tr><th rowspan="3">企业名称</th><th colspan="6">自年初累计完成投资</th><th rowspan="3">本年房屋竣工面积（平方米）</th><th rowspan="3">本年房屋竣工价值</th></tr>
<tr><th colspan="4">林业民生工程</th><th colspan="2">其他投资</th></tr>
<tr><th>合计</th><th>棚户区（危旧房）改造</th><th>社会性基础设施</th><th>其他</th><th>合计</th><th>其中：财政事业费</th></tr>
<tr><td>景东</td><td>307</td><td>307</td><td>—</td><td>—</td><td>—</td><td>—</td><td>—</td><td>—</td></tr>
<tr><td>墨江</td><td>51</td><td>51</td><td>—</td><td>—</td><td>—</td><td>—</td><td>—</td><td>—</td></tr>
<tr><td>卫国</td><td>—</td><td>—</td><td>—</td><td>—</td><td>—</td><td>—</td><td>—</td><td>—</td></tr>
<tr><td>江边 *</td><td>—</td><td>—</td><td>—</td><td>—</td><td>—</td><td>—</td><td>—</td><td>—</td></tr>
<tr><td>清水江 *</td><td>—</td><td>—</td><td>—</td><td>—</td><td>—</td><td>—</td><td>—</td><td>—</td></tr>
<tr><td>南盘江 *</td><td>—</td><td>—</td><td>—</td><td>—</td><td>—</td><td>—</td><td>—</td><td>—</td></tr>
<tr><td>新平</td><td>—</td><td>—</td><td>—</td><td>—</td><td>—</td><td>—</td><td>—</td><td>—</td></tr>
<tr><td>宁蒗</td><td>55</td><td>55</td><td>—</td><td>—</td><td>4231</td><td>4231</td><td>—</td><td>—</td></tr>
<tr><td>陕西</td><td>11849</td><td>11579</td><td>—</td><td>270</td><td>1688</td><td>—</td><td>—</td><td>—</td></tr>
<tr><td>陕西省林管局</td><td>8049</td><td>7979</td><td>—</td><td>70</td><td>1570</td><td>—</td><td>—</td><td>—</td></tr>
<tr><td>宁西</td><td>120</td><td>120</td><td>—</td><td>—</td><td>358</td><td>—</td><td>—</td><td>—</td></tr>
<tr><td>太白</td><td>6163</td><td>6128</td><td>—</td><td>35</td><td>800</td><td>—</td><td>—</td><td>—</td></tr>
<tr><td>长青</td><td>1033</td><td>1033</td><td>—</td><td>—</td><td>160</td><td>—</td><td>—</td><td>—</td></tr>
<tr><td>宁东</td><td>297</td><td>297</td><td>—</td><td>—</td><td>—</td><td>—</td><td>—</td><td>—</td></tr>
<tr><td>汉西</td><td>286</td><td>251</td><td>—</td><td>35</td><td>252</td><td>—</td><td>—</td><td>—</td></tr>
<tr><td>龙草坪</td><td>150</td><td>150</td><td>—</td><td>—</td><td>—</td><td>—</td><td>—</td><td>—</td></tr>
<tr><td>陕西省营林局</td><td>3800</td><td>3600</td><td>—</td><td>200</td><td>118</td><td>—</td><td>—</td><td>—</td></tr>
<tr><td>马头滩</td><td>2400</td><td>2400</td><td>—</td><td>—</td><td>44</td><td>—</td><td>—</td><td>—</td></tr>
<tr><td>辛家山</td><td>1400</td><td>1200</td><td>—</td><td>200</td><td>74</td><td>—</td><td>—</td><td>—</td></tr>
<tr><td>甘肃</td><td>6678</td><td>824</td><td>—</td><td>5854</td><td>7152</td><td>5394</td><td>4968</td><td>3143</td></tr>
<tr><td>甘肃省林管局</td><td>4891</td><td>824</td><td>—</td><td>4067</td><td>1758</td><td>—</td><td>1609</td><td>293</td></tr>
<tr><td>舟曲</td><td>1524</td><td>824</td><td>—</td><td>700</td><td>501</td><td>—</td><td>—</td><td>—</td></tr>
<tr><td>迭部</td><td>1009</td><td>—</td><td>—</td><td>1009</td><td>575</td><td>—</td><td>—</td><td>—</td></tr>
<tr><td>洮河</td><td>1301</td><td>—</td><td>—</td><td>1301</td><td>513</td><td>—</td><td>—</td><td>—</td></tr>
<tr><td>白水江</td><td>1057</td><td>—</td><td>—</td><td>1057</td><td>169</td><td>—</td><td>1609</td><td>293</td></tr>
<tr><td>甘肃省营林局</td><td>1787</td><td>—</td><td>—</td><td>1787</td><td>5394</td><td>5394</td><td>3359</td><td>2850</td></tr>
<tr><td>小陇山</td><td>1787</td><td>—</td><td>—</td><td>1787</td><td>5394</td><td>5394</td><td>3359</td><td>2850</td></tr>
<tr><td>青海</td><td>—</td><td>—</td><td>—</td><td>—</td><td>—</td><td>—</td><td>—</td><td>—</td></tr>
<tr><td>青海省林管局</td><td>—</td><td>—</td><td>—</td><td>—</td><td>—</td><td>—</td><td>—</td><td>—</td></tr>
<tr><td>玛可河 *</td><td>—</td><td>—</td><td>—</td><td>—</td><td>—</td><td>—</td><td>—</td><td>—</td></tr>
<tr><td>新疆</td><td>7291</td><td>6883</td><td>383</td><td>25</td><td>5202</td><td>1207</td><td>—</td><td>—</td></tr>
<tr><td>新疆维吾尔自治区林管局</td><td>2462</td><td>2442</td><td>20</td><td>—</td><td>3542</td><td>1206</td><td>—</td><td>—</td></tr>
<tr><td>天山西部</td><td>2159</td><td>2159</td><td>—</td><td>—</td><td>3384</td><td>1206</td><td>—</td><td>—</td></tr>
<tr><td>阿尔泰山</td><td>303</td><td>283</td><td>20</td><td>—</td><td>158</td><td>—</td><td>—</td><td>—</td></tr>
<tr><td>新疆维吾尔自治区营林局</td><td>4829</td><td>4441</td><td>363</td><td>25</td><td>1660</td><td>1</td><td>—</td><td>—</td></tr>
<tr><td>天山中东部</td><td>4829</td><td>4441</td><td>363</td><td>25</td><td>1660</td><td>1</td><td>—</td><td>—</td></tr>
</table>

林业投资完成情况(十)

单位:万元

本年新增公路里程(千米)	本年实际到位资金合计										
	总计	上年末结余资金	本年实际到位资金小计								
			合计	国家预算资金			国内贷款	债券	利用外资	自筹资金	其他
				小计	中央资金	地方资金					
—	2419	—	2419	2112	2112	—	—	—	—	—	307
—	4488	2072	2416	2322	2322	—	—	—	—	88	6
—	6523	1981	4542	3562	3562	—	—	—	—	980	—
—	—	—	—	—	—	—	—	—	—	—	—
—	—	—	—	—	—	—	—	—	—	—	—
—	—	—	—	—	—	—	—	—	—	—	—
—	889	—	889	717	717	—	—	—	—	—	172
—	6489	4231	2258	2258	2258	—	—	—	—	—	—
—	**47419**	**914**	**46505**	**45415**	**29925**	**15490**	**—**	**—**	**—**	**1090**	**—**
—	**43546**	**645**	**42901**	**42901**	**28156**	**14745**	**—**	**—**	**—**	**—**	**—**
—	9509	—	9509	9509	6878	2631	—	—	—	—	—
—	10682	—	10682	10682	7504	3178	—	—	—	—	—
—	4320	532	3788	3788	2156	1632	—	—	—	—	—
—	10678	—	10678	10678	5534	5144	—	—	—	—	—
—	5103	113	4990	4990	3956	1034	—	—	—	—	—
—	3254	—	3254	3254	2128	1126	—	—	—	—	—
—	**3873**	**269**	**3604**	**2514**	**1769**	**745**	**—**	**—**	**—**	**1090**	**—**
—	1253	—	1253	1253	930	323	—	—	—	—	—
—	2620	269	2351	1261	839	422	—	—	—	1090	—
25	**74524**	**—**	**74524**	**74474**	**65578**	**8896**	**—**	**—**	**—**	**50**	**—**
—	**43388**	**—**	**43388**	**43338**	**34442**	**8896**	**—**	**—**	**—**	**50**	**—**
—	8298	—	8298	8290	6585	1705	—	—	—	8	—
—	14008	—	14008	13988	10950	3038	—	—	—	20	—
—	15258	—	15258	15240	12092	3148	—	—	—	18	—
—	5824	—	5824	5820	4815	1005	—	—	—	4	—
25	**31136**	**—**	**31136**	**31136**	**31136**	**—**	**—**	**—**	**—**	**—**	**—**
25	31136	—	31136	31136	31136	—	—	—	—	—	—
—	**—**	**—**	**—**	**—**	**—**	**—**	**—**	**—**	**—**	**—**	**—**
—	**—**	**—**	**—**	**—**	**—**	**—**	**—**	**—**	**—**	**—**	**—**
—	—	—	—	—	—	—	—	—	—	—	—
—	**88514**	**24279**	**64235**	**60843**	**51781**	**9062**	**—**	**—**	**—**	**3292**	**100**
—	**57414**	**16394**	**41020**	**40387**	**33762**	**6625**	**—**	**—**	**—**	**535**	**98**
—	36074	8457	27617	27007	21504	5503	—	—	—	525	85
—	21340	7937	13403	13380	12258	1122	—	—	—	10	13
—	**31100**	**7885**	**23215**	**20456**	**18019**	**2437**	**—**	**—**	**—**	**2757**	**2**
—	31100	7885	23215	20456	18019	2437	—	—	—	2757	2

附录二

林业工作站和乡村林场基本情况

ANNEX Ⅱ

各地区乡镇林业

地区	年末实有工作站个数						本年新建站数	已加挂野保站牌子站数	已加挂科技推广站牌子站数
	总站数			派出机构	双重领导	乡镇管理			
	计	片站							
		计	管理乡镇数						
全国总计	**25337**	**4102**	**9102**	**8766**	**4238**	**12333**	**247**	**7544**	**3975**
北　京	144	2	8	29	64	51	—	1	1
天　津	112	1	30	14	—	98	—	—	1
河　北	1020	632	1516	518	128	374	6	96	167
山　西	1128	112	202	124	516	488	5	167	57
内蒙古	700	83	90	470	143	87	10	2	53
辽　宁	897	—	—	68	51	778	4	434	156
吉　林	693	4	11	345	324	24	3	224	179
黑龙江	865	19	87	375	175	315	—	155	121
上　海	103	—	—	15	24	64	—	—	—
江　苏	201	19	42	4	20	177	1	2	2
浙　江	1048	154	307	114	29	905	2	76	54
安　徽	807	485	771	433	238	136	89	270	85
福　建	924	26	61	776	92	56	18	676	353
江　西	915	380	809	784	71	60	2	698	191
山　东	1263	—	—	50	97	1116	12	36	96
河　南	1992	41	110	128	173	1691	6	163	194
湖　北	884	401	658	753	60	71	6	273	167
湖　南	1995	267	580	1240	—	755	6	1408	979
广　东	1009	123	206	367	—	642	1	119	203
广　西	1100	14	43	309	368	423	—	9	15
海　南	168	30	77	29	4	135	—	2	2
重　庆	236	49	76	10	—	226	—	25	—
四　川	1498	646	2253	1109	277	112	1	791	297
贵　州	1342	128	106	21	115	1206	3	664	99
云　南	1361	1	2	20	343	998	18	495	76
西　藏	—	—	—	—	—	—	—	—	—
陕　西	864	133	381	214	244	406	—	411	156
甘　肃	762	241	479	161	200	401	5	48	92
青　海	266	50	56	27	115	124	2	17	13
宁　夏	109	61	141	105	1	3	—	37	19
新　疆	786	—	—	154	366	266	47	236	137
新疆兵团	145	—	—	—	—	145	—	9	10

注:1. 总站数中的"片站"是指管理两个以上乡镇林业工作的林业站。

2. 人、财、物三权属县林业主管部门的站为派出机构;三权属乡镇的为乡镇管理;介于二者之间的为双重领导。三者

3. 已加挂野保站牌子站数指截至本年底加挂"野生动植物保护管理站"牌子的林业站总数。

4. 已加挂仲裁委员会牌子站数指截至本年底加挂"林业承包合同仲裁委员会"牌子的林业站总数。

5. 林业站"在岗职工"是指在林业站工作并在林业站开支的人员,不包括林业站临时聘用的后勤服务人员及其所办经以及新分配的大中专毕业生。

工作站基本情况

单位:个、人

已加挂公益林管护站牌子站数	已加挂病虫害防治站站牌子站数	已加挂仲裁委员会牌子站数	至本年底已核定编制数	年末在岗职工总数		经费渠道				至本年底自有办公用房站数	
				计	长期职工	财政全额	财政差额	林业经费	自收自支	计	本年新建
4789	**3447**	**397**	**91546**	**110588**	**109429**	**87801**	**6073**	**8878**	**7836**	**13784**	**520**
—	1	—	788	912	908	602	146	2	162	63	3
2	1	—	191	261	261	95	118	—	48	40	—
69	64	5	3052	3840	3736	2367	505	126	842	699	8
236	108	36	2023	2624	2507	2161	135	53	275	622	24
45	5	—	2283	2631	2608	2430	57	144	—	307	8
244	153	12	3247	3694	3671	2788	359	77	470	245	6
142	104	—	3349	3909	3858	2937	191	612	169	270	16
30	120	12	2074	2601	2601	1794	128	345	334	591	5
—	—	—	186	259	259	183	49	—	27	82	1
1	3	—	621	1043	1037	680	154	44	165	171	9
177	25	—	2804	2802	2802	2543	238	11	10	233	1
60	121	17	2846	3142	3122	2618	220	66	238	622	92
112	68	46	3366	3766	3689	3071	343	229	123	658	4
417	499	33	4098	4756	4738	3462	283	485	526	515	13
15	87	4	3482	4839	4818	4507	217	35	80	726	21
157	163	48	3438	5393	5364	4519	194	229	451	1122	18
272	109	21	3670	5225	5179	3409	376	410	1030	518	14
1340	879	53	11648	12808	12779	11166	964	183	495	1080	47
97	20	1	3877	4992	4983	4168	552	129	143	337	2
19	7	32	3831	4124	4112	3255	116	470	283	854	25
15	3	—	43	393	453	214	—	121	58	28	—
—	—	—	674	826	810	819	1	4	2	56	1
405	234	40	6454	6950	6942	5509	300	776	365	884	26
195	140	6	5546	4632	4529	4206	97	97	232	903	24
89	65	1	8674	7404	7404	7165	23	189	27	852	15
—	—	—	—	—	—	—	—	—	—	—	—
295	121	13	2290	3675	3675	3063	209	396	7	359	18
112	19	—	1821	2767	2767	2608	17	52	90	295	7
32	5	—	491	606	606	587	2	4	13	89	4
9	16	—	750	662	662	648	—	14	—	25	4
106	272	16	3225	3778	3660	3544	79	107	48	503	92
96	35	1	704	5274	4889	683	—	3468	1123	35	12

之和为总站数。

济实体中聘用的人员。“长期职工”是指“在岗职工”中用工期限在一年(含一年)以上的职工,包括正式职工和合同制职工,

地区	地(市)								
	林业站个数	管理人员							
		文化程度				专业技术人员			
		合计	大专以上学历	中专学历	高中以下文化	合计	高级	中级	初级
全国总计	**222**	**2511**	**2244**	**174**	**93**	**1772**	**516**	**768**	**488**
北　京	—	—	—	—	—	—	—	—	—
天　津	—	—	—	—	—	—	—	—	—
河　北	13	161	134	14	13	128	61	40	27
山　西	11	106	93	13	—	89	20	40	29
内蒙古	9	145	126	14	5	103	32	48	23
辽　宁	14	86	86	—	—	70	12	43	15
吉　林	11	141	103	27	11	66	13	26	27
黑龙江	6	59	55	4	—	45	7	29	9
上　海	—	—	—	—	—	—	—	—	—
江　苏	13	146	140	1	5	112	45	41	26
浙　江	4	33	32	1	—	29	7	17	5
安　徽	5	36	36	—	—	34	12	13	9
福　建	2	32	31	1	—	31	14	13	4
江　西	9	53	52	1	—	32	11	13	8
山　东	16	111	106	3	2	89	32	50	7
河　南	18	296	285	3	8	225	64	105	56
湖　北	4	59	40	17	2	10	1	9	—
湖　南	9	40	40	—	—	27	13	9	5
广　东	—	62	59	1	2	13	—	9	4
广　西	12	46	41	3	2	34	3	21	10
海　南	—	—	—	—	—	—	—	—	—
重　庆	—	—	—	—	—	—	—	—	—
四　川	5	52	50	1	1	26	8	15	3
贵　州	3	28	25	3	—	27	3	11	13
云　南	2	64	64	—	—	—	—	—	—
西　藏	—	—	—	—	—	—	—	—	—
陕　西	12	276	219	39	18	216	57	77	82
甘　肃	8	102	92	4	6	69	13	34	22
青　海	8	90	76	3	11	76	28	23	25
宁　夏	5	61	58	1	2	47	22	14	11
新　疆	10	143	127	11	5	106	20	44	42
新疆兵团	13	83	74	9	—	68	18	24	26

注:1.“管理人员”指从事林业站管理工作的专兼职人员。

2. 有林业站的既统计站数又统计管理人员,无林业站的只统计相关管理人员。

工作站及管理人员情况

单位:个、人

县(市、区)								
林业站个数	管理人员							
	文化程度				专业技术人员			
	合计	大专以上学历	中专学历	高中以下文化	合计	高级	中级	初级
1833	**23295**	**16969**	**4008**	**2318**	**17211**	**2298**	**7688**	**7225**
12	228	197	17	14	123	14	62	47
11	120	102	8	10	100	22	41	37
152	1354	1063	215	76	1120	236	495	389
115	1410	875	367	168	1064	49	463	552
98	1195	884	182	129	737	162	286	289
84	422	373	34	15	325	35	192	98
61	695	516	129	50	528	128	242	158
99	734	595	119	20	607	103	289	215
9	226	189	11	26	181	36	80	65
83	931	751	125	55	866	251	405	210
51	647	571	61	15	579	125	324	130
61	577	483	82	12	508	79	273	156
1	115	86	25	4	89	11	47	31
81	516	329	120	67	392	38	152	202
137	1178	970	149	59	1022	189	443	390
157	2336	1442	564	330	1461	134	612	715
—	237	145	64	28	6	—	3	3
104	487	359	103	25	345	30	195	120
—	799	431	172	196	374	36	112	226
77	466	351	81	34	370	24	200	146
3	264	84	46	134	59	1	8	50
11	61	47	4	10	18	2	11	5
59	678	549	89	40	498	63	254	181
56	1155	856	204	95	639	13	241	385
1	1058	913	91	54	1058	31	449	578
—	—	—	—	—	—	—	—	—
94	2365	1420	574	371	1582	195	686	701
74	957	738	116	103	701	79	318	304
39	557	418	84	55	399	50	201	148
21	466	408	28	30	358	83	178	97
82	1061	824	144	93	1102	79	426	597
—	—	—	—	—	—	—	—	—

各地区乡镇林业工作站

地区	林业站长期职工总数	文化程度情况				专业技术人员			林业大专班		
		大专以上学历人数	中专学历人数	高中文化人数	初中以下文化人数	高级	中级	初级	本年毕业生数	在校生总数	本年入学人数
全国总计	**109429**	**59482**	**24827**	**17991**	**7129**	**3193**	**24956**	**35800**	**1562**	**1557**	**484**
北　京	908	642	106	106	54	10	63	121	—	1	—
天　津	261	162	60	33	6	23	59	63	6	1	—
河　北	3736	2328	850	481	77	269	1157	1032	20	14	2
山　西	2507	838	878	686	105	154	329	632	2	4	1
内蒙古	2608	1818	481	295	14	235	702	738	4	4	11
辽　宁	3671	2472	770	312	117	66	1341	1198	17	37	7
吉　林	3858	1651	1484	542	181	139	952	1387	11	30	7
黑龙江	2601	1601	790	180	30	192	951	912	7	5	—
上　海	259	156	63	30	10	17	82	120	—	—	—
江　苏	1037	546	245	161	85	50	317	310	65	9	6
浙　江	2802	1785	512	387	118	23	1524	947	10	16	2
安　徽	3122	2015	827	224	56	192	1199	1212	17	29	15
福　建	3689	2271	714	551	153	171	1163	1264	51	89	33
江　西	4738	1798	1072	1383	485	153	765	1381	42	101	34
山　东	4818	2985	1394	376	63	221	1260	2206	448	46	31
河　南	5364	2533	1676	1031	124	252	779	1465	15	52	3
湖　北	5179	2658	1287	803	431	62	1450	1616	36	34	62
湖　南	12779	4922	3238	3499	1120	153	1765	2983	197	393	88
广　东	4983	2278	1192	1114	399	67	414	1586	16	43	5
广　西	4112	2491	886	565	170	12	705	1628	13	28	15
海　南	453	108	114	91	140	1	9	79	2	1	1
重　庆	810	683	64	47	16	20	112	109	27	1	1
四　川	6942	3909	1194	1168	671	163	1409	1943	53	32	11
贵　州	4529	3317	712	287	213	73	805	1772	82	69	8
云　南	7404	5504	1079	402	419	160	3176	4068	186	263	66
西　藏	—	—	—	—	—	—	—	—	—	—	—
陕　西	3675	1834	1219	525	97	110	761	1224	119	175	59
甘　肃	2767	1747	477	380	163	29	438	1066	34	20	11
青　海	606	414	67	103	22	23	170	175	12	—	—
宁　夏	662	486	129	38	9	56	213	256	23	31	—
新　疆	3660	2208	1049	307	96	45	612	1867	41	14	—
新疆兵团	4889	1322	198	1884	1485	52	274	440	6	15	5

注:1. 林业中专班指在林业学校学习的,不包括在农广校参加学习的林业中专人数。

2. 正在接受学历教育的人员按原学历统计。

人员素质和培训情况

单位：人

学历教育情况			年龄结构情况			年度培训情况			
中专班						站长			站员培训人次
本年毕业生数	在校生总数	本年入学人数	35 岁以下	36 至 50 岁	51 岁以上	计	初任培训人数	能力提升培训人次	
405	**117**	**27**	**25110**	**67669**	**16650**	**47432**	**7495**	**39937**	**68861**
—	—	—	242	411	255	202	20	182	350
—	—	—	59	143	59	195	106	89	33
9	5	1	1236	2063	437	1366	381	985	1316
—	—	1	514	1319	674	1612	425	1187	932
—	—	—	606	1680	322	846	110	736	1301
1	—	—	907	2058	706	1942	241	1701	5008
11	1	6	705	2228	925	837	142	695	1932
—	—	—	425	1664	512	805	182	623	999
—	—	—	65	89	105	—	—	—	—
83	2	1	114	668	255	708	126	582	1033
13	—	—	453	1126	1223	706	175	531	758
—	—	—	335	2442	345	1111	207	904	1630
2	2	—	625	2312	752	848	281	567	1861
—	8	—	831	3168	739	1060	198	862	2969
147	7	7	1134	3222	462	1551	348	1203	1828
2	10	2	1419	3352	593	2106	390	1716	1785
5	60	—	578	3735	866	1133	200	933	2521
32	2	—	2815	7936	2028	3479	584	2895	8427
1	—	—	880	3061	1042	998	160	838	3043
—	4	—	703	2803	606	1519	179	1340	2493
7	—	—	130	244	79	32	8	24	1
—	—	—	212	479	119	470	71	399	417
11	—	—	1359	4529	1054	1198	191	1007	3203
2	4	—	1015	3050	464	1635	449	1186	1550
9	4	8	2522	4172	710	17981	1374	16607	15076
—	—	—	—	—	—	—	—	—	—
58	6	—	1112	2056	507	790	198	592	1626
4	2	1	1212	1329	226	690	192	498	1126
1	—	—	118	439	49	345	248	97	98
—	—	—	83	508	71	327	37	290	851
1	—	—	1301	2161	198	559	193	366	1866
6	—	—	1400	3222	267	381	79	302	2828

地　区	至本年年底累计完成投资						
	合计	国家投资			地方投资		
		计	国家林业局投资	其他	计	省(区、市)	地(市)、县、乡
全国总计	**73167**	**14620**	**8278**	**6342**	**58547**	**13294**	**45253**
北　京	330	150	150	—	180	101	79
天　津	303	10	10	—	293	—	293
河　北	1198	220	220	—	978	693	285
山　西	732	213	200	13	519	—	519
内蒙古	12162	4486	1315	3171	7676	2936	4740
辽　宁	1324	257	205	52	1067	95	972
吉　林	2335	442	337	105	1893	986	907
黑龙江	331	—	—	—	331	—	331
上　海	88	35	35	—	53	15	38
江　苏	306	20	—	20	286	—	286
浙　江	675	20	15	5	655	—	655
安　徽	3042	575	510	65	2467	68	2399
福　建	4410	296	191	105	4114	290	3824
江　西	7918	734	372	362	7184	656	6528
山　东	1911	204	204	—	1708	8	1700
河　南	1112	90	90	—	1022	36	986
湖　北	3468	450	300	150	3018	122	2896
湖　南	6355	740	680	60	5616	542	5074
广　东	1094	93	55	38	1001	139	862
广　西	1765	294	165	129	1471	374	1097
海　南	58	30	30	—	28	11	17
重　庆	220	107	107	—	113	—	113
四　川	1165	250	250	—	915	262	654
贵　州	5743	522	117	406	5221	1217	4004
云　南	7400	2021	1457	565	5378	1137	4242
西　藏	—	—	—	—	—	—	—
陕　西	853	413	250	163	440	—	440
甘　肃	2893	1486	553	933	1406	575	831
青　海	180	180	180	—	—	—	—
宁　夏	220	122	122	—	98	1	97
新　疆	3076	—	—	—	3076	3030	46
新疆兵团	500	160	160	—	340	—	340

注：1. 有交通工具的站数指配备机动交通工具的站数，该栏目下“本年新增”指本年新增加机动交通工具的站数。
2. 有通讯设备的站数指配备电话或无线通讯设备的站数，本栏“本年新增”与第 1 条“本年新增”意思相同。
3. 有电脑的站数指配备台式或便携式计算机设备的站数，本栏“本年新增”与第 1 条“本年新增”意思相同。

站建设完成投资情况

单位:万元、个、台、套

至本年底工作器械和办公设备配置情况					
有交通工具站数		有通讯设备站数		有计算机站数	
计	本年新增	计	本年新增	计	本年新增
9364	**590**	**15578**	**810**	**18333**	**2014**
86	—	115	4	125	22
52	—	55	—	56	2
328	34	587	73	696	116
487	54	518	55	546	80
293	7	277	6	517	35
326	46	664	155	590	85
262	15	408	22	589	24
178	3	436	24	605	44
—	—	103	—	103	—
78	1	143	3	159	10
302	6	811	—	1015	3
419	8	576	19	696	107
615	49	794	63	786	59
395	5	657	17	797	122
652	48	983	28	982	80
586	23	989	52	940	108
389	29	744	37	800	52
364	9	1388	8	1699	98
324	47	542	17	617	73
371	47	625	56	820	110
44	2	35	—	47	—
104	3	178	19	216	11
442	19	1024	32	1086	110
694	51	714	22	1083	113
752	16	1159	46	1220	222
—	—	—	—	—	—
145	12	305	11	416	153
105	9	271	10	281	50
60	4	26	—	60	11
77	12	31	—	102	27
313	26	275	30	539	78
121	5	145	1	145	9

各地区乡镇林业工作站

地　区	营林情况						森林病虫鼠害防治面积
	本年新造林面积		本年新封山育林面积	本年育苗面积	本年抚育作业面积	四旁植树株数（万株）	
	计	林业重点工程造林面积					
全　国	**3852365**	**1516404**	**2828981**	**450732**	**5996258**	**171115**	**6578688**
北　京	18402	17536	2572	6143	56071	209	39574
天　津	13171	7061	17358	6686	86392	459	47680
河　北	186576	116169	45903	27125	277567	11431	446126
山　西	98432	55873	39405	36546	56161	7258	98852
内蒙古	360198	327225	147185	22994	89847	2621	247205
辽宁	174761	96258	113397	15561	42625	5979	513451
吉林	59323	19337	9716	3604	81586	934	157010
黑龙江	51649	36569	30824	5019	99681	977	95279
上　海	771	—	—	5726	19620	36	4941
江　苏	25613	8609	5944	17970	39888	4849	87221
浙　江	33784	11152	26153	6501	162897	2603	94635
安　徽	133856	30938	20891	16700	254105	10551	312727
福　建	44346	3766	512330	1017	416637	3543	210320
江　西	131973	8370	277492	11465	182757	3546	177789
山　东	212783	28755	43419	72115	482583	17325	513415
河　南	260003	84627	25309	57764	191256	17066	481160
湖　北	227629	60207	247392	38599	309925	12976	234638
湖　南	368315	36657	366411	1846	467030	14255	289331
广　东	151473	32787	186432	4851	651931	2229	114287
广　西	143651	25002	47956	5097	311140	4780	96781
海　南	3388	1817	6468	659	39300	626	7856
重　庆	31824	12063	16971	997	11426	1050	59597
四　川	98226	45035	71601	3560	174217	18697	344218
贵　州	313240	21554	109981	4123	135572	2036	205213
云　南	345851	152566	206168	2134	174486	9589	283003
西　藏	—	—	—	—	—	—	—
陕　西	81453	60364	24366	9793	55467	5751	232829
甘　肃	104196	60860	68889	18010	95479	5110	200634
青　海	35314	31877	71036	2166	11092	820	83434
宁　夏	44958	39453	24688	6946	41193	891	100682
新　疆	81857	73138	42078	36054	957351	2662	700468
新疆兵团	15350	10780	20647	2960	20976	255	98332

注：1. 本表只统计本年基层林业工作站所单独或参与完成的主要工作。
2. 林业重点工程造林面积指林业站当年所完成的各项国家级林业重点工程面积的总和。
3. 本年抚育作业面积指幼林抚育作业面积与成林抚育作业面积之和。
4. 本年推广面积指林业站当年所完成的林业科技推广面积总和，不包括站办科技推广示范基地的面积。
5. 受委托行使林业行政执法权站数指截止到本年底的总站数。

职能作用主要指标情况

单位:公顷、个

受委托行使林业行政执法权站数	具有林业行政执法证人数	受理林政案件(件)	参与调处林权纠纷(件)	受理林业承包合同纠纷(件)	指导、扶持的林业经济合作组织个数		培训林农(人次)	科技推广	
					计	带动农户		站办示范基地面积	本年推广面积
11519	**49425**	**62944**	**50326**	**12824**	**141299**	**2864956**	**9408206**	**321513**	**1378433**
7	260	34	88	21	1229	10601	63619	540	1264
112	177	145	77	119	8840	31062	13418	3404	560
148	620	946	996	252	18820	229713	786347	22864	141813
192	360	221	230	183	6019	51923	122641	1947	10374
273	828	570	1007	604	1932	12934	197154	8790	134642
519	1327	2595	1950	1283	9762	89714	115978	7695	29429
577	2417	7001	1344	303	687	16080	59962	391	1388
438	994	692	493	380	806	6597	25169	653	7116
—	3	—	—	—	511	11660	7476	385	7897
107	312	118	177	77	987	28360	55596	5150	21328
248	1273	394	608	177	2286	117017	262546	6037	27076
307	1599	2643	3116	761	2494	150806	315284	18019	46097
468	2370	3916	1363	476	3645	55160	79047	5480	24731
742	3537	4114	3313	323	5108	73545	38503	11597	17296
71	819	1158	305	242	4196	363703	712928	21069	183410
141	1036	1741	2667	1348	2681	159834	304625	12962	56714
709	3709	7966	3156	717	5260	180532	360339	32009	69948
1542	8434	7360	5948	1565	16227	169176	286683	30784	47827
332	2028	1335	2286	308	2487	32217	31259	3340	8774
419	1935	1215	4709	669	4115	45135	149228	621	3710
4	88	13	65	13	9	127	847	50	160
225	545	359	699	72	5814	53604	71740	2403	10352
1052	4451	3717	2814	305	1571	328774	942383	17627	81062
904	2467	3009	4142	612	8192	84918	223981	29349	78979
1109	4948	9231	6878	1257	19404	365774	2051892	14918	90637
—	—	—	—	—	—	—	—	—	—
386	1397	743	1088	340	4693	62534	323561	11816	66772
227	482	450	368	66	1319	62446	395954	22291	80119
42	106	224	16	4	161	1698	2216	1400	2174
—	88	147	84	14	1371	11152	62034	670	15032
129	532	758	324	326	623	40470	1218430	21596	99151
89	283	129	15	7	50	17690	127366	5657	12603

各地区乡村

地区	林场个数				经营	
	合计	按经营形式分			合计	公益林
		集体林场	联办林场	户办林场		
全国总计	**43374**	**18787**	**6543**	**18044**	**11035986**	**5422521**
北　京	8	7	—	1	939	902
天　津	328	48	3	277	8077	7384
河　北	471	83	59	329	55727	19254
山　西	255	92	46	117	74408	44715
内蒙古	44	5	36	3	1071900	1071012
辽　宁	446	15	208	223	174422	72282
吉　林	71	26	1	44	112228	15745
黑龙江	18	6	1	11	11212	7907
上　海	—	—	—	—	—	—
江　苏	254	112	25	117	19897	14935
浙　江	1128	258	74	796	150682	85919
安　徽	5150	2212	1281	1657	306796	112700
福　建	819	462	293	64	630376	151051
江　西	3068	1698	431	939	502407	90183
山　东	1387	767	49	571	460253	319059
河　南	3653	680	541	2432	243128	130035
湖　北	7758	2128	655	4975	486723	168058
湖　南	10152	5816	1706	2630	1077512	471326
广　东	1043	625	203	215	3387678	1251729
广　西	600	388	86	126	135851	21266
海　南	1	1	—	—	1310	110
重　庆	187	148	11	28	95693	65592
四　川	597	421	122	54	314684	270190
贵　州	2709	1427	494	788	951800	531666
云　南	961	457	57	447	138768	30
西　藏	—	—	—	—	—	—
陕　西	536	237	73	226	39737	19333
甘　肃	837	447	86	304	121818	36685
青　海	153	152	—	1	422704	421358
宁　夏	733	62	2	669	38068	21329
新　疆	7	7	—	—	1188	767
新疆兵团	—	—	—	—	—	—

林场基本情况

单位:公顷、百立方米、百根、万元

面积		本年林业生产				年末实有从业人员	年经营收入
商品林	其他	造林面积	育苗面积	木材产量	毛竹产量		
4973521	**639944**	**615464**	**70176**	**377552**	**923967**	**402767**	**613616**
37	—	—	—	—	—	70	80
260	434	431	119	312	—	244	483
29513	6961	13813	1913	3118	—	11608	12325
14858	14835	7686	1101	41	—	2343	6829
888	—	1457	319	—	—	311	266
99140	3000	10961	1334	7879	—	2110	6466
58625	37859	3101	146	1141	—	425	410
3305	—	215	31	20	—	47	254
—	—	—	—	—	—	—	—
3890	1072	1628	462	1581	662	4293	18179
60082	4681	2327	2750	2600	28572	4209	32572
186388	7708	18943	3053	5113	28446	20104	51098
471895	7429	48600	30281	86047	99065	8450	39293
384409	27814	30435	1229	10830	62645	19607	31743
72040	69153	18035	6204	33215	—	48483	78774
95291	17802	25179	7453	16807	2820	41869	60182
225381	93284	35386	7343	11426	21273	57777	44668
583374	22812	76003	1015	74358	581205	120068	76178
2066950	68999	39204	1745	62448	73010	4758	87154
113257	1328	4871	123	19834	150	1827	6390
1200	—	—	—	—	—	56	10
22225	7876	3490	59	1046	793	713	4150
43178	1316	1222	120	10307	2462	2139	3717
389489	30645	36858	425	26999	13285	14876	17530
17441	121297	215290	318	1912	6379	17392	4866
—	—	—	—	—	—	—	—
3093	17311	6210	870	325	200	2290	1364
18910	66223	11251	503	176	3000	2670	9672
1346	—	567	68	18	—	10726	3182
7055	9685	2193	1191	—	—	3294	15783
—	421	109	—	—	—	8	—
—	—	—	—	—	—	—	—

地区	合计	人员类别		文化程度		
		专职	兼职	大专以上	中专高中	初中以下
全国总计	**657979**	**305631**	**352348**	**17905**	**155945**	**484129**
北京	52270	41302	10968	1166	7934	43170
天津	2041	210	1831	108	430	1503
河北	52198	21022	31176	717	11785	39696
山西	30908	12497	18411	621	9057	21230
内蒙古	22150	15522	6628	1455	9918	10777
辽宁	15189	14081	1108	1085	3864	10240
吉林	3857	2168	1689	179	990	2688
黑龙江	3857	760	3097	76	1230	2551
上海	14449	14449	—	138	3178	11133
江苏	9792	4073	5719	598	2779	6415
浙江	18970	11474	7496	751	3712	14507
安徽	21784	4735	17049	475	2919	18390
福建	17498	9130	8368	467	5433	11598
江西	20758	9399	11359	306	5852	14600
山东	47868	23883	23985	694	11304	35870
河南	41981	6957	35024	1283	13228	27470
湖北	44890	10103	34787	1583	9886	33421
湖南	39440	11897	27543	1149	10836	27455
广东	20376	12151	8225	745	8262	11369
广西	7985	1969	6016	234	2536	5215
海南	1916	1911	5	146	729	1041
重庆	15053	3407	11646	880	4741	9432
四川	21644	4116	17528	776	3966	16902
贵州	27091	9765	17326	558	3964	22569
云南	61231	41688	19543	520	6244	54467
西藏	—	—	—	—	—	—
陕西	11801	2908	8893	545	4981	6275
甘肃	11307	6585	4722	374	2614	8319
青海	11876	3032	8844	66	842	10968
宁夏	3056	1012	2044	11	383	2662
新疆	1190	945	245	199	617	374
新疆兵团	3553	2480	1073	—	1731	1822

护林员情况

单位:人

年龄结构			报酬来源		
45 岁以下	46 至 60 岁	61 岁以上	财政补助	林业经费	村组自筹
227536	**358065**	**72378**	**265998**	**215397**	**176584**
13067	30880	8323	49856	57	2357
577	1355	109	180	142	1719
14136	31802	6260	25915	7839	18444
10170	15968	4770	10869	10225	9814
10858	10156	1136	10166	11033	951
9756	5373	60	8136	6876	177
1814	1915	128	1720	818	1319
1993	1709	155	89	22	3746
3625	10824	—	14449	—	—
1589	6285	1918	3439	1819	4534
3106	11551	4313	13555	3982	1433
3297	13437	5050	1815	1987	17982
6696	9958	844	11576	3352	2570
7287	11795	1676	7482	7489	5787
11774	28006	8088	21352	11707	14809
10897	24077	7007	13843	8592	19546
9504	26794	8592	4355	7413	33122
9865	23572	6003	18186	10341	10913
9849	10143	384	11355	4923	4098
3530	4195	260	1808	4383	1794
1578	324	14	685	1231	—
3603	9630	1820	1761	12183	1109
7570	13070	1004	5449	7982	8213
16267	10010	814	2713	23298	1080
34319	25438	1474	11166	42851	7214
—	—	—	—	—	—
4552	6869	380	5284	5696	821
4648	5959	700	2943	7248	1116
7021	3980	875	5290	5813	773
1026	1811	219	133	2904	19
1059	129	2	428	646	116
2503	1050	—	—	2545	1008

附录三

森林主要灾害情况

ANNEX Ⅲ

全国森林主要灾害情况(一)

指标名称	单位	2014年	2013年	2014年比2013年增减%
一、森林火灾				
1. 火灾次数	次	3703	3929	-5.75
其中:重大火灾	次	2	—	—
特大火灾	次	1	—	—
2. 火场总面积	公顷	55340	42890	29.03
其中:受害森林面积	公顷	19110	13724	39.25
3. 扑火经费	万元	9897.54	9128.94	8.42
4. 出动扑火人工数	工日	817316	795921	2.69
5. 伤亡人数				
(1)受伤人数	人	59	17	247.06
(2)死亡人数	人	53	38	39.47
二、林业有害生物				
1. 发生面积	千公顷	12064	12230	-1.36
2. 防治面积	千公顷	7874	7668	2.69
3. 防治率	%	65.27	62.70	2.57

全国森林主要灾害情况(二)

指　标　名　称	单　　位	2014年	2013年	2014年比2013年增减%
(一)森林病害				
1. 发生面积	千公顷	1373	1392	-1.36
2. 防治面积	千公顷	867	899	-3.52
3. 防治率	%	63.16	64.58	-1.42
(二)森林虫害				
1. 发生面积	千公顷	8413	8475	-0.73
2. 防治面积	千公顷	5995	5896	1.69
3. 防治率	%	71.26	69.57	1.70
(三)森林鼠害				
1. 发生面积	千公顷	2116	2243	-5.64
2. 防治面积	千公顷	960	830	15.74
3. 防治率	%	45.38	37.00	8.39
(四)有害植物				
1. 发生面积	千公顷	163	122	33.94
2. 防治面积	千公顷	52	44	16.46
3. 防治率	%	31.65	36.41	-4.75

各地区森林

地 区	森林火灾次数(次)					火场总面积(公顷)	受害森林面积(公顷)		
	合计	一般火灾	较大火灾	重大火灾	特大火灾		合计	其中	
								天然林	人工林
全国合计	**3703**	**2080**	**1620**	**2**	**1**	**55340**	**19110**	**3710**	**12537**
北 京	1	1	—	—	—	1	1	—	1
天 津	2	2	—	—	—	2	2	—	2
河 北	93	78	15	—	—	1168	165	2	163
山 西	10	—	10	—	—	760	165	2	163
内蒙古	160	80	79	—	1	5950	3426	2743	496
辽 宁	105	77	28	—	—	1045	378	65	292
吉 林	71	58	13	—	—	134	52	1	45
黑龙江	33	27	6	—	—	301	142	136	6
上 海	—	—	—	—	—	—	—	—	—
江 苏	31	29	2	—	—	45	5	—	5
浙 江	155	25	130	—	—	1749	786	—	395
安 徽	140	72	68	—	—	749	265	3	262
福 建	130	10	120	—	—	1644	1145	114	1031
江 西	158	29	129	—	—	3635	1579	81	1499
山 东	25	7	18	—	—	272	160	—	160
河 南	265	210	55	—	—	975	334	—	334
湖 北	235	208	27	—	—	1223	185	3	182
湖 南	259	78	181	—	—	3728	1935	5	1930
广 东	128	36	92	—	—	2364	930	23	907
广 西	403	186	217	—	—	6244	1241	8	1233
海 南	91	49	42	—	—	389	268	—	268
重 庆	9	6	3	—	—	16	3	1	2
四 川	442	365	77	—	—	4713	766	347	419
贵 州	201	136	65	—	—	1982	488	82	406
云 南	365	164	199	2	—	15345	4236	51	2078
西 藏	1	1	—	—	—	—	—	—	—
陕 西	109	78	31	—	—	441	288	9	161
甘 肃	21	18	3	—	—	101	37	10	27
青 海	8	7	1	—	—	49	38	—	5
宁 夏	24	24	—	—	—	198	4	—	4
新 疆	28	19	9	—	—	118	87	27	60

火灾情况(一)

损失林木		人员伤亡(人)				其他损失折款(万元)	出动扑火人工(工日)	出动车辆(台)		出动飞机(架次)	扑火经费(万元)
成林蓄积(立方米)	幼林株数(万株)	合计	轻伤	重伤	死亡			合计	其中:汽车		
354655	**1986**	**112**	**39**	**20**	**53**	**42512.79**	**817316**	**75608**	**54628**	**575**	**9897.54**
—	—	—	—	—	—	—	260	48	38	—	2.98
—	—	—	—	—	—	—	200	30	30	—	0.20
5	—	3	2	—	1	1.17	22422	1346	1346	2	17.67
3153	2	2	2	—	—	210.62	21980	1267	793	—	134.42
—	15	1	1	—	—	418.15	136	1713	999	177	87.55
2396	36	—	—	—	—	16.50	21291	2464	2409	—	69.24
911	4	1	—	1	—	378.01	5984	640	617	13	90.88
—	—	—	—	—	—	—	16251	1005	1005	12	305.80
—	—	—	—	—	—	—	—	—	—	—	—
9	—	—	—	—	—	8.50	1571	282	282	—	13.04
20760	98	9	1	4	4	—	26162	3133	2391	—	561.75
5380	10	1	—	—	1	5.40	20319	2585	1766	—	193.05
33488	88	2	—	—	2	33773.71	19614	4749	1519	—	336.24
13299	334	4	—	1	3	1401.51	34524	2859	1837	32	361.40
2493	11	—	—	—	—	—	24708	1975	1818	70	661.70
632	9	4	—	1	3	18.39	19492	2223	1755	18	204.22
321	20	1	—	—	1	25.42	17945	2480	1842	—	141.43
33033	182	5	—	1	4	369.36	52325	3989	3289	2	673.41
8134	132	14	3	1	10	189.76	16301	1969	1380	19	302.36
37339	103	10	3	4	3	854.51	24698	2901	1962	10	359.38
1786	16	—	—	—	—	88.50	5936	1442	489	—	42.47
54	—	—	—	—	—	5.80	1550	155	149	—	11.65
12324	59	3	—	1	2	1113.84	143882	8679	3863	119	1557.38
2808	21	7	—	1	6	253.70	18608	1925	1677	—	136.11
174662	824	34	25	2	7	3112.16	275249	23275	19314	75	3238.35
—	—	—	—	—	—	0.29	—	—	—	—	12.40
547	10	9	—	3	6	212.87	12131	869	851	—	70.97
43	—	—	—	—	—	36.52	2441	761	392	—	68.41
—	1	—	—	—	—	11.15	768	53	53	—	2.70
—	4	—	—	—	—	—	4988	295	295	—	—
1077	7	2	2	—	—	6.94	5580	496	467	26	240.39

各地区森林

地区	已查明火													
	合计	生产性火源												
		计	烧荒烧炭	炼山造林	烧牧场	烧窑	烧隔离带	火车喷漏	火车甩瓦	机车喷火	其他	计	野外吸烟	取暖做饭
全国合计	**3017**	**1254**	**925**	**98**	**12**	**1**	**3**	**—**	**—**	**1**	**214**	**1606**	**222**	**40**
北　京	1	1	1	—	—	—	—	—	—	—	—	—	—	—
天　津	2	—	—	—	—	—	—	—	—	—	—	2	—	—
河　北	77	27	26	—	—	—	—	—	—	—	1	45	7	1
山　西	10	—	—	—	—	—	—	—	—	—	—	10	1	—
内蒙古	105	16	12	—	—	—	—	—	—	—	4	80	11	1
辽　宁	96	37	32	1	—	—	—	—	—	—	4	52	4	—
吉　林	70	38	38	—	—	—	—	—	—	—	—	24	8	4
黑龙江	30	6	5	—	—	—	—	—	—	1	—	4	1	—
上　海	—	—	—	—	—	—	—	—	—	—	—	—	—	—
江　苏	28	4	4	—	—	—	—	—	—	—	—	24	10	—
浙　江	149	43	42	1	—	—	—	—	—	—	—	102	15	2
安　徽	128	23	13	6	—	—	—	—	—	—	4	100	6	1
福　建	111	51	37	3	—	—	—	—	—	—	11	56	5	—
江　西	156	27	15	6	1	—	—	—	—	—	5	123	16	—
山　东	25	8	7	—	—	—	—	—	—	—	1	15	2	1
河　南	183	89	72	7	—	—	—	—	—	—	10	89	13	—
湖　北	228	51	24	8	2	1	1	—	—	—	15	170	25	1
湖　南	236	95	56	27	—	—	—	—	—	—	12	132	11	—
广　东	85	33	14	5	—	—	—	—	—	—	14	46	9	1
广　西	386	265	199	10	5	—	1	—	—	—	50	112	18	4
海　南	46	28	18	1	—	—	—	—	—	—	9	18	1	—
重　庆	8	3	3	—	—	—	—	—	—	—	—	4	—	—
四　川	282	118	87	3	4	—	—	—	—	—	24	140	22	8
贵　州	152	102	63	11	—	—	—	—	—	—	28	48	2	1
云　南	286	162	132	9	—	—	1	—	—	—	20	109	25	8
西　藏	1	—	—	—	—	—	—	—	—	—	—	1	1	—
陕　西	56	15	14	—	—	—	—	—	—	—	1	38	1	1
甘　肃	21	1	1	—	—	—	—	—	—	—	—	20	6	—
青　海	8	—	—	—	—	—	—	—	—	—	—	8	—	1
宁　夏	24	—	—	—	—	—	—	—	—	—	—	24	1	—
新　疆	27	11	10	—	—	—	—	—	—	—	1	10	1	5

火灾情况(二)

源次数(次)												未查明火源次数(次)	火案处理情况(人)		
非生产性用火							故意放火	外省(区)烧入	外国烧入	雷击火	其他自然火		已处理起数(起)	已处理人数	其中刑事处罚人数
上坟烧纸	烧山驱兽	小孩玩火	痴呆弄火	家火上山	电线引起	其他									
741	**10**	**119**	**97**	**8**	**60**	**309**	**42**	**52**	**5**	**47**	**11**	**686**	**2218**	**2334**	**647**
—	—	—	—	—	—	—	—	—	—	—	—	—	1	1	—
2	—	—	—	—	—	—	—	—	—	—	—	—	1	3	3
25	—	—	1	—	3	8	1	2	—	2	—	16	58	45	16
—	—	—	—	—	4	5	—	—	—	—	—	—	10	38	7
56	—	1	—	1	3	7	—	—	1	8	—	55	95	45	3
23	—	1	1	1	—	22	5	1	—	1	—	9	44	30	16
9	—	—	2	—	1	—	6	2	—	—	—	1	71	253	9
1	—	—	—	—	—	2	—	—	—	20	—	3	8	21	—
—	—	—	—	—	—	—	—	—	—	—	—	—	—	—	—
12	—	—	—	—	1	1	—	—	—	—	—	3	9	9	2
65	—	6	5	—	1	8	—	3	—	—	1	6	54	54	20
78	1	2	2	1	1	8	3	2	—	—	—	12	100	106	52
10	—	5	4	—	4	28	1	—	—	1	2	19	63	60	38
31	2	25	7	1	3	38	2	4	—	—	—	2	151	112	43
8	—	—	1	—	1	2	1	—	—	—	1	—	9	14	8
51	—	8	—	—	—	17	—	5	—	—	—	82	131	137	17
124	—	6	2	—	1	11	1	5	—	—	1	7	206	193	84
81	—	11	9	—	2	18	—	9	—	—	—	23	187	170	101
7	1	6	7	1	4	10	1	3	—	1	1	43	49	36	14
36	1	4	12	2	7	28	7	1	1	—	—	17	316	288	31
1	—	2	1	—	—	13	—	—	—	—	—	45	4	5	—
1	—	—	1	—	1	1	—	—	—	1	—	1	4	4	—
39	—	17	12	—	15	27	4	10	—	8	2	160	223	222	25
8	2	8	6	—	1	20	—	2	—	—	—	49	64	62	31
17	3	12	18	—	6	20	9	1	3	2	—	79	280	275	110
—	—	—	—	—	—	—	—	—	—	—	—	—	—	—	—
25	—	4	3	—	1	3	1	2	—	—	—	53	40	111	10
5	—	—	2	—	—	7	—	—	—	—	—	—	5	5	1
5	—	—	1	1	—	—	—	—	—	—	—	—	5	5	—
20	—	1	—	—	—	2	—	—	—	—	—	—	24	23	3
1	—	—	—	—	—	3	—	—	—	3	3	1	6	7	3

各地区林业有害

地　区	发生面积				寄主树种面积	发生率（%）
	总计	轻度	中度	重度		
全国合计	**12064467**	**8812873**	**2435085**	**816509**	**290813571**	**4.15**
北　京	39574	39541	7	27	880863	4.49
天　津	47686	41550	4715	1420	221964	21.48
河　北	531803	426559	71102	34142	4933333	10.78
山　西	242091	209198	30242	2651	4618000	5.24
内蒙古	1227272	661172	401592	164508	33185560	3.70
辽　宁	658954	417411	173912	67631	5472000	12.04
吉　林	263438	200911	42772	19755	8257000	3.19
黑龙江	445566	181985	242079	21502	15477933	2.88
上　海	4996	4740	214	42	99000	5.05
江　苏	92443	73166	13313	5964	1815333	5.09
浙　江	102542	96064	5183	1295	6476058	1.58
安　徽	384240	310113	56378	17749	4309460	8.92
福　建	231208	195642	21613	13953	7666667	3.02
江　西	265891	232197	25554	8140	9533333	2.79
山　东	522272	494765	24404	3103	4127123	12.65
河　南	573034	478904	78390	15740	5254032	10.91
湖　北	393516	294683	66860	31973	33994000	1.16
湖　南	350266	283067	50333	16866	10036000	3.49
广　东	306689	265647	40067	976	7438620	4.12
广　西	348872	292063	43475	13334	12326364	2.83
海　南	20731	14446	4350	1935	2034018	1.02
重　庆	289433	245947	37219	6267	3823333	7.57
四　川	743962	484868	186862	72232	22741124	3.27
贵　州	234565	214840	17381	2344	7531587	3.11
云　南	303276	220432	63004	19839	21472587	1.41
西　藏	277188	122094	93687	61407	14715600	1.88
陕　西	429513	300411	94930	34171	10680663	4.02
甘　肃	354643	257543	79447	17652	7477737	4.74
宁　夏	225235	161657	53869	9709	1340853	16.80
青　海	269787	181225	69624	18937	4442967	6.07
新　疆	1733000	1319488	282733	130778	11234797	15.43
大兴安岭	150782	90544	59773	466	7195660	2.10

生物发生防治情况

单位:公顷

防治面积						防治率(%)	无公害防治率(%)
总计	化学药剂防治	植物源药剂防治	人工物理防治	生物(天敌)防治	其他		
7874333	**781799**	**2192354**	**2013893**	**1540662**	**1345625**	**65.27**	**90.07**
39574	—	20102	253	15997	3223	100	100
47680	998	38481	—	123	8078	99.99	97.91
446126	41534	265476	56365	12155	70596	83.89	90.69
112292	29069	10227	27376	12148	33472	46.38	74.11
526410	42011	161005	64287	115261	143847	42.89	92.02
513451	16556	54566	125906	235319	81104	77.92	96.78
157010	57247	20141	48107	14574	16941	59.60	63.54
398918	19007	44120	123004	37441	175346	89.53	95.24
4941	656	1914	658	993	720	98.90	86.72
87221	5256	56092	10045	8166	7663	94.35	93.97
94635	14805	12370	49484	13316	4659	92.29	84.36
312727	38622	29678	167293	55936	21198	81.39	87.65
215608	2908	4037	65990	129014	13659	93.25	98.65
177789	10494	6780	86888	48780	24847	66.87	94.10
513415	11888	436971	39731	24825	—	98.30	97.68
481160	81498	279381	48040	16471	55770	83.97	83.06
234638	19163	73368	68083	63109	10915	59.63	91.83
329266	19800	63000	62667	95667	88132	94.00	93.99
114287	7549	48944	20327	29467	8000	37.26	93.39
96781	14279	1829	12875	66889	909	27.74	85.25
7856	2313	46	234	4635	628	37.89	70.56
159926	917	7587	22497	98692	30233	55.25	99.43
520947	52456	120396	180644	58175	109276	70.02	89.93
205213	8003	17867	106680	33333	39330	87.49	96.10
283003	81113	24742	80502	56333	40313	93.32	71.34
163361	17970	125701	6404	13287	—	58.94	89.00
342295	47519	29015	202985	15245	47529	79.69	86.12
200634	52060	25366	67423	11522	44262	56.57	74.05
92752	17511	20	74994	—	227	41.18	81.12
162491	2718	15046	86845	22778	35104	60.23	98.33
798800	65878	197303	107306	231010	197302	46.09	91.75
33126	—	783	—	1	32342	21.97	100

各地区森林病害

地　区	发生面积				寄主树种面积	发生率（%）
	总计	轻度	中度	重度		
全国合计	**1372778**	**950184**	**297728**	**124866**	**256044472**	**0.54**
北　京	1975	1975	—	—	138488	1.43
天　津	6863	6148	582	133	119466	5.75
河　北	27884	25076	2161	647	4933333	0.57
山　西	6788	4784	1537	467	4618000	0.15
内蒙古	212847	82022	85242	45584	33185560	0.64
辽　宁	63862	34070	23224	6568	5472000	1.17
吉　林	26096	23281	2434	381	8257000	0.32
黑龙江	45166	29523	13356	2287	15477933	0.29
上　海	416	397	19	—	99000	0.42
江　苏	10306	5697	192	4417	1815333	0.57
浙　江	14126	13352	189	585	6476058	0.22
安　徽	55769	45074	8015	2680	4309460	1.29
福　建	10465	7929	810	1726	7666667	0.14
江　西	56309	54003	1580	727	9533333	0.59
山　东	85345	81080	3865	400	4127123	2.07
河　南	111707	94029	14449	3229	5254032	2.13
湖　北	42691	24385	5169	13137	8498500	0.50
湖　南	36266	35400	400	466	8818000	0.41
广　东	12920	12087	807	27	7438620	0.17
广　西	39116	28214	8369	2533	12326364	0.32
海　南	397	303	92	2	2034018	0.02
重　庆	21530	18570	2960	—	1468013	1.47
四　川	91015	71684	14307	5024	22741124	0.40
贵　州	13498	12481	881	136	7531587	0.18
云　南	43886	34818	6617	2451	21472587	0.20
西　藏	87560	42340	30607	14613	14715600	0.60
陕　西	30339	22690	4914	2736	10680663	0.28
甘　肃	88045	46846	34828	6370	7477737	1.18
宁　夏	467	467	—	—	1340853	0.03
青　海	17811	11770	4920	1121	4442967	0.40
新　疆	92389	70732	15238	6420	10478734	0.88
大兴安岭	18922	8958	9964	—	3096318	0.61

发生防治情况

单位:公顷

防治面积						防治率(%)	无公害防治率(%)
总计	化学药剂防治	植物源药剂防治	人工物理防治	生物(天敌)防治	其他		
867109	**199069**	**166727**	**231312**	**74741**	**195259**	**63.16**	**77.04**
1975	—	—	—	527	1449	100	100
6860	337	3868	—	112	2543	99.95	95.09
24448	6583	6475	2168	731	8491	87.68	73.07
6097	252	867	1421	300	3257	89.82	95.87
12324	3713	1542	1784	873	4411	5.79	69.87
48594	5806	2203	14846	11683	14056	76.09	88.05
23391	15690	—	3523	1281	2897	89.63	32.92
38230	2257	1708	2965	—	31299	84.64	94.10
412	162	—	19	—	231	99.16	60.68
9930	110	703	8532	423	163	96.35	98.89
12482	1704	401	8826	1002	548	88.36	86.35
29782	6817	1177	18278	1013	2497	53.40	77.11
9583	2555	—	6358	544	126	91.57	73.34
35942	4260	153	20668	5594	5267	63.83	88.15
83207	8152	64286	10769	—	—	97.49	90.20
98597	40956	1164	24451	1295	30732	88.26	58.46
23399	4972	4890	6461	6277	799	54.81	78.75
34000	2667	4000	9333	16000	2000	93.75	92.16
8733	2233	1147	4373	—	980	67.60	74.43
9385	1734	—	6373	849	429	23.99	81.52
209	209	—	—	—	—	52.64	—
21400	—	200	617	7483	13100	99.40	100
44444	4539	4200	16743	1517	17445	48.83	89.79
11200	4000	533	5333	—	1333	82.98	64.29
41766	20065	3976	10756	1731	5238	95.17	51.96
49587	4638	38574	1837	4539	—	56.63	90.65
27927	9781	700	8501	2900	6045	92.05	64.98
64984	32660	2153	24019	799	5353	73.81	49.74
—	—	—	—	—	—	—	—
11101	2257	874	2917	374	4680	62.33	79.67
69938	9960	20850	9441	6897	22790	75.70	85.76
7183	—	83	—	—	7100	37.96	100

各地区森林虫害

地　区	发生面积				寄主树种面积	发生率（%）
	总计	轻度	中度	重度		
全国合计	**8412810**	**6284622**	**1579795**	**548393**	**265131511**	**3.17**
北　京	37599	37566	6	27	880863	4.27
天　津	40822	35402	4133	1287	221964	18.39
河　北	460149	378159	56152	25838	4933333	9.33
山　西	188453	165814	20908	1731	4618000	4.08
内蒙古	763235	441873	229709	91653	33185560	2.30
辽　宁	591607	380607	150028	60972	5472000	10.81
吉　林	210762	153966	38254	18542	8257000	2.55
黑龙江	189671	88248	93136	8288	15477933	1.23
上　海	4581	4343	196	42	99000	4.63
江　苏	82137	67469	13121	1547	1815333	4.52
浙　江	88416	82712	4995	709	6476058	1.37
安　徽	328471	265039	48363	15069	4309460	7.62
福　建	220701	187671	20803	12227	7666667	2.88
江　西	209581	178194	23973	7413	9533333	2.20
山　东	436927	413685	20539	2703	4127123	10.59
河　南	461327	384875	63941	12511	5254032	8.78
湖　北	244811	185182	47490	12139	8498500	2.88
湖　南	314000	247667	49933	16400	10036000	3.13
广　东	268820	235460	32613	747	7438620	3.61
广　西	309351	263619	34935	10796	12326364	2.51
海　南	8034	6851	1055	128	2034018	0.39
重　庆	201256	163817	31599	5840	3823333	5.26
四　川	611707	385377	162020	64310	22741124	2.69
贵　州	214704	196026	16473	2205	7531587	2.85
云　南	243991	172749	54647	16595	21472587	1.14
西　藏	131321	53034	43000	35287	14715600	0.89
陕　西	308988	212115	71854	25019	10680663	2.89
甘　肃	158649	125735	24380	8534	7477737	2.12
宁　夏	78084	63547	11349	3188	1340853	5.82
青　海	118940	87994	26933	4013	4442967	2.68
新　疆	827398	571679	173085	82634	11048237	7.49
大兴安岭	58317	48147	10170	—	7195660	0.81

发生防治情况

单位:公顷

防治面积						防治率(%)	无公害防治率(%)
总计	化学药剂防治	植物源药剂防治	人工物理防治	生物(天敌)防治	其他		
5995374	**513311**	**1922286**	**1307605**	**1282483**	**969689**	**71.26**	**91.44**
37599	—	20102	253	15470	1774	100	100
40820	661	34613	—	11	5535	100	98.38
384535	29551	255923	31806	10698	56557	83.57	92.32
83450	28497	8553	13241	9881	23278	44.28	65.85
377167	23099	145290	31894	63010	113874	49.42	93.88
461497	9524	52362	109327	223236	67048	78.01	97.94
110272	28105	18135	43762	12391	7879	52.32	74.51
170313	11368	27574	31687	23913	75771	89.79	93.33
4529	494	1914	639	993	489	98.88	89.09
77291	5146	55388	1513	7743	7500	94.10	93.34
82153	13101	11969	40658	12313	4111	92.92	84.05
282945	31805	28501	149015	54923	18701	86.14	88.76
205983	353	4037	59632	128470	13491	93.33	99.83
141847	6233	6627	66220	43187	19580	67.68	95.61
430208	3736	372685	28962	24825	—	98.46	99.13
382563	40543	278217	23589	15176	25038	82.93	89.40
177432	14078	68139	30511	54588	10116	72.48	92.07
295266	17133	59000	53334	79667	86132	94.03	94.20
96807	4520	43413	14893	29447	4533	36.01	95.33
86996	12165	1829	6482	66040	480	28.12	86.02
7171	1855	46	7	4635	628	89.26	74.13
118786	917	7387	14113	82556	13813	59.02	99.23
447502	47339	115829	144988	56045	83301	73.16	89.42
188347	4000	17333	96347	33333	37333	87.72	97.88
231032	58014	20766	63132	54290	34831	94.69	74.89
87840	9893	68025	3213	6709	—	66.89	88.74
236802	33856	26129	125256	12230	39331	76.64	85.70
78005	14886	18773	15641	8639	20066	49.17	80.92
15199	12984	—	2215	—	—	19.46	14.57
79277	461	13903	34202	8307	22403	66.65	99.42
569718	48993	139123	71071	139755	170775	68.86	91.40
6021	—	700	—	1	5320	10.32	100

各地区森林鼠害

地　区	发生面积				寄主树种面积	发生率（%）
	总计	轻度	中度	重度		
全国合计	**2116002**	**1453201**	**528985**	**133816**	**172039006**	**1.23**
北　京	—	—	—	—	—	—
天　津	—	—	—	—	—	—
河　北	43770	23324	12789	7657	4933333	0.89
山　西	45521	37804	7464	253	4618000	0.99
内蒙古	251190	137277	86641	27272	25088523	1.00
辽　宁	3485	2734	660	91	170077	2.05
吉　林	26580	23664	2084	832	8257000	0.32
黑龙江	210729	64214	135587	10928	15477933	1.36
上　海	—	—	—	—	—	—
江　苏	—	—	—	—	—	—
浙　江	—	—	—	—	—	—
安　徽	—	—	—	—	—	—
福　建	42	42	—	—	7666667	—
江　西	—	—	—	—	—	—
山　东	—	—	—	—	—	—
河　南	—	—	—	—	—	—
湖　北	2176	2096	80	—	8498500	0.03
湖　南	—	—	—	—	—	—
广　东	—	—	—	—	—	—
广　西	—	—	—	—	—	—
海　南	—	—	—	—	—	—
重　庆	66647	63560	2660	427	589633	11.30
四　川	41240	27808	10534	2898	22741124	0.18
贵　州	6363	6333	27	3	7531333	0.08
云　南	3222	1917	511	794	21472587	0.02
西　藏	58307	26720	20080	11507	14715600	0.40
陕　西	90185	65606	18162	6417	3333330	2.71
甘　肃	107948	84961	20239	2748	7477737	1.44
宁　夏	146684	97643	42521	6520	1340853	10.94
青　海	125158	76981	34897	13279	4442967	2.82
新　疆	813212	677078	94410	41725	10587490	7.68
大兴安岭	73544	33439	39639	466	3096318	2.38

发生防治情况

单位:公顷

防治面积						防治率(%)	无公害防治率(%)
总计	化学药剂防治	植物源药剂防治	人工物理防治	生物(天敌)防治	其他		
960292	**65242**	**98617**	**436492**	**181751**	**178190**	**45.38**	**93.21**
—	—	—	—	—	—	—	—
—	—	—	—	—	—	—	—
37143	5400	3078	22391	726	5548	84.86	85.46
22078	320	807	12047	1967	6937	48.50	98.55
136920	15198	14173	30608	51378	25562	54.51	88.90
3360	1226	1	1733	400	—	96.41	63.51
23347	13452	2006	822	902	6165	87.84	42.38
190375	5382	14838	88352	13528	68276	90.34	97.17
—	—	—	—	—	—	—	—
—	—	—	—	—	—	—	—
—	—	—	—	—	—	—	—
—	—	—	—	—	—	—	—
42	—	—	—	—	42	100	100
—	—	—	—	—	—	—	—
—	—	—	—	—	—	—	—
—	—	—	—	—	—	—	—
1885	26	199	1082	578	—	86.63	98.62
—	—	—	—	—	—	—	—
—	—	—	—	—	—	—	—
—	—	—	—	—	—	—	—
—	—	—	—	—	—	—	—
19740	—	—	7767	8653	3320	29.62	100
29000	578	366	18912	613	8530	70.32	98.01
5667	3	—	5000	—	663	89.06	99.94
3194	369	—	2268	313	245	99.13	88.45
25933	3439	19102	1353	2039	—	44.48	86.74
77566	3883	2187	69228	115	2153	86.01	94.99
57644	4514	4440	27763	2084	18843	53.40	92.17
77553	4527	20	72779	—	227	52.87	94.16
69779	—	69	47592	14097	8021	55.75	100
159144	6925	37330	26794	84358	3737	19.57	95.65
19922	—	—	—	—	19922	27.09	100

各地区林业有害植物

地　区	发生面积				寄主树种面积	发生率（%）
	总计	轻度	中度	重度		
全国合计	**162877**	**124866**	**28577**	**9434**	**60831057**	**0.27**
北　京	—	—	—	—	—	—
天　津	—	—	—	—	—	—
河　北	—	—	—	—	—	—
山　西	1329	796	333	200	4618000	0.03
内蒙古	—	—	—	—	—	—
辽　宁	—	—	—	—	—	—
吉　林	—	—	—	—	—	—
黑龙江	—	—	—	—	—	—
上　海	—	—	—	—	—	—
江　苏	—	—	—	—	—	—
浙　江	—	—	—	—	—	—
安　徽	—	—	—	—	—	—
福　建	—	—	—	—	—	—
江　西	—	—	—	—	—	—
山　东	—	—	—	—	—	—
河　南	—	—	—	—	—	—
湖　北	103838	83020	14121	6697	8498500	1.22
湖　南	—	—	—	—	—	—
广　东	24949	18100	6647	203	7438620	0.34
广　西	406	230	171	5	12326364	—
海　南	12300	7292	3203	1805	2034018	0.60
重　庆	—	—	—	—	—	—
四　川	—	—	—	—	—	—
贵　州	—	—	—	—	—	—
云　南	12176	10948	1228	—	21472587	0.06
西　藏	—	—	—	—	—	—
陕　西	—	—	—	—	—	—
甘　肃	—	—	—	—	—	—
宁　夏	—	—	—	—	—	—
青　海	7879	4480	2875	524	4442967	0.18
新　疆	—	—	—	—	—	—
大兴安岭	—	—	—	—	—	—

发生防治情况

单位:公顷

防治面积						防治率（%）	无公害防治率（%）
总计	化学药剂防治	植物源药剂防治	人工物理防治	生物（天敌）防治	其他		
51557	**4176**	**4724**	**38484**	**1686**	**2487**	**31.65**	**91.90**
—	—	—	—	—	—	—	—
—	—	—	—	—	—	—	—
—	—	—	—	—	—	—	—
667	—	—	667	—	—	50.19	100
—	—	—	—	—	—	—	—
—	—	—	—	—	—	—	—
—	—	—	—	—	—	—	—
—	—	—	—	—	—	—	—
—	—	—	—	—	—	—	—
—	—	—	—	—	—	—	—
—	—	—	—	—	—	—	—
—	—	—	—	—	—	—	—
—	—	—	—	—	—	—	—
—	—	—	—	—	—	—	—
—	—	—	—	—	—	—	—
—	—	—	—	—	—	—	—
31922	87	140	30029	1666	—	30.74	99.73
—	—	—	—	—	—	—	—
8747	796	4384	1060	20	2487	35.06	90.90
400	380	—	20	—	—	98.61	5.06
476	249	—	227	—	—	3.87	47.69
—	—	—	—	—	—	—	—
—	—	—	—	—	—	—	—
—	—	—	—	—	—	—	—
7011	2664	—	4347	—	—	57.58	62.00
—	—	—	—	—	—	—	—
—	—	—	—	—	—	—	—
—	—	—	—	—	—	—	—
—	—	—	—	—	—	—	—
2335	—	200	2134	—	—	29.63	100
—	—	—	—	—	—	—	—
—	—	—	—	—	—	—	—

各地区林业有害生物

地区	林业有害生物防治检疫机构						林业植物检疫检查站		
	省级		地级		县级		检疫检查站		
	站数	人数	站数	人数	站数	人数	合计	固定	临时
全国合计	**35**	**688**	**388**	**2892**	**2674**	**17397**	**1438**	**1081**	**357**
北　京	1	31	—	—	13	176	13	13	—
天　津	1	9	—	—	12	145	4	4	—
河　北	1	17	15	141	161	895	31	31	—
山　西	1	19	20	138	115	636	—	—	—
内蒙古	2	32	12	214	126	1339	87	87	—
辽　宁	1	33	14	88	68	492	35	—	35
吉　林	1	16	9	70	77	534	86	86	—
黑龙江	2	15	17	104	127	633	175	175	—
上　海	1	17	—	—	9	248	—	—	—
江　苏	1	16	13	130	85	750	35	35	—
浙　江	1	17	11	81	82	421	72	60	12
安　徽	1	36	16	108	90	505	122	122	—
福　建	1	19	9	42	76	270	—	—	—
江　西	1	43	11	83	100	445	80	—	80
山　东	1	22	17	130	161	872	61	51	10
河　南	1	22	28	249	140	984	—	—	—
湖　北	1	22	17	138	84	571	66	36	30
湖　南	1	8	14	60	110	612	84	79	5
广　东	1	22	21	105	86	366	1	1	—
广　西	1	12	14	109	109	579	—	—	—
海　南	1	19	2	13	16	85	40	17	23
重　庆	1	53	—	—	38	283	186	116	70
四　川	1	17	20	105	171	1159	3	—	3
贵　州	1	11	9	50	89	339	18	7	11
云　南	1	23	16	121	129	633	—	—	—
西　藏	1	5	5	22	—	—	7	7	—
陕　西	1	22	12	96	113	1524	85	62	23
甘　肃	1	29	24	208	83	820	62	62	—
宁　夏	1	18	5	53	15	124	2	2	—
青　海	1	8	8	48	30	202	14	14	—
新　疆	2	40	29	186	142	634	17	2	15
大兴安岭	1	15	—	—	17	121	52	12	40

防治检疫机构情况

单位:个、人

检疫员			林业有害生物基层测报站点						
			基层测报站、点				测报员		
合计	专职	兼职	合计	国家级	省级	市(县)级	合计	专职	兼职
37979	**18267**	**19712**	**27993**	**1000**	**1041**	**25952**	**80099**	**21879**	**58220**
729	320	409	2341	11	15	2315	2167	113	2054
139	94	45	159	9	3	147	207	81	126
1361	1196	165	2183	37	41	2105	4656	1404	3252
—	—	—	431	34	23	374	1247	257	990
1819	1048	771	521	44	29	448	3414	698	2716
1278	494	784	326	44	37	245	2857	213	2644
1509	379	1130	1028	33	33	962	1205	242	963
1821	541	1280	1027	48	50	929	1972	568	1404
310	146	164	131	7	23	101	198	116	82
1900	800	1100	442	31	11	400	1104	304	800
2472	1560	912	736	42	18	676	3124	349	2775
2396	1190	1206	549	37	10	502	1451	366	1085
1256	615	641	1154	40	36	1078	2813	502	2311
2049	861	1188	2745	36	67	2642	3053	555	2498
1558	862	696	1973	43	37	1893	4876	674	4202
1725	903	822	1170	38	12	1120	3359	732	2627
1097	560	537	659	36	33	590	1418	327	1091
1387	475	912	1389	40	—	1349	2800	430	2370
1017	751	266	650	43	32	575	1646	326	1320
781	480	301	451	39	10	402	3522	635	2887
175	61	114	224	10	50	164	590	53	537
1070	690	380	1113	24	14	1075	1508	283	1225
2007	731	1276	1854	40	50	1764	7320	720	6600
976	172	804	387	35	53	299	1641	452	1189
2028	729	1299	1493	35	1	1457	5177	474	4703
100	100	—	3	3	—	—	63	27	36
1053	568	485	924	35	45	844	11661	9636	2025
1947	845	1102	693	35	42	616	2532	506	2026
242	171	71	160	16	9	135	295	85	210
492	309	183	165	29	—	136	566	94	472
999	516	483	895	38	257	600	1494	584	910
286	100	186	17	8	—	9	163	73	90

各地区林业有害生物

地区	资金投入情况						
	全国合计				省级		
	合计	财政资金	基建资金	社会投入	财政资金	基建资金	社会投入
全国合计	**364811**	**186622**	**42310**	**135879**	**47993**	**14907**	**1053**
北　京	14504	6957	6859	688	1609	1609	—
天　津	5569	2555	845	2168	1000	590	—
河　北	15093	4788	3373	6931	1098	—	—
山　西	3024	1362	810	852	680	810	—
内蒙古	1696	1373	—	323	770	—	—
辽　宁	11350	3446	3446	4458	900	900	—
吉　林	6672	2024	2024	2623	1000	1000	—
黑龙江	4847	1254	1450	2143	900	—	—
上　海	4161	1410	1410	1341	504	504	—
江　苏	11110	7876	480	2754	3300	—	—
浙　江	23065	19108	396	3561	5511	—	—
安　徽	22205	11102	3226	7877	400	400	—
福　建	15949	10776	1322	3851	3600	—	—
江　西	6918	3437	40	3441	1000	—	—
山　东	55155	36565	—	18590	1300	—	—
河　南	13938	6574	1500	5864	—	1500	—
湖　北	8055	2743	651	4661	1100	—	—
湖　南	11308	4195	2235	4878	1005	800	—
广　东	10183	8672	—	1511	2500	—	—
广　西	3442	1588	—	1854	747	—	—
海　南	3640	3235	—	405	2040	—	—
重　庆	24251	18841	390	5020	3700	—	900
四　川	12559	4756	3146	4657	2474	2054	—
贵　州	2855	1568	207	1080	715	—	—
云　南	4909	1925	—	2984	700	—	—
西　藏	3380	1690	1690	—	1690	1690	—
陕　西	4897	4591	306	—	1000	—	—
甘　肃	23495	100	2385	21010	100	400	—
宁　夏	775	370	370	35	250	250	—
青　海	995	593	—	403	300	—	153
新　疆	34657	10991	3750	19916	6100	2400	—
大兴安岭	157	157	—	—	—	—	—

防治资金投入和农药使用情况

单位:万元

						农药使用情况			
地(市)级			县(市、区)级			微生物农药(千克)	天敌生物(亿头)	生物化学农药(千克)	化学农药(千克)
财政资金	基建资金	社会投入	财政资金	基建资金	社会投入				
28991	**5782**	**3718**	**109638**	**21622**	**131107**	**11103035**	**227750**	**15166302**	**4221587**
332	234	—	5016	5016	688	1006	52	291760	—
—	—	—	1555	255	2168	—	1	253772	30390
1035	1186	—	2655	2187	6931	3000	13	664105	160322
314	—	—	368	—	852	3000	30	136459	66500
121	—	—	482	—	323	3587	30706	422303	76394
1524	1524	35	1023	1023	4423	5500	56	303075	6900
171	171	—	853	853	2623	7054	189	639597	931813
144	2	267	210	1448	1876	70842	816	166160	62917
—	—	—	906	906	1341	16814	—	6339	3001
942	180	125	3634	300	2629	5405	12	422000	26456
1966	150	—	11631	246	3561	63627	100025	146001	140785
1361	822	539	9342	2004	7338	42600	1	434700	205620
2511	125	863	4665	1197	2989	919077	—	214432	26912
180	10	1	2257	30	3441	254539	—	236789	89263
8051	—	62	27214	—	18528	63254	189	1975966	203475
2700	—	539	3874	—	5325	50200	25	209535	1222500
450	46	1075	1193	605	3586	211454	20	252396	140600
560	470	80	2630	965	4798	115578	72060	175130	26575
2802	—	20	3369	—	1491	125825	170	165964	14193
234	—	3	607	—	1850	347111	—	63219	60938
327	—	—	868	—	405	—	5	9645	2782
—	—	—	15141	390	4120	275420	23363	145326	2235
616	100	—	1666	992	4657	185414	—	725474	381876
306	88	80	547	119	1000	20265	—	13561	8412
468	—	10	757	—	2974	6808	—	486215	43483
—	—	—	—	—	—	8000	—	27600	4400
954	163	—	2637	143	—	20576	1	98752	113563
—	233	—	—	1752	21010	6623	—	80372	22698
45	45	20	75	75	15	9000	—	1000	6000
52	—	—	241	—	250	6660	—	42101	4266
669	234	—	4222	1116	19916	8253296	16	6219406	136318
157	—	—	—	—	—	1500	—	137150	—

附录四

全国分县造林情况

ANNEX Ⅳ

中国

林业统计年鉴2014

分县造林完成情况

单位：公顷

地　区	造林面积				更新造林
	合计	人工造林	飞播造林	无林地和疏林地新封山（沙）育林	
全国合计	**5549612**	**4052912**	**108055**	**1388645**	**292453**
北京市	**22937**	**22937**	**—**	**—**	**1280**
朝阳区	458	458	—	—	—
丰台区	235	235	—	—	—
海淀区	324	324	—	—	—
门头沟区	115	115	—	—	—
房山区	3667	3667	—	—	—
通州区	3200	3200	—	—	933
顺义区	4961	4961	—	—	—
昌平区	1954	1954	—	—	186
大兴区	4360	4360	—	—	15
怀柔区	564	564	—	—	—
平谷区	451	451	—	—	24
平谷区果品办公室	20	20	—	—	76
密云县	821	821	—	—	—
延庆县	1696	1696	—	—	39
延庆县果品服务中心	108	108	—	—	—
共青林场	—	—	—	—	7
八达岭林场	3	3	—	—	—
天津市	**7061**	**7061**	**—**	**—**	**—**
东丽区	667	667	—	—	—
西青区	667	667	—	—	—
津南区	400	400	—	—	—
北辰区	396	396	—	—	—
武清区	1792	1792	—	—	—
宝坻区	343	343	—	—	—
宁河县	800	800	—	—	—
静海县	800	800	—	—	—
蓟县	875	875	—	—	—
滨海新区	321	321	—	—	—
河北省	**340042**	**274554**	**—**	**65488**	**4004**
石家庄市	**32329**	**25196**	**—**	**7133**	**106**
长安区	195	195	—	—	—
新华区	292	292	—	—	—
井陉矿区	280	280	—	—	—
藁城区	3000	3000	—	—	—
鹿泉区	2810	2477	—	333	—
栾城区	1488	1488	—	—	—
井陉县	2734	2001	—	733	—
正定县	1613	1613	—	—	—
行唐县	3601	2667	—	934	—
灵寿县	3153	2820	—	333	—
高邑县	501	501	—	—	—
深泽县	873	873	—	—	—
赞皇县	2740	1740	—	1000	—
无极县	333	333	—	—	—
平山县	5467	2000	—	3467	106

分县造林完成情况

单位:公顷

地区	造林面积				更新造林
	合计	人工造林	飞播造林	无林地和疏林地新封山(沙)育林	
元氏县	1500	1167	—	333	—
赵县	482	482	—	—	—
晋州市	261	261	—	—	—
新乐市	533	533	—	—	—
高新区	193	193	—	—	—
辛集市	280	280	—	—	—
唐山市	**28910**	**20556**	**—**	**8354**	**501**
路南区	74	74	—	—	17
路北区	67	67	—	—	—
古冶区	477	477	—	—	—
开平区	1000	1000	—	—	—
丰南区	1067	1067	—	—	333
丰润区	2400	1733	—	667	—
曹妃甸区	2467	2467	—	—	—
滦县	3533	1867	—	1666	—
滦南县	2233	2233	—	—	—
乐亭县	2433	2433	—	—	—
迁西县	3667	1380	—	2287	—
玉田县	2734	1667	—	1067	—
芦台开发区	133	133	—	—	—
汉沽管理区	150	150	—	—	16
海港开发区	68	68	—	—	—
遵化市	2741	1740	—	1001	—
迁安市	3666	2000	—	1666	135
秦皇岛市	**10245**	**6977**	**—**	**3268**	**—**
海港区	285	285	—	—	—
山海关区	113	113	—	—	—
北戴河区	53	53	—	—	—
青龙满族自治县	3934	2800	—	1134	—
昌黎县	1000	1000	—	—	—
抚宁县	2267	800	—	1467	—
卢龙县	2000	1333	—	667	—
市直单位	593	593	—	—	—
邯郸市	**24160**	**15760**	**—**	**8400**	**—**
邯山区	60	60	—	—	—
丛台区	522	122	—	400	—
复兴区	529	196	—	333	—
峰峰矿区	2050	1050	—	1000	—
邯郸县	609	609	—	—	—
临漳县	1150	1150	—	—	—
成安县	690	690	—	—	—
大名县	667	667	—	—	—
涉县	5000	2000	—	3000	—
磁县	3841	1841	—	2000	—
肥乡县	907	907	—	—	—
永年县	1335	668	—	667	—
邱县	807	807	—	—	—

分县造林完成情况

单位:公顷

地　区	造林面积				更新造林
	合计	人工造林	飞播造林	无林地和疏林地新封山(沙)育林	
鸡泽县	420	420	—	—	—
广平县	593	593	—	—	—
馆陶县	667	667	—	—	—
魏县	546	546	—	—	—
曲周县	667	667	—	—	—
武安市	3000	2000	—	1000	—
漳河林场	33	33	—	—	—
经济开发区	45	45	—	—	—
马头生态工业城	22	22	—	—	—
邢台市	**27686**	**20354**	**—**	**7332**	**—**
桥西区	80	80	—	—	—
邢台县	6266	3600	—	2666	—
临城县	1813	1480	—	333	—
内丘县	4813	2480	—	2333	—
柏乡县	200	200	—	—	—
隆尧县	595	595	—	—	—
任县	751	751	—	—	—
南和县	800	800	—	—	—
宁晋县	580	580	—	—	—
巨鹿县	1100	1100	—	—	—
新河县	547	547	—	—	—
广宗县	812	812	—	—	—
平乡县	866	866	—	—	—
威县	1333	1333	—	—	—
清河县	424	424	—	—	—
临西县	567	567	—	—	—
南宫市	1273	1273	—	—	—
沙河市	4633	2633	—	2000	—
高新技术产业开发区	213	213	—	—	—
大曹庄	20	20	—	—	—
保定市	**50961**	**34961**	**—**	**16000**	**313**
新市区	283	283	—	—	—
北市区	230	230	—	—	—
南市区	100	100	—	—	—
满城县	2207	1540	—	667	—
清苑县	432	432	—	—	—
涞水县	6260	3593	—	2667	—
阜平县	7334	4667	—	2667	—
徐水县	721	721	—	—	20
定兴县	856	856	—	—	20
唐县	4000	2667	—	1333	—
高阳县	834	834	—	—	—
容城县	410	410	—	—	—
涞源县	5999	3333	—	2666	—
望都县	600	600	—	—	—
安新县	710	710	—	—	35
易县	5067	3400	—	1667	—

分县造林完成情况

单位:公顷

地　区	造林面积				更新造林
	合计	人工造林	飞播造林	无林地和疏林地新封山(沙)育林	
曲阳县	5680	2347	—	3333	156
蠡县	667	667	—	—	—
顺平县	2667	1667	—	1000	—
博野县	540	540	—	—	—
雄县	620	620	—	—	32
涿州市	1350	1350	—	—	50
安国市	667	667	—	—	—
高碑店市	433	433	—	—	—
高新区	141	141	—	—	—
白沟新城	153	153	—	—	—
定州市	2000	2000	—	—	—
张家口市	**57834**	**50833**	**—**	**7001**	**—**
桥东区	133	133	—	—	—
桥西区	467	467	—	—	—
宣化区	653	320	—	333	—
下花园区	1019	1019	—	—	—
宣化县	2452	2119	—	333	—
张北县	2280	1947	—	333	—
康保县	6267	6267	—	—	—
沽源县	3590	3590	—	—	—
尚义县	3941	3941	—	—	—
蔚县	2766	2099	—	667	—
阳原县	3019	2352	—	667	—
怀安县	2799	2132	—	667	—
万全县	2708	2375	—	333	—
怀来县	3087	2420	—	667	—
涿鹿县	5800	4466	—	1334	—
赤城县	6800	5800	—	1000	—
崇礼县	9866	9199	—	667	—
高新区	187	187	—	—	—
承德市	**46655**	**39655**	**—**	**7000**	**1454**
双桥区	1237	1237	—	—	—
双滦区	799	466	—	333	—
营子区	679	346	—	333	—
承德县	4267	3600	—	667	131
兴隆县	3546	3546	—	—	—
平泉县	3447	2780	—	667	425
滦平县	5823	4490	—	1333	6
隆化县	4634	3967	—	667	181
丰宁满族自治县	12223	11223	—	1000	41
宽城满族自治县	2800	1800	—	1000	—
围场满族蒙古族自治县	7200	6200	—	1000	670
沧州市	**8436**	**8436**	**—**	**—**	**—**
新华区	133	133	—	—	—
运河区	600	600	—	—	—
沧县	667	667	—	—	—
青县	667	667	—	—	—

分县造林完成情况

单位：公顷

地　区	造林面积				更新造林
	合计	人工造林	飞播造林	无林地和疏林地新封山(沙)育林	
东光县	400	400	—	—	—
海兴县	667	667	—	—	—
盐山县	667	667	—	—	—
肃宁县	133	133	—	—	—
南皮县	1025	1025	—	—	—
吴桥县	400	400	—	—	—
献县	333	333	—	—	—
孟村回族自治县	533	533	—	—	—
中捷农场	133	133	—	—	—
南大港管理区	133	133	—	—	—
泊头市	467	467	—	—	—
任丘市	133	133	—	—	—
黄骅市	834	834	—	—	—
河间市	511	511	—	—	—
廊坊市	**35566**	**35566**	**—**	**—**	**100**
安次区	2067	2067	—	—	—
广阳区	1067	1067	—	—	—
固安县	3600	3600	—	—	—
永清县	2400	2400	—	—	—
香河县	4000	4000	—	—	100
大城县	5333	5333	—	—	—
文安县	5333	5333	—	—	—
大厂回族自治县	1700	1700	—	—	—
霸州市	4800	4800	—	—	—
三河市	4833	4833	—	—	—
开发区	433	433	—	—	—
衡水市	**13184**	**13184**	**—**	**—**	**846**
桃城区	1200	1200	—	—	—
枣强县	1290	1290	—	—	—
武邑县	1190	1190	—	—	—
武强县	730	730	—	—	—
饶阳县	2212	2212	—	—	—
安平县	533	533	—	—	—
故城县	750	750	—	—	—
景县	340	340	—	—	800
阜城县	467	467	—	—	20
冀州市	2005	2005	—	—	—
深州市	1867	1867	—	—	—
经济开发区	367	367	—	—	—
滨湖新区	233	233	—	—	26
木兰林管局	**1948**	**1948**	**—**	**—**	**161**
塞罕坝机械林场	**667**	**667**	**—**	**—**	**491**
雾灵山自然保护区	**333**	**—**	**—**	**333**	**—**
小五台自然保护区	**61**	**61**	**—**	**—**	**32**
洪崖山国有林场管理局	**1067**	**400**	**—**	**667**	**—**

分县造林完成情况

单位:公顷

地　区	造林面积				更新造林
	合计	人工造林	飞播造林	无林地和疏林地新封山(沙)育林	
山西省	**303501**	**233191**	**3333**	**66977**	**—**
太原市	**16737**	**13311**	**—**	**3426**	**—**
小店区	180	180	—	—	—
迎泽区	206	206	—	—	—
杏花岭区	706	706	—	—	—
尖草坪区	516	516	—	—	—
万柏林区	1846	1579	—	267	—
晋源区	706	706	—	—	—
清徐县	1400	867	—	533	—
阳曲县	2387	1654	—	733	—
娄烦县	4664	3637	—	1027	—
古交市	4026	3260	—	766	—
市直单位	100	—	—	100	—
大同市	**30362**	**21229**	**1333**	**7800**	**—**
南郊区	2987	1987	333	667	—
新荣区	1427	1227	—	200	—
阳高县	3220	2553	—	667	—
天镇县	3400	2067	667	666	—
广灵县	4794	3128	—	1666	—
灵丘县	3388	2188	333	867	—
浑源县	3042	1975	—	1067	—
左云县	2771	2104	—	667	—
大同县	3333	2000	—	1333	—
市直单位	2000	2000	—	—	—
阳泉市	**8425**	**6798**	**—**	**1627**	**—**
郊区	1640	1373	—	267	—
平定县	3499	2406	—	1093	—
盂县	2819	2552	—	267	—
市直单位	467	467	—	—	—
长治市	**20468**	**17508**	**—**	**2960**	**—**
郊区	119	119	—	—	—
长治县	374	374	—	—	—
襄垣县	987	987	—	—	—
屯留县	767	500	—	267	—
平顺县	3441	2481	—	960	—
黎城县	2707	2440	—	267	—
壶关县	1612	1345	—	267	—
长子县	1807	1674	—	133	—
武乡县	2477	2144	—	333	—
沁县	2372	1972	—	400	—
沁源县	1938	1605	—	333	—
潞城市	1867	1867	—	—	—
晋城市	**6183**	**5383**	**—**	**800**	**—**
沁水县	1042	775	—	267	—
阳城县	1131	1131	—	—	—
陵川县	1634	1434	—	200	—
泽州县	1162	829	—	333	—

分县造林完成情况

单位:公顷

地 区	造林面积				更新造林
	合计	人工造林	飞播造林	无林地和疏林地新封山(沙)育林	
高平市	1214	1214	—	—	—
朔州市	**19097**	**14229**	**667**	**4201**	**—**
朔城区	4614	3280	667	667	—
平鲁区	5193	3926	—	1267	—
山阴县	2593	2393	—	200	—
应县	2568	2168	—	400	—
右玉县	2728	1728	—	1000	—
怀仁县	1401	734	—	667	—
晋中市	**18347**	**14674**	**—**	**3673**	**—**
榆次区	1313	1066	—	247	—
榆社县	3085	2192	—	893	—
左权县	2047	1847	—	200	—
和顺县	2133	1933	—	200	—
昔阳县	1360	1160	—	200	—
寿阳县	900	900	—	—	—
太谷县	1608	1008	—	600	—
祁县	1334	734	—	600	—
平遥县	1620	1087	—	533	—
灵石县	2500	2300	—	200	—
介休市	447	447	—	—	—
运城市	**27380**	**23887**	**—**	**3493**	**—**
盐湖区	1873	1673	—	200	—
临猗县	1907	1774	—	133	—
万荣县	1660	1593	—	67	—
闻喜县	2993	2393	—	600	—
稷山县	1747	1480	—	267	—
新绛县	1233	1167	—	66	—
绛县	2687	2487	—	200	—
垣曲县	2500	2033	—	467	—
夏县	2000	1867	—	133	—
平陆县	3093	2266	—	827	—
芮城县	1987	1854	—	133	—
永济市	1587	1254	—	333	—
河津市	2113	2046	—	67	—
忻州市	**45859**	**36393**	**1333**	**8133**	**—**
忻府区	2726	2526	—	200	—
定襄县	1173	840	—	333	—
五台县	1267	1000	—	267	—
代县	2667	2333	—	334	—
繁峙县	3526	3193	—	333	—
宁武县	1567	1567	—	—	—
静乐县	2827	2161	—	666	—
神池县	3800	2134	666	1000	—
五寨县	4000	2667	—	1333	—
岢岚县	4000	2333	667	1000	—
河曲县	4967	4300	—	667	—
保德县	4000	3333	—	667	—

分县造林完成情况

单位:公顷

地　区	造林面积				更新造林
	合计	人工造林	飞播造林	无林地和疏林地新封山(沙)育林	
偏关县	5153	3953	—	1200	—
原平市	3253	3120	—	133	—
市直单位	933	933	—	—	—
临汾市	**30677**	**25215**	**—**	**5462**	**—**
尧都区	4060	4060	—	—	—
曲沃县	200	200	—	—	—
翼城县	567	567	—	—	—
襄汾县	1836	1035	—	801	—
洪洞县	1374	641	—	733	—
古县	1046	1046	—	—	—
安泽县	2834	2634	—	200	—
浮山县	2447	1860	—	587	—
吉县	3267	2507	—	760	—
乡宁县	1819	1699	—	120	—
大宁县	1780	1460	—	320	—
隰县	1920	1453	—	467	—
永和县	3253	2653	—	600	—
蒲县	1794	1520	—	274	—
汾西县	1593	993	—	600	—
侯马市	247	247	—	—	—
霍州市	640	640	—	—	—
吕梁市	**42002**	**35649**	**—**	**6353**	**—**
离石区	2398	2031	—	367	—
文水县	1240	520	—	720	—
交城县	1846	940	—	906	—
兴县	5048	4595	—	453	—
临县	5492	4732	—	760	—
柳林县	3161	3041	—	120	—
石楼县	4934	4588	—	346	—
岚县	3740	3206	—	534	—
方山县	5438	5004	—	434	—
中阳县	1774	1634	—	140	—
交口县	1687	1387	—	300	—
孝义市	3453	2767	—	686	—
汾阳市	1791	1204	—	587	—
管涔山林局	**3267**	**867**	**—**	**2400**	**—**
五台山林局	**5467**	**2800**	**—**	**2667**	**—**
关帝山林局	**3309**	**2400**	**—**	**909**	**—**
太行山林局	**6634**	**3333**	**—**	**3301**	**—**
太岳山林局	**5333**	**2133**	**—**	**3200**	**—**
吕梁山林局	**933**	**933**	**—**	**—**	**—**
中条山林局	**4060**	**1327**	**—**	**2733**	**—**
黑茶山林局	**5133**	**2733**	**—**	**2400**	**—**
杨树局	**3695**	**2389**	**—**	**1306**	**—**
省林职院林场	**133**	**—**	**—**	**133**	**—**
内蒙古自治区	**559247**	**320254**	**57434**	**181559**	**11201**
呼和浩特市	**22052**	**12052**	**—**	**10000**	**—**

分县造林完成情况

单位:公顷

地区	造林面积				更新造林
	合计	人工造林	飞播造林	无林地和疏林地新封山(沙)育林	
市直单位	1718	1718	—	—	—
赛罕区	667	—	—	667	—
托克托县	667	—	—	667	—
和林格尔县	3667	1667	—	2000	—
武川县	9334	5334	—	4000	—
清水河县	5999	3333	—	2666	—
包头市	**31104**	**16103**	**—**	**15001**	**—**
东河区	2067	2067	—	—	—
青山区	533	533	—	—	—
昆都仑区	3626	3626	—	—	—
石拐区	6187	3853	—	2334	—
白云鄂博区	53	53	—	—	—
九原区	1227	560	—	667	—
土默特右旗	6440	1107	—	5333	—
固阳县	5147	2480	—	2667	—
达尔罕茂明安联合旗	5682	1682	—	4000	—
稀土高新技术开放区	142	142	—	—	—
乌海市	**3371**	**3371**	**—**	**—**	**—**
海勃湾区	422	422	—	—	—
海南区	2949	2949	—	—	—
赤峰市	**50259**	**33928**	**—**	**16331**	**6275**
红山区	347	347	—	—	30
元宝山区	1333	1000	—	333	480
松山区	3260	1593	—	1667	25
阿鲁科尔沁旗	1580	247	—	1333	517
巴林左旗	3733	2400	—	1333	322
巴林右旗	4660	2660	—	2000	778
林西县	3160	1827	—	1333	288
克什克腾旗	8686	5353	—	3333	—
翁牛特旗	9973	8640	—	1333	467
宁城县	4247	2914	—	1333	226
敖汉旗	5147	3814	—	1333	2800
喀喇沁旗	4133	3133	—	1000	342
呼伦贝尔市	**39872**	**21312**	**—**	**18560**	**—**
海拉尔区	333	333	—	—	—
牙克石市	1000	667	—	333	—
额尔古纳市	667	—	—	667	—
阿荣旗	2400	2000	—	400	—
莫力达瓦达斡尔族自治旗	667	667	—	—	—
鄂温克自治旗	3060	2060	—	1000	—
新巴尔虎左旗	19494	4667	—	14827	—
陈巴尔虎旗	6467	6467	—	—	—
巴林林业局	333	333	—	—	—
南木林业局	400	400	—	—	—
红花尔基林业局	5051	3718	—	1333	—
兴安盟	**40567**	**33234**	**667**	**6666**	**—**
乌兰浩特市	3967	3300	—	667	—

分县造林完成情况

单位:公顷

地区	造林面积				更新造林
	合计	人工造林	飞播造林	无林地和疏林地新封山(沙)育林	
阿尔山市	2068	1401	—	667	—
科尔沁右翼前旗	10733	10067	—	666	—
科尔沁右翼中旗	12167	10833	667	667	—
扎赉特旗	4466	3800	—	666	—
突泉县	5166	3166	—	2000	—
五岔沟林业局	667	—	—	667	—
白狼林业局	1333	667	—	666	—
通辽市	**90367**	**38767**	**1333**	**50267**	**4548**
科尔沁区	1449	1449	—	—	—
霍林郭勒市	333	333	—	—	—
科尔沁左翼中旗	6703	5370	—	1333	1881
科尔沁左翼后旗	26800	11333	—	15467	667
开鲁县	4333	3333	—	1000	—
库伦旗	9333	3333	—	6000	667
奈曼旗	26666	6333	—	20333	1000
扎鲁特旗	14750	7283	1333	6134	333
锡林郭勒盟	**27607**	**15940**	**6000**	**5667**	**—**
锡林浩特市	2734	1734	—	1000	—
阿巴嘎旗	3097	430	2000	667	—
苏尼特左旗	2333	333	2000	—	—
苏尼特右旗	1621	287	667	667	—
东乌珠慕沁旗	5333	5333	—	—	—
西乌珠慕沁旗	2015	682	—	1333	—
太仆寺旗	667	667	—	—	—
镶黄旗	1733	400	—	1333	—
正镶白旗	1933	600	1333	—	—
正蓝旗	1267	1267	—	—	—
多伦县	4087	4087	—	—	—
乌拉盖开发区	787	120	—	667	—
乌兰察布市	**42466**	**33599**	**—**	**8867**	**—**
集宁区	3353	3353	—	—	—
丰镇市	1187	1187	—	—	—
卓资县	4912	2912	—	2000	—
化德县	3240	3240	—	—	—
商都县	2940	2940	—	—	—
兴和县	1740	1740	—	—	—
凉城县	9726	9726	—	—	—
察哈尔右翼前旗	2107	2107	—	—	—
察哈尔右翼中旗	5921	1921	—	4000	—
察哈尔右翼后旗	5620	2753	—	2867	—
四子王旗	1720	1720	—	—	—
鄂尔多斯市	**67571**	**49138**	**9433**	**9000**	**—**
东胜区	5757	5767	—	—	—
达拉特旗	5594	5127	—	467	—
准格尔旗	8088	6088	—	2000	—
鄂托克前旗	5195	2528	—	2667	—
鄂托克旗	7886	3786	3433	667	—

分县造林完成情况

单位：公顷

地　区	造林面积				更新造林
	合计	人工造林	飞播造林	无林地和疏林地新封山(沙)育林	
杭锦旗	13033	6700	6000	333	—
乌审旗	14450	11917	—	2533	—
伊金霍洛旗	5634	5634	—	—	—
造林总场	1292	959	—	333	—
康巴什新区	632	632	—	—	—
巴彦淖尔市	**51355**	**24687**	**13334**	**13334**	**244**
市直单位	480	480	—	—	—
临河区	4733	4733	—	—	119
五原县	4733	4733	—	—	—
磴口县	12854	6167	4000	2687	19
乌拉特前旗	5920	2920	3000	—	37
乌拉特中旗	9647	1667	—	7980	22
乌拉特后旗	6867	1200	3667	2000	7
杭锦后旗	6121	2787	2667	667	40
阿拉善盟	**89689**	**35156**	**26667**	**27866**	**—**
阿拉善左旗	53889	19889	22667	11333	—
阿拉善右旗	24567	12567	2000	10000	—
额济纳旗	5834	1967	—	3867	—
经济开发区	2333	333	667	1333	—
生态示范区	3066	400	1333	1333	—
二连浩特市	**19**	**19**	**—**	**—**	**—**
内蒙古森工	**2948**	**2948**	**—**	**—**	**134**
阿尔山	167	167	—	—	—
绰尔	200	200	—	—	—
绰源	267	267	—	—	—
乌尔旗汉	100	100	—	—	134
库都尔	133	133	—	—	—
伊图里河	10	10	—	—	—
甘河	140	140	—	—	—
吉文	168	168	—	—	—
阿里河	976	976	—	—	—
金河	70	70	—	—	—
阿龙山	172	172	—	—	—
满归	27	27	—	—	—
得耳布尔	30	30	—	—	—
莫尔道嘎	349	349	—	—	—
大杨树	92	92	—	—	—
毕拉河	47	47	—	—	—
辽宁省	**226471**	**126407**	**—**	**100064**	**10651**
沈阳市	**8665**	**7332**	**—**	**1333**	**—**
苏家屯区	133	133	—	—	—
康平县	5533	4866	—	667	—
法库县	999	333	—	666	—
新民市	2000	2000	—	—	—
大连市	**4186**	**3333**	**—**	**853**	**—**
瓦房店市	1293	1000	—	293	—
普兰店市	1600	1333	—	267	—

分县造林完成情况

单位:公顷

地　区	造林面积				更新造林
	合计	人工造林	飞播造林	无林地和疏林地新封山(沙)育林	
庄河市	1293	1000	—	293	—
鞍山市	**6079**	**4099**	**—**	**1980**	**275**
千山区	33	33	—	—	—
台安县	333	333	—	—	275
岫岩满族自治县	4506	3333	—	1173	—
海城市	1207	400	—	807	—
抚顺市	**9839**	**6666**	**—**	**3173**	**1750**
新抚区	53	53	—	—	43
东洲区	107	107	—	—	—
望花区	33	33	—	—	—
顺城区	7	7	—	—	18
开发区	67	67	—	—	—
抚顺县	1573	733	—	840	260
新宾满族自治县	4599	3666	—	933	921
清原满族自治县	3400	2000	—	1400	508
本溪市	**3535**	**1202**	**—**	**2333**	**868**
市辖区	120	120	—	—	21
平山区	7	7	—	—	—
溪湖区	10	10	—	—	—
明山区	73	73	—	—	55
南芬区	57	57	—	—	73
高新区	7	7	—	—	—
本溪满族自治县	1540	607	—	933	365
桓仁满族自治县	1721	321	—	1400	354
丹东市	**6960**	**2573**	**—**	**4387**	**1249**
振安区	—	—	—	—	36
宽甸满族自治县	2847	667	—	2180	543
东港市	773	573	—	200	16
凤城市	3340	1333	—	2007	654
锦州市	**27072**	**13666**	**—**	**13406**	**1380**
市辖区	400	400	—	—	80
太和区	200	200	—	—	—
黑山县	2666	1333	—	1333	—
义县	12620	6400	—	6220	300
凌海市	7854	3667	—	4187	1000
北镇市	3332	1666	—	1666	—
营口市	**4387**	**867**	**—**	**3520**	**—**
鲅鱼圈区	400	67	—	333	—
老边区	67	67	—	—	—
盖州市	2513	333	—	2180	—
大石桥市	1407	400	—	1007	—
阜新市	**49926**	**38306**	**—**	**11620**	**2439**
阜新矿业集团	333	—	—	333	—
海州区	13	13	—	—	—
新邱区	153	153	—	—	—
太平区	27	27	—	—	—
清河门区	53	53	—	—	67

分县造林完成情况

单位:公顷

地 区	造林面积				更新造林
	合计	人工造林	飞播造林	无林地和疏林地新封山(沙)育林	
细河区	133	133	—	—	—
阜新蒙古族自治县	31687	25320	—	6367	647
彰武县	17527	12607	—	4920	1725
辽阳市	**2940**	**2940**	**—**	**—**	**—**
文圣区	280	280	—	—	—
宏伟区	80	80	—	—	—
弓长岭区	200	200	—	—	—
太子河区	13	13	—	—	—
辽阳县	1700	1700	—	—	—
灯塔市	667	667	—	—	—
铁岭市	**19592**	**7299**	**—**	**12293**	**766**
银州区	13	13	—	—	—
清河区	267	267	—	—	11
开发区	20	20	—	—	—
铁岭县	7226	2800	—	4426	174
西丰县	4853	1333	—	3520	240
昌图县	1833	1333	—	500	—
调兵山市	200	200	—	—	—
开原市	5180	1333	—	3847	341
朝阳市	**55546**	**25560**	**—**	**29986**	**1711**
双塔区	2173	1000	—	1173	13
龙城区	3673	2000	—	1673	—
朝阳县	9027	4000	—	5027	1333
建平县	9693	4667	—	5026	365
喀喇沁左翼蒙古族自治县	9027	4000	—	5027	—
北票市	12926	5893	—	7033	—
凌源市	9027	4000	—	5027	—
葫芦岛市	**27579**	**12399**	**—**	**15180**	**—**
连山区	2667	1333	—	1334	—
龙港区	67	67	—	—	—
南票区	5999	2666	—	3333	—
绥中县	4513	1333	—	3180	—
建昌县	8333	4333	—	4000	—
兴城市	6000	2667	—	3333	—
省直单位	**165**	**165**	**—**	**—**	**213**
实验林场	—	—	—	—	80
生态实验林场	67	67	—	—	96
林职院实验林场	34	34	—	—	34
森林经营研究所实验林场	31	31	—	—	3
固沙造林研究所林场	33	33	—	—	—
吉林省	**108523**	**108523**	**—**	**—**	**12984**
长春市	**3779**	**3779**	**—**	**—**	**1190**
榆树市	1282	1282	—	—	256
农安县	555	555	—	—	594
德惠市	372	372	—	—	92
九台市	1000	1000	—	—	233
朝阳区	3	3	—	—	3

分县造林完成情况

单位:公顷

地区	造林面积				更新造林
	合计	人工造林	飞播造林	无林地和疏林地新封山(沙)育林	
宽城区	8	8	—	—	12
绿园区	116	116	—	—	—
二道区	1	1	—	—	—
净月高新区	152	152	—	—	—
莲花山度假区	290	290	—	—	—
吉林市	**46584**	**46584**	**—**	**—**	**1175**
桦甸市	6634	6634	—	—	121
舒兰市	10784	10784	—	—	27
蛟河市	9075	9075	—	—	62
磐石市	3817	3817	—	—	131
永吉县	7300	7300	—	—	434
昌邑区	382	382	—	—	10
龙潭区	5357	5357	—	—	113
船营区	1422	1422	—	—	47
丰满区	1523	1523	—	—	230
上营森林经营局	284	284	—	—	—
直属林场	6	6	—	—	—
四平市	**5446**	**5446**	**—**	**—**	**1046**
公主岭市	729	729	—	—	313
双辽市	1333	1333	—	—	32
梨树县	2364	2364	—	—	644
伊通满族自治县	667	667	—	—	36
铁东区	167	167	—	—	5
铁西区	17	17	—	—	6
辽河农垦区	40	40	—	—	10
直属林场	129	129	—	—	—
辽源市	**3366**	**3366**	**—**	**—**	**780**
东辽县	1340	1340	—	—	430
东丰县	2000	2000	—	—	301
西安区	—	—	—	—	1
龙山区	11	11	—	—	6
西站林场	15	15	—	—	42
通化市	**20304**	**20304**	**—**	**—**	**1399**
梅河口市	6934	6934	—	—	133
集安市	2684	2684	—	—	340
通化县	4779	4779	—	—	345
柳河县	3000	3000	—	—	260
辉南县	2667	2667	—	—	288
东昌区	207	207	—	—	19
二道江区	20	20	—	—	7
直属林场	—	—	—	—	7
其他单位	13	13	—	—	—
白山市	**6301**	**6301**	**—**	**—**	**639**
长白朝鲜族自治县	1220	1220	—	—	524
抚松县	1164	1164	—	—	95
靖宇县	822	822	—	—	—
临江市	1391	1391	—	—	12

分县造林完成情况

单位:公顷

地区	造林面积				更新造林
	合计	人工造林	飞播造林	无林地和疏林地新封山(沙)育林	
江源区	256	256	—	—	8
浑江区	1196	1196	—	—	—
长白森林经营局	252	252	—	—	—
松原市	**2276**	**2276**	**—**	**—**	**635**
长岭县	533	533	—	—	—
扶余市	110	110	—	—	317
乾安县	1633	1633	—	—	134
宁江区	—	—	—	—	184
白城市	**10047**	**10047**	**—**	**—**	**957**
大安市	533	533	—	—	335
洮南市	2013	2013	—	—	599
通榆县	2619	2619	—	—	—
镇赉县	3867	3867	—	—	—
洮北区	867	867	—	—	15
经济开发区	15	15	—	—	8
查干浩特开发区	133	133	—	—	—
延边朝鲜族自治州	**4988**	**4988**	**—**	**—**	**3604**
延吉市	2	2	—	—	22
龙井市	528	528	—	—	333
和龙市	1000	1000	—	—	42
图们市	49	49	—	—	34
珲春市	57	57	—	—	244
敦化市	1840	1840	—	—	2857
安图县	681	681	—	—	21
汪清县	831	831	—	—	51
长白山森工集团	**824**	**824**	**—**	**—**	**409**
黄泥河	154	154	—	—	1
敦化	140	140	—	—	—
大石头	357	357	—	—	—
八家子	46	46	—	—	47
汪清	30	30	—	—	237
大兴沟	4	4	—	—	1
天桥岭	31	31	—	—	20
珲春	62	62	—	—	103
吉林森工集团	**2761**	**2761**	**—**	**—**	**1137**
临江	63	63	—	—	60
三岔子	—	—	—	—	83
湾沟	216	216	—	—	796
松江河	70	70	—	—	109
泉阳	56	56	—	—	20
露水河	32	32	—	—	44
白石山	67	67	—	—	—
红石	2257	2257	—	—	25
省直单位	**1847**	**1847**	**—**	**—**	**13**
三湖保护区	667	667	—	—	—
蛟河实验局	1180	1180	—	—	—
辉南森林经营局	—	—	—	—	13

分县造林完成情况

单位:公顷

地　区	造林面积				更新造林
	合计	人工造林	飞播造林	无林地和疏林地新封山(沙)育林	
黑龙江省	**101079**	**49276**	**—**	**51803**	**—**
哈尔滨市	**22515**	**6182**	**—**	**16333**	**—**
市直市郊	3281	615	—	2666	—
五常县	3000	1000	—	2000	—
双城市	334	334	—	—	—
尚志市	1120	453	—	667	—
巴彦县	2866	533	—	2333	—
宾县	1401	734	—	667	—
依兰县	2867	1200	—	1667	—
延寿县	2800	467	—	2333	—
木兰县	847	180	—	667	—
通河县	2333	333	—	2000	—
方正县	1666	333	—	1333	—
齐齐哈尔市	**9195**	**6462**	**—**	**2733**	**—**
市直单位	373	240	—	133	—
建华区	208	8	—	200	—
铁锋区	7	7	—	—	—
昂昂溪区	7	7	—	—	—
富拉尔基区	66	—	—	66	—
碾子山区	1033	33	—	1000	—
梅里斯达斡尔族区	33	33	—	—	—
龙江县	1467	800	—	667	—
依安县	667	667	—	—	—
泰来县	400	400	—	—	—
甘南县	1334	667	—	667	—
富裕县	934	934	—	—	—
克山县	533	533	—	—	—
克东县	667	667	—	—	—
拜泉县	933	933	—	—	—
讷河市	533	533	—	—	—
牡丹江市	**3582**	**3582**	**—**	**—**	**—**
市直单位	199	199	—	—	—
东宁县	778	778	—	—	—
林口县	2000	2000	—	—	—
绥芬河市	6	6	—	—	—
海林市	133	133	—	—	—
宁安市	333	333	—	—	—
穆棱市	133	133	—	—	—
佳木斯市	**8867**	**5199**	**—**	**3668**	**—**
市直单位	1733	733	—	1000	—
郊区	2667	1333	—	1334	—
桦南县	667	667	—	—	—
桦川县	2667	1333	—	1334	—
汤原县	333	333	—	—	—
抚远县	267	267	—	—	—
同江市	200	200	—	—	—
富锦市	333	333	—	—	—

分县造林完成情况

单位:公顷

地　区	造林面积				更新造林
	合计	人工造林	飞播造林	无林地和疏林地新封山(沙)育林	
鸡西市	**832**	**832**	**—**	**—**	**—**
市直单位	333	333	—	—	—
鸡东县	333	333	—	—	—
虎林市	133	133	—	—	—
兴凯湖保护区	33	33	—	—	—
鹤岗市	**1200**	**1200**	**—**	**—**	**—**
市直单位	400	400	—	—	—
萝北县	133	133	—	—	—
绥滨县	667	667	—	—	—
双鸭山市	**2199**	**1199**	**—**	**1000**	**—**
市直单位	133	133	—	—	—
集贤县	1200	200	—	1000	—
饶河县	333	333	—	—	—
宝清县	533	533	—	—	—
伊春市	**7667**	**3333**	**—**	**4334**	**—**
嘉荫县	2933	933	—	2000	—
伊春区	667	—	—	667	—
西林区	667	—	—	667	—
市区	3400	2400	—	1000	—
七台河市	**133**	**133**	**—**	**—**	**—**
市直单位	133	133	—	—	—
大庆市	**6804**	**5471**	**—**	**1333**	**—**
市直单位	1291	1291	—	—	—
肇州县	841	841	—	—	—
肇源县	1666	1333	—	333	—
林甸县	673	673	—	—	—
杜尔伯特蒙古族自治	2333	1333	—	1000	—
绥化市	**13926**	**9925**	**—**	**4001**	**—**
宝山经济开发区	41	41	—	—	—
海伦市	2000	1333	—	667	—
海伦市国有林场管理局	1000	333	—	667	—
绥棱县	210	210	—	—	—
绥棱国有林场管理局	533	200	—	333	—
庆安县	1667	1000	—	667	—
北林区	808	808	—	—	—
望奎县	933	933	—	—	—
兰西县	600	600	—	—	—
青冈县	1667	1667	—	—	—
明水县	2000	1000	—	1000	—
安达市	1467	800	—	667	—
肇东市	1000	1000	—	—	—
黑河市	**17468**	**3801**	**—**	**13667**	**—**
市直单位	1468	134	—	1334	—
爱辉区	4000	2000	—	2000	—
嫩江县	3666	333	—	3333	—
逊克县	800	134	—	666	—
孙吴县	2867	200	—	2667	—

分县造林完成情况

单位:公顷

地　区	造林面积				更新造林
	合计	人工造林	飞播造林	无林地和疏林地新封山(沙)育林	
北安市	1067	400	—	667	—
五大连池市	2267	267	—	2000	—
五大连池市风景区管委会	1333	333	—	1000	—
大兴安岭行署	**4831**	**497**	**—**	**4334**	**—**
呼玛县	1800	133	—	1667	—
塔河县	2364	364	—	2000	—
漠河县	667	—	—	667	—
尚志国有林场管理局	**333**	**333**	**—**	**—**	**—**
龙煤集团	**1527**	**1127**	**—**	**400**	**—**
龙江森工集团	**—**	**—**	**—**	**—**	**—**
上海市	**899**	**899**	**—**	**—**	**—**
闵行区	7	7	—	—	—
嘉定区	46	46	—	—	—
浦东新区	116	116	—	—	—
金山区	232	232	—	—	—
青浦区	42	42	—	—	—
松江区	34	34	—	—	—
奉贤区	142	142	—	—	—
崇明县	280	280	—	—	—
江苏省	**59209**	**59209**	**—**	**—**	**1692**
南京市	**2861**	**2861**	**—**	**—**	**—**
浦口区	203	203	—	—	—
栖霞区	243	243	—	—	—
雨花台区	35	35	—	—	—
江宁区	360	360	—	—	—
六合区	644	644	—	—	—
溧水县	637	637	—	—	—
高淳县	739	739	—	—	—
无锡市	**1052**	**1052**	**—**	**—**	**2**
市直单位	34	34	—	—	—
锡山区	147	147	—	—	—
惠山区	123	123	—	—	—
滨湖区	35	35	—	—	—
江阴市	372	372	—	—	2
宜兴市	341	341	—	—	—
徐州市	**5588**	**5588**	**—**	**—**	**357**
贾汪区	1684	1684	—	—	—
丰县	561	561	—	—	29
沛县	792	792	—	—	—
铜山县	1054	1054	—	—	—
睢宁县	497	497	—	—	7
新沂市	409	409	—	—	147
邳州市	591	591	—	—	174
常州市	**1771**	**1771**	**—**	**—**	**22**
新北区	468	468	—	—	—
武进区	740	740	—	—	—
溧阳市	174	174	—	—	21

分县造林完成情况

单位:公顷

地区	造林面积				更新造林
	合计	人工造林	飞播造林	无林地和疏林地新封山(沙)育林	
金坛市	389	389	—	—	1
苏州市	**2594**	**2594**	**—**	**—**	**—**
工业园区	39	39	—	—	—
高新区	12	12	—	—	—
吴中区	126	126	—	—	—
相城区	23	23	—	—	—
常熟市	473	473	—	—	—
张家港市	726	726	—	—	—
昆山市	329	329	—	—	—
吴江区	363	363	—	—	—
太仓市	503	503	—	—	—
南通市	**11887**	**11887**	**—**	**—**	**—**
市直单位	320	320	—	—	—
崇川区	205	205	—	—	—
港闸区	205	205	—	—	—
海安县	912	912	—	—	—
如东县	2333	2333	—	—	—
启东市	3748	3748	—	—	—
如皋市	700	700	—	—	—
通州区	1576	1576	—	—	—
海门市	1489	1489	—	—	—
滨海园区	399	399	—	—	—
连云港市	**7990**	**7990**	**—**	**—**	**6**
市直单位	804	804	—	—	—
连云区	112	112	—	—	—
海州区	613	613	—	—	—
赣榆县	1865	1865	—	—	6
东海县	2454	2454	—	—	—
灌云县	1324	1324	—	—	—
灌南县	818	818	—	—	—
淮安市	**1827**	**1827**	**—**	**—**	**231**
楚州区	387	387	—	—	—
淮阴区	242	242	—	—	54
清浦区	69	69	—	—	15
涟水县	534	534	—	—	—
洪泽县	257	257	—	—	20
盱眙县	270	270	—	—	—
金湖县	68	68	—	—	142
盐城市	**9050**	**9050**	**—**	**—**	**563**
亭湖区	1577	1577	—	—	50
响水县	430	430	—	—	—
滨海县	715	715	—	—	65
阜宁县	1037	1037	—	—	56
射阳县	584	584	—	—	—
建湖县	883	883	—	—	61
盐都区	2039	2039	—	—	—
东台市	577	577	—	—	118

分县造林完成情况

单位:公顷

地区	造林面积				更新造林
	合计	人工造林	飞播造林	无林地和疏林地新封山(沙)育林	
大丰市	1208	1208	—	—	213
扬州市	**1768**	**1768**	**—**	**—**	**165**
市直单位	2	2	—	—	20
广陵区	108	108	—	—	—
邗江区	197	197	—	—	—
宝应县	365	365	—	—	59
仪征市	480	480	—	—	—
高邮市	360	360	—	—	36
江都区	256	256	—	—	50
镇江市	**2589**	**2589**	**—**	**—**	**35**
市直单位	173	173	—	—	—
京口区	11	11	—	—	3
润州区	8	8	—	—	—
丹徒区	282	282	—	—	—
丹阳市	1045	1045	—	—	23
扬中市	265	265	—	—	—
句容市	805	805	—	—	9
泰州市	**3007**	**3007**	**—**	**—**	**194**
海陵区	214	214	—	—	10
高港区	310	310	—	—	—
兴化市	1112	1112	—	—	33
靖江市	378	378	—	—	1
泰兴市	569	569	—	—	—
姜堰区	424	424	—	—	150
宿迁市	**7225**	**7225**	**—**	**—**	**117**
宿城区	477	477	—	—	—
宿豫区	629	629	—	—	111
沭阳县	669	669	—	—	3
泗阳县	1243	1243	—	—	—
泗洪县	4207	4207	—	—	3
浙江省	**39396**	**26720**	**—**	**12676**	**14335**
杭州市	**5014**	**2074**	**—**	**2940**	**3616**
江干区	30	30	—	—	—
拱墅区	25	24	—	1	—
滨江区	61	61	—	—	—
萧山区	374	374	—	—	—
余杭区	67	67	—	—	33
桐庐县	666	213	—	453	267
淳安县	1400	510	—	890	950
建德市	600	167	—	433	1553
富阳市	667	200	—	467	440
临安市	1124	428	—	696	373
宁波市	**3008**	**2357**	**—**	**651**	**633**
江北区	58	58	—	—	—
北仑区	273	235	—	38	33
大榭区	5	5	—	—	—
镇海区	85	85	—	—	1

分县造林完成情况

单位:公顷

地　区	造林面积				更新造林
	合计	人工造林	飞播造林	无林地和疏林地新封山(沙)育林	
鄞州区	443	443	—	—	300
东钱湖旅游渡假区	—	—	—	—	10
象山县	428	228	—	200	19
宁海县	597	230	—	367	136
余姚市	578	532	—	46	33
慈溪市	333	333	—	—	1
奉化市	208	208	—	—	100
温州市	**6658**	**4906**	**—**	**1752**	**1512**
鹿城区	87	87	—	—	26
龙湾区	386	386	—	—	—
瓯海区	490	268	—	222	—
洞头县	269	269	—	—	3
永嘉县	633	433	—	200	722
平阳县	947	947	—	—	—
苍南县	1294	1294	—	—	84
文成县	217	217	—	—	201
泰顺县	523	203	—	320	280
瑞安市	856	326	—	530	113
乐清市	956	476	—	480	83
嘉兴市	**2273**	**2273**	**—**	**—**	**6**
秀城区	134	134	—	—	—
秀洲区	179	179	—	—	1
嘉善县	100	100	—	—	—
海盐县	412	412	—	—	3
海宁市	786	786	—	—	—
平湖市	328	328	—	—	—
桐乡市	334	334	—	—	2
湖州市	**3110**	**2435**	**—**	**675**	**119**
吴兴区	412	412	—	—	21
南浔区	403	403	—	—	—
德清县	672	672	—	—	28
长兴县	413	413	—	—	53
安吉县	1210	535	—	675	17
绍兴市	**3265**	**2392**	**—**	**873**	**172**
越城区	164	91	—	73	1
高新技术开发区	20	20	—	—	20
柯桥区	342	342	—	—	26
新昌县	543	343	—	200	101
诸暨市	1029	896	—	133	—
上虞市	320	320	—	—	19
嵊州市	847	380	—	467	5
金华市	**3848**	**2446**	**—**	**1402**	**1118**
婺城区	405	405	—	—	103
金东区	267	200	—	67	67
经济技术开发区	23	23	—	—	22
武义县	507	273	—	234	348
浦江县	365	265	—	100	142

分县造林完成情况

单位:公顷

地　区	造林面积				更新造林
	合计	人工造林	飞播造林	无林地和疏林地新封山(沙)育林	
磐安县	388	68	—	320	176
兰溪市	347	147	—	200	97
义乌市	543	543	—	—	27
东阳市	507	301	—	206	77
永康市	496	221	—	275	59
衢州市	**2549**	**1642**	**—**	**907**	**2023**
柯城区	20	20	—	—	26
衢江区	418	278	—	140	47
常山县	221	221	—	—	178
开化县	548	548	—	—	1337
龙游县	638	211	—	427	123
江山市	704	364	—	340	312
舟山市	**695**	**381**	**—**	**314**	**—**
市直单位	24	24	—	—	—
定海区	120	73	—	47	—
普陀区	311	178	—	133	—
岱山县	140	73	—	67	—
嵊泗县	100	33	—	67	—
台州市	**3466**	**2492**	**—**	**974**	**1397**
椒江区	173	173	—	—	19
黄岩区	108	108	—	—	9
路桥区	139	139	—	—	5
玉环县	306	306	—	—	—
三门县	321	68	—	253	93
天台县	566	353	—	213	280
仙居县	631	433	—	198	325
温岭市	467	467	—	—	17
临海市	755	445	—	310	649
丽水市	**5510**	**3322**	**—**	**2188**	**3739**
莲都区	89	58	—	31	180
青田县	1160	493	—	667	164
缙云县	929	142	—	787	372
遂昌县	824	664	—	160	397
松阳县	764	568	—	196	393
云和县	124	124	—	—	229
庆元县	258	187	—	71	784
景宁畲族自治县	675	399	—	276	356
龙泉市	687	687	—	—	864
安徽省	**157745**	**150871**	**—**	**6874**	**—**
合肥市	**16185**	**16092**	**—**	**93**	**—**
庐阳区	204	204	—	—	—
瑶海区	502	502	—	—	—
包河区	371	371	—	—	—
蜀山区	1688	1688	—	—	—
长丰县	2738	2738	—	—	—
肥东县	3449	3449	—	—	—
肥西县	2263	2263	—	—	—

分县造林完成情况

单位:公顷

地　区	造林面积				更新造林
	合计	人工造林	飞播造林	无林地和疏林地新封山(沙)育林	
庐江县	2620	2540	—	80	—
巢湖市	2350	2337	—	13	—
淮北市	**4355**	**4355**	**—**	**—**	**—**
烈山区	1145	1145	—	—	—
杜集区	321	321	—	—	—
相山区	273	273	—	—	—
濉溪县	2616	2616	—	—	—
亳州市	**7596**	**7596**	**—**	**—**	**—**
谯城区	1801	1801	—	—	—
涡阳县	1589	1589	—	—	—
蒙城县	2090	2090	—	—	—
利辛县	2116	2116	—	—	—
宿州市	**10217**	**9726**	**—**	**491**	**—**
埇桥区	2825	2825	—	—	—
砀山县	295	295	—	—	—
萧县	1779	1646	—	133	—
灵璧县	2706	2391	—	315	—
泗县	1886	1886	—	—	—
市直单位	726	683	—	43	—
蚌埠市	**10067**	**9867**	**—**	**200**	**—**
龙子湖区	211	211	—	—	—
蚌山区	138	138	—	—	—
禹会区	510	510	—	—	—
淮上区	662	662	—	—	—
怀远县	3604	3404	—	200	—
五河县	2511	2511	—	—	—
固镇县	2431	2431	—	—	—
阜阳市	**9862**	**9862**	**—**	**—**	**—**
颍州区	752	752	—	—	—
颍东区	938	938	—	—	—
颍泉区	725	725	—	—	—
界首市	844	844	—	—	—
临泉县	2153	2153	—	—	—
太和县	1424	1424	—	—	—
阜南县	1482	1482	—	—	—
颍上县	1544	1544	—	—	—
淮南市	**6204**	**6204**	**—**	**—**	**—**
大通区	563	563	—	—	—
田家庵区	325	325	—	—	—
谢家集区	926	926	—	—	—
八公山区	230	230	—	—	—
潘集区	1727	1727	—	—	—
毛集区	209	209	—	—	—
凤台县	2224	2224	—	—	—
滁州市	**16659**	**16546**	**—**	**113**	**—**
琅琊区	187	187	—	—	—
南谯区	1866	1866	—	—	—

分县造林完成情况

单位:公顷

地　区	造林面积				更新造林
	合计	人工造林	飞播造林	无林地和疏林地新封山(沙)育林	
天长市	2782	2782	—	—	—
明光市	2172	2172	—	—	—
来安县	3335	3335	—	—	—
全椒县	2735	2735	—	—	—
定远县	2979	2866	—	113	—
凤阳县	603	603	—	—	—
六安市	**12553**	**12553**	**—**	**—**	**—**
金安区	2119	2119	—	—	—
裕安区	2657	2657	—	—	—
叶集区	593	593	—	—	—
霍邱县	951	951	—	—	—
舒城县	2330	2330	—	—	—
金寨县	2571	2571	—	—	—
霍山县	1332	1332	—	—	—
马鞍山市	**7916**	**6850**	**—**	**1066**	**—**
博望区	703	703	—	—	—
花山区	378	378	—	—	—
雨山区	407	407	—	—	—
当涂县	2178	2045	—	133	—
含山县	1110	843	—	267	—
和县	3140	2474	—	666	—
芜湖市	**13424**	**13424**	**—**	**—**	**—**
镜湖区	226	226	—	—	—
鸠江区	2798	2798	—	—	—
弋江区	792	792	—	—	—
三山区	606	606	—	—	—
芜湖县	1887	1887	—	—	—
繁昌县	516	516	—	—	—
南陵县	945	945	—	—	—
无为县	5370	5370	—	—	—
市直单位	284	284	—	—	—
宣城市	**13995**	**11914**	**—**	**2081**	**—**
宣州区	2620	2287	—	333	—
宁国市	1371	1104	—	267	—
郎溪县	1864	1597	—	267	—
广德县	3948	3535	—	413	—
泾县	2170	1903	—	267	—
绩溪县	1123	856	—	267	—
旌德县	899	632	—	267	—
铜陵市	**1422**	**1422**	**—**	**—**	**—**
狮子山区	128	128	—	—	—
铜陵郊区	172	172	—	—	—
铜陵县	1122	1122	—	—	—
池州市	**5687**	**5509**	**—**	**178**	**—**
贵池区	1548	1548	—	—	—
九华山区	35	35	—	—	—
东至县	2867	2756	—	111	—

分县造林完成情况

单位：公顷

地　区	造林面积				更新造林
	合计	人工造林	飞播造林	无林地和疏林地新封山（沙）育林	
石台县	204	204	—	—	—
青阳县	1033	966	—	67	—
安庆市	**15544**	**14891**	**—**	**653**	**—**
迎江区	210	210	—	—	—
大观区	567	567	—	—	—
宜秀区	614	494	—	120	—
桐城市	1518	1438	—	80	—
怀宁县	1491	1491	—	—	—
枞阳县	1414	1414	—	—	—
潜山县	1821	1821	—	—	—
太湖县	2725	2672	—	53	—
宿松县	2064	2064	—	—	—
望江县	1700	1700	—	—	—
岳西县	1420	1020	—	400	—
黄山市	**6059**	**4060**	**—**	**1999**	**—**
屯溪区	285	85	—	200	—
徽州区	559	292	—	267	—
黄山区	790	457	—	333	—
歙县	1989	1656	—	333	—
休宁县	968	635	—	333	—
黟县	435	235	—	200	—
祁门县	1033	700	—	333	—
福建省	**44346**	**44346**	**—**	**—**	**23303**
福州市	**4390**	**4390**	**—**	**—**	**1417**
平潭综合实验区	541	541	—	—	—
马尾区	43	43	—	—	—
晋安区	52	52	—	—	23
闽侯县	1105	1105	—	—	—
连江县	3	3	—	—	62
罗源县	791	791	—	—	100
闽清县	556	556	—	—	513
永泰县	447	447	—	—	50
福清县	383	383	—	—	471
长乐市	469	469	—	—	198
厦门市	**177**	**177**	**—**	**—**	**—**
海沧区	35	35	—	—	—
集美区	35	35	—	—	—
同安区	60	60	—	—	—
翔安区	47	47	—	—	—
莆田市	**1547**	**1547**	**—**	**—**	**280**
湄洲岛	18	18	—	—	—
北岸管委会	29	29	—	—	—
城厢区	75	75	—	—	—
涵江区	231	231	—	—	21
荔城区	59	59	—	—	—
秀屿区	204	204	—	—	54
仙游县	931	931	—	—	205

分县造林完成情况

单位:公顷

地　区	造林面积				更新造林
	合计	人工造林	飞播造林	无林地和疏林地新封山(沙)育林	
三明市	**8234**	**8234**	**—**	**—**	**9835**
梅列区	439	439	—	—	—
三元区	—	—	—	—	508
明溪县	169	169	—	—	1505
清流县	1267	1267	—	—	976
宁化县	670	670	—	—	683
大田县	1217	1217	—	—	822
尤溪县	740	740	—	—	1937
沙县	804	804	—	—	427
将乐县	1067	1067	—	—	640
泰宁县	537	537	—	—	1022
建宁县	56	56	—	—	576
永安市	1268	1268	—	—	739
泉州市	**2689**	**2689**	**—**	**—**	**999**
鲤城区	4	4	—	—	—
丰泽区	67	67	—	—	—
洛江区	44	44	—	—	13
泉港区	40	40	—	—	3
惠安县	153	153	—	—	13
安溪县	751	751	—	—	13
永春县	580	580	—	—	156
德化县	245	245	—	—	741
台商投资区	61	61	—	—	—
石狮市	94	94	—	—	—
晋江市	500	500	—	—	—
南安市	150	150	—	—	60
漳州市	**6734**	**6734**	**—**	**—**	**1954**
芗城区	74	74	—	—	13
龙文区	66	66	—	—	4
云霄县	795	795	—	—	231
漳浦县	1002	1002	—	—	170
诏安县	802	802	—	—	370
长泰县	760	760	—	—	418
东山县	159	159	—	—	36
南靖县	900	900	—	—	78
平和县	1030	1030	—	—	131
华安县	687	687	—	—	453
龙海市	459	459	—	—	50
南平市	**11434**	**11434**	**—**	**—**	**5210**
延平区	1559	1559	—	—	776
顺昌县	1017	1017	—	—	564
浦城县	1242	1242	—	—	444
光泽县	435	435	—	—	286
松溪县	742	742	—	—	144
政和县	481	481	—	—	256
邵武市	1413	1413	—	—	654
武夷山市	602	602	—	—	269

分县造林完成情况

单位：公顷

地　区	造林面积				更新造林
	合计	人工造林	飞播造林	无林地和疏林地新封山(沙)育林	
建瓯市	1889	1889	—	—	800
建阳市	2054	2054	—	—	1017
龙岩市	**3974**	**3974**	**—**	**—**	**2153**
新罗区	235	235	—	—	311
长汀县	1067	1067	—	—	—
永定县	283	283	—	—	—
上杭县	444	444	—	—	572
武平县	657	657	—	—	308
连城县	551	551	—	—	583
漳平市	737	737	—	—	379
宁德市	**5167**	**5167**	**—**	**—**	**1455**
蕉城区	464	464	—	—	227
霞浦县	471	471	—	—	107
古田县	385	385	—	—	—
屏南县	377	377	—	—	254
寿宁县	1747	1747	—	—	105
周宁县	228	228	—	—	163
柘荣县	359	359	—	—	17
福安市	292	292	—	—	308
福鼎市	844	844	—	—	274
江西省	**131973**	**130751**	**—**	**1222**	**13091**
南昌市	**2302**	**2302**	**—**	**—**	**102**
市辖区	133	133	—	—	—
湾里区	68	68	—	—	—
南昌县	267	267	—	—	—
新建县	600	600	—	—	—
安义县	424	424	—	—	—
进贤县	810	810	—	—	102
景德镇市	**2735**	**2735**	**—**	**—**	**329**
市辖区	480	480	—	—	—
昌江区	27	27	—	—	—
浮梁县	996	996	—	—	329
乐平市	1232	1232	—	—	—
萍乡市	**5765**	**5232**	**—**	**533**	**—**
市辖区	135	135	—	—	—
安源区	67	67	—	—	—
经济开发区	35	35	—	—	—
湘东区	1053	1053	—	—	—
莲花县	1788	1788	—	—	—
上栗县	1134	934	—	200	—
芦溪县	1553	1220	—	333	—
九江市	**15876**	**15876**	**—**	**—**	**1413**
庐山区	333	333	—	—	—
九江县	809	809	—	—	—
武宁县	2986	2986	—	—	240
修水县	2540	2540	—	—	796
永修县	1742	1742	—	—	—

分县造林完成情况

单位:公顷

地　区	造林面积				更新造林
	合计	人工造林	飞播造林	无林地和疏林地新封山(沙)育林	
德安县	1316	1316	—	—	—
星子县	680	680	—	—	150
都昌县	1600	1600	—	—	—
湖口县	810	810	—	—	—
彭泽县	1467	1467	—	—	—
瑞昌市	1533	1533	—	—	227
共青城	60	60	—	—	—
新余市	**4380**	**4380**	**—**	**—**	**—**
市辖区	200	200	—	—	—
渝水区	1359	1359	—	—	—
仙女湖	423	423	—	—	—
高新开发区	433	433	—	—	—
分宜县	1965	1965	—	—	—
鹰潭市	**3054**	**3054**	**—**	**—**	**—**
月湖区	67	67	—	—	—
龙虎山	200	200	—	—	—
余江县	840	840	—	—	—
贵溪市	1947	1947	—	—	—
赣州市	**32731**	**32651**	**—**	**80**	**2060**
市辖区	33	33	—	—	—
章贡区	333	333	—	—	—
赣县	1981	1981	—	—	—
信丰县	1062	982	—	80	1405
大余县	2223	2223	—	—	—
上犹县	1932	1932	—	—	—
崇义县	1427	1427	—	—	—
安远县	1666	1666	—	—	—
龙南县	1819	1819	—	—	—
定南县	2167	2167	—	—	533
全南县	1665	1665	—	—	—
宁都县	4947	4947	—	—	—
于都县	2888	2888	—	—	—
兴国县	2493	2493	—	—	—
会昌县	1320	1320	—	—	—
寻乌县	1666	1666	—	—	—
石城县	823	823	—	—	—
瑞金市	1420	1420	—	—	122
南康市	866	866	—	—	—
吉安市	**22423**	**21923**	**—**	**500**	**6353**
吉州区	200	200	—	—	67
青原区	733	500	—	233	100
吉安县	2529	2529	—	—	1144
吉水县	2336	2336	—	—	1133
峡江县	1986	1719	—	267	—
新干县	1367	1367	—	—	267
永丰县	2133	2133	—	—	1066
泰和县	796	796	—	—	1459

分县造林完成情况

单位:公顷

地　区	造林面积				更新造林
	合计	人工造林	飞播造林	无林地和疏林地新封山(沙)育林	
遂川县	2113	2113	—	—	607
万安县	1997	1997	—	—	—
安福县	3400	3400	—	—	510
永新县	1733	1733	—	—	—
井冈山市	1067	1067	—	—	—
井冈山国家级自然保护区	33	33	—	—	—
宜春市	**17222**	**17222**	**—**	**—**	**1324**
市辖区	133	133	—	—	—
袁州区	2633	2633	—	—	—
奉新县	1336	1336	—	—	132
万载县	1467	1467	—	—	—
上高县	1750	1750	—	—	—
宜丰县	2040	2040	—	—	600
靖安县	287	287	—	—	—
铜鼓县	1568	1568	—	—	—
丰城市	2534	2534	—	—	—
樟树市	1267	1267	—	—	—
高安市	2207	2207	—	—	592
抚州市	**9112**	**9112**	**—**	**—**	**1360**
临川区	600	600	—	—	—
南城县	314	314	—	—	—
黎川县	600	600	—	—	—
南丰县	608	608	—	—	—
崇仁县	800	800	—	—	—
乐安县	1872	1872	—	—	248
宜黄县	1533	1533	—	—	—
金溪县	530	530	—	—	—
资溪县	467	467	—	—	112
东乡县	1000	1000	—	—	1000
广昌县	788	788	—	—	—
上饶市	**16373**	**16264**	**—**	**109**	**150**
市辖区	200	200	—	—	—
信州区	80	80	—	—	—
上饶县	2149	2149	—	—	—
广丰县	1334	1334	—	—	50
玉山县	1067	1067	—	—	—
铅山县	1000	891	—	109	—
横峰县	733	733	—	—	—
弋阳县	644	644	—	—	—
余干县	3033	3033	—	—	—
鄱阳县	3000	3000	—	—	100
万年县	1433	1433	—	—	—
婺源县	740	740	—	—	—
德兴市	960	960	—	—	—
山东省	**224972**	**223560**	**—**	**1412**	**5397**
济南市	**14881**	**14881**	**—**	**—**	**118**
市中区	333	333	—	—	88

分县造林完成情况

单位:公顷

地　区	造林面积				更新造林
	合计	人工造林	飞播造林	无林地和疏林地新封山(沙)育林	
槐荫区	133	133	—	—	—
天桥区	150	150	—	—	—
历城区	1359	1359	—	—	—
长清区	3073	3073	—	—	30
平阴县	2744	2744	—	—	—
济阳县	1892	1892	—	—	—
商河县	2282	2282	—	—	—
章丘市	2915	2915	—	—	—
青岛市	**10402**	**10402**	**—**	**—**	**229**
市直单位	267	267	—	—	—
黄岛区	1667	1667	—	—	172
崂山区	35	35	—	—	—
城阳区	135	135	—	—	—
胶州市	1833	1833	—	—	—
即墨市	1653	1653	—	—	27
平度市	2279	2279	—	—	—
莱西市	2533	2533	—	—	30
淄博市	**10573**	**10573**	**—**	**—**	**—**
高新区	38	38	—	—	—
文昌湖区	415	415	—	—	—
淄川区	1736	1736	—	—	—
张店区	421	421	—	—	—
博山区	1867	1867	—	—	—
临淄区	468	468	—	—	—
周村区	213	213	—	—	—
桓台县	511	511	—	—	—
高青县	1897	1897	—	—	—
沂源县	3007	3007	—	—	—
枣庄市	**12619**	**12619**	**—**	**—**	**101**
市中区	1643	1643	—	—	12
薛城区	838	838	—	—	—
峄城区	3062	3062	—	—	—
台儿庄区	1803	1803	—	—	—
山亭区	2106	2106	—	—	—
滕州市	3167	3167	—	—	89
东营市	**8195**	**6783**	**—**	**1412**	**48**
东营区	1000	1000	—	—	—
河口区	1770	358	—	1412	—
垦利县	1677	1677	—	—	—
利津县	1700	1700	—	—	—
广饶县	2048	2048	—	—	48
烟台市	**17228**	**17228**	**—**	**—**	**—**
高新区	133	133	—	—	—
开发区	400	400	—	—	—
芝罘区	367	367	—	—	—
福山区	1153	1153	—	—	—
牟平区	1733	1733	—	—	—

分县造林完成情况

单位:公顷

地区	造林面积				更新造林
	合计	人工造林	飞播造林	无林地和疏林地新封山(沙)育林	
莱山区	673	673	—	—	—
长岛国家级自然保护区	200	200	—	—	—
龙口市	1400	1400	—	—	—
莱阳市	1655	1655	—	—	—
莱州市	1920	1920	—	—	—
蓬莱市	1151	1151	—	—	—
招远市	1843	1843	—	—	—
栖霞市	2218	2218	—	—	—
海阳市	1915	1915	—	—	—
昆嵛山保护区	467	467	—	—	—
潍坊市	**22416**	**22416**	**—**	**—**	**662**
滨海区	1240	1240	—	—	—
峡山区	537	537	—	—	22
高新区	345	345	—	—	—
保税区	1	1	—	—	—
潍城区	289	289	—	—	—
寒亭区	667	667	—	—	—
坊子区	709	709	—	—	—
奎文区	53	53	—	—	—
临朐县	2117	2117	—	—	—
昌乐县	2650	2650	—	—	—
青州市	2018	2018	—	—	—
诸城市	2583	2583	—	—	—
寿光市	2670	2670	—	—	110
安丘市	2351	2351	—	—	—
高密市	1700	1700	—	—	450
昌邑市	2486	2486	—	—	80
济宁市	**17804**	**17804**	**—**	**—**	**—**
任城区	596	596	—	—	—
微山县	733	733	—	—	—
鱼台县	680	680	—	—	—
金乡县	852	852	—	—	—
嘉祥县	1559	1559	—	—	—
汶上县	1255	1255	—	—	—
泗水县	3975	3975	—	—	—
梁山县	1349	1349	—	—	—
曲阜市	2047	2047	—	—	—
兖州区	410	410	—	—	—
邹城市	4348	4348	—	—	—
泰安市	**15712**	**15712**	**—**	**—**	**88**
泰山区	178	178	—	—	—
岱岳区	2413	2413	—	—	28
宁阳县	2845	2845	—	—	—
东平县	2540	2540	—	—	60
新泰市	4012	4012	—	—	—
肥城市	3724	3724	—	—	—

分县造林完成情况

单位:公顷

地　区	造林面积				更新造林
	合计	人工造林	飞播造林	无林地和疏林地新封山(沙)育林	
威海市	**7728**	**7728**	**—**	**—**	**225**
环翠区	185	185	—	—	225
文登市	2664	2664	—	—	—
荣成市	2423	2423	—	—	—
乳山市	2133	2133	—	—	—
工业新区	153	153	—	—	—
经济开发区	100	100	—	—	—
高新区	70	70	—	—	—
日照市	**8427**	**8427**	**—**	**—**	**46**
国际海洋城	93	93	—	—	—
山海天旅游度假区	194	194	—	—	—
东港区	1781	1781	—	—	—
岚山区	1379	1379	—	—	—
五莲县	3005	3005	—	—	—
莒县	1975	1975	—	—	46
莱芜市	**3994**	**3994**	**—**	**—**	**—**
市直单位	865	865	—	—	—
莱城区	2039	2039	—	—	—
钢城区	1090	1090	—	—	—
临沂市	**23432**	**23432**	**—**	**—**	**995**
临港经济开发区	727	727	—	—	—
蒙山旅游区管委会	869	869	—	—	—
高新区	424	424	—	—	—
兰山区	677	677	—	—	—
罗庄区	561	561	—	—	27
河东区	675	675	—	—	—
经济技术开发区	300	300	—	—	—
沂南县	2034	2034	—	—	37
郯城县	2337	2337	—	—	—
沂水县	2755	2755	—	—	814
苍山县	2100	2100	—	—	35
费县	2223	2223	—	—	52
平邑县	2048	2048	—	—	—
莒南县	2126	2126	—	—	30
蒙阴县	2240	2240	—	—	—
临沭县	1336	1336	—	—	—
德州市	**12757**	**12757**	**—**	**—**	**267**
经济开发区	435	435	—	—	267
德城区	291	291	—	—	—
陵县	1667	1667	—	—	—
宁津县	267	267	—	—	—
庆云县	1210	1210	—	—	—
临邑县	701	701	—	—	—
齐河县	2486	2486	—	—	—
平原县	984	984	—	—	—
夏津县	668	668	—	—	—
武城县	674	674	—	—	—

分县造林完成情况

单位:公顷

地　区	造林面积				更新造林
	合计	人工造林	飞播造林	无林地和疏林地新封山(沙)育林	
乐陵市	2066	2066	—	—	—
禹城市	1308	1308	—	—	—
聊城市	**11638**	**11638**	**—**	**—**	**1479**
经济开发区	508	508	—	—	—
高新开发区	334	334	—	—	—
旅游度假区	251	251	—	—	140
东昌府区	920	920	—	—	—
阳谷县	1002	1002	—	—	—
莘县	1730	1730	—	—	—
在平县	1339	1339	—	—	1339
东阿县	1333	1333	—	—	—
冠县	1470	1470	—	—	—
高唐县	1337	1337	—	—	—
临清市	1414	1414	—	—	—
滨州市	**12926**	**12926**	**—**	**—**	**1132**
经济开发区	274	274	—	—	—
滨城区	1011	1011	—	—	—
惠民县	1660	1660	—	—	—
阳信县	1409	1409	—	—	—
无棣县	2634	2634	—	—	—
沾化县	1952	1952	—	—	—
博兴县	1753	1753	—	—	430
邹平县	1596	1596	—	—	702
北海新区	326	326	—	—	—
高新区	311	311	—	—	—
菏泽市	**14240**	**14240**	**—**	**—**	**7**
市直单位	110	110	—	—	—
牡丹区	1400	1400	—	—	—
曹县	2100	2100	—	—	—
单县	1964	1964	—	—	7
成武县	1201	1201	—	—	—
巨野县	1468	1468	—	—	—
郓城县	1938	1938	—	—	—
鄄城县	1344	1344	—	—	—
定陶县	1145	1145	—	—	—
东明县	1570	1570	—	—	—
河南省	**260003**	**201251**	**13334**	**45418**	**—**
郑州市	**6549**	**6349**	**—**	**200**	**—**
惠济区	180	180	—	—	—
中牟县	2623	2623	—	—	—
巩义市	597	597	—	—	—
荥阳市	704	504	—	200	—
新密市	780	780	—	—	—
新郑市	891	891	—	—	—
登封市	774	774	—	—	—
开封市	**6841**	**6841**	**—**	**—**	**—**
龙亭区	41	41	—	—	—

分县造林完成情况

单位:公顷

地　区	造林面积				更新造林
	合计	人工造林	飞播造林	无林地和疏林地新封山(沙)育林	
顺河回族区	18	18	—	—	—
鼓楼区	15	15	—	—	—
杞县	1539	1539	—	—	—
通许县	947	947	—	—	—
尉氏县	2405	2405	—	—	—
开封县	864	864	—	—	—
兰考县	1012	1012	—	—	—
洛阳市	**36487**	**29200**	**1334**	**5953**	**—**
瀍河回族区	66	66	—	—	—
洛龙区	384	384	—	—	—
高新区	87	87	—	—	—
龙门管委会	224	224	—	—	—
伊滨区	78	78	—	—	—
孟津县	4416	4172	—	244	—
新安县	4260	3109	—	1151	—
栾川县	2769	1858	667	244	—
嵩县	6700	5097	—	1603	—
汝阳县	4966	3423	—	1543	—
宜阳县	1428	1184	—	244	—
洛宁县	4622	3511	667	444	—
伊川县	5059	4815	—	244	—
偃师市	1428	1192	—	236	—
平顶山市	**4893**	**4474**	**—**	**419**	**—**
新华区	96	96	—	—	—
卫东区	99	99	—	—	—
石龙区	96	96	—	—	—
湛河区	80	80	—	—	—
新城区	69	69	—	—	—
宝丰县	550	530	—	20	—
叶县	1143	1040	—	103	—
鲁山县	1404	1197	—	207	—
郏县	518	456	—	62	—
舞钢市	141	114	—	27	—
汝州市	697	697	—	—	—
安阳市	**12919**	**8071**	**3333**	**1515**	**—**
殷都区	26	26	—	—	—
龙安区	46	46	—	—	—
安阳新区	22	22	—	—	—
安阳县	3852	1635	2000	217	—
汤阴县	596	596	—	—	—
滑县	1119	1119	—	—	—
内黄县	695	695	—	—	—
林州市	6563	3932	1333	1298	—
鹤壁市	**20742**	**15516**	**3333**	**1893**	**—**
鹤山区	3386	2290	667	429	—
山城区	2177	1959	—	218	—
淇滨区	4708	2987	1333	388	—

分县造林完成情况

单位:公顷

地　区	造林面积				更新造林
	合计	人工造林	飞播造林	无林地和疏林地新封山(沙)育林	
浚县	2665	2665	—	—	—
淇县	7806	5615	1333	858	—
新乡市	**10026**	**6780**	**2000**	**1246**	**—**
红旗区	19	19	—	—	—
凤泉区	40	40	—	—	—
牧野区	4	4	—	—	—
新乡县	109	109	—	—	—
获嘉县	153	153	—	—	—
原阳县	957	957	—	—	—
延津县	862	862	—	—	—
封丘县	959	959	—	—	—
长垣县	535	535	—	—	—
卫辉市	2387	1247	667	473	—
辉县市	4001	1895	1333	773	—
焦作市	**10840**	**8777**	**667**	**1396**	**—**
解放区	120	120	—	—	—
中站区	902	762	—	140	—
马村区	232	192	—	40	—
高新区	89	89	—	—	—
山阳区	531	525	—	6	—
修武县	3946	2698	667	581	—
博爱县	825	444	—	381	—
武陟县	1948	1948	—	—	—
温县	400	400	—	—	—
沁阳市	1273	1025	—	248	—
孟州市	574	574	—	—	—
濮阳市	**9800**	**9800**	**—**	**—**	**—**
市辖区	673	673	—	—	—
华龙区	335	335	—	—	—
高新区	256	256	—	—	—
清丰县	1708	1708	—	—	—
南乐县	1284	1284	—	—	—
范县	1625	1625	—	—	—
台前县	1069	1069	—	—	—
濮阳县	2850	2850	—	—	—
许昌市	**7290**	**5285**	**1333**	**672**	**—**
魏都区	22	22	—	—	—
东城区	81	81	—	—	—
开发区	89	89	—	—	—
许昌县	435	435	—	—	—
鄢陵县	684	684	—	—	—
襄城县	550	550	—	—	—
禹州市	4764	2759	1333	672	—
长葛市	665	665	—	—	—
漯河市	**2291**	**2291**	**—**	**—**	**—**
市辖区	25	25	—	—	—
源汇区	114	114	—	—	—

分县造林完成情况

单位:公顷

地　区	造林面积				更新造林
	合计	人工造林	飞播造林	无林地和疏林地新封山(沙)育林	
郾城区	375	375	—	—	—
召陵区	366	366	—	—	—
舞阳县	743	743	—	—	—
临颍县	668	668	—	—	—
三门峡市	**20238**	**14907**	**1334**	**3997**	**—**
市辖区	67	67	—	—	—
湖滨区	1341	1300	—	41	—
渑池县	4544	3197	—	1347	—
陕县	4199	2803	—	1396	—
卢氏县	4720	3150	667	903	—
义马市	460	460	—	—	—
灵宝市	4907	3930	667	310	—
南阳市	**54523**	**35257**	**—**	**19266**	**—**
市辖区	429	429	—	—	—
宛城区	235	235	—	—	—
卧龙区	339	339	—	—	—
南召县	7293	4302	—	2991	—
方城县	2736	2171	—	565	—
西峡县	10393	6646	—	3747	—
镇平县	749	604	—	145	—
内乡县	3081	2014	—	1067	—
淅川县	15553	9148	—	6405	—
社旗县	1234	1101	—	133	—
唐河县	1782	1315	—	467	—
新野县	300	300	—	—	—
桐柏县	9690	5944	—	3746	—
邓州市	709	709	—	—	—
商丘市	**7706**	**7706**	**—**	**—**	**—**
梁园区	448	448	—	—	—
睢阳区	368	368	—	—	—
民权县	537	537	—	—	—
睢县	752	752	—	—	—
宁陵县	1152	1152	—	—	—
柘城县	1377	1377	—	—	—
虞城县	1082	1082	—	—	—
夏邑县	258	258	—	—	—
永城市	1732	1732	—	—	—
信阳市	**27000**	**22220**	**—**	**4780**	**—**
浉河区	2762	2165	—	597	—
平桥区	4118	3671	—	447	—
罗山县	3629	3298	—	331	—
光山县	5748	4271	—	1477	—
新县	3381	2450	—	931	—
商城县	3380	2383	—	997	—
固始县	683	683	—	—	—
潢川县	1187	1187	—	—	—
淮滨县	625	625	—	—	—

分县造林完成情况

单位:公顷

地　区	造林面积				更新造林
	合计	人工造林	飞播造林	无林地和疏林地新封山(沙)育林	
息县	1487	1487	—	—	—
周口市	**7399**	**7399**	**—**	**—**	**—**
市辖区	352	352	—	—	—
川汇区	33	33	—	—	—
扶沟县	785	785	—	—	—
西华县	475	475	—	—	—
商水县	845	845	—	—	—
沈丘县	768	768	—	—	—
郸城县	1230	1230	—	—	—
淮阳县	381	381	—	—	—
太康县	1008	1008	—	—	—
鹿邑县	812	812	—	—	—
项城市	710	710	—	—	—
驻马店市	**11480**	**7630**	**—**	**3850**	**—**
驿城区	873	308	—	565	—
西平县	424	424	—	—	—
上蔡县	623	623	—	—	—
平舆县	530	530	—	—	—
正阳县	322	322	—	—	—
确山县	1822	1051	—	771	—
泌阳县	5019	2567	—	2452	—
汝南县	724	724	—	—	—
遂平县	934	872	—	62	—
新蔡县	209	209	—	—	—
济源市	**2979**	**2748**	**—**	**231**	**—**
湖北省	**243799**	**168867**	**—**	**74932**	**3589**
武汉市	**3885**	**3885**	**—**	**—**	**—**
汉南区	143	143	—	—	—
蔡甸区	667	667	—	—	—
江夏区	875	875	—	—	—
黄陂区	1333	1333	—	—	—
新洲区	867	867	—	—	—
黄石市	**5267**	**4800**	**—**	**467**	**—**
大冶市	1800	1800	—	—	—
阳新县	3467	3000	—	467	—
十堰市	**33740**	**16720**	**—**	**17020**	**—**
市直单位	846	46	—	800	—
茅箭区	833	166	—	667	—
张湾区	333	—	—	333	—
郧阳区	4640	2733	—	1907	—
郧西县	5660	2647	—	3013	—
竹山县	4714	2447	—	2267	—
竹溪县	5660	3060	—	2600	—
房县	5147	2727	—	2420	—
丹江口市	5607	2794	—	2813	—
武当山特区	300	100	—	200	—

分县造林完成情况

单位：公顷

地区	造林面积				更新造林
	合计	人工造林	飞播造林	无林地和疏林地新封山（沙）育林	
宜昌市	**29727**	**13096**	**—**	**16631**	**—**
后河保护区	466	133	—	333	—
市直单位	433	100	—	333	—
点军区	435	102	—	333	—
猇亭区	433	100	—	333	—
夷陵区	4532	1273	—	3259	—
远安县	2133	1133	—	1000	—
兴山县	6006	1233	—	4773	—
秭归县	3273	1673	—	1600	—
长阳土家族自治县	3367	1900	—	1467	—
五峰土家族自治县	3541	1874	—	1667	—
宜都市	2801	1468	—	1333	—
当阳市	1000	1000	—	—	—
枝江市	1307	1107	—	200	—
襄阳市	**20695**	**13297**	**—**	**7398**	**643**
市直单位	20	20	—	—	—
高新区	7	7	—	—	—
襄城区	833	833	—	—	100
樊城区	360	360	—	—	—
襄州区	667	534	—	133	—
南漳县	5283	2336	—	2947	391
谷城县	3852	2800	—	1052	—
保康县	3933	2400	—	1533	—
老河口市	487	487	—	—	67
枣阳市	3853	2120	—	1733	—
宜城市	1400	1400	—	—	85
鄂州市	**2934**	**2467**	**—**	**467**	**—**
荆门市	**13341**	**12541**	**—**	**800**	**869**
东宝区	653	653	—	—	—
掇刀区	603	603	—	—	30
漳河新区	224	224	—	—	—
京山县	6387	5920	—	467	—
沙洋县	1873	1740	—	133	601
钟祥市	3134	2934	—	200	238
屈家岭管理局	467	467	—	—	—
孝感市	**9184**	**8118**	**—**	**1066**	**576**
市直单位	366	33	—	333	—
孝南区	1067	1067	—	—	160
孝昌县	2100	1767	—	333	—
大悟县	1300	900	—	400	—
云梦县	967	967	—	—	—
应城市	667	667	—	—	—
安陆市	1667	1667	—	—	366
汉川市	1050	1050	—	—	50
荆州市	**20950**	**20750**	**—**	**200**	**—**
市直单位	67	67	—	—	—
沙市区	1667	1667	—	—	—

分县造林完成情况

单位:公顷

地　区	造林面积				更新造林
	合计	人工造林	飞播造林	无林地和疏林地新封山(沙)育林	
荆州区	2120	2120	—	—	—
公安县	1467	1467	—	—	—
监利县	4000	4000	—	—	—
江陵县	2000	2000	—	—	—
石首市	3662	3662	—	—	—
洪湖市	3367	3367	—	—	—
松滋市	2600	2400	—	200	—
黄冈市	**26541**	**20075**	**—**	**6466**	**73**
黄州区	916	783	—	133	73
团风县	3000	2267	—	733	—
红安县	3407	2807	—	600	—
罗田县	2434	1767	—	667	—
英山县	3567	2700	—	867	—
浠水县	2100	1900	—	200	—
蕲春县	4539	2272	—	2267	—
黄梅县	733	600	—	133	—
麻城市	4332	3466	—	866	—
武穴市	1173	1173	—	—	—
龙感湖管理区	340	340	—	—	—
咸宁市	**23787**	**21654**	**—**	**2133**	**—**
市直单位	334	134	—	200	—
咸安区	3600	3267	—	333	—
嘉鱼县	2400	2400	—	—	—
通城县	3733	3733	—	—	—
崇阳县	4933	4466	—	467	—
通山县	4320	3987	—	333	—
赤壁市	4467	3667	—	800	—
随州市	**10423**	**8423**	**—**	**2000**	**—**
市直单位	1120	1120	—	—	—
曾都区	1370	1370	—	—	—
广水市	4200	2867	—	1333	—
随县	3733	3066	—	667	—
恩施土家族苗族自治州	**32713**	**14229**	**—**	**18484**	**141**
七姊妹山自然保护区	667	—	—	667	—
星斗山自然保护区	333	—	—	333	—
恩施市	3088	1035	—	2053	—
利川市	5000	1927	—	3073	117
建始县	4613	2680	—	1933	—
巴东县	3600	1600	—	2000	—
宣恩县	4267	2167	—	2100	—
咸丰县	3534	1504	—	2030	24
来凤县	3431	1536	—	1895	—
鹤峰县	4180	1780	—	2400	—
仙桃市	**2733**	**2733**	**—**	**—**	**333**
潜江市	**2746**	**2746**	**—**	**—**	**527**
天门市	**2453**	**2453**	**—**	**—**	**427**
神农架林区	**2317**	**517**	**—**	**1800**	**—**

分县造林完成情况

单位:公顷

地区	造林面积				更新造林
	合计	人工造林	飞播造林	无林地和疏林地新封山(沙)育林	
神农架林管局	2050	517	—	1533	—
神农架国家级自然保护区管理局	267	—	—	267	—
省直单位	**363**	**363**	**—**	**—**	**—**
林科院	67	67	—	—	—
太子山林管局	296	296	—	—	—
湖南省	**391942**	**229614**	**—**	**162328**	**18419**
长沙市	**13648**	**6648**	**—**	**7000**	**727**
长沙县	1567	900	—	667	120
望城区	1181	848	—	333	—
宁乡县	4700	2700	—	2000	587
浏阳市	6200	2200	—	4000	—
青羊湖林场	—	—	—	—	20
株洲市	**22984**	**13748**	**—**	**9236**	**552**
荷塘区	366	33	—	333	—
株洲县	2204	1204	—	1000	—
攸县	6280	3613	—	2667	552
茶陵县	6010	3675	—	2335	—
炎陵县	3924	2590	—	1334	—
醴陵市	4200	2633	—	1567	—
湘潭市	**10262**	**3714**	**—**	**6548**	**138**
雨湖区	33	33	—	—	5
九华经济开发区	20	20	—	—	—
岳塘区	94	94	—	—	—
湘潭县	4950	1950	—	3000	—
湘乡市	3312	1145	—	2167	133
韶山市	1291	291	—	1000	—
昭山示范区	562	181	—	381	—
衡阳市	**30952**	**19173**	**—**	**11779**	**752**
珠晖区	40	40	—	—	—
雁峰区	16	16	—	—	—
石鼓区	27	27	—	—	—
蒸湘区	630	107	—	523	—
南岳区	789	133	—	656	—
衡阳县	3658	2025	—	1633	133
衡南县	5220	3287	—	1933	—
衡山县	1188	921	—	267	—
衡东县	3594	2094	—	1500	500
祁东县	3713	2180	—	1533	53
耒阳市	5331	3464	—	1867	—
常宁市	6746	4879	—	1867	66
邵阳市	**39111**	**24275**	**—**	**14836**	**1349**
双清区	534	267	—	267	—
大祥区	1584	1200	—	384	—
北塔区	267	267	—	—	—
邵东县	3662	2107	—	1555	—
新邵县	2498	2200	—	298	—
邵阳县	3143	2800	—	343	—

分县造林完成情况

单位：公顷

地区	造林面积				更新造林
	合计	人工造林	飞播造林	无林地和疏林地新封山(沙)育林	
隆回县	2842	2402	—	440	58
洞口县	3513	3130	—	383	111
绥宁县	5488	2855	—	2633	137
新宁县	5600	2467	—	3133	80
城步苗族自治县	5044	2677	—	2367	810
武冈市	4936	1903	—	3033	153
岳阳市	**27415**	**18882**	**—**	**8533**	**1342**
岳阳楼区	47	47	—	—	—
云溪区	667	667	—	—	—
君山区	1333	1333	—	—	—
岳阳县	5867	3667	—	2200	67
华容县	2467	2000	—	467	—
湘阴县	2134	1667	—	467	—
平江县	6933	4900	—	2033	1067
汨罗市	4133	2400	—	1733	208
临湘市	3700	2067	—	1633	—
屈原区	134	134	—	—	—
常德市	**26925**	**17444**	**—**	**9481**	**314**
武陵区	605	138	—	467	—
鼎城区	4153	3420	—	733	67
安乡县	2494	2347	—	147	—
汉寿县	3560	2760	—	800	87
澧县	4293	2593	—	1700	—
临澧县	1813	746	—	1067	—
桃源县	6514	4047	—	2467	—
石门县	1853	553	—	1300	—
津市市	1640	840	—	800	160
张家界市	**12047**	**5194**	**—**	**6853**	**—**
永定区	4000	1667	—	2333	—
武陵源区	1300	100	—	1200	—
慈利县	4353	1687	—	2666	—
桑植县	2394	1740	—	654	—
益阳市	**22675**	**16007**	**—**	**6668**	**431**
资阳区	2400	1733	—	667	—
高新区	67	67	—	—	—
赫山区	2400	1733	—	667	—
南县	2400	2400	—	—	—
桃江县	2933	933	—	2000	—
安化县	6134	3467	—	2667	269
沅江市	5334	4667	—	667	—
大通湖区	1007	1007	—	—	162
郴州市	**49854**	**28520**	**—**	**21334**	**3769**
北湖区	2215	782	—	1433	—
苏仙区	3504	1737	—	1767	—
桂阳县	8263	6230	—	2033	—
宜章县	6016	3683	—	2333	333
永兴县	5587	3220	—	2367	425

分县造林完成情况

单位:公顷

地　区	造林面积				更新造林
	合计	人工造林	飞播造林	无林地和疏林地新封山(沙)育林	
嘉禾县	4174	2707	—	1467	—
临武县	5933	3466	—	2467	—
汝城县	3715	1815	—	1900	1287
桂东县	2967	1067	—	1900	200
安仁县	4568	2768	—	1800	204
资兴市	2912	1045	—	1867	1320
永州市	**48301**	**31443**	**—**	**16858**	**7069**
零陵区	3229	2000	—	1229	93
冷水滩区	3066	1666	—	1400	—
祁阳县	3821	2121	—	1700	206
东安县	2687	2020	—	667	—
双牌县	5726	3769	—	1957	1286
道县	4777	2710	—	2067	104
江永县	2495	2000	—	495	800
宁远县	6523	4923	—	1600	979
蓝山县	4175	2575	—	1600	931
新田县	4021	2544	—	1477	100
江华瑶族自治县	5130	3130	—	2000	1862
凤凰园管理区	166	166	—	—	—
金洞管理区	1999	1666	—	333	708
回龙圩管理区	486	153	—	333	—
怀化市	**43961**	**28719**	**—**	**15242**	**1688**
鹤城区	1557	948	—	609	40
中方县	3333	2333	—	1000	—
沅陵县	5216	3849	—	1367	150
辰溪县	3953	2353	—	1600	200
溆浦县	5233	3900	—	1333	333
会同县	3487	2154	—	1333	190
麻阳苗族自治县	3133	1933	—	1200	—
新晃侗族自治县	2933	1733	—	1200	—
芷江侗族自治县	3333	2266	—	1067	75
靖州苗族自治县	3486	2153	—	1333	200
通道侗族自治县	4262	2929	—	1333	333
洪江市	3168	1968	—	1200	100
洪江区	867	200	—	667	67
娄底市	**19734**	**9400**	**—**	**10334**	**267**
娄星区	1387	720	—	667	—
双峰县	4347	2347	—	2000	—
新化县	6727	2760	—	3967	267
冷水江市	2513	1180	—	1333	—
涟源市	4760	2393	—	2367	—
湘西土家族苗族自治州	**24073**	**6447**	**—**	**17626**	**21**
古丈县	2494	487	—	2007	—
吉首市	2703	741	—	1962	—
泸溪县	4348	1961	—	2387	—
凤凰县	2492	635	—	1857	—
花垣县	2482	574	—	1908	—

分县造林完成情况

单位:公顷

地　区	造林面积				更新造林
	合计	人工造林	飞播造林	无林地和疏林地新封山(沙)育林	
保靖县	2610	220	—	2390	21
永顺县	3288	720	—	2568	—
龙山县	3656	1109	—	2547	—
广东省	**151473**	**133218**	**—**	**18255**	**67842**
广州市	**1120**	**1120**	**—**	**—**	**700**
天河区	13	13	—	—	—
白云区	147	147	—	—	—
黄埔区	7	7	—	—	—
番禺区	227	227	—	—	—
花都区	33	33	—	—	133
南沙区	73	73	—	—	—
萝岗区	20	20	—	—	—
增城市	420	420	—	—	267
从化市	180	180	—	—	267
增城林场	—	—	—	—	33
深圳市	**2791**	**2789**	**—**	**2**	**11**
大鹏新区	5	5	—	—	—
龙华新区	956	956	—	—	—
罗湖区	1	1	—	—	—
福田区	1	1	—	—	—
南山区	81	81	—	—	—
宝安区	95	95	—	—	—
龙岗区	1394	1394	—	—	—
盐田区	2	—	—	2	—
光明新区	72	72	—	—	11
坪山新区	22	22	—	—	—
市直单位	147	147	—	—	—
绿化管理处	15	15	—	—	—
珠海市	**2852**	**2852**	**—**	**—**	**314**
市辖区	1490	1490	—	—	—
香洲区	241	241	—	—	241
斗门区	753	753	—	—	—
金湾区	153	153	—	—	—
万山海洋开发试验区	9	9	—	—	—
高新技术产业开发区	139	139	—	—	—
高栏港经济区	—	—	—	—	73
横琴新区	67	67	—	—	—
汕头市	**846**	**846**	**—**	**—**	**—**
潮阳区	200	200	—	—	—
潮南区	513	513	—	—	—
南澳县	133	133	—	—	—
佛山市	**—**	**—**	**—**	**—**	**1000**
高明区	—	—	—	—	1000
韶关市	**13933**	**10966**	**—**	**2967**	**13957**
武江区	533	533	—	—	667
浈江区	600	600	—	—	820
曲江区	1266	1266	—	—	93

分县造林完成情况

单位：公顷

地　区	造林面积				更新造林
	合计	人工造林	飞播造林	无林地和疏林地新封山(沙)育林	
始兴县	966	966	—	—	1066
仁化县	2080	2080	—	—	667
翁源县	3340	940	—	2400	2800
乳源瑶族自治县	1667	1667	—	—	667
新丰县	474	247	—	227	2905
乐昌市	2207	1867	—	340	1833
南雄市	800	800	—	—	1267
韶关林场	—	—	—	—	170
曲江林场	—	—	—	—	518
仁化林场	—	—	—	—	236
河口林场	—	—	—	—	118
九曲水林场	—	—	—	—	95
华溪林场	—	—	—	—	35
河源市	**27769**	**27196**	**—**	**573**	**3956**
源城区	79	79	—	—	—
紫金县	6854	6854	—	—	—
龙川县	9340	8767	—	573	—
连平县	2180	2180	—	—	3800
和平县	8373	8373	—	—	—
东源县	640	640	—	—	—
新丰江林管局	133	133	—	—	—
牛岭水林场	—	—	—	—	106
黎明林场	170	170	—	—	—
红星林场	—	—	—	—	50
梅州市	**29428**	**28968**	**—**	**460**	**1192**
梅江区	600	600	—	—	333
梅县	2666	2666	—	—	246
大埔县	1900	1900	—	—	300
丰顺县	6533	6533	—	—	—
五华县	10921	10921	—	—	233
平远县	1727	1727	—	—	—
蕉岭县	287	287	—	—	—
兴宁市	4794	4334	—	460	80
惠州市	**5941**	**4768**	**—**	**1173**	**1622**
惠城区	667	667	—	—	—
惠阳区	600	600	—	—	—
大亚湾区	67	67	—	—	—
仲恺区	918	598	—	320	89
博罗县	733	733	—	—	703
惠东县	1276	1276	—	—	481
龙门县	1680	827	—	853	—
梁化林场	—	—	—	—	24
罗浮山林场	—	—	—	—	27
象头山林场	—	—	—	—	35
平安林场	—	—	—	—	12
鸡笼山林场	—	—	—	—	56
水东陂林场	—	—	—	—	123

分县造林完成情况

单位:公顷

地　区	造林面积				更新造林
	合计	人工造林	飞播造林	无林地和疏林地新封山(沙)育林	
油田林场	—	—	—	—	19
市林科所	—	—	—	—	53
汕尾市	**20828**	**14875**	**—**	**5953**	**—**
城区	2126	833	—	1293	—
红海湾开发区	667	300	—	367	—
海丰县	3202	3202	—	—	—
陆河县	2800	2800	—	—	—
陆丰市	11101	6808	—	4293	—
吉溪林场	333	333	—	—	—
东海岸林场	466	466	—	—	—
湖东林场	133	133	—	—	—
东莞市	**—**	**—**	**—**	**—**	**5**
市林科所	—	—	—	—	5
中山市	**133**	**133**	**—**	**—**	**—**
江门市	**5419**	**5419**	**—**	**—**	**8978**
蓬江区	13	13	—	—	—
新会区	220	220	—	—	1600
台山市	673	673	—	—	333
开平市	1471	1471	—	—	2333
鹤山市	613	613	—	—	2600
恩平市	1030	1030	—	—	600
古兜山林场	180	180	—	—	—
大沙林场	127	127	—	—	273
狮山林场	129	129	—	—	92
河排林场	597	597	—	—	706
西坑林场	164	164	—	—	53
古斗林场	147	147	—	—	113
四堡林场	55	55	—	—	275
阳江市	**340**	**340**	**—**	**—**	**3227**
江城区	—	—	—	—	20
阳西县	—	—	—	—	400
阳东县	133	133	—	—	1200
阳春市	207	207	—	—	1000
阳江林场	—	—	—	—	400
花滩林场	—	—	—	—	207
湛江市	**678**	**678**	**—**	**—**	**5482**
雷州市	—	—	—	—	1133
坡头区	—	—	—	—	667
麻章区	—	—	—	—	133
经济技术开发区	—	—	—	—	67
遂溪县	133	133	—	—	487
徐闻县	268	268	—	—	857
廉江市	270	270	—	—	1730
吴川市	—	—	—	—	333
防护林场	7	7	—	—	7
吴川林场	—	—	—	—	68

分县造林完成情况

单位:公顷

地　区	造林面积				更新造林
	合计	人工造林	飞播造林	无林地和疏林地新封山(沙)育林	
茂名市	**3086**	**2733**	**—**	**353**	**3326**
市辖区	133	133	—	—	33
茂南区	—	—	—	—	67
电白县	1353	1000	—	353	353
高州市	927	927	—	—	1400
化州市	207	207	—	—	540
信宜市	100	100	—	—	100
八一林场	—	—	—	—	47
厚元林场	—	—	—	—	33
东镇林场	—	—	—	—	7
新田林场	200	200	—	—	—
荷塘林场	66	66	—	—	113
文楼林场	—	—	—	—	187
播扬林场	—	—	—	—	200
平定林场	—	—	—	—	80
丽岗林场	100	100	—	—	53
电白林场	—	—	—	—	113
肇庆市	**2957**	**2890**	**—**	**67**	**8859**
广宁县	—	—	—	—	400
怀集县	587	520	—	67	4000
封开县	1417	1417	—	—	—
德庆县	620	620	—	—	—
高要市	—	—	—	—	3500
四会市	—	—	—	—	368
北岭山林场	333	333	—	—	104
清桂林场	—	—	—	—	48
葵洞林场	—	—	—	—	21
大水口林场	—	—	—	—	114
大坑山林场	—	—	—	—	40
新岗林场	—	—	—	—	264
清远市	**11947**	**11267**	**—**	**680**	**5797**
清城区	67	67	—	—	600
佛冈县	195	195	—	—	65
阳山县	1687	1687	—	—	1467
连山壮族瑶族自治县	1427	1200	—	227	—
连南瑶族自治县	1413	1300	—	113	467
清新区	2073	2073	—	—	400
英德市	2120	1780	—	340	1253
连州市	1593	1593	—	—	1333
银盏林场	73	73	—	—	—
笔架林场	85	85	—	—	—
天堂山林场	137	137	—	—	—
英德林场	116	116	—	—	200
长江坝林场	174	174	—	—	—
金鸡林场	67	67	—	—	—
铁溪林场	153	153	—	—	—

分县造林完成情况

单位：公顷

地 区	造林面积				更新造林
	合计	人工造林	飞播造林	无林地和疏林地新封山(沙)育林	
羊角山林场	21	21	—	—	—
小龙林场	111	111	—	—	—
龙坪林场	20	20	—	—	—
杨梅林场	415	415	—	—	12
潮州市	**8700**	**3000**	**—**	**5700**	**—**
市辖区	167	—	—	167	—
湘桥区	946	333	—	613	—
潮安区	1707	600	—	1107	—
饶平县	5880	2067	—	3813	—
揭阳市	**9700**	**9700**	**—**	**—**	**—**
榕城区	267	267	—	—	—
揭东区	707	707	—	—	—
揭西县	3633	3633	—	—	—
惠来县	2340	2340	—	—	—
普宁市	2553	2553	—	—	—
空港经济区	100	100	—	—	—
蓝城区	100	100	—	—	—
云浮市	**2244**	**1917**	**—**	**327**	**3989**
云城区	67	67	—	—	667
新兴县	252	152	—	100	667
郁南县	133	133	—	—	667
云安区	492	492	—	—	530
罗定市	1296	1069	—	227	951
大云雾林场	—	—	—	—	77
龙埇林场	—	—	—	—	340
飞马林场	—	—	—	—	69
同乐林场	4	4	—	—	21
雷州林业局	**—**	**—**	**—**	**—**	**3196**
省直林场	**748**	**748**	**—**	**—**	**2231**
西江林业局	200	200	—	—	746
乳阳林业局	133	133	—	—	133
龙眼洞林场	—	—	—	—	10
天井山林场	55	55	—	—	55
樟木头林场	260	260	—	—	260
乐昌林场	100	100	—	—	300
连山林场	—	—	—	—	100
东江林场	—	—	—	—	305
九连山林场	—	—	—	—	322
湛江红树林国家级自然保护区	**13**	**13**	**—**	**—**	**—**
广西壮族自治区	**143651**	**117985**	**—**	**25666**	**86585**
南宁市	**5324**	**5324**	**—**	**—**	**8119**
兴宁区	469	469	—	—	667
青秀区	720	720	—	—	467
江南区	478	478	—	—	470
西乡塘区	815	815	—	—	610
良庆区	569	569	—	—	—

分县造林完成情况

单位:公顷

地 区	造林面积				更新造林
	合计	人工造林	飞播造林	无林地和疏林地新封山(沙)育林	
邕宁区	533	533	—	—	467
武鸣县	267	267	—	—	1705
隆安县	335	335	—	—	1118
马山县	333	333	—	—	257
上林县	270	270	—	—	330
宾阳县	267	267	—	—	533
横县	268	268	—	—	1495
柳州市	**11223**	**11156**	**—**	**67**	**4611**
鱼峰区	—	—	—	—	28
柳南区	201	201	—	—	17
柳北区	60	60	—	—	90
柳江县	921	854	—	67	389
柳城县	2101	2101	—	—	152
鹿寨县	2937	2937	—	—	155
融安县	2106	2106	—	—	1168
融水苗族自治县	2579	2579	—	—	2018
三江侗族自治县	318	318	—	—	594
桂林市	**25144**	**14421**	**—**	**10723**	**3601**
雁山区	23	23	—	—	5
阳朔县	1710	227	—	1483	325
临桂县	2569	1369	—	1200	420
灵川县	1732	1190	—	542	133
全州县	3957	3262	—	695	267
兴安县	1213	1213	—	—	23
永福县	2379	1712	—	667	842
灌阳县	2024	1914	—	110	315
龙胜各族自治县	1136	1136	—	—	668
资源县	600	600	—	—	136
平乐县	1801	368	—	1433	133
荔浦县	2600	1007	—	1593	—
恭城瑶族自治县	3400	400	—	3000	334
梧州市	**8544**	**8544**	**—**	**—**	**11331**
万秀区	161	161	—	—	447
长洲区	261	261	—	—	284
苍梧县	2191	2191	—	—	1228
藤县	2640	2640	—	—	3373
蒙山县	1069	1069	—	—	1268
岑溪市	1741	1741	—	—	3596
龙圩区	481	481	—	—	1135
北海市	**486**	**486**	**—**	**—**	**2017**
银海区	36	36	—	—	104
铁山港区	—	—	—	—	136
合浦县	450	450	—	—	1777
防城港市	**6095**	**5095**	**—**	**1000**	**1029**
港口区	200	200	—	—	—
防城区	3681	2681	—	1000	—

分县造林完成情况

单位:公顷

地　区	造林面积				更新造林
	合计	人工造林	飞播造林	无林地和疏林地新封山(沙)育林	
上思县	1890	1890	—	—	1019
东兴市	324	324	—	—	10
钦州市	**3521**	**3521**	**—**	**—**	**2284**
钦南区	811	811	—	—	529
钦北区	700	700	—	—	343
灵山县	1431	1431	—	—	1340
浦北县	579	579	—	—	72
贵港市	**3141**	**3141**	**—**	**—**	**8674**
港北区	395	395	—	—	186
港南区	706	706	—	—	1231
覃塘区	365	365	—	—	199
平南县	1008	1008	—	—	2098
桂平市	667	667	—	—	4960
玉林市	**1985**	**1985**	**—**	**—**	**3031**
玉州区	7	7	—	—	142
福绵区	114	114	—	—	389
容县	541	541	—	—	696
陆川县	323	323	—	—	184
博白县	379	379	—	—	568
兴业县	225	225	—	—	810
北流市	396	396	—	—	242
百色市	**32315**	**23651**	**—**	**8664**	**5175**
右江区	3049	3049	—	—	134
田阳县	3099	1455	—	1644	66
田东县	1534	1534	—	—	109
平果县	2556	1161	—	1395	99
德保县	2805	856	—	1949	187
靖西县	1934	534	—	1400	—
那坡县	1325	905	—	420	146
凌云县	2091	1467	—	624	200
乐业县	3427	2195	—	1232	318
田林县	4731	4731	—	—	2930
西林县	3231	3231	—	—	853
隆林各族自治县	2533	2533	—	—	133
贺州市	**8779**	**8659**	**—**	**120**	**11297**
八步区	3571	3571	—	—	6294
平桂区	2267	2267	—	—	1338
昭平县	568	568	—	—	1324
钟山县	480	480	—	—	1423
富川瑶族自治县	1893	1773	—	120	918
河池市	**25966**	**23368**	**—**	**2598**	**5002**
金城江区	1029	676	—	353	214
南丹县	3134	3134	—	—	667
天峨县	1902	1902	—	—	1216
凤山县	4924	4924	—	—	564
东兰县	3272	1832	—	1440	506

分县造林完成情况

单位:公顷

地区	造林面积				更新造林
	合计	人工造林	飞播造林	无林地和疏林地新封山(沙)育林	
罗城仫佬族自治县	2800	2800	—	—	1000
环江毛南族自治县	625	487	—	138	88
巴马瑶族自治县	2298	2298	—	—	66
都安瑶族自治县	1606	1606	—	—	128
大化瑶族自治县	2734	2067	—	667	62
宜州市	1642	1642	—	—	491
来宾市	**4925**	**3355**	**—**	**1570**	**3076**
兴宾区	2600	1267	—	1333	144
忻城县	455	455	—	—	172
象州县	377	377	—	—	1278
武宣县	663	663	—	—	455
金秀瑶族自治县	523	523	—	—	988
合山市	307	70	—	237	39
崇左市	**5437**	**4513**	**—**	**924**	**5082**
江州区	138	138	—	—	1169
扶绥县	1124	200	—	924	304
宁明县	2574	2574	—	—	2350
龙州县	1016	1016	—	—	—
大新县	141	141	—	—	93
天等县	244	244	—	—	733
凭祥市	200	200	—	—	433
高峰林场	**—**	**—**	**—**	**—**	**485**
七坡林场	**2**	**2**	**—**	**—**	**120**
东门林场	**—**	**—**	**—**	**—**	**559**
派阳山林场	**—**	**—**	**—**	**—**	**42**
钦廉林场	**—**	**—**	**—**	**—**	**1842**
六万林场	**223**	**223**	**—**	**—**	**3080**
博白林场	**31**	**31**	**—**	**—**	**577**
维都林场	**—**	**—**	**—**	**—**	**354**
三门江林场	**—**	**—**	**—**	**—**	**1254**
黄冕林场	**—**	**—**	**—**	**—**	**208**
大桂山林场	**133**	**133**	**—**	**—**	**2988**
雅长林场	**377**	**377**	**—**	**—**	**572**
南宁树木园	**—**	**—**	**—**	**—**	**105**
沙塘林场	**—**	**—**	**—**	**—**	**70**
海南省	**8802**	**8802**	**—**	**—**	**13408**
海口市	316	316	—	—	573
三亚市	7	7	—	—	1334
五指山市	100	100	—	—	164
文昌市	563	563	—	—	988
琼海市	328	328	—	—	477
万宁市	710	710	—	—	133
定安县	798	798	—	—	250
屯昌县	—	—	—	—	970
澄迈县	409	409	—	—	911
临高县	341	341	—	—	889

分县造林完成情况

单位:公顷

地区	造林面积				更新造林
	合计	人工造林	飞播造林	无林地和疏林地新封山(沙)育林	
儋州市	980	980	—	—	1010
白沙黎族自治县	469	469	—	—	519
昌江黎族自治县	595	595	—	—	166
东方市	824	824	—	—	114
乐东黎族自治县	1956	1956	—	—	598
陵水黎族自治县	—	—	—	—	500
保亭黎族苗族自治县	26	26	—	—	195
琼中黎族苗族自治县	141	141	—	—	970
岛东林场	—	—	—	—	2520
上埇林场	—	—	—	—	27
澄迈林场	—	—	—	—	100
岛西林场	29	29	—	—	—
昌化林场	10	10	—	—	—
东寨港国家级自然保护区	200	200	—	—	—
重庆市	**191001**	**138820**	**—**	**52181**	**1811**
万州区	9533	6867	—	2666	—
黔江区	6477	4533	—	1944	—
涪陵区	7334	4667	—	2667	—
大渡口区	67	67	—	—	—
江北区	133	133	—	—	200
沙坪坝区	133	133	—	—	—
九龙坡区	133	133	—	—	—
南岸区	133	133	—	—	267
北碚区	1333	1333	—	—	—
万盛区	2000	1333	—	667	—
渝北区	1638	1638	—	—	—
巴南区	2000	1333	—	667	—
长寿区	4666	3333	—	1333	—
南川区	5800	4667	—	1133	10
江津区	3533	3533	—	—	—
合川区	4572	4572	—	—	—
永川区	4666	3333	—	1333	667
綦江县	3333	3333	—	—	—
潼南县	3333	3333	—	—	—
铜梁县	3333	3333	—	—	—
大足区	4666	3333	—	1333	—
荣昌县	4666	3333	—	1333	—
璧山县	1061	1061	—	—	—
梁平县	3333	3333	—	—	—
城口县	6456	6000	—	456	—
丰都县	4804	4667	—	137	—
垫江县	6000	4667	—	1333	—
武隆县	8019	4686	—	3333	—
忠县	4667	4000	—	667	667
开县	7334	4667	—	2667	—
云阳县	9198	6000	—	3198	—

分县造林完成情况

单位：公顷

地　区	造林面积				更新造林
	合计	人工造林	飞播造林	无林地和疏林地新封山(沙)育林	
奉节县	9667	6000	—	3667	—
巫山县	10530	6000	—	4530	—
巫溪县	10718	6000	—	4718	—
石柱土家族自治县	6945	5333	—	1612	—
秀山土家族苗族自治县	8667	6000	—	2667	—
酉阳土家族苗族自治县	9892	6000	—	3892	—
彭水苗族土家族自治县	10228	6000	—	4228	—
四川省	**98226**	**67812**	**—**	**30414**	**627**
成都市	**1133**	**1133**	**—**	**—**	**—**
青白江区	133	133	—	—	—
金堂县	333	333	—	—	—
都江堰市	667	667	—	—	—
自贡市	**3298**	**3298**	**—**	**—**	**74**
自流井区	167	167	—	—	—
贡井区	143	143	—	—	—
大安区	452	452	—	—	—
沿滩区	380	380	—	—	—
荣县	1591	1591	—	—	47
富顺县	565	565	—	—	27
攀枝花市	**333**	**333**	**—**	**—**	**—**
盐边县	333	333	—	—	—
泸州市	**2312**	**1979**	**—**	**333**	**120**
纳溪区	47	47	—	—	—
合江县	—	—	—	—	120
叙永县	1799	1799	—	—	—
古蔺县	466	133	—	333	—
德阳市	**500**	**500**	**—**	**—**	**—**
罗江县	300	300	—	—	—
绵竹市	200	200	—	—	—
绵阳市	**2463**	**2130**	**—**	**333**	**—**
游仙区	2	2	—	—	—
三台县	1061	1061	—	—	—
盐亭县	800	800	—	—	—
平武县	333	—	—	333	—
江油市	267	267	—	—	—
广元市	**2199**	**1533**	**—**	**666**	**—**
利州区	667	667	—	—	—
元坝区	200	200	—	—	—
旺苍县	333	—	—	333	—
青川县	333	333	—	—	—
苍溪县	666	333	—	333	—
遂宁市	**600**	**600**	**—**	**—**	**—**
安居区	133	133	—	—	—
射洪县	267	267	—	—	—
大英县	200	200	—	—	—
内江市	**399**	**399**	**—**	**—**	**—**

分县造林完成情况

单位:公顷

地 区	造林面积				更新造林
	合计	人工造林	飞播造林	无林地和疏林地新封山(沙)育林	
资中县	133	133	—	—	—
隆昌县	266	266	—	—	—
乐山市	**7243**	**2230**	**—**	**5013**	**—**
沙湾区	200	200	—	—	—
金口河区	158	12	—	146	—
犍为县	333	333	—	—	—
川南林业局	4667	—	—	4667	—
峨边彝族自治县	619	419	—	200	—
马边彝族自治县	1000	1000	—	—	—
峨眉山市	266	266	—	—	—
南充市	**2762**	**2762**	**—**	**—**	**—**
高坪区	333	333	—	—	—
嘉陵区	333	333	—	—	—
南部县	230	230	—	—	—
营山县	933	933	—	—	—
仪陇县	267	267	—	—	—
西充县	333	333	—	—	—
阆中市	333	333	—	—	—
眉山市	**1466**	**1133**	**—**	**333**	**—**
东坡区	300	300	—	—	—
仁寿县	233	233	—	—	—
彭山县	200	200	—	—	—
洪雅县	733	400	—	333	—
宜宾市	**11038**	**11038**	**—**	**—**	**100**
翠屏区	333	333	—	—	—
宜宾县	1633	1633	—	—	—
南溪县	1933	1933	—	—	100
江安县	1466	1466	—	—	—
长宁县	1267	1267	—	—	—
高县	593	593	—	—	—
珙县	813	813	—	—	—
筠连县	1040	1040	—	—	—
兴文县	1333	1333	—	—	—
屏山县	627	627	—	—	—
广安市	**5777**	**5777**	**—**	**—**	**—**
前锋区	533	533	—	—	—
广安区	2333	2333	—	—	—
岳池县	733	733	—	—	—
武胜县	698	698	—	—	—
邻水县	480	480	—	—	—
华蓥市	1000	1000	—	—	—
达州市	**1399**	**1399**	**—**	**—**	**—**
通川区	133	133	—	—	—
达川区	133	133	—	—	—
大竹县	133	133	—	—	—
渠县	667	667	—	—	—

分县造林完成情况

单位:公顷

地　区	造林面积				更新造林
	合计	人工造林	飞播造林	无林地和疏林地新封山(沙)育林	
万源市	333	333	—	—	—
雅安市	**1023**	**—**	**—**	**1023**	**—**
汉源县	1023	—	—	1023	—
巴中市	**4483**	**3816**	**—**	**667**	**—**
巴州区	334	—	—	334	—
恩阳区	133	133	—	—	—
通江县	1755	1422	—	333	—
南江县	1594	1594	—	—	—
平昌县	667	667	—	—	—
资阳市	**466**	**466**	**—**	**—**	**—**
雁江区	200	200	—	—	—
安岳县	133	133	—	—	—
乐至县	133	133	—	—	—
阿坝藏族羌族自治州	**13446**	**9012**	**—**	**4434**	**—**
汶川县	1455	1122	—	333	—
理县	333	333	—	—	—
茂县	1923	1390	—	533	—
松潘县	3292	3292	—	—	—
金川县	1200	1200	—	—	—
小金县	1584	584	—	1000	—
黑水县	363	363	—	—	—
马尔康县	995	428	—	567	—
壤塘县	80	80	—	—	—
阿坝县	220	220	—	—	—
小金林业局	667	—	—	667	—
观音桥林业局	667	—	—	667	—
林业筑路工程处	667	—	—	667	—
甘孜藏族自治州	**2998**	**999**	**—**	**1999**	**—**
丹巴县	133	133	—	—	—
新龙县	67	67	—	—	—
白玉县	466	466	—	—	—
巴塘县	333	333	—	—	—
道孚林业局	666	—	—	666	—
翁达林业局	666	—	—	666	—
工程处	667	—	—	667	—
凉山彝族自治州	**17355**	**15742**	**—**	**1613**	**333**
木里藏族自治县	437	157	—	280	—
德昌县	4667	4667	—	—	—
会理县	1200	1200	—	—	—
会东县	333	333	—	—	—
宁南县	1533	1533	—	—	—
普格县	133	133	—	—	—
布拖县	333	333	—	—	—
金阳县	133	133	—	—	—
喜德县	1133	1133	—	—	—
冕宁县	267	267	—	—	333

分县造林完成情况

单位:公顷

地　区	造林面积				更新造林
	合计	人工造林	飞播造林	无林地和疏林地新封山(沙)育林	
越西县	667	667	—	—	—
甘洛县	333	333	—	—	—
美姑县	333	333	—	—	—
雷波县	1853	1853	—	—	—
雷波林业局	1466	1133	—	333	—
凉北林业局	1200	867	—	333	—
林业第五筑路工程处	1334	667	—	667	—
省直单位	**15533**	**1533**	**—**	**14000**	**—**
长江造林局	8600	933	—	7667	—
大渡河造林局	6933	600	—	6333	—
贵州省	**320000**	**233361**	**—**	**86639**	**—**
贵阳市	**14672**	**5728**	**—**	**8943**	**—**
乌当区	1772	385	—	1387	—
花溪区	1635	511	—	1123	—
白云区	866	406	—	460	—
南明区	264	264	—	—	—
云岩区	55	55	—	—	—
清镇市	3106	1649	—	1457	—
开阳县	2723	856	—	1867	—
修文县	1471	494	—	977	—
息烽县	2554	882	—	1672	—
市直单位	227	227	—	—	—
六盘水市	**31311**	**25708**	**—**	**5602**	**—**
六枝特区	6833	4979	—	1854	—
盘县	11472	10607	—	865	—
水城县	9723	8088	—	1636	—
钟山区	2637	1389	—	1248	—
市直单位	647	647	—	—	—
遵义市	**48377**	**32506**	**—**	**15870**	**—**
红花岗区	508	508	—	—	—
汇川区	2546	1313	—	1233	—
遵义县	3479	2259	—	1220	—
桐梓县	4253	3153	—	1100	—
绥阳县	2693	1227	—	1467	—
湄潭县	3650	2637	—	1013	—
凤冈县	3641	2495	—	1147	—
余庆县	3085	1579	—	1507	—
仁怀市	3100	1927	—	1173	—
赤水市	4133	4133	—	—	—
习水县	4099	3073	—	1027	—
正安县	3271	2164	—	1107	—
道真仡佬族苗族自治县	2807	1605	—	1202	—
务川仡佬族苗族自治县	4033	2660	—	1373	—
新浦新区	1638	336	—	1302	—
市直单位	1440	1440	—	—	—

分县造林完成情况

单位:公顷

地　区	造林面积				更新造林
	合计	人工造林	飞播造林	无林地和疏林地新封山(沙)育林	
安顺市	**24273**	**17117**	**—**	**7157**	**—**
西秀区	3917	2951	—	967	—
平坝县	1583	831	—	752	—
普定县	5132	3545	—	1587	—
镇宁布依族苗族自治县	3367	2257	—	1111	—
关岭布依族苗族自治县	5422	4307	—	1116	—
紫云苗族布依族自治县	3367	2191	—	1176	—
黄果树管委会	700	251	—	449	—
开发区	25	25	—	—	—
市直单位	760	760	—	—	—
黔南布依族苗族自治州	**38774**	**24930**	**—**	**13844**	**—**
都匀市	2815	1655	—	1160	—
独山县	4047	2887	—	1160	—
平塘县	3325	1667	—	1659	—
荔波县	4753	3653	—	1100	—
三都水族县	3098	2129	—	969	—
福泉市	2605	1405	—	1200	—
瓮安县	3313	2077	—	1236	—
贵定县	3564	1964	—	1600	—
龙里县	2364	1464	—	900	—
惠水县	2626	1626	—	1000	—
长顺县	2961	1101	—	1861	—
罗甸县	2203	2203	—	—	—
都匀开发区	187	187	—	—	—
州直单位	913	913	—	—	—
黔东南苗族侗族自治州	**29201**	**23261**	**—**	**5940**	**—**
凯里市	1404	1404	—	—	—
黄平县	2649	1399	—	1250	—
麻江县	2304	904	—	1400	—
丹寨县	2987	1636	—	1351	—
雷山县	413	413	—	—	—
施秉县	1938	969	—	969	—
镇远县	54	54	—	—	—
三穗县	260	260	—	—	—
岑巩县	2077	1107	—	970	—
天柱县	2458	2458	—	—	—
锦屏县	2793	2793	—	—	—
黎平县	5053	5053	—	—	—
榕江县	491	491	—	—	—
从江县	2458	2458	—	—	—
剑河县	733	733	—	—	—
台江县	320	320	—	—	—
州直单位	807	807	—	—	—
毕节市	**52697**	**41924**	**—**	**10773**	**—**
七星关区	4964	3762	—	1202	—

分县造林完成情况

单位：公顷

地区	造林面积				更新造林
	合计	人工造林	飞播造林	无林地和疏林地新封山（沙）育林	
大方县	9476	7589	—	1887	—
黔西县	3047	2189	—	858	—
金沙县	4416	3839	—	577	—
织金县	7128	4908	—	2220	—
纳雍县	6639	4889	—	1750	—
威宁彝族回族苗族自治县	4173	4173	—	—	—
赫章县	9310	7613	—	1696	—
百管委	1425	842	—	582	—
双山新区	553	553	—	—	—
市直单位	1567	1567	—	—	—
铜仁市	**48491**	**37091**	**—**	**11400**	**—**
碧江区	2958	1756	—	1202	—
松桃苗族自治县	5263	4072	—	1191	—
玉屏侗族自治县	2316	1642	—	673	—
万山区	3949	2729	—	1220	—
江口县	3747	2868	—	879	—
石阡县	5451	4771	—	679	—
印江土家族苗族自治县	5496	4404	—	1092	—
思南县	7772	6144	—	1628	—
德江县	5817	4351	—	1467	—
沿河土家族自治县	5563	4194	—	1369	—
市直单位	160	160	—	—	—
黔西南布依族苗族自治州	**31257**	**24322**	**—**	**6936**	**—**
兴义市	4655	3570	—	1085	—
兴仁县	2573	2166	—	407	—
贞丰县	2553	2103	—	450	—
册亨县	3233	1716	—	1517	—
望谟县	8814	8285	—	528	—
普安县	2985	1915	—	1069	—
晴隆县	2677	2077	—	600	—
安龙县	2287	1471	—	817	—
巧马林场	47	47	—	—	—
义龙新区	827	365	—	462	—
州直单位	607	607	—	—	—
厅直单位	**573**	**573**	**—**	**—**	**—**
扎佐林场	107	107	—	—	—
草海保护区	333	333	—	—	—
宽阔水保护区	133	133	—	—	—
贵安新区	**373**	**200**	**—**	**173**	**—**
云南省	**400355**	**334593**	**—**	**65762**	**—**
昆明市	**21824**	**11456**	**—**	**10368**	**—**
五华区	1660	147	—	1513	—
盘龙区	1667	1000	—	667	—
西山区	2434	289	—	2145	—
东川区	3467	3467	—	—	—

分县造林完成情况

单位:公顷

地　区	造林面积				更新造林
	合计	人工造林	飞播造林	无林地和疏林地新封山(沙)育林	
呈贡县	3644	285	—	3359	—
晋宁县	667	—	—	667	—
富民县	1167	1167	—	—	—
宜良县	777	777	—	—	—
石林彝族自治县	2966	949	—	2017	—
禄劝彝族苗族自治县	1427	1427	—	—	—
寻甸回族彝族自治县	1948	1948	—	—	—
曲靖市	**31252**	**25087**	**—**	**6165**	**—**
麒麟区	3114	2173	—	941	—
马龙县	2954	1897	—	1057	—
陆良县	1355	1355	—	—	—
师宗县	3900	3900	—	—	—
罗平县	3496	3496	—	—	—
富源县	2600	2600	—	—	—
会泽县	3233	3233	—	—	—
沾益县	2600	2200	—	400	—
宣威市	8000	4233	—	3767	—
玉溪市	**23970**	**14343**	**—**	**9627**	**—**
红塔区	606	606	—	—	—
江川县	2120	387	—	1733	—
澄江县	2800	1707	—	1093	—
通海县	524	524	—	—	—
华宁县	4607	1140	—	3467	—
易门县	2733	733	—	2000	—
峨山彝族自治县	4120	2786	—	1334	—
新平彝族傣族自治县	4360	4360	—	—	—
元江哈尼族彝族傣族自治县	2100	2100	—	—	—
保山市	**20267**	**20267**	**—**	**—**	**—**
隆阳区	6740	6740	—	—	—
施甸县	2840	2840	—	—	—
腾冲县	4927	4927	—	—	—
龙陵县	2900	2900	—	—	—
昌宁县	2860	2860	—	—	—
昭通市	**43294**	**42627**	**—**	**667**	**—**
昭阳区	2734	2734	—	—	—
鲁甸县	4394	3727	—	667	—
巧家县	3466	3466	—	—	—
盐津县	3133	3133	—	—	—
大关县	4600	4600	—	—	—
永善县	4353	4353	—	—	—
绥江县	2201	2201	—	—	—
镇雄县	9000	9000	—	—	—
彝良县	6333	6333	—	—	—
威信县	2413	2413	—	—	—
水富县	667	667	—	—	—

分县造林完成情况

单位:公顷

地　区	造林面积				更新造林
	合计	人工造林	飞播造林	无林地和疏林地新封山(沙)育林	
丽江市	**39399**	**37541**	**—**	**1858**	**—**
古城区	3175	2920	—	255	—
玉龙纳西族自治县	9363	7760	—	1603	—
永胜县	8953	8953	—	—	—
华坪县	6461	6461	—	—	—
宁蒗彝族自治县	11447	11447	—	—	—
普洱市	**17895**	**17228**	**—**	**667**	**—**
思茅区	404	404	—	—	—
宁洱哈尼族彝族自治县	1054	1054	—	—	—
墨江哈尼族自治县	3666	3666	—	—	—
景东彝族自治县	1396	1396	—	—	—
景谷傣族彝族自治县	1808	1808	—	—	—
镇沅彝族哈尼族拉祜族自治县	2133	2133	—	—	—
江城哈尼族彝族自治县	1734	1067	—	667	—
孟连傣族拉祜族佤族自治县	833	833	—	—	—
澜沧拉祜族自治县	3200	3200	—	—	—
西盟佤族自治县	1667	1667	—	—	—
临沧市	**54098**	**44198**	**—**	**9900**	**—**
临翔区	4900	4233	—	667	—
凤庆县	8007	7340	—	667	—
云县	4800	4800	—	—	—
永德县	6940	4453	—	2487	—
镇康县	4686	3813	—	873	—
双江拉祜族佤族布朗族傣族自治县	7986	6653	—	1333	—
耿马傣族佤族自治县	7613	6073	—	1540	—
沧源佤族自治县	9166	6833	—	2333	—
楚雄彝族自治州	**20502**	**18753**	**—**	**1749**	**—**
楚雄市	1533	1533	—	—	—
双柏县	2667	2667	—	—	—
牟定县	867	867	—	—	—
南华县	2345	2273	—	72	—
姚安县	1667	1667	—	—	—
大姚县	3433	3433	—	—	—
永仁县	1251	1167	—	84	—
元谋县	859	600	—	259	—
武定县	3833	3166	—	667	—
禄丰县	2047	1380	—	667	—
红河哈尼族彝族自治州	**29134**	**24322**	**—**	**4812**	**—**
个旧市	405	405	—	—	—
开远市	4029	2267	—	1762	—
蒙自市	1876	1876	—	—	—
屏边苗族自治县	1333	1333	—	—	—
建水县	1907	1907	—	—	—
石屏县	1222	1173	—	49	—
弥勒县	3051	3051	—	—	—

分县造林完成情况

单位:公顷

地　区	造林面积				更新造林
	合计	人工造林	飞播造林	无林地和疏林地新封山(沙)育林	
泸西县	2113	2113	—	—	—
元阳县	2317	2317	—	—	—
红河县	2934	2267	—	667	—
金平苗族瑶族傣族自治县	3267	2267	—	1000	—
绿春县	2680	2013	—	667	—
河口瑶族自治县	2000	1333	—	667	—
文山壮族苗族自治州	**32062**	**26021**	**—**	**6041**	**—**
文山市	2300	2300	—	—	—
砚山县	2920	2920	—	—	—
西畴县	2907	2240	—	667	—
麻栗坡县	765	765	—	—	—
马关县	1107	880	—	227	—
丘北县	10014	5947	—	4067	—
广南县	5320	4240	—	1080	—
富宁县	6729	6729	—	—	—
西双版纳傣族自治州	**2533**	**2533**	**—**	**—**	**—**
景洪市	1133	1133	—	—	—
勐海县	867	867	—	—	—
勐腊县	533	533	—	—	—
大理白族自治州	**20364**	**14979**	**—**	**5385**	**—**
大理市	1433	766	—	667	—
漾濞彝族自治县	1533	1533	—	—	—
祥云县	926	333	—	593	—
宾川县	1608	941	—	667	—
弥渡县	1126	672	—	454	—
南涧彝族自治县	3407	2407	—	1000	—
巍山彝族自治县	7	7	—	—	—
永平县	1333	1333	—	—	—
云龙县	2733	1733	—	1000	—
洱源县	2667	2667	—	—	—
剑川县	2587	1587	—	1000	—
鹤庆县	1004	1000	—	4	—
德宏傣族景颇族自治州	**9980**	**9980**	**—**	**—**	**—**
瑞丽市	747	747	—	—	—
芒市	3000	3000	—	—	—
梁河县	1133	1133	—	—	—
盈江县	4600	4600	—	—	—
陇川县	500	500	—	—	—
怒江傈僳族自治州	**17987**	**17320**	**—**	**667**	**—**
泸水县	4180	4180	—	—	—
福贡县	3780	3780	—	—	—
贡山独龙族怒族自治县	4133	4133	—	—	—
兰坪白族普米族自治县	5894	5227	—	667	—
迪庆藏族自治州	**15141**	**7285**	**—**	**7856**	**—**
香格里拉县	4476	2253	—	2223	—

分县造林完成情况

单位:公顷

地　区	造林面积				更新造林
	合计	人工造林	飞播造林	无林地和疏林地新封山(沙)育林	
德钦县	5426	1793	—	3633	—
维西傈僳族自治县	5239	3239	—	2000	—
滇中产业聚集区(新区)	**653**	**653**	**—**	**—**	**—**
嵩明县	653	653	—	—	—
西藏自治区	**82668**	**32140**	**—**	**50528**	**—**
陕西省	**335362**	**251125**	**32000**	**52237**	**366**
西安市	**9798**	**7665**	**—**	**2133**	**—**
灞桥区	506	506	—	—	—
阎良区	200	200	—	—	—
临潼区	725	725	—	—	—
长安区	340	340	—	—	—
蓝田县	4893	3760	—	1133	—
周至县	2001	1334	—	667	—
户县	1000	667	—	333	—
高陵县	133	133	—	—	—
铜川市	**8834**	**6834**	**—**	**2000**	**—**
市辖区	68	68	—	—	—
王益区	447	447	—	—	—
印台区	1740	1140	—	600	—
耀州区	3433	2700	—	733	—
宜君县	3146	2479	—	667	—
宝鸡市	**23634**	**11568**	**4334**	**7732**	**—**
金台区	267	267	—	—	—
陈仓区	2400	1267	667	466	—
凤翔县	2788	1122	1000	666	—
岐山县	3733	1333	1333	1067	—
扶风县	3340	1540	—	1800	—
眉县	1424	824	—	600	—
陇县	3180	1446	667	1067	—
千阳县	1966	1433	—	533	—
麟游县	3156	2090	—	1066	—
凤县	1000	200	667	133	—
太白县	46	46	—	—	—
马头滩林业局	334	—	—	334	—
咸阳市	**25338**	**18205**	**2133**	**5000**	**—**
秦都区	133	133	—	—	—
渭城区	194	194	—	—	—
三原县	1373	1040	—	333	—
泾阳县	1333	1000	—	333	—
乾县	2267	1800	—	467	—
礼泉县	2400	1800	—	600	—
永寿县	3734	2133	667	934	—
彬县	3600	2800	333	467	—
长武县	3133	2467	—	666	—
旬邑县	4217	2551	1133	533	—

分县造林完成情况

单位:公顷

地　区	造林面积				更新造林
	合计	人工造林	飞播造林	无林地和疏林地新封山(沙)育林	
淳化县	2534	1867	—	667	—
武功县	200	200	—	—	—
兴平市	220	220	—	—	—
渭南市	**25992**	**18859**	**666**	**6467**	**—**
临渭区	3100	2233	—	867	—
华县	2333	1000	666	667	—
潼关县	3066	2533	—	533	—
大荔县	2733	2466	—	267	—
合阳县	3166	2033	—	1133	—
澄城县	2150	1617	—	533	—
蒲城县	2554	1887	—	667	—
白水县	2007	1407	—	600	—
富平县	2816	2216	—	600	—
华阴市	2067	1467	—	600	—
韩城市	**4267**	**3334**	**—**	**933**	**—**
延安市	**82481**	**69994**	**4667**	**7820**	**—**
宝塔区	2200	2200	—	—	—
延长县	5807	5140	—	667	—
延川县	9800	9533	—	267	—
子长县	12127	12127	—	—	—
安塞县	7800	7647	—	153	—
志丹县	8000	7267	—	733	—
吴起县	9400	9400	—	—	—
甘泉县	4434	3767	—	667	—
富县	3719	2386	1000	333	—
洛川县	2467	1400	667	400	—
宜川县	6260	4260	1333	667	—
黄龙县	4734	2800	1000	934	—
黄陵县	1667	667	667	333	—
劳山林业局	599	266	—	333	—
桥北林业局	400	67	—	333	—
桥山林业局	400	67	—	333	—
黄龙山林业局	2667	1000	—	1667	—
汉中市	**13016**	**7949**	**—**	**5067**	**—**
汉台区	334	67	—	267	—
南郑县	2267	2000	—	267	—
城固县	1467	934	—	533	—
洋县	833	300	—	533	—
西乡县	1667	1000	—	667	—
勉县	933	400	—	533	—
宁强县	1447	780	—	667	—
略阳县	1267	734	—	533	—
镇巴县	1268	734	—	534	—
留坝县	1200	933	—	267	—
佛坪县	333	67	—	266	—

分县造林完成情况

单位:公顷

地区	造林面积				更新造林
	合计	人工造林	飞播造林	无林地和疏林地新封山(沙)育林	
榆林市	**74390**	**62437**	**5333**	**6620**	**—**
榆阳区	10667	8334	2333	—	—
神木县	14000	11333	2667	—	—
府谷县	10993	10333	—	660	—
横山县	8000	6007	—	1993	—
靖边县	8653	6333	333	1987	—
定边县	8062	6082	—	1980	—
绥德县	2100	2100	—	—	—
米脂县	1667	1667	—	—	—
佳县	3333	3333	—	—	—
吴堡县	1200	1200	—	—	—
清涧县	3333	3333	—	—	—
子洲县	2382	2382	—	—	—
安康市	**44212**	**31212**	**7334**	**5666**	**—**
市直单位	333	—	—	333	—
汉滨区	9700	7367	1333	1000	—
汉阴县	3713	2513	667	533	—
石泉县	3966	2633	1000	333	—
宁陕县	2200	1533	—	667	—
紫阳县	5414	2747	2000	667	—
岚皋县	5207	3873	667	667	—
平利县	3266	2933	—	333	—
镇坪县	1734	1467	—	267	—
旬阳县	6013	4013	1667	333	—
白河县	2666	2133	—	533	—
商洛市	**21700**	**12368**	**7533**	**1799**	**—**
商州区	3500	2434	933	133	—
洛南县	3500	2167	1133	200	—
丹凤县	2800	1534	933	333	—
商南县	2800	1333	1134	333	—
山阳县	3500	2033	1134	333	—
镇安县	3150	1550	1333	267	—
柞水县	2450	1317	933	200	—
杨陵区	**134**	**134**	**—**	**—**	**—**
省森林资源管理局	**200**	**200**	**—**	**—**	**—**
宁东林业局	200	200	—	—	—
省直单位	**1366**	**366**	**—**	**1000**	**366**
楼观台实验林场	1366	366	—	1000	366
甘肃省	**214025**	**152502**	**—**	**61523**	**—**
兰州市	**11574**	**7974**	**—**	**3600**	**—**
兰州新区	2614	2614	—	—	—
市辖区	1600	733	—	867	—
城关区	67	67	—	—	—
七里河区	267	267	—	—	—
西固区	400	400	—	—	—
红古区	300	300	—	—	—

分县造林完成情况

单位:公顷

地　区	造林面积				更新造林
	合计	人工造林	飞播造林	无林地和疏林地新封山(沙)育林	
永登县	2200	1533	—	667	—
皋兰县	1213	813	—	400	—
榆中县	2913	1247	—	1666	—
嘉峪关市	**1180**	**47**	**—**	**1133**	**—**
金昌市	**2365**	**1499**	**—**	**866**	**—**
金川区	1332	466	—	866	—
市辖区	633	633	—	—	—
永昌县	400	400	—	—	—
白银市	**24310**	**21377**	**—**	**2933**	**—**
白银区	2867	1333	—	1534	—
平川区	2333	2000	—	333	—
靖远县	5777	5377	—	400	—
会宁县	9000	8667	—	333	—
景泰县	4333	4000	—	333	—
天水市	**10086**	**6553**	**—**	**3533**	**—**
秦州区	1079	1079	—	—	—
麦积区	1433	1100	—	333	—
清水县	1113	1113	—	—	—
秦安县	2974	907	—	2067	—
甘谷县	1007	1007	—	—	—
武山县	1400	600	—	800	—
张家川回族自治县	1080	747	—	333	—
武威市	**26559**	**18992**	**—**	**7567**	**—**
林科院	20	20	—	—	—
国家林业局甘肃濒危动物保护中心	67	67	—	—	—
凉州区	4400	3533	—	867	—
民勤县	8147	6480	—	1667	—
苏武山林场	133	133	—	—	—
古浪县	7340	6273	—	1067	—
天祝藏族自治县	5786	2353	—	3433	—
石羊河林业总场	666	133	—	533	—
张掖市	**6979**	**3313**	**—**	**3666**	**—**
红平荒漠植被管护站	1000	—	—	1000	—
寺大隆林场	533	200	—	333	—
森林公安局	200	200	—	—	—
甘州区	666	533	—	133	—
肃南裕固族自治县	667	—	—	667	—
民乐县	866	533	—	333	—
临泽县	947	547	—	400	—
高台县	1133	800	—	333	—
山丹县	967	500	—	467	—
平凉市	**8979**	**7513**	**—**	**1466**	**—**
市直单位	200	200	—	—	—
崆峒区	960	960	—	—	—
泾川县	1300	900	—	400	—
灵台县	1040	1040	—	—	—

分县造林完成情况

单位:公顷

地　区	造林面积				更新造林
	合计	人工造林	飞播造林	无林地和疏林地新封山(沙)育林	
崇信县	633	633	—	—	—
华亭县	867	867	—	—	—
庄浪县	1266	733	—	533	—
静宁县	2180	2180	—	—	—
关山林业管理局	533	—	—	533	—
酒泉市	**3689**	**1990**	**—**	**1699**	**—**
肃州区	800	467	—	333	—
金塔县	350	350	—	—	—
瓜州县	400	400	—	—	—
肃北蒙古族自治县	573	40	—	533	—
阿克塞哈萨克族自治县	833	—	—	833	—
玉门市	200	200	—	—	—
敦煌市	533	533	—	—	—
庆阳市	**54032**	**45765**	**—**	**8267**	**—**
西峰区	4200	3866	—	334	—
庆城县	6739	6406	—	333	—
环县	6066	5400	—	666	—
华池县	9066	4332	—	4734	—
合水县	2820	2820	—	—	—
正宁县	2709	2376	—	333	—
宁县	9100	9100	—	—	—
镇原县	5722	5322	—	400	—
华池林业总场	3590	2923	—	667	—
合水林业总场	3019	2619	—	400	—
正宁林业总场	267	267	—	—	—
湘乐林业总场	734	334	—	400	—
定西市	**9140**	**4873**	**—**	**4267**	**—**
市辖区	898	165	—	733	—
安定区	1001	666	—	335	—
通渭县	2439	706	—	1733	—
陇西县	934	534	—	400	—
渭源县	601	601	—	—	—
临洮县	900	567	—	333	—
漳县	1467	1134	—	333	—
岷县	900	500	—	400	—
陇南市	**10328**	**6398**	**—**	**3930**	**—**
市辖区	467	467	—	—	—
武都区	799	466	—	333	—
成县	1133	800	—	333	—
文县	1000	667	—	333	—
宕昌县	667	267	—	400	—
康县	998	998	—	—	—
西和县	600	467	—	133	—
礼县	732	399	—	333	—
徽县	800	467	—	333	—
两当县	2133	1200	—	933	—

分县造林完成情况

单位:公顷

地　区	造林面积				更新造林
	合计	人工造林	飞播造林	无林地和疏林地新封山(沙)育林	
岷江林业总场	400	67	—	333	—
康南林业总场	599	133	—	466	—
临夏回族自治州	**20039**	**15640**	**—**	**4399**	**—**
临夏市	867	867	—	—	—
临夏县	1653	920	—	733	—
康乐县	2939	2539	—	400	—
永靖县	6166	4033	—	2133	—
广河县	1773	1440	—	333	—
和政县	1068	668	—	400	—
东乡族自治县	1533	1133	—	400	—
积石山保安族东乡族撒拉族自治县	3840	3840	—	—	—
州直单位	200	200	—	—	—
甘南藏族自治州	**5131**	**1933**	**—**	**3198**	**—**
合作市	600	200	—	400	—
临潭县	733	400	—	333	—
卓尼县	666	266	—	400	—
舟曲县	933	400	—	533	—
迭部县	466	133	—	333	—
玛曲县	533	200	—	333	—
碌曲县	400	67	—	333	—
夏河县	533	—	—	533	—
州直单位	267	267	—	—	—
省直单位	**19634**	**8635**	**—**	**10999**	**—**
太统—崆峒国家级自然保护区	400	267	—	133	—
白龙江林业管理局	7466	3533	—	3933	—
小陇山林业实验局	3135	3135	—	—	—
祁连山国家级自然保护区	4000	200	—	3800	—
兴隆山国家级自然保护区	200	200	—	—	—
莲花山国家级自然保护区	467	200	—	267	—
白水江国家级自然保护区	400	—	—	400	—
民勤连古城国家级自然保护区	299	33	—	266	—
小陇山国家级自然保护区	200	200	—	—	—
尕海—则岔国家级自然保护区	734	67	—	667	—
太子山国家级自然保护区	1067	333	—	734	—
三北防护林建设局	200	67	—	133	—
林业技术推广总站	67	67	—	—	—
甘肃省林业科学研究院	67	67	—	—	—
甘肃矿区	466	133	—	333	—
农垦公司	133	133	—	—	—
中牧山丹马场总场	333	—	—	333	—
青海省	**132044**	**28444**	**—**	**103600**	**—**
西宁市	**11967**	**4766**	**—**	**7201**	**—**
市直单位	340	340	—	—	—
城中区	273	273	—	—	—
城西区	13	13	—	—	—
城北区	140	140	—	—	—

分县造林完成情况

单位:公顷

地区	造林面积				更新造林
	合计	人工造林	飞播造林	无林地和疏林地新封山(沙)育林	
大通回族土族自治县	3767	1767	—	2000	—
湟中县	5700	1166	—	4534	—
湟源县	1734	1067	—	667	—
海东地区	**15473**	**8072**	**—**	**7401**	**—**
平安县	867	533	—	334	—
民和回族土族自治县	1439	1439	—	—	—
乐都县	3433	2433	—	1000	—
互助土族自治县	1067	1067	—	—	—
化隆回族自治县	4467	1400	—	3067	—
循化撒拉族自治县	4200	1200	—	3000	—
海北藏族自治州	**4866**	**533**	**—**	**4333**	**—**
祁连县	2533	533	—	2000	—
海晏县	1000	—	—	1000	—
刚察县	1333	—	—	1333	—
黄南藏族自治州	**7806**	**140**	**—**	**7666**	**—**
同仁县	699	33	—	666	—
尖扎县	107	107	—	—	—
泽库县	3000	—	—	3000	—
河南蒙古族自治县	4000	—	—	4000	—
海南藏族自治州	**23048**	**7047**	**—**	**16001**	**—**
共和县	10147	6147	—	4000	—
同德县	2700	33	—	2667	—
贵德县	2167	167	—	2000	—
兴海县	4667	—	—	4667	—
贵南县	3367	700	—	2667	—
果洛藏族自治州	**23433**	**100**	**—**	**23333**	**—**
玛沁县	3067	67	—	3000	—
班玛县	5700	33	—	5667	—
甘德县	3333	—	—	3333	—
达日县	3333	—	—	3333	—
久治县	5333	—	—	5333	—
玛多县	2667	—	—	2667	—
玉树藏族自治州	**17933**	**67**	**—**	**17866**	**—**
玉树县	67	67	—	—	—
杂多县	1333	—	—	1333	—
称多县	4000	—	—	4000	—
治多县	5333	—	—	5333	—
囊谦县	2533	—	—	2533	—
曲麻莱县	4667	—	—	4667	—
海西蒙古族藏族自治州	**16449**	**3983**	**—**	**12466**	**—**
德令哈市	11200	1400	—	9800	—
格尔木市	447	447	—	—	—
乌兰县	2177	844	—	1333	—
都兰县	2625	1292	—	1333	—
省三江集团	**6802**	**3469**	**—**	**3333**	**—**
贵南草业开发公司	3333	1333	—	2000	—

分县造林完成情况

单位:公顷

地　区	造林面积				更新造林
	合计	人工造林	飞播造林	无林地和疏林地新封山(沙)育林	
河卡种羊场	133	133	—	—	—
湖东种羊场	1000	667	—	333	—
门源种马场	2334	1334	—	1000	—
铁卜加草改站	2	2	—	—	—
省直单位	**4267**	**267**	**—**	**4000**	**—**
玛可河林业局	4267	267	—	4000	—
宁夏回族自治区	**84191**	**49723**	**—**	**34468**	**—**
银川市	**6169**	**4788**	**—**	**1381**	**—**
市直单位	1322	1322	—	—	—
兴庆区	211	211	—	—	—
金凤区	37	37	—	—	—
西夏区	202	202	—	—	—
永宁县	599	599	—	—	—
贺兰县	346	346	—	—	—
灵武市	1652	938	—	714	—
灵武市白芨滩保护区	1800	1133	—	667	—
石嘴山市	**4469**	**2382**	**—**	**2087**	**—**
市直单位	127	127	—	—	—
大武口区	114	114	—	—	—
惠农区	1137	470	—	667	—
平罗县	3091	1671	—	1420	—
吴忠市	**26938**	**16938**	**—**	**10000**	**—**
太阳山	802	135	—	667	—
市直单位	1364	364	—	1000	—
利通区	4279	2612	—	1667	—
红寺堡区	4472	1805	—	2667	—
青铜峡市	1898	565	—	1333	—
盐池县	6173	4840	—	1333	—
同心县	7950	6617	—	1333	—
固原市	**25758**	**15758**	**—**	**10000**	**—**
市直单位	333	333	—	—	—
原州区	5036	3036	—	2000	—
西吉县	5483	3816	—	1667	—
隆德县	5306	3306	—	2000	—
泾源县	1800	467	—	1333	—
彭阳县	7133	4800	—	2333	—
六盘山保护区	667	—	—	667	—
中卫市	**15065**	**8065**	**—**	**7000**	**—**
沙坡头区	988	988	—	—	—
市直单位	3997	1997	—	2000	—
中宁县	3737	1737	—	2000	—
海原县	6343	3343	—	3000	—
区直单位	**5405**	**1405**	**—**	**4000**	**—**
金沙林场	8	8	—	—	—
哈巴湖保护区	3191	1191	—	2000	—
贺兰山保护区	1333	—	—	1333	—

分县造林完成情况

单位:公顷

地　区	造林面积				更新造林
	合计	人工造林	飞播造林	无林地和疏林地新封山(沙)育林	
罗山国家级自然保护区	873	206	—	667	—
区农垦局	**387**	**387**	**—**	**—**	**—**
新疆维吾尔自治区	**151336**	**112763**	**1954**	**36619**	**1868**
乌鲁木齐市	**3132**	**3132**	**—**	**—**	**—**
天山区	1200	1200	—	—	—
沙依巴克区	233	233	—	—	—
高新区	300	300	—	—	—
水磨沟区	233	233	—	—	—
头屯河区	467	467	—	—	—
达坂城区	133	133	—	—	—
米东区	233	233	—	—	—
乌鲁木齐县	333	333	—	—	—
克拉玛依市	**1163**	**1163**	**—**	**—**	**—**
吐鲁番地区	**2333**	**2333**	**—**	**—**	**12**
吐鲁番市	800	800	—	—	—
鄯善县	400	400	—	—	—
托克逊县	1133	1133	—	—	12
哈密地区	**3198**	**198**	**—**	**3000**	**—**
哈密市	110	110	—	—	—
巴里坤哈萨克自治县	734	67	—	667	—
伊吾县	2354	21	—	2333	—
昌吉回族自治州	**17498**	**15832**	**—**	**1666**	**—**
昌吉市	1733	1400	—	333	—
阜康市	3999	2666	—	1333	—
昌吉国家农业科技园区	200	200	—	—	—
呼图壁县	2933	2933	—	—	—
玛纳斯县	2800	2800	—	—	—
奇台县	2400	2400	—	—	—
吉木萨尔县	1900	1900	—	—	—
木垒哈萨克自治县	1533	1533	—	—	—
博尔塔拉蒙古自治州	**3656**	**1656**	**—**	**2000**	**69**
博乐市	498	498	—	—	29
精河县	800	800	—	—	20
温泉县	355	355	—	—	20
阿拉山口	2003	3	—	2000	—
巴音郭楞蒙古自治州	**9975**	**6308**	**—**	**3667**	**108**
库尔勒市	767	767	—	—	61
轮台县	488	488	—	—	—
尉犁县	3672	672	—	3000	—
若羌县	670	670	—	—	—
且末县	1439	1439	—	—	—
焉耆回族自治县	412	412	—	—	47
和静县	850	850	—	—	—
和硕县	1359	692	—	667	—
博湖县	318	318	—	—	—
阿克苏地区	**11999**	**9333**	**—**	**2666**	**146**

分县造林完成情况

单位:公顷

地　区	造林面积				更新造林
	合计	人工造林	飞播造林	无林地和疏林地新封山(沙)育林	
阿克苏市	1204	1204	—	—	—
温宿县	2679	2679	—	—	146
库车县	1149	1149	—	—	—
沙雅县	1251	1251	—	—	—
新和县	880	547	—	333	—
拜城县	495	495	—	—	—
乌什县	2095	762	—	1333	—
阿瓦提县	1480	813	—	667	—
柯坪县	766	433	—	333	—
克孜勒苏柯尔克孜自治州	**6361**	**4541**	**—**	**1820**	**—**
阿图什市	1622	822	—	800	—
阿克陶县	2719	2052	—	667	—
阿合奇县	1320	967	—	353	—
乌恰县	700	700	—	—	—
喀什地区	**7189**	**7189**	**—**	**—**	**199**
喀什市	185	185	—	—	6
疏附县	423	423	—	—	2
疏勒县	133	133	—	—	—
英吉沙县	724	724	—	—	94
泽普县	410	410	—	—	64
莎车县	842	842	—	—	15
叶城县	862	862	—	—	18
麦盖提县	750	750	—	—	—
岳普湖县	143	143	—	—	—
伽师县	2258	2258	—	—	—
巴楚县	351	351	—	—	—
塔什库尔干塔吉克自治县	108	108	—	—	—
和田地区	**25820**	**21153**	**—**	**4667**	**344**
和田市	367	367	—	—	—
和田县	5465	5465	—	—	17
墨玉县	2647	2647	—	—	31
皮山县	3392	1392	—	2000	93
洛浦县	4444	4444	—	—	100
策勒县	1345	1345	—	—	60
于田县	6860	4193	—	2667	31
民丰县	1300	1300	—	—	12
伊犁哈萨克自治州	**14293**	**7961**	**—**	**6332**	**133**
伊宁市	547	547	—	—	7
奎屯市	193	193	—	—	—
伊宁县	2386	1053	—	1333	37
察布查尔锡伯自治县	2711	2044	—	667	44
霍城县	2933	933	—	2000	4
巩留县	1673	1340	—	333	10
新源县	2200	867	—	1333	16
昭苏县	443	110	—	333	—
特克斯县	474	474	—	—	9

分县造林完成情况

单位:公顷

地区	造林面积				更新造林
	合计	人工造林	飞播造林	无林地和疏林地新封山(沙)育林	
尼勒克县	733	400	—	333	6
塔城地区	**10820**	**9153**	**—**	**1667**	**192**
塔城市	1133	1133	—	—	87
乌苏市	2567	1900	—	667	105
额敏县	2833	2833	—	—	—
沙湾县	1153	1153	—	—	—
托里县	1200	200	—	1000	—
裕民县	867	867	—	—	—
和布克赛尔蒙古自治县	1067	1067	—	—	—
阿勒泰地区	**15930**	**6796**	**—**	**9134**	**6**
阿勒泰市	1649	1249	—	400	—
布尔津县	1748	1415	—	333	—
富蕴县	3513	846	—	2667	—
福海县	3134	467	—	2667	—
哈巴河县	1933	1533	—	400	6
青河县	1020	1020	—	—	—
吉木乃县	2933	266	—	2667	—
石河子市	**151**	**151**	**—**	**—**	**—**
区直单位	**2468**	**514**	**1954**	**—**	**284**
天山西部国有林管理局	1801	514	1287	—	173
阿尔泰山国有林管理局	—	—	—	—	111
天山东部国有林管理局	667	—	667	—	—
新疆生产建设兵团	**15350**	**15350**	**—**	**—**	**375**
农一师	**3019**	**3019**	**—**	**—**	**16**
1 团	33	33	—	—	—
2 团	42	42	—	—	—
3 团	2107	2107	—	—	—
4 团	33	33	—	—	—
5 团	59	59	—	—	16
6 团	107	107	—	—	—
7 团	40	40	—	—	—
8 团	68	68	—	—	—
阿拉尔农场	23	23	—	—	—
10 团	111	111	—	—	—
11 团	61	61	—	—	—
12 团	100	100	—	—	—
13 团	105	105	—	—	—
14 团	42	42	—	—	—
16 团	21	21	—	—	—
幸福农场	67	67	—	—	—
农二师	**405**	**405**	**—**	**—**	**—**
21 团	17	17	—	—	—
22 团	21	21	—	—	—
24 团	14	14	—	—	—
25 团	15	15	—	—	—
27 团	40	40	—	—	—

分县造林完成情况

单位:公顷

地　区	造林面积				更新造林
	合计	人工造林	飞播造林	无林地和疏林地新封山(沙)育林	
29 团	14	14	—	—	—
30 团	15	15	—	—	—
31 团	74	74	—	—	—
33 团	20	20	—	—	—
34 团	77	77	—	—	—
36 团	17	17	—	—	—
38 团	53	53	—	—	—
223 团	15	15	—	—	—
37 团	13	13	—	—	—
农三师	**2003**	**2003**	**—**	**—**	**17**
41 团	498	498	—	—	—
42 团	33	33	—	—	—
44 团	307	307	—	—	—
45 团	490	490	—	—	17
46 团	87	87	—	—	—
48 团	140	140	—	—	—
49 团	9	9	—	—	—
50 团	84	84	—	—	—
51 团	69	69	—	—	—
53 团	259	259	—	—	—
伽师总场	27	27	—	—	—
农四师	**1190**	**1190**	**—**	**—**	**19**
61 团	319	319	—	—	—
62 团	35	35	—	—	—
63 团	73	73	—	—	—
64 团	69	69	—	—	13
66 团	98	98	—	—	—
67 团	107	107	—	—	—
68 团	10	10	—	—	—
69 团	27	27	—	—	—
70 团	40	40	—	—	—
71 团	13	13	—	—	—
72 团	68	68	—	—	—
73 团	147	147	—	—	—
74 团	7	7	—	—	—
75 团	7	7	—	—	6
76 团	30	30	—	—	—
77 团	7	7	—	—	—
78 团	57	57	—	—	—
79 团	76	76	—	—	—
农五师	**410**	**410**	**—**	**—**	**239**
81 团	67	67	—	—	20
83 团	50	50	—	—	59
84 团	63	63	—	—	13
86 团	69	69	—	—	30
87 团	27	27	—	—	20

分县造林完成情况

单位:公顷

地区	造林面积				更新造林
	合计	人工造林	飞播造林	无林地和疏林地新封山(沙)育林	
88 团	42	42	—	—	2
89 团	22	22	—	—	51
90 团	50	50	—	—	44
91 团	20	20	—	—	—
农六师	**1857**	**1857**	**—**	**—**	**—**
101 团	3	3	—	—	—
102 团	13	13	—	—	—
103 团	67	67	—	—	—
105 团	333	333	—	—	—
106 团	39	39	—	—	—
新湖农场	537	537	—	—	—
芳草湖农场	503	503	—	—	—
红旗农场	201	201	—	—	—
军户农场	3	3	—	—	—
共青团农场	3	3	—	—	—
六运湖农场	7	7	—	—	—
土墩子农场	67	67	—	—	—
奇台农场	67	67	—	—	—
北塔山牧场	7	7	—	—	—
师直单位	7	7	—	—	—
农七师	**1466**	**1466**	**—**	**—**	**—**
123 团	163	163	—	—	—
124 团	92	92	—	—	—
125 团	137	137	—	—	—
126 团	90	90	—	—	—
127 团	253	253	—	—	—
128 团	134	134	—	—	—
129 团	196	196	—	—	—
130 团	163	163	—	—	—
131 团	180	180	—	—	—
137 团	28	28	—	—	—
九建	30	30	—	—	—
农八师	**2184**	**2184**	**—**	**—**	**17**
147 团	128	128	—	—	—
121 团	352	352	—	—	—
133 团	405	405	—	—	—
134 团	167	167	—	—	—
136 团	63	63	—	—	—
141 团	111	111	—	—	—
142 团	235	235	—	—	—
143 团	85	85	—	—	—
144 团	100	100	—	—	—
石河子总场	140	140	—	—	—
148 团	175	175	—	—	—
149 团	89	89	—	—	—
150 团	117	117	—	—	17

分县造林完成情况

单位:公顷

地　区	造林面积				更新造林
	合计	人工造林	飞播造林	无林地和疏林地新封山(沙)育林	
152 团	11	11	—	—	—
玛管处	6	6	—	—	—
农九师	**824**	**824**	**—**	**—**	**—**
161 团	8	8	—	—	—
162 团	20	20	—	—	—
163 团	127	127	—	—	—
164 团	35	35	—	—	—
165 团	33	33	—	—	—
166 团	31	31	—	—	—
167 团	68	68	—	—	—
168 团	47	47	—	—	—
169 团	33	33	—	—	—
170 团	414	414	—	—	—
团结农场	8	8	—	—	—
农十师	**303**	**303**	**—**	**—**	**—**
181 团	13	13	—	—	—
182 团	47	47	—	—	—
183 团	87	87	—	—	—
184 团	20	20	—	—	—
185 团	47	47	—	—	—
186 团	7	7	—	—	—
187 团	48	48	—	—	—
188 团	34	34	—	—	—
农十二师	**166**	**166**	**—**	**—**	**—**
头屯河农场	15	15	—	—	—
三坪农场	18	18	—	—	—
104 团	53	53	—	—	—
五一农场	14	14	—	—	—
西山农场	14	14	—	—	—
221 团	33	33	—	—	—
222 团	19	19	—	—	—
农十三师	**101**	**101**	**—**	**—**	**67**
红星 1 场	6	6	—	—	7
红星 2 场	14	14	—	—	11
红星 4 场	12	12	—	—	5
黄田农场	3	3	—	—	8
火箭农场	18	18	—	—	9
柳树泉农场	14	14	—	—	1
红山农场	27	27	—	—	5
淖毛湖农场	7	7	—	—	21
农十四师	**1422**	**1422**	**—**	**—**	**—**
47 团	257	257	—	—	—
皮山农场	796	796	—	—	—
一牧场	45	45	—	—	—
224 团	324	324	—	—	—
军事管理区	**13333**	**13333**	**—**	**—**	**—**
大兴安岭	**—**	**—**	**—**	**—**	**—**

附录五

全国历年主要统计指标完成情况

ANNEX Ⅴ

全国历年造林面积

单位:千公顷

年 份	造林面积			
	合计	人工造林	飞播造林	新封山育林
1949 ~ 1952	1707.33	1707.33		
1953	1112.93	1112.93		
1954	1166.20	1166.20		
1955	1710.53	1710.53		
1956	5723.27	5723.27		
1957	4355.07	4355.07		
1958	6098.67	6098.67		
1959	5449.67	5442.67	7.00	
1960	4143.93	4136.93	7.00	
1961	1441.33	1432.33	9.00	
1962	1198.73	1188.73	10.00	
1963	1530.13	1516.03	14.10	
1964	2911.33	2893.23	18.10	
1965	3425.33	3403.23	22.10	
1966	4533.33	4351.83	181.50	
1967	3904.00	3540.99	363.01	
1968	3413.33	2858.81	554.52	
1969	3479.33	2753.31	726.02	
1970	3884.00	2976.48	907.52	
1971	4525.13	3404.40	1120.73	
1972	4635.73	3473.33	1162.40	
1973	4982.87	3925.47	1057.40	
1974	5002.47	4114.74	887.73	
1975	4973.73	4437.66	536.07	
1976	4925.73	4323.06	602.67	
1977	4793.27	4218.54	574.73	
1978	4496.33	4125.73	370.60	
1979	4489.27	3910.27	579.00	
1980	4552.00	3940.00	612.00	
1981	4110.07	3681.00	429.07	
1982	4495.60	4115.80	379.80	
1983	6324.40	5603.13	721.27	
1984	8253.67	7290.74	962.93	
1985	8336.80	6948.80	1388.00	
1986	5274.00	4158.20	1115.80	
1987	5414.20	4207.27	1206.93	
1988	5533.27	4574.80	958.47	
1989	5023.33	4109.53	913.80	
1990	5208.47	4353.34	855.13	
1991	5594.47	4751.80	842.67	
1992	6030.40	5083.70	946.70	
1993	5903.40	5044.40	859.00	
1994	5992.66	5190.24	802.42	
1995	5214.61	4629.35	585.26	
1996	4919.38	4314.96	604.42	
1997	4354.93	3737.75	617.18	
1998	4811.05	4086.00	725.05	
1999	4900.71	4276.85	623.86	
2000	5105.14	4345.01	760.13	
2001	4953.04	3977.32	975.72	
2002	7770.97	6896.04	874.93	
2003	9118.89	8432.48	686.41	
2004	5598.08	5018.89	579.19	
2005	3637.68	3221.29	416.39	
2006	3838.79	2446.12	271.80	1120.87
2007	3907.71	2738.52	118.67	1050.52
2008	5353.74	3684.26	154.07	1515.41
2009	6262.33	4156.29	226.34	1879.70
2010	5909.92	3872.76	195.95	1841.21
2011	5996.61	4065.69	196.93	1733.99
2012	5595.79	3820.70	136.41	1638.68
2013	6100.06	4209.69	154.40	1735.97
2014	5549.61	4052.91	108.06	1388.65
1949 ~ 1952	1707.33	1707.33		
1953 ~ 1957	14068.00	14068.00		
1958 ~ 1962	18332.33	18299.33	33.00	
1963 ~ 1965	7866.79	7812.49	54.30	
1966 ~ 1970	19213.99	16481.42	2732.57	
1971 ~ 1975	24119.93	19355.60	4764.33	
1976 ~ 1980	23256.60	20517.60	2739.00	
1981 ~ 1985	31520.54	27639.47	3881.07	
1986 ~ 1990	26453.27	21403.14	5050.13	
1991 ~ 1995	28735.54	24699.49	4036.05	
1996 ~ 2000	24091.21	20760.57	3330.64	
2001 ~ 2005	31078.66	27546.03	3532.64	
2006 ~ 2010	25272.49	16897.96	966.82	7407.71
1949 ~ 2014	298958.75	253337.42	31716.35	13904.99

注:1. 1985 年以前,造林成活率达到 40% 即统计造林面积,以后为达到 85% 以上统计。

2. 根据《造林技术规程》(GB/T 15776 - 2006),本表自 2006 年起将无林地和疏林地新封山育林面积计入造林总面积。

全国历年新封山育林和迹地更新面积

单位:千公顷

年份	新封山育林面积	迹地更新面积	年份	新封山育林面积	迹地更新面积
1949～1952		22.53	1991	6220.47	664.10
1953		16.53	1992	5874.10	673.60
1954		38.80	1993	4795.60	739.20
1955		39.20	1994	4844.44	722.70
1956		94.13	1995	4538.49	750.96
1957		55.80	1996	3659.83	794.75
1958		391.13	1997	3865.81	798.38
1959		560.33	1998	9699.10	806.30
1960		483.73	1999	6704.50	1042.83
1961		157.07	2000	6130.00	919.80
1962		106.33	2001	5821.90	515.29
1963		183.00	2002	2561.36	379.00
1964		206.53	2003	1817.34	285.99
1965		238.93	2004	1196.55	319.31
1966		321.00	2005	1763.00	407.55
1967		303.00	2006	1120.87	408.24
1968		240.00	2007	1050.52	390.91
1969		233.00	2008	1515.41	424.00
1970		325.00	2009	1879.70	344.25
1971		307.53	2010	1841.21	306.71
1972		319.00	2011	1733.99	326.64
1973		356.73	2012	1638.68	305.07
1974		362.00	2013	1735.97	303.09
1975		422.00	2014	1388.65	292.45
1976		420.80	1949～1952		22.53
1977		416.40	1953～1957		244.46
1978		458.40	1958～1962		1698.59
1979		409.33	1963～1965		628.46
1980		421.93	1966～1970		1422.00
1981	3652.33	442.60	1971～1975		1767.26
1982	5732.00	438.80	1976～1980		2126.86
1983	5678.07	508.80	1981～1985	26889.87	2580.47
1984	6780.67	552.00	1986～1990	25277.07	3308.40
1985	5046.80	638.27	1991～1995	26273.10	3550.56
1986	5736.13	577.40	1996～2000	30059.24	4362.06
1987	5449.13	703.50	2001～2005	13160.15	1907.14
1988	4646.00	636.90	2006～2010	7407.71	1874.12
1989	4535.33	719.10	1949～2014	135564.41	26720.15
1990	4910.47	671.50			

注：2004 年后新封山育林面积指无林地和疏林地新封山育林面积。

全国历年林业重点

年 份	合 计	天然林资源保护工程	退耕还林工程		京津风沙源治理工程	
			小计	其中：退耕地造林		小 计
1979～1985 年	10109.80					10109.80
1986 年	1106.73					1106.73
1987 年	1064.80					1064.80
1988 年	1063.93					1063.93
1989 年	1001.80					1001.80
1990 年	1662.06					1662.06
“七五”小计	**5899.32**					**5899.32**
1991 年	2082.20					2082.20
1992 年	2308.00					2308.00
1993 年	2602.10				132.80	2211.80
1994 年	2729.59				139.79	2366.48
1995 年	2862.17				168.59	2450.71
“八五”小计	**12584.06**				**441.18**	**11419.19**
1996 年	2669.49				164.95	2316.73
1997 年	2642.61				215.95	2233.46
1998 年	2856.00	290.35			231.58	2196.02
1999 年	3275.63	477.56	447.93	381.47	211.58	2032.46
2000 年	3345.92	426.37	683.60	328.42	280.27	1708.80
“九五”小计	**14789.65**	**1194.28**	**1131.53**	**709.89**	**1104.33**	**10487.47**
2001 年	3160.18	948.08	870.99	386.14	217.32	1034.92
2002 年	6777.38	856.08	4423.61	2039.77	676.38	775.63
2003 年	8262.78	688.26	6196.13	3085.93	824.43	533.54
2004 年	4802.85	641.45	3217.54	824.90	473.27	448.32
2005 年	3109.10	424.81	1898.36	667.39	408.25	368.20
“十五”小计	**26112.30**	**3558.68**	**16606.63**	**7004.13**	**2599.64**	**3160.62**
2006 年	2810.80	774.82	1050.53	218.49	409.54	566.82
2007 年	2681.65	732.88	1056.02	59.46	315.13	574.22
2008 年	3437.50	1009.02	1189.70	2.16	469.04	765.77
2009 年	4596.24	1360.91	886.67	0.74	434.82	1893.08
2010 年	3669.65	885.48	982.62	0.33	439.13	1360.65
“十一五”小计	**17195.84**	**4763.11**	**5165.52**	**281.19**	**2067.66**	**5160.54**
2011 年	3093.87	553.56	730.18	0.06	545.19	1264.03
2012 年	2753.93	485.20	655.27		541.69	1071.77
2013 年	2568.95	460.30	628.93		626.08	853.64
2014 年	1926.87	410.51	378.58	0.06	239.11	898.68
“十二五”小计	**10343.62**	**1909.58**	**2392.95**	**0.12**	**1952.07**	**4088.12**
总 计	**97034.58**	**11425.64**	**25296.64**	**7995.31**	**8164.88**	**50325.05**

注：1. 本表数据从 2001 年开始，将原有的 16 个工程整合形成 10 个重点林业工程。太行山绿化工程 1990 年造林面积数据为原全国防沙治沙工程数据。

2. 1993～2011 年造林面积合计项包含速生丰产用材林工程造林，自 2012 年起该工程造林不作为林业重点生态工程

3. 根据《造林技术规程》(GB/T 15776—2006)，本表自 2006 年起将无林地和疏林地新封山育林面积计入造林总面积。

生态工程完成造林面积

单位:千公顷

三北及长江流域等重点防护林体系工程					
三北防护林工程	长江流域防护林工程	沿海防护林工程	珠江流域防护林工程	太行山绿化工程	平原绿化工程
10109.80					
1106.73					
1064.80					
1063.93					
956.07	45.73				
983.33	324.13			354.60	
5174.86	**369.86**			**354.60**	
1170.47	462.40	223.60		225.73	
1255.20	584.60	235.80		232.40	
1160.00	573.00	131.20		275.20	72.40
1255.49	546.00	152.78		358.22	53.99
1333.26	535.71	103.27		427.04	51.43
6174.42	**2701.71**	**846.65**		**1518.59**	**177.82**
1342.28	463.96	72.17		402.46	35.86
1266.12	447.75	63.48	56.72	366.32	33.07
1243.96	448.60	60.29	39.85	343.74	59.58
1245.41	369.84	44.48	32.09	293.36	47.28
1053.16	206.94	56.91	30.68	298.51	62.60
6150.93	**1937.09**	**297.33**	**159.34**	**1704.39**	**238.39**
541.71	162.72	90.90	27.05	141.29	71.25
453.76	110.29	55.71	46.55	76.15	33.16
275.30	108.75	38.56	44.71	50.05	16.18
232.34	113.28	30.18	31.76	30.92	9.85
217.89	65.94	22.68	30.67	28.52	2.50
1721.00	**560.98**	**238.03**	**180.74**	**326.93**	**132.94**
326.83	78.67	16.96	28.82	114.67	0.87
381.53	76.40	23.85	17.42	73.93	1.10
497.95	72.25	74.25	36.97	80.28	4.07
1255.87	222.13	212.18	82.06	119.16	1.67
928.24	118.81	173.24	66.83	69.22	4.30
3390.42	568.26	500.48	232.10	457.27	12.01
737.78	**204.84**	**209.89**	**72.29**	**36.58**	**2.64**
678.74	157.94	145.39	51.58	38.12	
518.56	130.35	118.59	43.99	35.75	6.42
596.34	107.40	96.86	26.92	49.22	21.94
2531.42	**600.54**	**570.74**	**194.78**	**159.66**	**30.99**
35252.85	**6738.43**	**2453.22**	**766.96**	**4521.43**	**592.15**

354.60 千公顷系指 1984 ~ 1990 年的造林面积,其中 1990 年造林面积为 109.73 千公顷;京津风沙源治理工程 1993 ~ 2000 年统计。下表与此相同。

全国历年林业重点生态工程实际

指标名称		合计	天然林资源保护工程	退耕还林工程	京津风沙源治理工程	
						小 计
1979～1989 年	实际完成投资	62295				62295
	其中:国家投资	35443				35443
1990 年	实际完成投资	25537				25537
	其中:国家投资	13469				13469
1991 年	实际完成投资	34949				34949
	其中:国家投资	20247				20247
1992 年	实际完成投资	44640				44640
	其中:国家投资	22888				22888
1993 年	实际完成投资	118913			3351	66925
	其中:国家投资	32351			1914	27613
1994 年	实际完成投资	144563			6822	79326
	其中:国家投资	36779			3064	32187
1995 年	实际完成投资	162611			7259	86411
	其中:国家投资	43062			3523	36285
“八五”小计	**实际完成投资**	**505676**			**17432**	**312251**
	其中:国家投资	**155327**			**8501**	**139220**
1996 年	实际完成投资	203110			15741	124720
	其中:国家投资	54772			4506	47433
1997 年	实际完成投资	244737			33782	152324
	其中:国家投资	68989			12247	52494
1998 年	实际完成投资	495760	227761		37741	176215
	其中:国家投资	285611	206365		10176	63797
1999 年	实际完成投资	761756	409225	33595	35477	235521
	其中:国家投资	506707	351309	33595	8198	108432
2000 年	实际完成投资	1106412	608414	154075	43102	300821
	其中:国家投资	881704	582886	146623	15655	136540
“九五”小计	**实际完成投资**	**2811775**	**1245400**	**187670**	**165843**	**989601**
	其中:国家投资	**1797783**	**1140560**	**180218**	**50782**	**408696**
2001 年	实际完成投资	1795799	949319	314547	183275	303066
	其中:国家投资	1355797	887717	248459	59283	145743
2002 年	实际完成投资	2558004	933712	1106096	123238	316711
	其中:国家投资	2250647	881617	1061504	120022	157582

完成投资及国家投资情况(一)

单位:万元

三北及长江流域等重点防护林体系工程						野生动植物保护及自然保护区建设工程
三北防护林工程	长江流域防护林工程	沿海防护林工程	珠江流域防护林工程	太行山绿化工程	平原绿化工程	
53781	1167			7347		
33076	427			1940		
16733	6676			2128		
10291	2616			562		
19750	7747	5214		2238		
14315	3205	1983		744		
24921	10342	7250		2127		
15978	3608	2613		689		
35080	15112	9773		4436	2524	
18076	5283	2346		949	959	
38928	18587	9485		6903	5423	
19589	6535	1899		1643	2521	
42459	18308	10268		7443	7933	
21454	5474	2089		2253	5015	
161138	**70096**	**41990**		**23147**	**15880**	
89412	**24105**	**10930**		**6278**	**8495**	
71169	23114	16548		7371	6518	
30802	7455	2531		2085	4560	
80567	21095	12653	16430	12247	9332	
34704	7196	2198	502	2853	5041	
90289	27774	21029	12060	11970	13093	
37206	11154	3340	1557	5411	5129	
118754	31384	22897	16463	24232	21791	
57383	16345	5717	2775	14195	12017	
143682	31273	31551	14392	23781	56142	
71602	18427	13768	6831	13327	12585	
504461	**134640**	**104678**	**59345**	**79601**	**106876**	
231697	**60577**	**27554**	**11665**	**37871**	**39332**	
102468	53406	40026	10678	16169	80319	20917
56163	22736	14425	6499	8832	37088	12109
139272	45837	41164	17657	17151	55630	39261
66512	27942	13839	15481	10920	22888	28460

全国历年林业重点生态工程实际

指标名称		合计	天然林资源保护工程	退耕还林工程	京津风沙源治理工程	小 计
2003 年	实际完成投资	3339160	679020	2085573	258781	232083
	其中:国家投资	2978139	650304	1926019	239513	136239
2004 年	实际完成投资	3510242	681985	2142905	267666	352661
	其中:国家投资	2983123	640983	1920609	261857	135782
2005 年	实际完成投资	3616302	620148	2404111	332625	192556
	其中:国家投资	3212387	584777	2185928	325408	91292
“十五”小计	**实际完成投资**	**14819507**	**3864184**	**8053232**	**1165585**	**1397077**
	其中:国家投资	**12780093**	**3645398**	**7342519**	**1006083**	**666638**
2006 年	实际完成投资	3533372	643750	2321449	327666	179501
	其中:国家投资	3255411	604120	2224633	310029	85398
2007 年	实际完成投资	3480379	820496	2084085	320929	165879
	其中:国家投资	3029091	666496	1915544	298768	91273
2008 年	实际完成投资	4202355	973000	2489727	323871	337349
	其中:国家投资	3626077	923500	2210195	310795	139275
2009 年	实际完成投资	5087347	817253	3217569	403175	557076
	其中:国家投资	4179556	688199	2886310	355377	209602
2010 年	实际完成投资	4720065	731299	2927290	382406	570888
	其中:国家投资	3617431	591086	2499773	329166	138550
“十一五”小计	**实际完成投资**	**21023518**	**3985798**	**13040120**	**1758047**	**1810693**
	其中:国家投资	**17707566**	**3473401**	**11736455**	**1604135**	**664098**
2011 年	实际完成投资	5322129	1826744	2463373	250395	664819
	其中:国家投资	4343147	1696826	1949855	223978	394431
2012 年	实际完成投资	5283825	2186318	1977649	356646	630274
	其中:国家投资	4050116	1710230	1545329	321863	380467
2013 年	实际完成投资	5361512	2301529	1962668	378669	569772
	其中:国家投资	4378163	2020503	1557260	357304	354732
2014 年	实际完成投资	6659502	2610936	2230905	106583	1512854
	其中:国家投资	5448154	2204105	1916113	81217	1098931
“十二五”小计	**实际完成投资**	**22626968**	**8925527**	**8634595**	**1092293**	**3377719**
	其中:国家投资	**18219580**	**7631664**	**6968557**	**984362**	**2228561**
总 计	**实际完成投资**	**61849739**	**18020909**	**29915617**	**4199200**	**7949636**
	其中:国家投资	**50695792**	**15891023**	**26227749**	**3653863**	**4142656**

完成投资及国家投资情况(二)

单位:万元

三北及长江流域等重点防护林体系工程						野生动植物保护及自然保护区建设工程
三北防护林工程	长江流域防护林工程	沿海防护林工程	珠江流域防护林工程	太行山绿化工程	平原绿化工程	
85437	41442	29155	13136	10436	52477	52406
49105	27758	20127	11083	8097	20069	25609
86645	109028	51946	11922	13048	80072	44465
44014	26017	29705	9797	11268	14981	22133
85231	53607	23029	9134	14620	6936	51452
41252	12808	19704	7039	10095	394	24450
499053	**303320**	**185320**	**62527**	**71423**	**275434**	**208501**
257046	**117261**	**97800**	**49899**	**49212**	**95420**	**112761**
84328	24386	42553	6509	13949	7776	54718
38539	8262	20637	4647	13108	205	30750
94026	13912	37819	3994	13213	2915	79580
48202	9964	23290	2811	6541	465	55464
184078	34916	94009	7142	16804	400	69800
99184	13119	18429	4043	4275	225	41963
270310	101057	140019	23828	21663	199	80097
133198	27000	35953	8979	4422	50	39948
284589	49422	192579	27177	16471	650	100107
68632	19557	33802	12519	4000	40	57740
917331	**223693**	**506979**	**68650**	**82100**	**11940**	**384302**
387755	**77902**	**132111**	**32999**	**32346**	**985**	**225865**
322215	98832	200344	26204	12948	4276	114253
208105	42627	117478	14984	11167	70	77727
325088	99667	165824	25796	13899		132938
210938	40869	96239	19977	12444		92227
274469	65806	178784	21154	17539	12020	148874
170664	33863	116389	11354	10442	12020	88364
406704	98569	278075	21229	13196	695081	198224
253193	33154	140431	14930	12664	644559	147788
1328476	**362874**	**823027**	**94383**	**57582**	**711377**	**594289**
842900	**150513**	**470537**	**61245**	**46717**	**656649**	**406106**
3464240	**1095790**	**1661994**	**284905**	**321201**	**1121507**	**1187092**
1841886	**430785**	**738932**	**155808**	**174364**	**800881**	**744732**

全国历年木材、竹材及木材加工、林产化学主要产品产量(一)

时期	木材(万立方米)	竹材(万根)	锯材(万立方米)	人造板(万立方米)				松香(吨)	栲胶(吨)	紫胶(吨)
				总计	其中					
					胶合板	纤维板	刨花板			
1949 年	567.00									
1950 年	664.40									
1951 年	764.40									
1952 年	1233.20	*2710.00	*1151.40	*4.5	*4.5			*78056	*88	*180
三年恢复时期	**3229.00**	**2710.00**	**1151.40**	**4.50**	**4.50**			**78056**	**88**	**180**
1953 年	1753.90	2643	664.00	3.54	3.54			22267	120	15
1954 年	2220.60	5021	759.90	4.65	4.65			45905	157	105
1955 年	2093.30	5902	678.20	5.18	5.18			80091	568	142
1956 年	2104.80	12490	890.80	5.64	5.64			109992	1275	154
1957 年	2786.90	9348	824.10	6.98	6.98			116799	1633	143
“一五”时期	**10959.50**	**35404**	**3817.00**	**25.99**	**25.99**			**375054**	**3753**	**559**
1958 年	3579.40	14873	1187.60	12.57	12.57			98373	3679	245
1959 年	4517.70	15547	1454.70	16.47	15.31	1.16		79387	11266	201
1960 年	4129.30	8869	1622.90	20.71	14.76	5.96		78429	13650	245
1961 年	2193.50	4993	778.70	9.58	7.43	2.15		39227	6661	332
1962 年	2374.60	6076	672.80	9.52	7.42	1.55	0.54	33595	4800	241
“二五”时期	**16794.50**	**50358**	**5716.70**	**68.86**	**57.49**	**10.83**	**0.54**	**329011**	**40056**	**1264**
1963 年	3250.20	6853	826.40	13.60	10.43	1.86	1.30	97982	6078	180
1964 年	3800.00	6726	1063.90	16.89	11.95	2.80	2.14	162914	9276	220
1965 年	3978.00	7031	1160.10	22.06	13.90	5.02	3.14	167172	13064	440
三年调整时期	**11028.20**	**20610**	**3050.40**	**52.55**	**36.28**	**9.68**	**6.59**	**428068**	**28418**	**840**
1966 年	4192.40	6991	1117.80	23.13	15.04	6.24	1.85	178943	15789	640
1967 年	3249.60	7223	1157.40	16.78	12.23	3.46	1.09	166119	14320	800
1968 年	2791.20	6603	909.10	14.07	10.59	2.59	0.90	181911	13100	1400
1969 年	3283.30	6619	1004.80	20.06	14.67	4.18	1.21	204158	18969	1100
1970 年	3781.80	6958	1100.30	24.04	17.07	5.47	1.50	189288	22098	1800
“三五”时期	**17298.30**	**34394**	**5289.40**	**98.08**	**69.60**	**21.94**	**6.55**	**920419**	**84276**	**5740**
1971 年	4067.30	7542	1104.90	27.81	17.21	8.73	1.87	200411	23209	1873
1972 年	4253.50	7629	957.80	31.74	18.24	10.82	2.68	240074	21850	1076
1973 年	4466.90	11493	993.10	35.20	18.84	13.14	3.22	261467	17581	1302
1974 年	4607.10	9954	1009.00	33.99	17.62	13.34	3.03	289287	18085	1562
1975 年	4702.70	9073	1069.10	37.37	19.21	15.49	2.67	266224	20861	915
“四五”时期	**22097.50**	**45691**	**5133.90**	**166.10**	**91.13**	**61.51**	**13.46**	**1257463**	**101586**	**6728**
1976 年	4572.80	10439	1001.10	38.11	18.44	17.02	2.65	237773	19066	807
1977 年	4967.20	10799	1125.20	45.87	20.85	22.13	2.89	259150	23959	783
1978 年	5162.30	11181	1105.50	62.45	25.22	32.88	4.36	282027	30130	1384
1979 年	5438.93	10507	1271.40	77.46	29.24	42.93	5.29	297034	33831	2234
1980 年	5359.31	9621	1368.70	91.43	32.99	50.62	7.82	327283	36314	2134
“五五”时期	**25500.54**	**52547**	**5871.90**	**315.32**	**126.74**	**165.58**	**23.00**	**1403267**	**143300**	**7342**
1981 年	4942.31	8656	1301.06	99.61	35.11	56.83	7.67	406214	40159	1095
1982 年	5041.25	10183	1360.85	116.67	39.41	66.99	10.27	400784	36000	1397

注:标有*号的产品产量数据为 1949~1952 年合计数。

全国历年木材、竹材及木材加工、林产化学主要产品产量(二)

时期	木材(万立方米)	竹材(万根)	锯材(万立方米)	人造板(万立方米)				松香(吨)	栲胶(吨)	紫胶(吨)
				总计	其中					
					胶合板	纤维板	刨花板			
1983 年	5232.32	9601	1394.48	138.95	45.48	73.45	12.74	246916	34131	1045
1984 年	6384.81	9117	1508.59	151.38	48.97	73.59	16.48	307993	36523	1489
1985 年	6323.44	5641	1590.76	165.93	53.87	89.50	18.21	255736	36875	2102
“六五”时期	**27924.13**	**43198**	**7155.74**	**672.54**	**222.84**	**360.36**	**65.37**	**1617643**	**183688**	**7128**
1986 年	6502.42	7716	1505.20	189.44	61.08	102.70	21.03	293500	42059	1661
1987 年	6407.86	11855	1471.91	247.66	77.63	120.65	37.78	395692	50306	1909
1988 年	6217.60	26211	1468.40	289.88	82.69	148.41	48.31	376482	41862	1482
1989 年	5801.80	15238	1393.30	270.56	72.78	144.27	44.20	409463	26411	833
1990 年	5571.00	18714	1284.90	244.60	75.87	117.24	42.80	344003	20402	829
“七五”时期	**30500.68**	**79734**	**7123.71**	**1242.14**	**370.05**	**633.27**	**194.12**	**1819140**	**181040**	**6714**
1991 年	5807.30	29173	1141.50	296.01	105.40	117.43	61.38	343300	19516	876
1992 年	6173.60	40430	1118.70	428.90	156.47	144.45	115.85	419503	26141	732
1993 年	6392.20	43356	1401.30	579.79	212.45	180.97	157.13	503681	26176	931
1994 年	6615.10	50430	1294.30	664.72	260.62	193.03	168.20	437269	18177	1001
1995 年	6766.90	44792	4183.80	1684.60	759.26	216.40	435.10	481264	19662	1393
“八五”时期	**31755.10**	**208181**	**9139.60**	**3654.02**	**1494.20**	**852.28**	**937.66**	**2185017**	**109672**	**4933**
1996 年	6710.27	42175	2442.40	1203.26	490.32	205.50	338.28	501221	23766	1450
1997 年	6394.79	44921	2012.40	1648.48	758.45	275.92	360.44	675758	19814	579
1998 年	5966.20	69253	1787.60	1056.33	446.52	219.51	266.30	416016	14081	255
1999 年	5236.80	53921	1585.94	1503.05	727.64	390.59	240.96	434528	10972	294
2000 年	4723.97	56183	634.44	2001.66	992.54	514.43	286.77	386760	7510	778
“九五”时期	**29032.03**	**266453**	**8462.78**	**7412.78**	**3415.47**	**1605.95**	**1492.75**	**2414283**	**76143**	**3356**
2001 年	4552.03	58146	763.83	2111.27	904.51	570.11	344.53	377793	9446	431
2002 年	4436.07	66811	851.61	2930.18	1135.21	767.42	369.31	395273	9132	561
2003 年	4758.87	96867	1126.87	4553.36	2102.35	1128.33	547.41	443306	11970	1078
2004 年	5197.33	109846	1532.54	5446.49	2098.62	1560.46	642.92	485863	12113	1117
2005 年	5560.31	115174	1790.29	6392.89	2514.97	2060.56	576.08	606594	7668	779
“十五”时期	**24504.61**	**446844**	**6065.13**	**21434.19**	**8755.66**	**6086.88**	**2480.25**	**2308829**	**50329**	**3966**
2006 年	6611.78	131176	2486.46	7428.56	2728.78	2466.60	843.26	845959	10564	3569
2007 年	6976.65	139761	2829.10	8838.58	3561.56	2729.85	829.07	1061658	13733	3430
2008 年	8108.34	126220	2840.95	9409.95	3540.86	2906.56	1142.23	945590	9337	2891
2009 年	7068.29	135650	3229.77	11546.65	4451.24	3488.56	1431.00	1001574	11000	1992
2010 年	8089.62	143008	3722.63	15360.83	7139.66	4354.54	1264.20	1205991	10925	2080
“十一五”时期	**36854.68**	**675814**	**15108.92**	**52584.57**	**21422.11**	**15946.12**	**5509.76**	**5060772**	**55559**	**13962**
2011 年	8145.92	153929	4460.25	20919.29	9869.63	5562.12	2559.39	1253651	9129	2046
2012 年	8174.87	164412	5568.19	22335.79	10981.17	5800.35	2349.55	1091832	6926	1971
2013 年	8438.50	187685	6297.60	25559.91	13725.19	6402.10	1884.95	1424300	8403	4955
2014 年	8233.30	222440	6836.98	27371.79	14970.03	6462.63	2087.53	1497738	5013	4575
“十二五”时期	**32992.58**	**728466**	**23163.01**	**96186.78**	**49546.02**	**24227.21**	**8881.43**	**5267521**	**29471**	**13547**
总 计	**320471.35**	**2690404**	**106249.59**	**183918.42**	**85638.07**	**49981.60**	**19611.48**	**25464543**	**1087379**	**76259**

全国历年林业投资完成情况(一)

单位:万元

年　份	林业投资完成额	其中:国家投资
1950 年	1010	1010
1951 年	1666	1666
1952 年	5524	5524
三年恢复时期	**8199**	**8200**
1953 年	13874	13874
1954 年	12415	12415
1955 年	11483	11483
1956 年	17733	17733
1957 年	21393	21393
“一五”时期	**76897**	**76898**
1958 年	32666	32666
1959 年	61240	51648
1960 年	84021	74052
1961 年	34396	31284
1962 年	39329	29085
“二五”时期	**251652**	**218735**
1963 年	63498	52506
1964 年	81209	68759
1965 年	80974	69974
三年调整时期	**225680**	**191239**
1966 年	79469	62657
1967 年	60233	44232
1968 年	47492	34054
1969 年	56252	39680
1970 年	62235	42977
“三五”时期	**305681**	**223600**
1971 年	76123	50339
1972 年	89978	58055
1973 年	93597	64052
1974 年	99317	63436
1975 年	98806	55519
“四五”时期	**457821**	**291401**
1976 年	68669	49659
1977 年	58757	46008
1978 年	108360	65604
1979 年	141326	91364
1980 年	144954	68481
“五五”时期	**522066**	**321116**

全国历年林业投资完成情况(二)

单位:万元

年　份	林业投资完成额	其中:国家投资
1981 年	140752	64928
1982 年	168725	70986
1983 年	164399	77364
1984 年	180111	85604
1985 年	183303	81277
“六五”时期	**837291**	**380159**
1986 年	231994	83613
1987 年	247834	97348
1988 年	261413	91504
1989 年	237553	90604
1990 年	246131	107246
“七五”时期	**1224925**	**470315**
1991 年	272236	134816
1992 年	329800	138679
1993 年	409238	142025
1994 年	476997	141198
1995 年	563972	198678
“八五”时期	**2052243**	**755396**
1996 年	638626	200898
1997 年	741802	198908
1998 年	874648	374386
1999 年	1084077	594921
2000 年	1677712	1130715
“九五”时期	**5016865**	**2499828**
2001 年	2095636	1551602
2002 年	3152374	2538071
2003 年	4072782	3137514
2004 年	4118669	3226063
2005 年	4593443	3528122
“十五”时期	**18032904**	**13981372**
2006 年	4957918	3715114
2007 年	6457517	4486119
2008 年	9872422	5083432
2009 年	13513349	7104764
2010 年	15533217	7452396
“十一五”时期	**50334423**	**27841825**
2011 年	26326068	11065990
2012 年	33420880	12454012
2013 年	37822690	13942080
2014 年	43255140	16314880
“十二五”时期	**140824778**	**53776962**
总计	**220171425**	**101037046**

附录六

2005～2014年主要林产品进出口情况

ANNEX Ⅵ

2005～2014 年主要林产

产品			2005 年	2006 年	2007 年	2008 年
总计		出口	20574172	26377042	31930993	33488310
		进口	22102107	25798689	32360169	38439466
原木	针叶原木	出口	91	94	17	21
		进口	1387979	1713618	2404879	2414186
	阔叶原木	出口	1950	1275	1194	965
		进口	1855561	2215648	2950955	2769073
	合计	出口	2040	1368	1211	986
		进口	3243540	3929266	5355834	5183259
锯材		出口	281431	356490	392669	412265
		进口	1516885	1697715	1774871	2039427
单板		出口	128529	171508	200086	243925
		进口	121181	118163	135718	98504
特形材		出口	557133	731094	519003	448662
		进口	25099	27429	21636	19774
刨花板		出口	18396	25183	34758	45873
		进口	115461	101730	106352	91859
纤维板		出口	396067	635782	1085801	1094538
		进口	229268	195714	168916	140415
胶合板		出口	1879039	2910501	3577941	3400530
		进口	276681	197174	170383	167469
木制品		出口	3139195	3791812	3828644	3522246
		进口	49605	61572	70251	75033
家具		出口	6843165	8783827	10683050	11017339
		进口	87217	117585	220383	311952
木片		出口	92893	64321	25249	9034
		进口	122141	119140	158338	182490
木浆		出口	10728	16480	27487	6916
		进口	3694780	4354322	5498741	6660933
废纸		出口	8	5	18	1
		进口	2457178	2748047	4041970	5556926
纸和纸制品		出口	1060777	1457284	1844016	2070567
		进口	4387339	4215202	4287379	4363240
木炭		出口	22501	26111	20114	22979
		进口	6070	5922	9914	14663
松香		出口	254515	365260	274265	271944
		进口	4849	5815	6686	4739

品进出口金额(一)

单位:千美元

2009 年	2010 年	2011 年	2012 年	2013 年	2014 年
36316317	46316686	55033714	58690787	64454614	71412007
33902486	47506554	65299100	61948082	64088332	67605223
274	51	38	1724	—	289
2234430	3240796	4864608	7250935	5114048	5440581
4306	10475	6730	—	6656	7773
1852088	2830298	3408524	3760576	4203304	6341506
4580	10526	6768	1724	6656	8062
4086518	6071094	8273132	3490359	9317352	11782087
346344	342001	360493	331346	325737	298200
2327863	3878172	5721322	5524195	6829924	8088849
172678	210865	273559	234420	235983	276757
63736	88064	118568	135155	142005	183822
371345	433189	377244	359769	334364	355706
15547	19708	29668	30988	28193	35357
32712	41387	56411	66454	93181	136337
88913	114283	122232	116921	127891	141666
884401	1114253	1435693	1613657	1523620	1630949
119570	124654	107114	93740	100575	110055
2523949	3402140	4339929	4795625	5033698	5813258
89042	116042	119681	119546	103104	131966
3324597	4114612	4536235	4854951	5160484	5932432
84081	121953	156709	274723	500161	715093
12035202	16157214	17118709	18331201	19440770	22091885
297671	387711	546457	596047	707904	888821
887	558	726	30	57	21
353802	673817	1159600	1331814	1554275	1545100
22351	11344	34119	12694	14008	12433
6795615	8774104	11852421	10904715	11316770	12004565
48	119	616	691	418	265
3796054	5352897	6967452	6275973	5930000	5347795
6129326	7554688	10454553	11800706	14232066	15859260
3879784	4610590	5055272	4600238	4373700	4308915
26065	35748	39094	44428	64472	89129
17552	22952	44877	58017	62857	62022
181729	486750	593328	268287	272145	296592
6104	8830	8577	17549	47616	25367

2005～2014 年主要林产

产品			2005 年	2006 年	2007 年	2008 年
水果	柑橘属	出口	143383	161510	257633	437373
		进口	44859	54642	54670	67312
	鲜苹果	出口	306313	372552	512645	698398
		进口	25428	25277	34674	45188
	鲜梨	出口	122078	147713	161765	215087
		进口	52	23	16	27
	鲜葡萄	出口	9982	19234	32944	47437
		进口	82385	69654	63180	95018
	山竹果	出口	1	1	—	—
		进口	39547	25217	62230	69565
	鲜榴莲	出口	—	—	—	—
		进口	47863	53929	71250	92850
	鲜龙眼	出口	1348	2160	2718	2770
		进口	73265	85219	98239	124192
	鲜火龙果	出口				121
		进口				55236
坚果	核桃	出口	46112	56691	53887	60224
		进口	3767	6324	6218	12624
	板栗	出口	49803	57404	62244	62981
		进口	21993	20264	18304	18531
	松子仁	出口	76324	103081	81610	47675
		进口	154	63	1091	6955
	开心果	出口	6403	5488	5906	13098
		进口	19252	14664	43178	76554
干果	梅干及李干	出口	1073	970	2136	1942
		进口	591	1071	1500	1783
	龙眼干、肉	出口	883	1079	1018	1005
		进口	26933	32991	52849	53530
	柿饼	出口	16314	12105	15983	10630
		进口	43	37	18	—
	红枣	出口	11561	10717	10709	12187
		进口	1	5	3	14
	葡萄干	出口	21762	30880	36329	47225
		进口	15747	15695	17917	19686
果汁	柑橘属果汁	出口	3974	7402	10525	14424
		进口	62562	85830	122646	97790
	苹果汁	出口	458169	594846	1243994	1130079
		进口	412	297	1224	4634
其他		出口	4612272	5456183	6924636	8116983
		进口	5299957	7412689	9683594	7559270

注：1. 资料来源：海关总署信息中心；

2. 木浆中未包括从回收纸与纸板中提取的木浆；

3. 纸和纸制品中未包括回收纸和纸板及印刷品等；

4. 2005～2008 年以造纸工业纸浆消耗价值中原生木浆价值的比例将从回收的纸与纸板中提取的纤维浆、回收纸与纸板 2005～2006 年取 0.22；2007 年取 0.214；2008 年取 0.221；2009 年取 0.80；2010 年取 0.78；2011 年取 0.8；2012 年取

5. 2005～2008 年以造纸工业纸浆消耗价值中原生木浆价值的比例将纸和纸制品出口额折算为木制林产品价值，2009～2008 年取 0.26，2009 年取 0.81；2010 年取 0.79；2011 年取 0.81；2012 年取 0.86；2013 年取 0.89；2014 年取 0.89；

6. 将印刷品、手稿、打字稿等的进(出)口额=进(出)口折算量×纸和纸制品的平均价格。

品进出口金额(二)

单位:千美元

2009 年	2010 年	2011 年	2012 年	2013 年	2014 年
592697	615797	726457	971902	1155959	1170064
74224	106072	148576	150776	166152	229953
713518	831627	914326	959913	1030074	1027619
54108	75932	115830	92578	67465	46278
220716	243263	285559	325154	361737	350656
23	75	1043	3793	6041	10148
85926	104943	162273	336036	268561	358756
172077	189471	324280	425205	514608	602607
—	1	1	1	—	—
144383	147018	145837	196000	231455	158470
—	1	4	—	—	—
124373	149562	234304	399762	543165	592625
857	711	2451	2813	2158	3105
157334	193182	314287	395965	448088	328267
161	300	719	1093	736	329
94538	105305	200154	326473	410163	529932
19849	24536	47654	54660	63087	71524
28502	48596	55204	73373	61000	62120
68208	73434	75865	85864	84255	82517
18108	22090	17893	26937	24578	18360
142974	159277	153902	174671	212315	234068
7875	5619	21990	22467	26953	53440
5622	7334	10889	35959	28830	13482
77461	203136	116623	134940	80886	66195
2311	3844	4943	6766	6479	4235
2865	4942	8274	9718	9745	4251
1249	1742	1674	1868	1535	1657
88737	64630	86455	82020	86062	56678
9098	13896	11100	16040	13476	14826
—	—	1	—	—	—
17399	17447	22611	26808	24638	28535
20	90	58	70	8	8
65311	69960	102067	73901	83392	74344
18340	23010	34943	41525	37881	37952
14218	16064	19946	11107	11209	10880
106311	109036	172899	153505	155367	153185
655526	747088	1081240	1142004	906622	638698
718	606	1087	1383	2269	3209
7640042	9459801	11782556	11746517	13455234	14525425
6718656	9727522	23016281	14830100	10756768	19280066

出口额折算为木制林产品价值，2009～2014 年按木纤维浆(原生木浆和废纸中的木浆)价值比例折算。各年的折算系数为：0.85；2013 年取 0.88；2014 年取 0.89；

2014 年按木纤维浆(原生木浆和废纸中的木浆)价值比例折算。各年的折算系数为：2005～2006 年取 0.27，2007 年取 0.26，

2005～2014年主要林产

产品			单位	2005年	2006年	2007年	2008年
原木	针叶原木	出口	立方米	742	113	66	100
		进口	立方米	18270100	19717608	23270909	18577008
	阔叶原木	出口	立方米	6185	4169	3655	2725
		进口	立方米	11097886	12435326	13861696	10992626
	合计	出口	立方米	6927	4282	3721	2825
		进口	立方米	29367986	32152934	37132605	29569634
锯材		出口	立方米	682072	829990	763544	717475
		进口	立方米	6054178	6153148	6557793	7181828
单板		出口	立方米	104091	143893	152746	146283
		进口	立方米	151800	134002	130215	91894
特形材		出口	吨	424922	518926	363790	310052
		进口	吨	13127	16523	13755	12333
刨花板		出口	立方米	95035	141658	179824	193171
		进口	立方米	633972	541102	524918	374137
纤维板		出口	立方米	1376697	1968316	3056768	2382562
		进口	立方米	1137113	924481	702512	504505
胶合板		出口	立方米	5583972	8303695	8715903	7185060
		进口	立方米	589120	413429	304098	293937
木制品		出口	吨	2009708	2304919	2207534	1750049
		进口	吨	39018	47047	52585	60187
家具		出口	件	211601212	248149710	280364654	242633034
		进口	件	863112	1290094	2468740	3147981
木片		出口	吨	880655	596242	214540	73014
		进口	吨	871274	895437	1139607	1056387
木浆		出口	吨	20456	32007	50781	10628
		进口	吨	7520149	7881293	8383914	9460349
废纸		出口	吨	30	24	108	4
		进口	吨	17036170	19623353	22562110	24205826
纸和纸制品		出口	吨	790907	1145650	1457278	1356450
		进口	吨	5465318	4604689	4208691	3735959
木炭		出口	吨	37497	46652	42643	50976
		进口	吨	43013	39406	75003	136266
松香		出口	吨	347455	367148	329214	276517
		进口	吨	2345	2872	3122	1076

品进出口数量(一)

2009 年	2010 年	2011 年	2012 年	2013 年	2014 年
851	174	41	—	—	2042
20302606	24274023	31465280	26769151	33163602	35839252
11885	28208	14339	3569	13128	9702
7756655	10073466	10860568	11123565	11995831	15355616
12736	28382	14380	3569	13128	11744
28059261	34347489	42325848	37892716	45159433	51194868
561106	539433	544194	479847	458284	408970
9935167	14812175	21606705	20669661	24042966	25739161
114327	158158	246914	205644	204347	255744
72327	109517	200231	342983	599518	986173
251560	302159	254144	247267	225281	212089
7953	10513	13442	14108	11818	16072
124944	165527	86786	216685	271316	372733
446543	539368	547030	540749	586779	577962
2031141	2569456	3291031	3609069	3068658	3205530
452979	400071	306210	211524	226156	238661
5634800	7546940	9572461	10032149	10263412	11633086
179178	213672	188371	178781	154695	177765
1563994	1858712	1876915	1865571	1935606	2175183
39734	43652	55484	198006	445186	670641
247470421	298327198	289157492	286991126	287405234	316268837
3298999	4361353	5497244	6368316	7384560	9845973
7247	5342	5094	69	69	42
2766012	4631704	6565328	7580364	9157137	8850785
35045	14433	31520	19504	22759	18393
13578483	11299952	14354611	16380763	16781790	17893771
220	621	2853	2067	923	661
27501707	24352214	27279353	30067145	29236781	27518476
4802753	5157993	5997827	6444274	7622315	8520484
3495948	3536533	3477712	3254368	2971246	2945544
54922	63398	67463	64192	75550	80373
156678	175518	188697	167655	209273	219758
193291	249801	231148	167784	133136	122469
2927	3589	2659	9918	30413	11343

2005～2014 年主要林产

产品			单位	2005 年	2006 年	2007 年	2008 年
水果	柑橘属	出口	吨	465623	435127	564471	862105
		进口	吨	61530	78931	74421	79946
	鲜苹果	出口	吨	824050	804226	1019840	1153326
		进口	吨	33204	31075	36396	42395
	鲜梨	出口	吨	368298	375298	405189	446656
		进口	吨	81	16	14	9
	鲜葡萄	出口	吨	21257	34293	55790	63303
		进口	吨	57490	46021	42775	51613
	山竹果	出口	吨	3	1	—	—
		进口	吨	35200	17161	40404	41084
	鲜榴莲	出口	吨	—	—	—	—
		进口	吨	75371	85220	105667	138929
	鲜龙眼	出口	吨	3251	3150	3560	2221
		进口	吨	143375	168482	174625	196451
	鲜火龙果	出口	吨		282		
		进口	吨		118248		
坚果	核桃	出口	吨	32267	33617	28081	26179
		进口	吨	3717	6290	7813	9033
	板栗	出口	吨	37065	43379	45409	40920
		进口	吨	13763	13343	11151	11890
	松子仁	出口	吨	11655	9948	7882	4178
		进口	吨	27	8	196	882
	开心果	出口	吨	4992	3931	3953	7691
		进口	吨	11965	9129	19290	29605
干果	梅干及李干	出口	吨	663	484	736	475
		进口	吨	503	1095	1372	1552
	龙眼干、肉	出口	吨	250	287	254	222
		进口	吨	44385	58895	80996	76117
	柿饼	出口	吨	11603	7122	8546	5660
		进口	吨	59	123	7	—
	红枣	出口	吨	13080	9539	9496	7884
		进口	吨	1	1	—	17
	葡萄干	出口	吨	13392	23392	25680	30620
		进口	吨	11274	11109	12338	12570
果汁	柑橘属果汁	出口	吨	3848	8984	11941	16895
		进口	吨	60814	64454	65324	47566
	苹果汁	出口	吨	648463	673047	1042326	692574
		进口	吨	461	348	1028	2270

注：1. 资料来源：海关总署信息中心；

2. 表中数据体积与重量按刨花板 650 千克/立方米，单板 750 千克/立方米的标准换算；2005～2006 年纤维板分别按硬质纤密度＞800 千克/立方米的取 950 千克/立方米、500 千克/立方米＜密度＜800 千克/立方米的取 650 千克/立方米、350 千

3. 木浆中未包括从回收纸和纸板中提取的木浆；

4. 纸和纸制品中未包括回收的废纸和纸板、印刷品、手稿等；

5. 2005～2008 年废纸、纸和纸制品出口量按纸和纸产品中的原生木浆比例折算，2009～2014 年按木纤维浆（原生木浆和废为 0.214；2008 年为 0.221；2009 年为 0.80；2010 年为 0.78；2011 年为 0.80；2012 年为 0.85；2013 年为 0.88；2014 年为 0.89；

6. 核桃进（出）口量包括未去壳核桃和核桃仁的折算量，其中核桃仁的折算量是以 40% 的出仁率将核桃仁数量折算为未去数量折算为未去壳板栗数量；开心果进（出）口量包括未去壳开心果和去壳开心果的折算量，其中去壳开心果的折算量是

7. 柑橘属水果中包括橙、葡萄柚、柚、蕉柑、其他柑橘、柠檬酸橙、其他柑橘属水果。

品进出口数量(二)

2007 年	2008 年	2009 年	2010 年	2011 年	2012 年
1113002	933089	901557	1082217	1041421	979882
91652	105275	131739	126154	128621	161833
1174191	1122953	1034635	975878	994664	865070
54116	66882	77085	61505	38642	28148
463159	437804	402778	409584	381374	297260
13	13	527	2479	3122	7379
100225	89359	106477	152292	105152	125879
89775	81744	122909	168409	185228	211019
—	1	4	1	—	—
91719	90918	83573	101141	112945	82798
—	4	11	—	—	—
196147	172205	210938	286510	321950	315509
945	1177	1704	1894	1892	1754
256037	291336	338846	323328	365227	326079
418	440	430	607	347	179
195044	218355	339710	469245	538542	603876
10582	12086	17952	18024	18189	17571
21102	25918	22837	27801	28385	26409
46640	37002	37767	35081	39046	35594
10820	11983	9197	10666	11788	9874
7862	7027	9633	11579	10683	11428
935	503	2481	2279	1948	3750
2469	3382	5178	11008	5193	3360
21545	52781	24952	28039	13651	10779
551	954	1157	1522	1504	935
3034	5635	9065	8269	6838	1613
232	283	264	248	193	216
133616	62036	77370	58551	64471	35810
5001	6505	4657	6080	5036	5492
—	—	—	—	—	—
8668	7686	6873	8522	7784	7822
5	51	37	17	1	1
41345	39850	47959	30633	36005	30201
11743	13855	20624	22358	20073	22592
20220	22563	20541	6102	5661	5265
65108	71364	78156	61904	70459	69701
799505	788409	613912	591633	601490	458590
467	464	819	1034	1769	2747

维板 950 千克/立方米、中密度纤维板 650 千克/立方米、绝缘板 250 千克/立方米的标准折算;2007 ~ 2014 年纤维板折算标准:
克/立方米 < 密度 < 500 千克/立方米的取 425 千克/立方米、密度 < 350 千克/立方米的取 250 千克/立方米;

纸中的木浆)比例折算。纸和纸制品出口量按纸和纸产品中木浆比例折算,出口量的折算系数:2005 ~ 2006 年为 0.22;2007 年

壳的核桃数量;板栗进(出)口量包括未去壳板栗和去壳板栗的折算量,其中去壳板栗的折算量是以 80% 的出仁率将去壳板栗
以 50% 的出仁率将去壳开心果数量折算为未去壳开心果数量;

附录七

野生动植物进出口情况

ANNEX Ⅶ

全国野生动植物进出口情况(一)

指标名称				单位	2014 年
一、进出口证明书核发数量				**份**	**35153**
1. 进口	小计			份	18815
	动物			份	16003
	植物			份	2812
2. 出口	小计			份	14275
	动物			份	2137
	植物			份	12138
3. 再出口	小计			份	2063
	动物			份	1773
	植物			份	290
二、物种证明核发数量				**份**	**55845**
1. 进口	小计			份	48624
	动物			份	7096
	植物			份	41528
2. 出口	小计			份	7221
	动物			份	2017
	植物			份	5204
三、进出口管理费				**万元**	**5527**
1. 进口	小计			万元	3527
	动物			万元	1661
	植物			万元	1866
2. 出口	小计			万元	2001
	动物			万元	844
	植物			万元	1157
四、进出口贸易额				**万元**	**3781623**
(一)进出口证明书贸易额	合计			万元	838402
	1. 进口	小计		万元	469842
		动物	计	万元	289486
			观赏活体类	万元	139193
			实验类	万元	156
			毛皮类	万元	137210
			食用类	万元	641
			药用或中成药类	万元	2310
			其他	万元	9976
		植物	计	万元	180356
			观赏类	万元	791
			食用类	万元	5175
			用材类	万元	150626
			药用或中成药类	万元	22442
			其他	万元	1322

全国野生动植物进出口情况(二)

指标名称				单位	2014 年
(一)进出口证明书贸易额	2. 出口	小计		万元	235120
		动物	计	万元	189033
			观赏活体类	万元	3314
			实验类	万元	22648
			毛皮类	万元	21883
			食用类	万元	6547
			药用或中成药类	万元	131843
			其他	万元	2798
		植物	计	万元	46087
			观赏类	万元	5833
			食用类	万元	25231
			用材类	万元	112
			药用或中成药类	万元	13368
			其他	万元	1543
	3. 再出口	小计		万元	133440
		动物	计	万元	123949
			观赏活体类	万元	66
			实验类	万元	—
			毛皮类	万元	1955
			食用类	万元	121757
			药用或中成药类	万元	157
			其他	万元	14
		植物	计	万元	9491
			观赏类	万元	—
			食用类	万元	3217
			用材类	万元	—
			药用或中成药类	万元	6265
			其他	万元	9
(二)物种证明贸易额	合计			万元	2943221
	1. 进口	小计		万元	2690220
		动物		万元	133255
		植物		万元	2556965
	2. 出口	小计		万元	253001
		动物		万元	17688
		植物		万元	235313

各办事处野生动植

单 位	进出口证明书核发数量(份)									
	合计	进口			出口			再出口		
		小计	动物	植物	小计	动物	植物	小计	动物	植物
总计	**35153**	**18815**	**16003**	**2812**	**14275**	**2137**	**12138**	**2063**	**1773**	**290**
濒管办北京办事处	3079	2143	1994	149	708	444	264	228	226	2
濒管办内蒙古自治区办事处	44	21	21	—	23	—	23	—	—	—
濒管办长春办事处	660	75	66	9	582	32	550	3	3	—
濒管办黑龙江省办事处	32	26	21	5	6	6	—	—	—	—
濒管办上海办事处	12076	10780	10099	681	865	747	118	431	404	27
濒管办福州办事处	1680	643	362	281	476	36	440	561	561	—
濒管办合肥办事处	342	202	128	74	108	15	93	32	32	—
濒管办武汉办事处	43	31	15	16	12	4	8	—	—	—
濒管办广州办事处	7367	4726	3257	1469	1840	761	1079	801	544	257
濒管办成都办事处	1305	24	15	9	1279	58	1221	2	2	—
濒管办云南省办事处	8450	135	16	119	8315	23	8292	—	—	—
濒管办西安办事处	68	4	4	—	60	10	50	4	—	4
濒管办乌鲁木齐办事处	7	5	5	—	1	1	—	1	1	—
濒管办贵阳办事处	—	—	—	—	—	—	—	—	—	—

注:北京办事处下辖北京、天津、河北、山西核发点,长春办事处下辖吉林、辽宁核发点,上海办事处下辖上海、浙江、江苏核
辖广东、广西、海南核发点,成都办事处下辖四川、重庆、西藏核发点。贵阳办事处下辖贵州、湖南核发点,尚未办理证书。

物进出口情况(一)

物种证明核发数量(份)							进出口管理费(万元)						
合计	进口			出口			合计	进口			出口		
	小计	动物	植物	小计	动物	植物		小计	动物	植物	小计	动物	植物
55845	**48624**	**7096**	**41528**	**7221**	**2017**	**5204**	**5527**	**3527**	**1661**	**1866**	**2001**	**844**	**1157**
1861	1627	685	942	234	155	79	395	181	112	69	214	132	83
12	12	6	6	—	—	—	15	11	11	—	4	—	4
2228	330	234	96	1898	183	1715	94	22	20	3	72	21	51
380	23	—	23	357	—	357	2	2	1	1	—	—	—
15968	14105	2771	11334	1863	470	1393	1550	1329	805	524	221	199	22
1529	1161	760	401	368	21	347	186	155	14	141	31	4	27
729	481	215	266	248	3	245	59	19	—	19	40	32	7
34	34	6	28	—	—	—	12	9	6	3	3	—	3
25856	24080	2392	21688	1776	1167	609	2040	1647	682	966	392	359	33
166	66	18	48	100	18	82	588	39	8	31	549	41	508
6851	6688	1	6687	163	—	163	544	112	2	110	432	53	378
221	9	6	3	212	—	212	42	—	—	—	42	1	41
10	8	2	6	2	—	2	—	—	—	—	—	—	—
—	—	—	—	—	—	—	—	—	—	—	—	—	—

发点,福州办事处下辖福建、江西核发点,合肥办事处下辖安徽、山东核发点,武汉办事处下辖湖北、河南核发点,广州办事处下

各办事处野生动植

单位	总计	进出口								
		进出口证明书								
		合计	进口							
			小计	动物						
				计	观赏活体类	实验类	毛皮类	食用类	药用或中成药类	其他
总计	**3781623**	**838402**	**469842**	**289486**	**139193**	**156**	**137210**	**641**	**2310**	**9976**
濒管办北京办事处	304758	108257	55512	21102	980	76	16842	—	123	3082
濒管办内蒙古自治区办事处	1947	1444	802	802	782	—	6	—	—	13
濒管办长春办事处	423618	244314	155746	155577	100024	—	52037	—	—	3516
濒管办黑龙江省办事处	28789	331	304	269	231	—	4	—	—	34
濒管办上海办事处	703336	102291	89336	53062	737	80	50253	17	6	1969
濒管办福州办事处	179818	157841	11078	1227	839	—	134	109	—	145
濒管办合肥办事处	51958	3548	2796	2691	2634	—	50	—	—	7
濒管办武汉办事处	1254	759	581	424	421	—	3	—	—	—
濒管办广州办事处	1477839	172297	144151	53469	32418	—	17353	515	2181	1002
濒管办成都办事处	24285	22362	2569	529	—	—	529	—	—	—
濒管办云南省办事处	577181	23579	6927	296	115	—	—	—	—	181
濒管办西安办事处	4913	1364	27	27	—	—	—	—	—	27
濒管办乌鲁木齐办事处	1928	16	13	13	13	—	—	—	—	—
濒管办贵阳办事处	—	—	—	—	—	—	—	—	—	—

物进出口情况(二)

贸易额(万元)													
贸易额													
						出口							
植物						小计	动物						
计	观赏类	食用类	用材类	药用或中成药类	其他		计	观赏活体类	实验类	毛皮类	食用类	药用或中成药类	其他
180356	**791**	**5175**	**150626**	**22442**	**1322**	**235120**	**189033**	**3314**	**22648**	**21883**	**6547**	**131843**	**2798**
34410	92	—	28433	5780	105	52040	48210	2759	417	20929	—	21318	2786
—	—	—	—	—	—	643	370	370	—	—	—	—	—
169	—	—	92	78	—	88568	86033	—	—	—	—	86031	1
35	—	—	35	—	—	27	—	—	—	—	—	—	—
36275	210	3052	30252	2452	310	8613	7092	2	2170	300	4368	252	—
9851	10	—	9140	230	471	25415	23491	—	—	—	—	23491	—
105	78	—	27	—	—	719	577	—	—	2	—	575	—
158	—	—	—	158	—	177	80	—	—	—	80	—	—
90681	398	2124	80984	7155	20	21142	18901	184	17394	651	664	—	9
2040	—	—	—	1627	413	19793	2043	—	650	—	1393	—	—
6632	2	—	1663	4963	3	16652	2190	—	2016	—	43	130	—
—	—	—	—	—	—	1331	47	—	—	—	—	45	1
—	—	—	—	—	—	1	1	—	—	1	—	—	—
—	—	—	—	—	—	—	—	—	—	—	—	—	—

各办事处野生动植

单位	进出口								
	进出口证明书								
	出口								
	植物						小计		
	计	观赏类	食用类	用材类	药用或中成药类	其他		计	观赏活体类
总计	**46087**	**5833**	**25231**	**112**	**13368**	**1543**	**133440**	**123949**	**66**
濒管办北京办事处	3830	2153	—	—	1603	74	705	671	66
濒管办内蒙古自治区办事处	273	223	—	—	50	—	—	—	—
濒管办长春办事处	2535	—	929	112	30	1464	—	—	—
濒管办黑龙江省办事处	27	—	27	—	—	—	—	—	—
濒管办上海办事处	1521	836	—	—	685	—	4341	1443	—
濒管办福州办事处	1924	997	—	—	927	—	121348	121348	—
濒管办合肥办事处	142	131	—	—	11	—	33	33	—
濒管办武汉办事处	97	—	97	—	—	—	—	—	—
濒管办广州办事处	2241	1294	11	—	932	5	7004	453	—
濒管办成都办事处	17750	30	10535	—	7185	—	—	—	—
濒管办云南省办事处	14462	169	12348	—	1945	—	—	—	—
濒管办西安办事处	1284	—	1284	—	—	—	6	—	—
濒管办乌鲁木齐办事处	—	—	—	—	—	—	2	2	—
濒管办贵阳办事处	—	—	—	—	—	—	—	—	—

物进出口情况(三)

贸易额(万元)										
贸易额										
再出口										
动物					植物					
实验类	毛皮类	食用类	药用或中成药类	其他	计	观赏类	食用类	用材类	药用或中成药类	其他
—	**1955**	**121757**	**157**	**14**	**9491**	**—**	**3217**	**—**	**6265**	**9**
—	32	410	157	6	34	—	—	—	32	2
—	—	—	—	—	—	—	—	—	—	—
—	—	—	—	—	—	—	—	—	—	—
—	—	—	—	—	—	—	—	—	—	—
—	1436	—	—	7	2898	—	2898	—	—	—
—	—	121348	—	—	—	—	—	—	—	—
—	33	—	—	—	—	—	—	—	—	—
—	—	—	—	—	—	—	—	—	—	—
—	453	—	—	—	6552	—	319	—	6233	—
—	—	—	—	—	—	—	—	—	—	—
—	—	—	—	—	—	—	—	—	—	—
—	—	—	—	—	6	—	—	—	—	6
—	2	—	—	—	—	—	—	—	—	—
—	—	—	—	—	—	—	—	—	—	—

各办事处野生动植物进出口情况(四)

单位	进出口贸易额(万元)						
	物种证明贸易额						
	合计	进口			出口		
		小计	动物	植物	小计	动物	植物
总计	**2943221**	**2690220**	**133255**	**2556965**	**253001**	**17688**	**235313**
濒管办北京办事处	196500	193832	8407	185425	2668	781	1887
濒管办内蒙古自治区办事处	503	503	418	84	—	—	—
濒管办长春办事处	179304	21683	19229	2453	157621	8302	149320
濒管办黑龙江省办事处	28458	4631	4631	—	23827	—	23827
濒管办上海办事处	601045	563607	62164	501443	37439	4094	33344
濒管办福州办事处	21978	14192	1712	12480	7785	203	7583
濒管办合肥办事处	48410	45260	—	45260	3150	—	3150
濒管办武汉办事处	495	495	168	327	—	—	—
濒管办广州办事处	1305542	1297002	36247	1260755	8540	4074	4466
濒管办成都办事处	1923	647	113	534	1276	234	1042
濒管办云南省办事处	553602	546271	12	546259	7330	—	7330
濒管办西安办事处	3549	245	10	235	3304	—	3304
濒管办乌鲁木齐办事处	1912	1852	143	1708	60	—	60
濒管办贵阳办事处	—	—	—	—	—	—	—

附录八

世界主要国家林业情况

ANNEX Ⅷ

中国

林业统计年鉴 2014

2010 年世界主要国家森林面积及变化

国家(地区)	土地面积(千公顷)	2010 年森林面积			2000～2010 年森林覆盖率变化		2010 年活立木生物量中的碳储量	
		森林面积(千公顷)	占国土面积的百分比(%)	人均面积(公顷/千人)	年变化量(千公顷)	年变化率(%)	活立木生物量中的碳储量(百万吨)	单位面积碳储量(吨/公顷)
世界合计	**13009550**	**4033060**	**31**	**597**	**-5211**	**-0.1**	**—**	**—**
非洲合计	**2964388**	**674419**	**23**	**683**	**-3414**	**-0.5**	**—**	**—**
中非共和国	62298	22605	36	5210	-30	-0.1	2861	127
刚果民主共和国	226705	154135	68	2399	-311	-0.2	19639	127
加蓬	25767	22000	85	15193	—	—	2710	123
苏丹	237600	69949	29	1692	-54	-0.1	1393	20
亚洲合计	**3093763**	**592512**	**19**	**145**	**2235**	**0.4**	**—**	**—**
日本	36450	24979	69	196	10	—	—	—
蒙古	155356	10898	7	4126	-82	-0.7	583	53
大韩民国	9692	6222	63	129	-7	-0.1	268	43
印度尼西亚	181157	94432	52	415	-498	-0.5	13017	138
老挝人民民主共和国	23080	15751	68	2538	-78	-0.5	1074	68
马来西亚	32855	20456	62	757	-114	-0.5	3212	157
缅甸	65352	31773	48	641	-310	-0.9	1654	52
泰国	51089	18972	37	282	-3	—	880	46
越南	31007	13797	44	158	207	1.6	992	72
欧洲合计	**2213507**	**1005001**	**45**	**1373**	**676**	**0.1**	**—**	**—**
芬兰	30390	22157	73	4177	-30	-0.1	832	38
法国	54766	15954	29	257	60	0.4	1208	76
德国	34863	11076	32	135	—	—	1405	127
意大利	29414	9149	31	153	78	0.9	558	61
俄罗斯联邦	1637687	809090	49	5722	-18	—	32500	40
西班牙	49911	18173	36	409	119	0.7	422	23
瑞典	41034	28203	69	3064	81	0.3	1255	45
北美洲和中美洲合计	**2132999**	**705393**	**33**	**1315**	**-10**	**—**	**—**	**—**
加拿大	909351	310134	34	9325	—	—	13908	45
墨西哥	194395	64802	33	597	-195	-0.3	2043	32
美利坚合众国	914742	304022	33	975	383	0.1	19308	64
大洋洲合计	**848655**	**191384**	**23**	**5478**	**-700**	**-0.4**	**—**	**—**
澳大利亚	768230	149300	19	7085	-562	-0.4	—	—
新西兰	26331	8269	31	1955	—	—	1292	156
巴布亚新几内亚	45286	28726	63	4368	-141	-0.5	2306	80
南美洲合计	**1756239**	**864351**	**49**	**2246**	**-3997**	**-0.5**	**—**	**—**
巴西	845942	519522	62	2706	-2642	-0.5	62607	121
智利	74353	16231	22	966	40	0.2	1349	83
哥伦比亚	110950	60499	55	1344	-101	-0.2	6805	112
苏里南	15600	14758	95	28656	-2	—	3165	214
委内瑞拉	88205	46275	52	1646	-288	-0.6	—	—

注:资料来源为联合国粮农组织《世界森林状况 2011》。

2008 年世界主要国家林产品产量、贸易量和消费量(一)

国家(地区)	工业原木(千立方米)				锯　材(千立方米)			
	产　量	进口量	出口量	消费量	产　量	进口量	出口量	消费量
世界总计	**1541971**	**119856**	**117050**	**1544777**	**400246**	**106365**	**116040**	**390570**
非洲合计	**72059**	**754**	**3449**	**69365**	**8412**	**4862**	**1307**	**11967**
刚果民主共和国	4452	5	156	4301	15	17	29	3
加蓬	3400	—	2178	1222	230	—	62	169
乌干达	3489	1	19	3471	117	4	1	121
南非	19867	60	273	19654	2056	488	55	2488
尼日利亚	9418	1	40	9379	2000	2	8	1994
亚洲合计	**244515**	**55212**	**7926**	**291801**	**88202**	**25319**	**5174**	**108347**
日本	17709	6766	49	24426	10884	6522	43	17363
大韩民国	2702	4896	—	7598	4366	564	8	4922
印度	23192	1768	14	24946	14789	48	40	14797
印度尼西亚	35551	120	685	34986	4330	318	73	4575
马来西亚	22744	217	4811	18150	4486	203	2514	2174
泰国	8700	159	—	8859	2868	387	384	2871
越南	5850	203	8	6045	5000	563	129	5433
欧洲合计	**507442**	**57383**	**76723**	**488103**	**136552**	**46939**	**72866**	**110625**
芬兰	45965	13371	710	58626	9881	468	5992	4357
法国	28366	2346	3505	27207	9690	3992	1077	12606
德国	46806	5758	7040	45524	23060	6303	12928	16435
意大利	2994	3478	33	6438	1384	6733	243	7874
波兰	30470	1868	369	31969	3786	918	481	4222
俄罗斯联邦	136700	286	36784	100202	21618	23	15258	6383
瑞典	64900	6781	2349	69332	17601	381	12006	5976
北美洲和中美洲合计	**480192**	**6428**	**13387**	**473233**	**119622**	**28148**	**28182**	**119588**
加拿大	132232	4608	2839	134001	41548	1754	24219	19083
墨西哥	6425	174	9	6590	2814	3468	64	6218
美利坚合众国	336895	1430	10200	328125	72869	22136	3703	91303
大洋洲合计	**52378**	**17**	**11290**	**41104**	**9617**	**711**	**2250**	**8079**
澳大利亚	27083	2	1065	26020	5064	575	377	5262
新西兰	20214	6	6684	13536	4341	42	1794	2589
巴布亚新几内亚	3040	—	2519	521	61	1	40	22
南美洲合计	**185385**	**61**	**4275**	**181171**	**37840**	**386**	**6262**	**31964**
巴西	115390	34	121	115303	24987	103	2102	22988
智利	39878	—	44	39834	7306	20	3335	3991
乌拉圭	7244	6	3818	3432	284	27	109	202

2008 年世界主要国家林产品产量、贸易量和消费量(二)

国家(地区)	人造板(千立方米)				纸　浆(千吨)				纸张和纸板(千吨)			
	产 量	进口量	出口量	消费量	产 量	进口量	出口量	消费量	产 量	进口量	出口量	消费量
世界总计	**268788**	**73257**	**78342**	**263702**	**193146**	**45087**	**47032**	**191201**	**389237**	**114797**	**115319**	**388715**
非洲合计	**2962**	**1019**	**574**	**3407**	**2632**	**515**	**437**	**2710**	**4285**	**3604**	**1153**	**6737**
刚果民主共和国	3	3	1	5	—	—	—	—	3	15	1	17
加蓬	267	1	80	188	—	—	—	—	—	6	—	5
乌干达	24	6	1	29	—	—	—	—	3	67	1	69
南非	973	130	42	1061	1939	85	195	1828	3033	544	974	2604
尼日利亚	95	68	3	161	23	35	1	57	19	357	1	375
亚洲合计	**120935**	**19796**	**24838**	**115893**	**44289**	**17556**	**3102**	**58743**	**153251**	**22555**	**15296**	**160510**
日本	4609	4656	42	9223	10706	1916	176	12447	28360	1544	1624	28280
大韩民国	3689	1825	37	5478	536	2482	—	3018	10642	804	2675	8771
印度	2592	126	65	2653	4048	432	21	4459	7600	1734	373	8961
印度尼西亚	4332	656	3329	1659	5282	813	2622	3473	7777	401	3574	4603
马来西亚	13054	785	6266	7573	124	220	10	334	1105	2016	308	2812
泰国	3788	186	2556	1417	935	398	125	1208	4108	756	1026	3838
越南	564	488	33	1018	626	132	—	758	1324	648	24	1948
欧洲合计	**77484**	**36291**	**36992**	**76783**	**50377**	**18336**	**14598**	**54114**	**112719**	**59126**	**69405**	**102440**
芬兰	1715	411	1287	839	12087	396	2226	10257	13549	497	11852	2195
法国	6168	2271	3065	5373	2220	1972	624	3568	9420	6144	4932	10632
德国	14674	5284	8783	11175	2909	4887	1002	6794	22842	11139	13254	20727
意大利	5136	2570	997	6709	664	3210	45	3828	9467	5048	3389	11125
波兰	8124	1887	2275	7735	1151	648	33	1766	3044	2843	1496	4391
俄罗斯联邦	10665	1594	2220	10039	7003	80	1875	5208	7700	1478	2634	6544
瑞典	875	1099	331	1644	12060	450	3412	9098	12557	985	10580	2962
北美洲和中美洲合计	**48499**	**14464**	**8741**	**54222**	**73012**	**7258**	**16193**	**64077**	**101476**	**22220**	**24537**	**99160**
加拿大	12220	3689	6153	9756	20405	337	9343	11399	15789	2914	12289	6414
墨西哥	398	1079	52	1425	345	1264	20	1589	5141	3956	445	8652
美利坚合众国	35576	9195	2498	42274	52244	5601	6828	51017	80178	13411	11707	81882
大洋洲合计	**3715**	**649**	**1342**	**3022**	**2741**	**384**	**801**	**2324**	**3412**	**2023**	**1292**	**4143**
澳大利亚	1662	545	427	1780	1195	348	10	1533	2541	1490	684	3347
新西兰	1939	73	900	1112	1546	32	791	787	871	472	600	743
巴布亚新几内亚	94	2	10	86	—	—	—	—	—	17	—	17
南美洲合计	**15193**	**1038**	**5856**	**10375**	**20096**	**1038**	**11902**	**9233**	**14093**	**5268**	**3635**	**15726**
巴西	8611	163	2757	6017	12697	330	7057	5971	8977	1268	2592	7654
智利	2657	179	2193	643	4981	13	4061	933	1391	523	586	1328
乌拉圭	176	55	137	94	967	9	603	373	90	83	37	136